普通高等学校管理类系列教材

Managerial Operations Research

管理运筹学

林　林　陈之荣　张孝琪　编著

中国科学技术大学出版社

内 容 简 介

本书内容紧贴当前新商科专业教学中对经管类专业的要求,系统介绍了线性规划及单纯形法、对偶问题及灵敏度分析、运输问题、目标规划、整数规划、动态规划、图与网络分析、网络计划评审技术、存储论、对策论、排队论等运筹学分支的概念、模型及计算方法,尽量简化运筹学相关模型方法的数学原理与推导,着重强调运筹学相关方法模型在各类管理等实际问题优化中的具体运用。主要章节给出了课后习题以便学生课后复习及自我检验。

本书可用作大学本科经管类专业教材,亦可作为理工科专业学生及企业管理技术人员自学教材。

图书在版编目(CIP)数据

管理运筹学/林林,陈之荣,张孝琪编著. —合肥:中国科学技术大学出版社,2023.1
ISBN 978-7-312-05554-6

Ⅰ.管… Ⅱ.①林… ②陈… ③张… Ⅲ.管理—运筹学 Ⅳ.C931.1

中国版本图书馆 CIP 数据核字(2022)第 241391 号

管理运筹学

GUANLI YUNCHOUXUE

出版	中国科学技术大学出版社 安徽省合肥市金寨路 96 号,230026 http://press.ustc.edu.cn https://zgkxjsdxcbs.tmall.com
印刷	安徽国文彩印有限公司
发行	中国科学技术大学出版社
开本	787 mm×1092 mm 1/16
印张	18
字数	401 千
版次	2023 年 1 月第 1 版
印次	2023 年 1 月第 1 次印刷
定价	48.00 元

前　言

运筹学是系统研究管理优化的一门学科,也是管理专业的核心专业基础课。当前管理专业大多开设运筹学这门课,相关教材也非常丰富。一方面,随着学科自身的不断发展,当前多数运筹学教材普遍存在教材涵盖内容多,授课所需课时多,数学推导过程简化的现象;另一方面,很多普通本科院校运筹学课时较少,加之相当一部分学生数学基础较差,这使得实际教学中往往只教授部分章节,不利于学生自学。针对上述情况,我们编写了本教材。

全书涵盖绪论、线性规划及单纯形法、对偶问题及灵敏度分析、运输问题、目标规划、整数规划、动态规划、图与网络分析、网络计划评审技术、存储论、对策论、排队论,共12章。

本教材具有以下特点:

(1) 每章细化基本内容介绍,算例丰富;删除部分较深内容,如马氏决策、对策论中的复杂决策理论、排队系统优化(学生可以在研究生阶段学习)等;对于非线性规划、启发式算法等相对难度较高的内容未作介绍。

(2) 全书强化学生计算能力培养,细化算法过程的推导以及算例的计算过程,便于学生复习;删除部分复杂的理论证明。

(3) 加强对重点概念如基变量、影子价格、罚值等的说明,便于学生掌握和理解。

(4) 对部分算法加以完善,如将狄克斯屈拉算法中的双标号改为单标号。

全书的编写分工如下:林林编写第1、2、3、4、5、6章;陈之荣编写第7、8、9、11章;张孝琪编写第10、12章。

本书的编写兼顾数学过程的完整性和简洁性,力求既便于学生的预习和复习,也有助于其他读者的自学。限于编者水平,书中难免有疏漏之处,欢迎读者批评指正。

目 录

前言 ……………………………………………………………………………… (i)
第1章　绪论 …………………………………………………………………… (1)
　1.1　运筹学定义及其分支 …………………………………………………… (1)
　　1.1.1　运筹学定义 ………………………………………………………… (1)
　　1.1.2　运筹学分支 ………………………………………………………… (1)
　1.2　运筹学的发展历程及应用 ……………………………………………… (3)
　　1.2.1　运筹学的发展历程 ………………………………………………… (3)
　　1.2.2　运筹学的应用 ……………………………………………………… (4)
第2章　线性规划及单纯形法 ………………………………………………… (6)
　2.1　线性规划问题的提出及模型 …………………………………………… (6)
　　2.1.1　线性规划模型 ……………………………………………………… (6)
　　2.1.2　线性规划的定义 …………………………………………………… (8)
　　2.1.3　线性规划模型的记述及标准形式 ………………………………… (8)
　2.2　线性规划解的概念及相关定理 ………………………………………… (11)
　　2.2.1　线性规划的图解法 ………………………………………………… (11)
　　2.2.2　线性规划解的概念 ………………………………………………… (13)
　　2.2.3　线性规划解的性质(几何意义) …………………………………… (15)
　　2.2.4　线性规划解的基本定理 …………………………………………… (15)
　2.3　单纯形法原理 …………………………………………………………… (17)
　　2.3.1　单纯形法迭代原理 ………………………………………………… (17)
　　2.3.2　最优性判别规则 …………………………………………………… (19)
　2.4　单纯形法计算步骤 ……………………………………………………… (20)
　　2.4.1　单纯形法的基本计算步骤 ………………………………………… (20)
　　2.4.2　关于单纯形法计算的补充说明 …………………………………… (25)
　2.5　人工变量法 ……………………………………………………………… (27)
　　2.5.1　人工变量法初期处理 ……………………………………………… (27)
　　2.5.2　大 M 法 …………………………………………………………… (28)
　　2.5.3　两阶段法 …………………………………………………………… (30)
　2.6　单纯形法总结及应用举例 ……………………………………………… (32)
　　2.6.1　单纯形法总结 ……………………………………………………… (32)

2.6.2　线性规划模型的软件求解 ……………………………………………（33）
　　2.6.3　线性规划问题应用举例 ……………………………………………（34）
习题 …………………………………………………………………………………（38）

第3章　对偶问题及灵敏度分析 …………………………………………………（41）

3.1　对偶问题及其理论 …………………………………………………………（41）
　　3.1.1　对偶问题的提出 ……………………………………………………（41）
　　3.1.2　标准形式下原问题与对偶问题的对应关系 ………………………（43）
　　3.1.3　非标准形式下原问题与对偶问题的对应关系 ……………………（44）
　　3.1.4　求线性规划问题的对偶问题 ………………………………………（46）
3.2　对偶问题性质及其经济意义 ………………………………………………（47）
　　3.2.1　单纯形法的矩阵描述 ………………………………………………（47）
　　3.2.2　对偶问题的性质 ……………………………………………………（48）
　　3.2.3　影子价格 ……………………………………………………………（50）
3.3　对偶单纯形法 ………………………………………………………………（52）
　　3.3.1　单纯形法的重新表述 ………………………………………………（52）
　　3.3.2　对偶单纯形法 ………………………………………………………（53）
　　3.3.3　对偶单纯形法小结 …………………………………………………（55）
3.4　灵敏度分析 …………………………………………………………………（55）
　　3.4.1　价值系数 c_j 的变化分析 ……………………………………………（55）
　　3.4.2　右端常数 b_i 的变化分析 ……………………………………………（57）
　　3.4.3　增加一个新的变量的分析 …………………………………………（58）
　　3.4.4　增加新的约束条件的分析 …………………………………………（59）
　　3.4.5　技术系数 a_{ij} 的变化分析 …………………………………………（61）
　　3.4.6　其他变化情况的分析 ………………………………………………（63）
3.5　参数线性规划 ………………………………………………………………（63）
　　3.5.1　参数线性规划类型 …………………………………………………（63）
　　3.5.2　参数线性规划的分析步骤 …………………………………………（64）
习题 …………………………………………………………………………………（65）

第4章　运输问题 …………………………………………………………………（68）

4.1　运输问题及其数学模型 ……………………………………………………（68）
　　4.1.1　运输问题的一般模型 ………………………………………………（70）
　　4.1.2　运输问题的数学特点 ………………………………………………（71）
4.2　运输问题的求解 ……………………………………………………………（71）
　　4.2.1　初始基可行解的确定（初解或初始调运方案） ……………………（72）
　　4.2.2　解的最优性检验 ……………………………………………………（75）
　　4.2.3　迭代至最优解 ………………………………………………………（78）
4.3　非标准形式的运输问题及转运问题求解 …………………………………（80）

  4.3.1 标准形式与非标准形式运输问题的概念 ……………………………… (80)
  4.3.2 产销不平衡的运输问题求解 ……………………………………………… (80)
  4.3.3 含有转运的运输问题求解 ………………………………………………… (84)
 4.4 运输问题的应用讲解 …………………………………………………………… (87)
 习题 ……………………………………………………………………………………… (91)

第5章　目标规划 …………………………………………………………………………… (93)

 5.1 目标规划问题的建模 …………………………………………………………… (93)
  5.1.1 目标规划问题的提出 ……………………………………………………… (93)
  5.1.2 目标规划建模之一：目标规划的相关概念 ……………………………… (94)
  5.1.3 目标规划建模之二：建模步骤 …………………………………………… (97)
 5.2 目标规划的求解法 ……………………………………………………………… (98)
  5.2.1 目标规划的图解法 ………………………………………………………… (98)
  5.2.2 用单纯形法求解目标规划 ……………………………………………… (100)
  5.2.3 字典序法解目标规划 …………………………………………………… (103)
  5.2.4 赋权求解法 ……………………………………………………………… (104)
 5.3 目标规划的灵敏度分析 ………………………………………………………… (105)
 5.4 目标规划的应用举例 …………………………………………………………… (107)
 习题 ……………………………………………………………………………………… (110)

第6章　整数规划 ………………………………………………………………………… (113)

 6.1 整数规划的建模及其特点 ……………………………………………………… (113)
  6.1.1 整数规划问题的提出 …………………………………………………… (113)
  6.1.2 几类约束条件的处理 …………………………………………………… (114)
  6.1.3 整数规划的求解思想 …………………………………………………… (114)
 6.2 整数规划的求解方法 …………………………………………………………… (116)
  6.2.1 割平面法 ………………………………………………………………… (116)
  6.2.2 分支定界法 ……………………………………………………………… (120)
 6.3 (0—1)规划问题 ………………………………………………………………… (122)
  6.3.1 (0—1)变量及其应用 …………………………………………………… (122)
  6.3.2 (0—1)规划问题的求解 ………………………………………………… (125)
 6.4 指派问题及其模型 ……………………………………………………………… (127)
  6.4.1 指派问题的提出 ………………………………………………………… (127)
  6.4.2 指派问题的数学特征 …………………………………………………… (128)
  6.4.3 相关定理 ………………………………………………………………… (129)
  6.4.4 匈牙利法步骤 …………………………………………………………… (129)
  6.4.5 非标准指派问题的求解 ………………………………………………… (132)
 习题 ……………………………………………………………………………………… (134)

第7章 动态规划 (137)

7.1 动态规划的概念、原理 (138)
7.1.1 动态规划的概念 (138)
7.1.2 动态规划的最优性原理 (140)

7.2 动态规划的求解方法 (143)
7.2.1 离散型变量的解法 (143)
7.2.2 连续型变量的解法 (144)
7.2.3 连续变量的离散化解法 (145)

7.3 动态规划问题的应用举例 (146)
7.3.1 资源分配问题 (146)
7.3.2 生产存储问题 (149)
7.3.3 不确定性采购 (150)
7.3.4 背包问题 (151)
7.3.5 复合系统工作可靠性 (153)
7.3.6 排序问题 (154)
7.3.7 设备更新问题 (155)
7.3.8 货郎担问题 (157)

习题 (158)

第8章 图与网络分析 (161)

8.1 图的基本概念 (162)
8.1.1 图的基本概念 (163)
8.1.2 其他定义 (164)

8.2 树及图的最小部分树 (165)
8.2.1 树的定义及性质 (165)
8.2.2 图的最小支撑树 (165)

8.3 最短路问题 (167)

8.4 网络的最大流 (170)
8.4.1 基本概念 (170)
8.4.2 割与流量 (171)
8.4.3 最大流的最小割定理 (171)
8.4.4 增广链 (172)
8.4.5 求网络最大流的标号算法 (172)

8.5 最小费用最大流及中国邮递员问题 (175)
8.5.1 最小费用最大流问题及模型 (175)
8.5.2 最小费用最大流的计算 (176)
8.5.3 中国邮递员问题 (178)

习题 (182)

第9章 网络计划评审技术 (186)

9.1 网络图介绍 (186)
9.1.1 相关概念 (186)
9.1.2 网络图的绘制规则 (188)
9.1.3 网络图的类型 (190)

9.2 时间参数的计算 (191)
9.2.1 工作持续时间 D (192)
9.2.2 工作的时间参数 (193)
9.2.3 工作时差 (194)
9.2.4 寻找关键线路 (194)

9.3 网络图的优化 (196)
9.3.1 工期优化 (196)
9.3.2 资源使用的优化 (197)
9.3.3 时间—费用优化 (197)

习题 (200)

第10章 存储论 (202)

10.1 存储问题的相关概念 (203)
10.1.1 存储问题的描述 (203)
10.1.2 存储问题的相关概念 (203)
10.1.3 存储模型介绍 (204)

10.2 确定型存储模型 (204)
10.2.1 不允许缺货,补货时间极短(模型一) (204)
10.2.2 允许缺货,生产需一定时间(模型二) (206)
10.2.3 允许缺货,补货时间很短(模型三) (208)
10.2.4 不允许缺货,补货时间较长(模型四) (210)
10.2.5 价格有折扣的存储问题(模型五) (211)

10.3 随机型存储模型 (213)
10.3.1 需求是随机离散的(模型六) (213)
10.3.2 需求是连续的随机变量(模型七) (214)
10.3.3 需求为连续随机变量的 (s, S) 型存储策略(模型八) (216)
10.3.4 需求为离散的随机变量的 (s, S) 型存储策略(模型九) (217)

习题 (219)

第11章 对策论 (222)

11.1 对策论的相关概念及分类 (223)
11.1.1 对策现象的基本要素 (223)
11.1.2 对策论的分类 (224)

11.2 矩阵对策概述 (225)
11.2.1 矩阵策略的纯策略 (225)

　　11.2.2　矩阵对策的混合策略 ……………………………………………… (227)
　　11.2.3　矩阵对策的性质 …………………………………………………… (229)
11.3　矩阵对策的解法 ……………………………………………………………… (232)
　　11.3.1　公式法 ……………………………………………………………… (232)
　　11.3.2　图解法 ……………………………………………………………… (233)
　　11.3.3　线性方程组法 ……………………………………………………… (234)
　　11.3.4　线性规划法 ………………………………………………………… (235)
11.4　其他类型对策介绍 …………………………………………………………… (237)
　　11.4.1　二人无限零和对策 ………………………………………………… (237)
　　11.4.2　多人非合作对策 …………………………………………………… (238)
　　11.4.3　合作对策 …………………………………………………………… (241)
习题 …………………………………………………………………………………… (248)

第12章　排队论 ……………………………………………………………………… (251)
12.1　排队论的相关概念和定义 …………………………………………………… (251)
　　12.1.1　排队系统及相关定义 ……………………………………………… (251)
　　12.1.2　排队系统的构成及规则 …………………………………………… (253)
　　12.1.3　排队系统的符号描述 ……………………………………………… (254)
　　12.1.4　排队系统的主要数量指标及其符号 ……………………………… (255)
12.2　生灭过程和泊松过程 ………………………………………………………… (256)
　　12.2.1　生灭过程 …………………………………………………………… (256)
　　12.2.2　泊松过程 …………………………………………………………… (257)
12.2　单服务台负指数分布排队模型 ……………………………………………… (258)
　　12.2.1　标准的 $M/M/1$ 情形（$M/M/1/\infty$ 模型） ……………………………… (258)
　　12.2.2　顾客源为有限的情形（$M/M/1/\infty/m$ 模型） ……………………… (261)
　　12.2.3　系统容量有限制的情形（$M/M/1/N/\infty$ 模型） …………………… (263)
12.3　多服务台负指数分布排队模型 ……………………………………………… (264)
　　12.3.1　系统容量有限制的情形（$M/M/c/N/\infty$ 模型） …………………… (264)
　　12.3.2　标准的 $M/M/c$ 情形（$M/M/c/\infty/\infty$ 模型） ……………………… (266)
　　12.3.3　有限顾客源的情形（$M/M/c/\infty/m$ 模型） ………………………… (269)
12.4　一般的服务时间模型及排队模型优化简介 ………………………………… (270)
　　12.4.1　一般服务时间模型（$M/G/1$） ……………………………………… (270)
　　12.4.2　定长服务时间模型（$M/D/1$） ……………………………………… (271)
　　12.4.3　爱尔朗服务模型 …………………………………………………… (271)
　　12.4.4　排队系统的最优化问题 …………………………………………… (272)
习题 …………………………………………………………………………………… (273)

参考文献 ……………………………………………………………………………… (275)

第1章 绪 论

1.1 运筹学定义及其分支

1.1.1 运筹学定义

自人类诞生管理活动后,人们总是在思考获得更好管理效果的策略和方法,这种对管理方法及管理思想不断优化的过程最终促成了运筹学的诞生。

运筹学一词在英国称为 operational research,在美国称为 operations research(缩写为 O.R.),可直译为"运用研究"或"运作研究"。运筹学的主要研究领域涉及管理问题,基本手段是建立数学模型,因此有人将运筹学称作"管理数学"。运筹学被引进国内后,国内学者将 O.R. 正式译作运筹学,包含运用筹划、以策略取胜等含义。

运筹学是一门应用性很强的学科,不同国家及学者有不同的定义。《辞海》(1979年版)中有关运筹学条目的释义为:运筹学"主要研究经济活动与军事活动中能用数量来表达有关运用、筹划与管理方面的问题,它根据问题的要求,通过数学的分析与运算,作出综合性的合理安排,以达到经济有效地使用人力、物力"。《中国企业管理百科全书》(1984年版)中的释义为:运筹学"应用分析、试验、量化的方法,对经济管理系统中人、财、物等有限资源进行统筹安排,为决策者提供有依据的最优方案,以实现最有效的管理"。《大英百科全书》中的释义为:"运筹学是一门应用于管理有组织系统的科学""运筹学为掌管这类系统的人提供决策目标和数量分析的工具"。

总体来说,运筹学是运用科学的方法(如分析、试验、量化等)来决定如何最佳地运营和设计各种系统的一门学科。这里涉及三个问题:其一,是运用科学的方法,不同于定性管理依赖于个人经验和直觉;其二,追求的是系统的总体最优而不是局部最优;其三,是实现最有效的管理,兼顾目标和投入两个方面的要求,即兼顾效率与效果。

1.1.2 运筹学分支

运筹学一般是根据决策问题的环境中的变量关系或逻辑关系建立数学模型或图的模型。

因为环境依存关系的不同,形成不同的分支。运筹学的数学模型一般包括目标函数和约束条件。

(1) 线性规划(linear programming)

当变量连续取值,且目标函数和约束条件均为线性时,称这类模型为线性规划的模型。线性规划建模相对简单,有通用算法和计算机软件,是运筹学中应用最为广泛的一个分支。有些规划问题的目标函数是非线性的,但往往可以采用分段线性化等方法,转化为线性规划问题。

(2) 非线性规划(nonlinear programming)

若线性规划模型中目标函数或约束条件不全是线性的,对这类模型的研究构成非线性规划。非线性规划是更复杂的数学模型,很多时候采用逐步逼近的方式求出近似最优解。

(3) 整数规划(integer programming)

前两类模型中变量的取值必须为整数时,分别构成线性整数规划或非线性整数规划模型。整数规划本身是一个庞大的分支,因其离散取值,求解难度大,但在实际决策中有着更广泛的应用。

(4) 目标规划(goal programming)

前三类规划模型中,均为追求单一目标的优化。实际问题中往往需要同时兼顾对多个目标优化,且这些目标无法综合成统一目标,这时需要采用确定目标的优先顺序方式求解,进而导致了目标规划分支的诞生。

(5) 动态规划(dynamic programming)

动态规划是研究多阶段决策过程最优化的运筹学分支。当决策过程中环境变化较大、较快时,可以将其看作几个静态过程的关联决策,因而构成一个多阶段的决策过程。动态规划研究多阶段决策过程的总体优化,即从系统总体出发,要求各阶段决策所构成的决策序列能使目标函数值达到最优。

(6) 图论与网络分析(graph theory and network analysis)

实际决策问题中,各阶段有明确的时间或空间顺序,此时可用图论求解。把这些阶段、节点抽象为点,其逻辑关系抽象为边,整个决策问题抽象为点、边的集合构成图,再利用几何方法求解。图论是研究由节点和边所组成图形的数学理论和方法。

(7) 存储论(inventory theory)

一种研究最优订货量的理论和方法。为了保证企业生产、销售的正常进行,需要有一定数量外购件、商品的储备。存储一般需要存储费、订货费、缺货费等费用,存储策略研究在不同需求、供货及到达方式等情况下,确定在什么时间点及一次提出多大批量的订货,使用于订购、储存和可能发生短缺的费用的总和最少。

运筹学的主要分支还有排队论、对策论和决策理论等。

一般认为运筹学诞生的三个来源是军事、管理和经济,但其中管理是运筹学孕育的主要土壤。随着生产规模的日益扩大和分工的越来越细,要求生产组织高度的合理性、计划性和经济性,促使人们不仅要研究生产的各个部门,而且要研究它们相互之间的联系,要把它们当作一个整体进行研究,追求整体的效率和效益,这正是运筹学研究的基础和目标。

因此随着人类社会管理实践的不断向前发展,运筹学也随之发展丰富。如近年来博弈论、量子理论等也不断用于运筹学的建模求解中。

1.2 运筹学的发展历程及应用

1.2.1 运筹学的发展历程

优化的思想始于管理活动诞生之后。因此人类社会在很早就诞生了朴素的运筹学思想，如战国时代"齐王田忌赛马"、宋代"丁渭修皇宫"等就是很好的体现。

但运筹学真正诞生是由于二战前后军事的需要。如20世纪30年代末，英国和美国为了对付德国的空袭，开始研究如何合理运用雷达问题，称为"运用研究"(operational research)或"运筹学研究"。同时美国军队中成立了一些混合专门小组，开展研究如何有效降低商船队在大西洋航行时遭受德国潜艇攻击时的受损率。也在研究了反潜深水炸弹的合理爆炸深度后，使被摧毁的德国潜艇数提高到了4倍；并针对船只受敌机攻击问题，提出了船队如何编队以及大船应急转向、小船应缓慢转向的逃避方法，取得了显著成效。

二战之后，为与苏联全球争霸，美国军方继续加强运筹学的研究并将之运用于相关军事项目，如何缩短北极星导弹研究时间并诞生了计划评审技术，该技术在项目管理上有着广泛应用。

随着冷战思维的逐步消散，运筹学也逐步走向民用领域，这促使了运筹学的飞速发展，使得运筹学的学科体系也逐渐完善，如数学规划（线性规划、非线性规则、整数规划、目标规划、动态规划、随机规划等）、图与网络分析、排队论（随机服务系统理论）、存储论、对策论、决策论、维修更新理论、可靠性和质量管理等。

这些理论并不是同一时间形成的，如排队论是丹麦工程师爱尔朗1917年在哥本哈根电话公司研究电话通信系统时提出的；存储论是在20世纪20年代初提出的；线性规划是由丹捷格在1947年制定美国空军军事规划时提出的，并给出了求解线性规划问题的单纯形法。

最早建立运筹学会的国家是英国(1948年)，接着是美国(1952年)、法国(1956年)、日本和印度(1957年)、中国(1980年)。到2006年为止，国际上已有48个国家和地区建立了运筹学会或类似的组织。1959年英、美、法三国运筹学会发起成立了国际运筹学联合会(IFORS)，1975年欧洲运筹学协会(EURO)成立，1985年亚太运筹学协会(APORS)成立。

运筹学的快速发展与数学和计算技术的发展密不可分。其中，数学可以为运筹学的相关模型提供求解算法，而计算技术可以解决复杂大规模的运筹学模型，间接提高了运筹学模型的现实适用性。

我国第一个运筹学小组于1956年在中国科学院力学研究所成立，1958年建立了运筹学研究室。1960年在山东济南召开全国应用运筹学的经验交流和推广会议，1980年4月成立了中国运筹学学会。在农林、交通运输、建筑、机械、冶金、石油化工、水利、邮电、纺织等部门和军事领域，运筹学的方法已开始得到应用推广。除中国运筹学学会外，中国系统工程学学会以及与国民经济各部门有关的专业学会，也都把运筹学应用作为重要的研究领域。我国各高等院校,特别是各经济管理类专业已普遍把运筹学作为一门专业主干课程列入教学计划之中。

1.2.2 运筹学的应用

1. 运筹学的应用步骤

大部分学科从研究上基本包括四个方面:分析特征并量度数据;建立理论或模型;利用理论及模型得到预测结果;将理论预测与实际结果相比较,加以证实并修正理论和模型。运筹学也不例外,对上述四个方面的研究可划分为以下步骤:

(1) 提出和分析问题

现实的问题很复杂也很抽象,常常需要将一些复杂的问题简单化处理。包括收集数据、区分可控变量及可量度参数、明确目标及约束条件。

(2) 建立模型

即把问题中参数与目标及约束之间的关系用一定的模型表示出来。这种建模必须了解参数与目标和约束之间的变化特征。

(3) 求解

用各种手段(主要是数学方法,也可用其他方法)对模型求解,解可能是最优解、次优解、满意解。复杂模型的求解需用计算机辅助,解的精度要求可由决策者提出。解的结果重在应用,能够指导实践的解才是有意义的解。

(4) 解的检验

检查求解步骤和程序有无错误,将解与实际结果对比,差异是否超出事先设定的标准,如超出需分析原因及关键因素。

(5) 模型完善

通过上述分析来不断完善模型,直至误差符合要求。

(6) 实际应用

将该模型应用于实际决策问题中。

2. 运筹学在企业管理实际中的应用

运筹学作为数学工具理论上可以用于大多数定量决策,无论是政府公共事务管理、非营利组织管理决策还是营利组织管理决策。但主要还是应用于微观营利组织的决策,最主要是应用于企业决策。

(1) 生产计划

包括确定总体生产量,合理储备原料及劳动力,还可用于各种、各层次生产作业计划的编排。此外,还可应用在合理下料、配料问题、物料管理等方面。

(2) 市场销售

主要应用于各种销售费用预算、广告选择、各种产品定价、销售计划的制定等方面。

(3) 运输问题

主要包括空运、水运、公路运输、铁路运输等运输方式选择;运输线路决策;车辆调度、人员安排等决策。

(4) 库存管理

主要包括各种原材料、外购件、成品的库存数量确定;外购物资订货量的计算。目前新的用法是将库存理论与计算机的物资管理信息系统相结合,用软件自动管理库存。

(5) 财政和会计

涉及预算、贷款、成本分析、定价、投资、证券管理、现金管理等,可以采用统计分析、数学规划、决策分析、盈亏点分析法、价值分析法等方法。

其他包括人事管理中人员的获得和需求估计、人才的开发(即进行教育和训练)、人员的分配(各种指派问题)、各类人员的合理利用、人才的评价以及如何测定一个人对组织和社会的贡献、工资和津贴的确定等;设备管理中设备维修更新和可靠性管理;项目管理中项目选择和评价、工程的优化设计等。

第2章 线性规划及单纯形法

2.1 线性规划问题的提出及模型

2.1.1 线性规划模型

1. 线性规划模型简介

1947年美国人 G.B 丹齐克(Dantzig)提出线性规划。线性规划模型是研究线性不等式组的理论,或者说是研究高维空间中凸多面体的理论,是对线性代数的应用和发展。

管理中线性规划早期主要用于解决如何合理使用有限的资源来满足生产经营的需要或产生最大的经济效益。因此早期广泛适用于生产计划编排、生产量确定、下料问题,也适用于证券投资等领域。

2. 线性规划问题的提出及建模

例 2.1 生产计划问题(资源利用问题)。

某工厂拥有 A,B,C 三种类型的设备,生产甲、乙两种产品。每件产品在生产中需要占用的设备工时、获得的利润及设备可利用的时数如表2.1所示。

表2.1 相关生产经营数据

	产品甲	产品乙	设备工时(h)
设备 A	3	2	65
设备 B	2	1	40
设备 C	0	3	75
利润(元/件)	1 500	2 500	

如何安排生产可获得最大的总利润?

分析 将一个实际问题转化为线性规划模型一般有以下4个步骤:

(1) 定义变量

确定决策变量,将需要决策的问题的数量用变量代替。

x_1 表示甲的生产数量,x_2 表示乙的生产数量。

(2) 确定目标函数

描述目标值 Z 与决策变量之间的函数关系,并明确目标优化的方向(最大或最小)。

工厂的目标是利润最大：Max $Z = 1\,500x_1 + 2\,500x_2$

（3）确定约束条件

明确决策所受到的环境限制（生产计划问题的约束也称资源约束条件）。

$$3x_1 + 2x_2 \leqslant 65 \quad (A\text{ 工时限制})$$
$$2x_1 + x_2 \leqslant 40 \quad (B\text{ 工时限制})$$
$$3x_2 \leqslant 75 \quad (C\text{ 工时限制})$$

（4）确定变量取值限制

如决策变量只取正值（或非负值），也称自变量约束条件。

$$x_1 \geqslant 0, x_2 \geqslant 0$$

该问题的数学模型如下：

$$\text{Max } Z = 1\,500x_1 + 2\,500x_2$$
$$\text{s.t:} \begin{cases} 3x_1 + 2x_2 \leqslant 65 \\ 2x_1 + x_2 \leqslant 40 \\ 3x_2 \leqslant 75 \\ x_1, x_2 \geqslant 0 \end{cases}$$

这里，"Max"是英文单词"Maximize"的缩写；"s.t"是"subject to"的缩写；1 500、2 500 分别记作 c_1, c_2，称作价值系数；合在一起为一个行向量：$C = (c_1, c_2)$，称作价值系数向量；x_1, x_2 称为决策变量，相对于目标值 Z，又可称为自变量，x_1, x_2 合在一起为一个列向量 X。

对于 $3x_1 + 2x_2 \leqslant 65$，$3x_1$ 中的 3 及 $2x_2$ 中的 2 称为工艺技术系数，其大小由工艺文件决定，符号为 a_{ij}；第一列的系数 a_{11}, a_{21}, a_{31} 合在一起为一个列向量，记为 P_1，称为工艺技术系数列向量，简称系数列向量。

$$P_1 = \begin{pmatrix} a_{11} \\ a_{21} \\ a_{31} \end{pmatrix} = \begin{pmatrix} 3 \\ 2 \\ 0 \end{pmatrix}$$

P_1, P_2 合在一起记为 a，称为工艺系数矩阵。

$$a = (P_1, P_2) = \begin{pmatrix} 3 & 2 \\ 2 & 1 \\ 0 & 3 \end{pmatrix}$$

65、40、75 称为资源数量，分别记为 b_1, b_2, b_3，分别表示生产中所拥有的各种资源的数量；合在一起记为 b，称为资源向量。

$$b = \begin{pmatrix} b_1 \\ b_2 \\ b_3 \end{pmatrix}$$

例 2.2 甲、乙、丙、丁四种食品，都含有不同成分的维生素，其含量和单价如表 2.2 所示。

表 2.2 食品相关数据

维生素(mg)	甲	乙	丙	丁	每人每天最低摄入量(mg)
A	1 000	1 500	1 750	3 250	4 000
B	0.6	0.27	0.68	0.3	1
C	17.5	7.5	0	30	30
单价（元）	0.8	0.5	0.9	1.5	

如果某人每天的维生素摄入不能少于规定的最低需求量,应如何搭配各种食品才能使所花费的费用最少？

解 令甲、乙、丙、丁购买量分别为 x_1, x_2, x_3, x_4 单位。

模型如下：

$$\text{Min } Z = 0.8x_1 + 0.5x_2 + 0.9x_3 + 1.5x_4$$

$$\text{s.t.} \begin{cases} 1\,000x_1 + 1\,500x_2 + 1\,750x_3 + 3\,250x_4 \geqslant 4\,000 \\ 0.6x_1 + 0.27x_2 + 0.68x_3 + 0.3x_4 \geqslant 1 \\ 17.5x_1 + 7.5x_2 + 30x_4 \geqslant 30 \\ x_1, x_2, x_3, x_4 \geqslant 0 \end{cases}$$

2.1.2 线性规划的定义

① 每个行动方案可用一组变量 $(x_1, x_2, \cdots, x_n)$ 的值表示,变量一般是连续的,这些变量的取值可以是自由取值、非负的或非正的。

② 变量的变化要受某些限制,这些限制条件用一些线性等式或不等式表示。

③ 有一个需要优化的目标,它也是变量的线性函数。

具备以上三个特点的数学模型称为线性规划,简记为 LP。

这里线性的含义：

① 严格的比例性,如生产某产品对资源的消耗量和可获取的利润,同其生产数量严格成比例。

② 可叠加性,即总利润和每种资源总消耗量是各种产品的利润和消耗量之和。

③ 可分性,各个自变量可以取值为小数、分数或某一实数。

④ 确定性,指模型中的参数 c, a_{ij}, b 均为确定的常数。

决策变量、目标函数、约束条件（非负约束）,称为线性规划数学模型三要素；按照优化方向的不同可分为最大化问题和最小化问题。

另外需要说明的是：实际决策环境往往不符合线性、连续取值要求,此时也可采用线性规划模型,这是一种简化做法。

2.1.3 线性规划模型的记述及标准形式

1. 线性规划的一般形式

所谓线性规划的一般形式是将所有实际中的线性规划模型用一个统一的形式表示出来,此时变量的个数用 n 表示（$j=1,2,\cdots,n$）,约束条件的个数用 m 表示（$i=1,2,\cdots,m$）。

线性规划的一般形式有四种记述形式：
(1) 列项的形式

$$\text{Max(Min)} \ Z = c_1 x_1 + c_2 x_2 + \cdots + c_n x_n$$

$$\text{s.t.:} \begin{cases} a_{11} x_1 + a_{12} x_2 + \cdots + a_{1n} x_n \leqslant (=, \geqslant) b_1 \\ a_{21} x_1 + a_{22} x_2 + \cdots + a_{2n} x_n \leqslant (=, \geqslant) b_2 \\ a_{m1} x_1 + a_{m2} x_2 + \cdots + a_{mn} x_n \leqslant (=, \geqslant) b_m \end{cases}$$

(2) 使用求和符号的形式

$$\text{Max(Min)} \ Z = \sum_{j=1}^{n} c_j x_j$$

$$\text{s.t.:} \begin{cases} \sum_{j=1}^{n} a_{ij} x_j \leqslant (=, \geqslant) b_i \\ i = 1, 2, \cdots, m \end{cases}$$

(3) 使用向量的形式

$$\text{Max(Min)} \ Z = CX$$

$$\text{s.t.:} P_1 x_1 + P_2 x_2 + \cdots + P_n x_n \leqslant (=, \geqslant) b$$

还可以进一步写成：

$$\text{Max(Min)} \ Z = CX$$

$$\text{s.t.:} \sum_{j=1}^{n} P_j x_j \leqslant (=, \geqslant) b$$

(4) 使用矩阵和向量的形式

$$\text{Max(Min)} \ Z = CX$$

$$\text{s.t.:} AX \leqslant (=, \geqslant) b$$

这里：

$$X = \begin{pmatrix} x_1 \\ x_2 \\ \vdots \\ x_n \end{pmatrix}; P_j = \begin{pmatrix} a_{1j} \\ a_{2j} \\ \vdots \\ a_{mj} \end{pmatrix}; b = \begin{pmatrix} b_1 \\ b_2 \\ \vdots \\ b_m \end{pmatrix}; A = (P_1, P_2, \cdots, P_n) = \begin{pmatrix} a_{11} & a_{12} & \cdots & a_{1n} \\ a_{21} & a_{22} & \cdots & a_{2n} \\ \cdots & & & \\ a_{m1} & a_{m2} & \cdots & a_{mn} \end{pmatrix}_{m \times n}$$

$C = (c_1, c_2, \cdots, c_n)$

其中，X 称为决策变量向量；A 称为系数矩阵；b 称为资源向量；C 称为价值系数向量；P_j 称为工艺系数列向量，简称系数向量。

2. 线性规划的标准形式

线性规划的目标函数及约束条件在形式上的多样性，给线性规划的研究、求解及制定求解规则带来不便，因此人们人为制定了线性规划的标准形式。

标准形式的四项要求：

① 目标函数优化方向为求极大值(Max)。

② 约束条件右端常数项非负($b_i \geqslant 0$)。

③ 自变量非负($x_j \geqslant 0$)。

④ 约束条件为等式约束($=b_i$)。

相应的线性规划的标准形式也有四种记述形式：

(1) 列项的形式

$$\text{Max } Z = c_1x_1 + c_2x_2 + \cdots + c_nx_n$$

$$\text{s.t:} \begin{cases} a_{11}x_1 + a_{12}x_2 + \cdots + a_{1n}x_n = b_1 \\ a_{21}x_1 + a_{22}x_2 + \cdots + a_{2n}x_n = b_2 \\ \cdots \\ a_{m1}x_1 + a_{m2}x_2 + \cdots + a_{mn}x_n = b_m \\ x_j \geqslant 0, b_i \geqslant 0 \end{cases}$$

(2) 使用求和符号的形式

$$\text{Max } Z = \sum_{j=1}^{n} c_j x_j$$

$$\text{s.t:} \begin{cases} \sum_{j=1}^{n} a_{ij}x_j = b_i (i=1,2,\cdots,m) \\ x_j \geqslant 0, b_i \geqslant 0 \end{cases}$$

(3) 使用向量的形式

$$\text{Max } Z = CX$$

$$\text{s.t:} \begin{cases} \sum_{j=1}^{n} P_j x_j = b(b \geqslant 0) \\ x_j \geqslant 0 \end{cases}$$

(4) 使用矩阵和向量的形式

$$\text{Max } Z = CX$$

$$\text{s.t:} \begin{cases} AX = b \\ X \geqslant 0, b \geqslant 0 \end{cases}$$

3. 将非标准形式 LP 化为标准形式 LP

(1) 目标函数为求最小值

若 $\text{Min } Z = \sum_{j=1}^{n} c_j x_j$，可令 $Z' = -Z$，则

$$\text{Min } Z = \text{Min}(-Z') = (-\text{Min})Z' = \text{Max } Z'$$

所以

$$\text{Max } Z' = \text{Max}(-Z) = \sum_{j=1}^{n} -c_j x_j$$

例如：目标函数为 $\text{Min } Z = 2x_1 - 6x_2 + 8x_3$，可转化为：

$$\text{Max } Z' = -2x_1 + 6x_2 - 8x_3$$

(2) 约束条件为"$\leqslant$"型

对于 $a_{i1}x_1 + a_{i2}x_2 + \cdots + a_{in}x_n \leqslant b_i$ 形式的，引入松弛变量 $S_i(S_i \geqslant 0)$，变为：

$$a_{i1}x_1 + a_{i2}x_2 + \cdots + a_{in}x_n + S_1 = b_i$$

例如：$2x_1 - 6x_2 + 8x_3 \leqslant 5$，可引入松弛变量 $S_1(S_1 \geqslant 0)$，变为：

$$2x_1 - 6x_2 + 8x_3 + S_1 = 5$$

(3) 约束条件为"$\geqslant$"型

对于 $a_{i1}x_1 + a_{i2}x_2 + \cdots + a_{in}x_n \geqslant b_i$ 形式的,引入剩余变量 $S_i(S_i \geqslant 0)$,变为

$$a_{i1}x_1 + a_{i2}x_2 + \cdots + a_{in}x_n - S_2 = b_i$$

例如:$2x_1 - 6x_2 + 8x_3 \geqslant 5$,可引入松弛变量 $S_2(S_2 \geqslant 0)$,变为

$$2x_1 - 6x_2 + 8x_3 - S_2 = 5$$

剩余变量对应生产过程中剩余的资源,一般也将剩余变量、松弛变量合称松弛变量。

(4) 约束条件右端常数(b_i)为负

则等式两边同乘(-1)。

例如:$2x_1 - 6x_2 + 8x_3 = -5$,则可在等式两边同乘(-1),变为

$$-2x_1 + 6x_2 - 8x_3 = 5$$

(5) 有决策变量 $x_j \leqslant 0$

例如:$x_3 \leqslant 0$,可令 $x_3' = -x_3$,则 $x_3' \geqslant 0$。

(6) 决策变量无符号限制(也称可正可负、无约束取值)

例如:x_3 无约束取值,可令 $x_3', x_3'' \geqslant 0, x_3 = x_3' - x_3''$。

例 2.3 将下列线性规划化为标准形式。

$$\text{Min } Z = 3x_1 - 3x_2 + 7x_3$$

$$\text{s.t:} \begin{cases} x_1 + x_2 + 3x_3 \leqslant 40 \\ x_1 + 9x_2 - 7x_3 \geqslant 50 \\ 5x_1 - 3x_2 = -20 \\ x_1, x_2 \geqslant 0, x_3 \text{ 无约束} \end{cases}$$

标准型为:

$$\text{Max } \omega = -3x_1 + 3x_2 - 7(x_3' - x_3'')$$

$$\text{s.t:} \begin{cases} x_1 + x_2 + 3(x_3' - x_3'') + S_1 = 40 \\ x_1 + 9x_2 - 7(x_3' - x_3'') - S_2 = 50 \\ -5x_1 + 3x_2 = 20 \\ x_1, x_2, x_3', x_3'', S_1, S_2 \geqslant 0 \end{cases}$$

2.2 线性规划解的概念及相关定理

2.2.1 线性规划的图解法

例 2.4

$$\text{Max } S = 50x_1 + 30x_2$$

$$\text{s.t:} \begin{cases} 4x_1 + 3x_2 \leqslant 120 \\ 2x_1 + x_2 \leqslant 50 \\ x_1, x_2 \geqslant 0 \end{cases}$$

1. 图解法的主要步骤

(1) 绘制可行域

根据资源约束与自变量约束绘制,如图 2.1 所示。

(2) 改写目标函数

使之为以目标值 S 为参数的直线方程,例 2.4 变为 $x_2 = \dfrac{S}{30} - \dfrac{5}{3}x_1$。

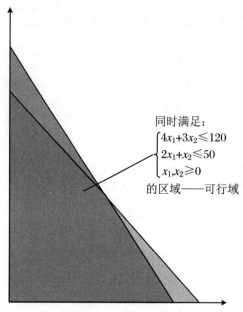

同时满足:
$\begin{cases} 4x_1+3x_2 \leqslant 120 \\ 2x_1+x_2 \leqslant 50 \\ x_1,x_2 \geqslant 0 \end{cases}$
的区域——可行域

图 2.1　绘制可行域

(3) 平移目标函数直线

使目标函数值增大,直至最大,如图 2.2 所示。

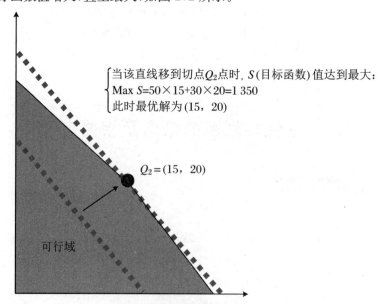

当该直线移到切点 Q_2 点时,S(目标函数)值达到最大:
Max $S=50×15+30×20=1\,350$
此时最优解为 (15,20)

$Q_2=(15,20)$

可行域

图 2.2　目标函数直线与可行域相切

2. 线性规划最优解的四种可能

(1) 唯一最优解

目标函数直线与可行域相切,切点 Q_2 为唯一最优解。

线性规划问题可行域如果存在,则必是凸的图形,且必有凸出的点(顶点),如图2.2中的 Q_2 点,最优解只能在顶点上获得。

(2) 无穷多组最优解

将例2.4中的目标函数由 Max $S=50x_1+30x_2$ 变成:

Max $S=40x_1+30x_2$,即模型变为:

$$\text{Max } S = 40x_1 + 30x_2$$
$$\text{s.t.} \begin{cases} 4x_1 + 3x_2 \leqslant 120 \\ 2x_1 + x_2 \leqslant 50 \\ x_1, x_2 \geqslant 0 \end{cases}$$

此时,目标函数直线与可行域边界线段重合,这个线段上的每个点都是最优解,故有无穷多最优解。

(3) 无界解

例 2.5

$$\text{Max } S = x_1 + x_2$$
$$\text{s.t.} \begin{cases} -2x_1 + x_2 \leqslant 120 \\ 2x_1 - x_2 \leqslant 50 \\ x_1, x_2 \geqslant 0 \end{cases}$$

该线性规划的可行域为无界域,目标函数直线可以沿其法线不断移动,使得目标值不断增加,直至无穷。所以,无界解是线性规划有可行解,但无最优解。

(4) 无可行解

例 2.6

$$\text{Max } S = 2x_1 + 3x_2$$
$$\text{s.t.} \begin{cases} 2x_1 + 2x_2 \leqslant 12 \\ x_1 + 2x_2 \geqslant 14 \\ x_1, x_2 \geqslant 0 \end{cases}$$

因为约束条件间相互矛盾,所以可行域为空,该线性规划无可行解,也可简称无解。

当线性规划出现无界解或无可行解时,说明建模过程有问题。一般来说前者约束条件过少,后者约束条件过多。

2.2.2 线性规划解的概念

图解法一般只能求解三维以下的线性规划,当变量多于3个时,求解线性规划只能用单纯形法。

$$\text{Max } Z = c_1 x_1 + c_2 x_2 + \cdots + c_n x_n \tag{2.1}$$

$$\text{s.t.:} \begin{cases} a_{11}x_1 + a_{12}x_2 + \cdots + a_{1n}x_n = b_1 \\ a_{21}x_1 + a_{22}x_2 + \cdots + a_{2n}x_n = b_2 \\ \cdots \\ a_{m1}x_1 + a_{m2}x_2 + \cdots + a_{mn}x_n = b_m \end{cases} \quad (2.2)$$

$$x_j \geqslant 0 (j=1,\cdots,n) \quad (2.3)$$

这里约束条件是一个含有 m 个方程、n 个变量的方程组,并且一般 n 远大于 m。

(1) 解、可行解、可行域

满足约束条件 2.2 的一组 $(x_1,x_2,\cdots,x_n)^T$ 或 X 称为线性规划的 1 个解,同时满足约束条件 2.2、约束条件 2.3 的解 $(x_1,x_2,\cdots,x_n)^T$ 称为线性规划的可行解,全部解的集合构成的区域称为可行域。

(2) 最优解

线性规划的可行解中能使式 2.1 得到最大值的解称为最优解。

线性规划的求解是求其最优解,一个合理的思路是将所有可行解分别代入目标函数 2.1 中,比较目标值大小从而得到最优解。因为实际应用中 n 一般远大于 m,可行解为无穷多,所以这种思路无法实现。

因此需另辟蹊径。如果在 n 个变量中去掉 $(n-m)$ 个,则剩下 m 个变量,并且这 m 个变量的系数列向量线性无关。根据克莱姆法则,m 个变量对 m 个方程,必然有唯一解(这个解相当于式 2.2 的 1 个特解)。由于这种特解不超过 C_n^m 个,可以将这些特解分别代入目标函数中寻求最大值,从而得到最优解(当然,需要证明线性规划的最优解必存在于这些特解中)。要求这些特解,需首先保证它们的系数列向量线性无关,这里先引入基的概念。

(3) 基、基向量、非基向量、基变量、非基变量

假设 A 为一个 $m \times n (n > m)$ 阶满秩矩阵,其秩为 $r(A)=m$,B 为 A 中的一个 $m \times m$ 阶满秩子矩阵,$r(B)=m$,则称 B 为线性规划的一个基。为讲述方便,设前 m 个列向量恰好构成基。具体如下:

$$B = \begin{bmatrix} a_{11} & a_{12} & \cdots & a_{1m} \\ \vdots & \vdots & \vdots & \vdots \\ a_{m1} & a_{m2} & \cdots & a_{mm} \end{bmatrix} = (P_1,\cdots,P_m)$$

B 中列向量线性无关,称为基向量,A 中剩余的向量称为非基向量;以基向量作为其系数的变量称为基变量,即上述中保留的变量,剩下的变量为非基变量,也即上述中去掉的变量。

(4) 基解、基可行解、可行基

在约束方程组 2.2 中,若令所有非基变量 $x_{m+1}=x_{m+2}=\cdots=x_n=0$,则可以根据克莱姆法则求解出唯一解 $X_B=(x_1,x_2,\cdots,x_m)^T$,将这个解加上非基变量 $(x_{m+1},x_{m+2},\cdots,x_n)$,即可得出一个解 $X=(x_1,x_2,\cdots,x_m,x_{m+1},\cdots,x_n)^T$,则称 X 为线性规划的一个基解(基础解);满足非负约束条件 2.3 的基解称为基可行解;对应于基可行解的基称为可行基。

2.2.3 线性规划解的性质(几何意义)

1. 凸集

设 D 是 n 维线性空间 R^n 中的一个点集,若 D 中的任意两点 $X^{(1)}, X^{(2)}$ 的连线上的一切点 X 仍在 D 中,则称 D 为凸集。

即若 D 中的任意两点 $X^{(1)}, X^{(2)} \in D$,存在数 $\alpha(0<\alpha<1)$,使得:
$$X = \alpha X^{(1)} + (1-\alpha)X^{(2)} \in D$$
则称 D 为凸集。

2. 顶点

设 D 是凸集,若 D 中的点 X 不能成为 D 中任何线段上的内点,则称 X 为凸集 D 的顶点。

即若 D 中的任意两点 $X^{(1)}, X^{(2)}$,不存在数 $\alpha(0<\alpha<1)$,使得:
$$X = \alpha X^{(1)} + (1-\alpha)X^{(2)} \in D$$
成立,则称 X 为凸集 D 的一个顶点。

凸集和顶点说明了线性规划可行域和基可行解的几何特点。

2.2.4 线性规划解的基本定理

定理 1 线性规划问题的可行解集是凸集(即连接线性规划问题任意两个可行解的线段上的点仍然是可行解)。

即证明:若 $X^{(1)}, X^{(2)}$ 为 LP 的可行解,则 $X^{(3)} = \alpha X^{(1)} + (1-\alpha)X^{(2)}$ 也是 LP 的可行解,也即证明:$\begin{cases} AX^{(3)} = b \\ X^{(3)} \geqslant 0 \end{cases}$ 成立。

证明 若 $X^{(1)}, X^{(2)}$ 为 LP 的可行解,则有:$\begin{cases} AX^{(1)} = b(X^{(1)} \geqslant 0) \\ AX^{(2)} = b(X^{(2)} \geqslant 0) \end{cases}$

$$AX^{(3)} = A(\alpha X^{(1)} + (1-\alpha)X^{(2)}) = \alpha AX^{(1)} + (1-\alpha)AX^{(2)} = \alpha b + b - \alpha b = b$$

又因为 $\alpha, (1-\alpha), X^{(1)}, X^{(2)} \geqslant 0$,所以 $X^{(3)} \geqslant 0$,$X^{(3)}$ 为可行解,得证。

引理 线性规划问题的可行解 $X = (x_1, x_2, \cdots, x_m, x_{m+1}, \cdots, x_n)^T$ 为基础可行解的充分必要条件是:X 的非零分量所对应的系数矩阵 A 的列向量是线性无关。

证明 ① 必要性。由基可行解的定义可以得证。

② 充分性。非零分量所对应的向量 $(P_1, P_2, \cdots, P_k)$,则必有 $k \leqslant m$;当 $k = m$ 时,这组向量正好构成一个基,则 X 为基可行解。若 $k < m$,则可从剩余的 $(n-m)$ 个列向量中挑出 $(m-k)$ 个列向量,与前 k 个正好构成一个基,则 X 为基可行解。

定理 2 线性规划问题的可行解集 D 中的点 X 是顶点的充分必要条件是:X 是基可行解。

证明 ① X 不是基可行解,则 X 不是可行域顶点。

不失一般性,假设 X 的前 m 个分量为正,则有:

$$\sum_{j=1}^{n} P_j x_j = \sum_{i=1}^{m} P_i x_i = b \tag{2.4}$$

由引理知，$P_1, P_2, \cdots, P_m$ 线性相关，即存在一组不全为 0 的数 $\delta_i (i=1,2,\cdots,m)$，使得

$$\delta_1 P_1 + \delta_2 P_2 + \cdots + \delta_m P_m = 0 \tag{2.5}$$

将式(2.5)乘以不为 0 的常数 μ，得

$$\mu\delta_1 P_1 + \mu\delta_2 P_2 + \cdots + \mu\delta_m P_m = 0 \tag{2.6}$$

将式(2.4)+式(2.6)得

$$(x_1 + \mu\delta_1)P_1 + \cdots + (x_m + \mu\delta_m)P_m = b$$

再将式(2.4)-式(2.6)得

$$(x_1 - \mu\delta_1)P_1 + \cdots + (x_m - \mu\delta_m)P_m = b$$

分别令

$$X^{(1)} = [(x_1 + \mu\delta_1), (x_2 + \mu\delta_2), \cdots, (x_m + \mu\delta_m), 0, \cdots, 0]$$
$$X^{(2)} = [(x_1 - \mu\delta_1), (x_2 - \mu\delta_2), \cdots, (x_m - \mu\delta_m), 0, \cdots, 0]$$

通过选取足够小的 μ，可使得 $x_i \pm \mu\delta_i \geq 0 (i=1,2,\cdots,m)$，即使得 $X^{(1)}, X^{(2)} \in D$，则

$$X = \frac{1}{2}X^{(1)} + \frac{1}{2}X^{(2)}$$

即 X 不是可行域的顶点。

② X 不是可行域顶点，则 X 不是基可行解。

设 $X = (x_1, x_2, \cdots, x_m, 0, 0, \cdots, 0)^T$ 不是可行域顶点，则可在可行域找到另外相异两点 Y 与 Z，使得 $X = \alpha Y + (1-\alpha)Z (0<\alpha<1)$，也即 $x_j = \alpha y_j + (1-\alpha)z_j (0<\alpha<1)$，又因为 $0<\alpha<1, 0<(1-\alpha)<1$，当 $x_j = 0$ 时，必有 $y_j = z_j = 0$。

$$\sum_{j=1}^n P_j x_j = \sum_{i=1}^m P_i x_i = b$$

$$\sum_{j=1}^n P_j y_j = \sum_{i=1}^m P_i y_i = b \tag{2.7}$$

$$\sum_{j=1}^n P_j z_j = \sum_{i=1}^m P_i z_i = b \tag{2.8}$$

式(2.7)-式(2.8)得

$$\sum_{i=1}^m (y_i - z_i)P_i = 0$$

因为 $(y_j - z_j)$ 不全为 0，故 $(P_1, P_2, \cdots, P_m)$ 线性相关，所以不是基可行解。

定理 3 若线性规划的可行域有界，线性规划模型的目标函数一定可在其可行域的顶点上达到最优。

证明 设 $X^{(1)}, X^{(2)}, \cdots, X^{(k)}$ 是可行域的顶点，若 $X^{(0)}$ 不是顶点，且目标函数在 $X^{(0)}$ 处达到最优 $Z^* = CX^{(0)}$（是标准型，$Z^* = \text{Max } Z$）。

因为 $X^{(0)}$ 不是顶点，所以它可以用 D 的顶点线性表示为 $X^{(0)} = \sum_{i=1}^k \alpha_i X^{(i)}, \alpha_i > 0$，$\sum_{i=1}^k \alpha_i = 1$。因此 $CX^{(0)} = C\sum_{i=1}^k \alpha_i X^{(i)} = \sum_{i=1}^k \alpha_i CX^{(i)}$。

在所有的顶点中,必然能找到某一个顶点 $X^{(m)}$,使 $CX^{(m)}$ 是所有 $CX^{(i)}$ 中最大者,并且将 $X^{(m)}$ 代替上式中的所有 $X^{(i)}$,于是 $\sum_{i=1}^{k} \alpha_i CX^{(i)} \leqslant \sum_{i=1}^{k} \alpha_i CX^{(m)} = CX^{(m)}$。

由此得到 $CX^{(0)} \leqslant CX^{(m)}$。根据假设 $CX^{(0)}$ 是最大值,只能有 $CX^{(0)} = CX^{(m)}$,即目标函数在顶点 $X^{(m)}$ 处也达到最大值。

定理 3 说明了基最优解一定是最优解,但反之不一定成立。当线性规划存在无穷多最优解时,除两个端点外的其他解都是可行解而不是基可行解。

定理 1~定理 3 从理论上证明了通过求基可行解的方式求线性规划的最优解是严谨可行的。

2.3 单纯形法原理

2.3.1 单纯形法迭代原理

1. 确定初始基可行解

由上述定理知,如果线性规划问题有最优解,一定有一个基可行解是最优解。因此,单纯形法的解题思想是先找到一个基可行解,然后判断其是否最优;若不是,用另外一个基可行解替换当前的基可行解,直至得到最优解。

对于一个实际生产问题建模得到线性规划模型,其约束条件都是小于等于形式,故标准化后,其中含有 m 个松弛变量,且松弛变量的系数矩阵为单位阵。

为讲述方便,将 m 个松弛变量顺序调至前 m 个,则前 m 个列向量构成单位阵,也构成一个基,此时全部 m 个松弛变量为 m 个基变量,所有决策变量为非基变量。对于如下标准形式线性规划,根据上述假设,$(x_1, x_2, \cdots, x_m)$ 为基变量,故 $(P_1, P_2, \cdots, P_m)$ 为单位向量。

$$\text{Max } Z = \sum_{j=1}^{n} c_j x_j$$

$$\text{s.t.:} \begin{cases} a_{11}x_1 + a_{12}x_2 + \cdots + a_{1n}x_n = b_1 \\ a_{21}x_1 + a_{22}x_2 + \cdots + a_{2n}x_n = b_2 \\ \cdots \\ a_{m1}x_1 + a_{m2}x_2 + \cdots + a_{mn}x_n = b_m \end{cases} \quad (2.9)$$

$$x_j \geqslant 0 (j = 1, \cdots, n) \quad (2.10)$$

将所有基变量的系数列向量代入式(2.9)可得式(2.11),

$$\begin{cases} x_1 + a_{1,m+1}x_{m+1} + \cdots + a_{1n}x_n = b_1 \\ x_2 + a_{2,m+1}x_{m+1} + \cdots + a_{2n}x_n = b_2 \\ \cdots \\ x_m + a_{m,m+1}x_{m+1} + \cdots + a_{mn}x_n = b_n \end{cases} \quad (2.11)$$

将式(2.11)中每个等式移项,有:

$$\begin{cases} x_1 = b_1 - a_{1,m+1}x_{m+1} - \cdots - a_{1n}x_n \\ x_2 = b_2 - a_{2,m+1}x_{m+1} - \cdots - a_{2n}x_n \\ \cdots \\ x_m = b_m - a_{m,m+1}x_{m+1} - \cdots - a_{mn}x_n \end{cases} \quad (2.12)$$

令 $x_{m+1} = x_{m+2} = \cdots = x_n = 0$，可得 $x_i = b_i (i = 1,2,\cdots,m)$。又因 $b_i \geqslant 0$，所以得到一个初始基可行解 $X = (x_1, x_2, \cdots, x_m, \underbrace{0, \cdots, 0}_{(n-m)\text{个}})^T = (b_1, b_2, \cdots, b_m, \underbrace{0, \cdots, 0}_{(n-m)\text{个}})^T$。

因松弛变量的价值系数为 0，此时目标值为 0，显然不是最优解。考虑用一个非基变量替换当前的基变量，因非基变量是决策变量，其价值系数大于 0，则可使目标值获得增加。又因非基变量取值为 0，故目标函数计算可简化为：

$$Z = \sum_{j=1}^{n} c_j x_j = \sum_{i=1}^{m} c_i x_i$$，即目标值为所有基变量的值与其价值系数乘积之和。

对式(2.11)的约束方程进行转换，有 $x_i = b_i - \sum_{j=m+1}^{n} a_{ij} x_j$，将其代入目标函数中有：

$$Z = \sum_{i=1}^{m} c_i b_i + \sum_{j=m+1}^{n} (c_j - \sum_{i=1}^{m} c_i a_{ij}) x_j \quad (2.13)$$

分别令 $Z^{(0)} = \sum_{i=1}^{m} c_i b_i$ 及 $Z^{(j)} = \sum_{i=1}^{m} c_i a_{ij} (j = m+1, \cdots, n)$，所以

$$Z = Z^{(0)} + \sum_{j=m+1}^{n} (c_j - Z^{(j)}) x_j$$

令

$$\sigma_j = c_j - Z^{(j)} (j = m+1, \cdots, n)$$

得

$$Z = Z^{(0)} + \sum_{j=m+1}^{n} \sigma_j x_j$$

其中 σ_j 称为检验数。

2. 换入变量的确定

当 x_j 的 $\sigma_j > 0$ 时，因为 $x_j > 0$，此时其他非基变量值为 0，所以目标函数值 $Z = Z^{(0)} + \sum_{j=m+1}^{n} \sigma_j x_j$ 可以获得增加。若有两个以上非基变量 x_j 的 $\sigma_j > 0$，则根据 $\underset{j}{\text{Max}}(\sigma_j > 0) = \sigma_k$，此时 σ_k 对应的非基变量 x_k 为换入变量，可使目标值获得最快增加。此时确定一列，即第 k 列，称为主元列。

3. 换出变量的确定

现假设 $\underset{j}{\text{Max}}(\sigma_j > 0) = \sigma_k$，则选取非基变量 x_k 为换入变量，则需在基变量中换出一个，假设为第 l 个，记为 x_l。则需将 x_k 的系数变为单位向量替换 x_l；

$$P_k = \begin{pmatrix} a_{1k} \\ a_{2k} \\ \vdots \\ a_{lk} \\ \vdots \\ a_{mk} \end{pmatrix}; P_l = \begin{pmatrix} 0 \\ \vdots \\ 1 \\ 0 \\ \vdots \\ 0 \end{pmatrix} \leftarrow 第\ l\ 个分量$$

即将 P_k 变为单位向量,这可以通过系数矩阵的增广矩阵进行初等变换来实现。

$$\begin{array}{c} x_1 \cdots x_2 \cdots x_m \quad x_{m+1} \cdots x_k \cdots x_n \quad b \\ \left\{ \begin{array}{cccccc|c} 1 & & & a_{1,m+1} & \cdots & a_{1k} & \cdots & a_{1n} & b_1 \\ & \ddots & & & & & & & \\ & & 1 & a_{l,m+1} & \cdots & a_{lk} & \cdots & a_{ln} & b_l \\ & & & \ddots & & & & & \\ & & & 1 & a_{m,m+1} & \cdots & a_{mk} & \cdots & a_{mn} & b_m \end{array} \right\} \end{array} \quad (2.14)$$

(1) 将增广矩阵 2.14 中的第 l 行除以 a_{lk},a_{lk} 称为主元素,得到式 2.15:

$$\left(0,\cdots,0,\frac{1}{a_{lk}},0,\cdots,\frac{a_{l,m+1}}{a_{lk}},\cdots,1,\cdots,\frac{a_{l,n}}{a_{lk}} \bigg| \frac{b_l}{a_{lk}}\right) \quad (2.15)$$

(2) 将式(2.14)中 x_k 列的各元素,除 a_{lk} 变换为 1 以外,其他都应变换为 0。其他行的变换是将式(2.15)乘以 $a_{ik}(i \neq l)$ 后,从式(2.14)的第 i 行减去,得到新的第 i 行。

$$\left(0,\cdots,0,-\frac{a_{ik}}{a_{lk}},0,\cdots,0,a_{i,m+1}-\frac{a_{l,m+1}}{a_{lk}}a_{ik},\cdots,0,\cdots,a_{ln}-\frac{a_{ln}}{a_{lk}}a_{ik} \bigg| b_i - \frac{b_l}{a_{lk}}a_{ik}\right)$$
$$(2.16)$$

由此可得到变换后系数矩阵各元素的变换关系式。因为变换后 x_k 的值对应于 b 列第 l 行,即变为 $\frac{b_l}{a_{lk}}$ 须大于等于 0,所以 a_{lk} 必须大于 0,又因为所有 b 列数字变为 $\left(b_i - \frac{b_l}{a_{lk}}a_{ik}\right)$,且是基可行解,所以必须满足 $\left(b_i - \frac{b_l}{a_{lk}}a_{ik}\right) \geqslant 0$,由于 b_i, b_l, a_{lk} 均大于等于 0,当 $a_{ik} \leqslant 0$ 时,上式满足要求。

当 $a_{ik} > 0$ 时,将 $b_i - \frac{b_l}{a_{lk}}a_{ik} \geqslant 0$ 变换得:即要求 $\frac{b_l}{a_{lk}} \leqslant \frac{b_i}{a_{ik}}(i=1,2,\cdots,m)$,右边比值共有 m 个,所以左边比值只能选择最小的,记这个比值为 θ,则 $\theta = \theta_l = \frac{b_l}{a_{lk}} = \underset{i}{\text{Min}}\left\{\frac{b_i}{a_{ik}} \bigg| a_{ik} > 0\right\}$,则第 l 行的基变量 x_l 为换出变量;此时确定一行,即第 l 行,称为主元行。

2.3.2 最优性判别规则

图解法中已说明线性规划模型可能存在唯一最优解、无穷多最优解、无界解和无可行解四种情况,因此,需要对每个基可行解进行有效判别并建立判别准则。

1. 最优解的判别定理

对于某个基可行解 $X^{(1)}$ 而言,若此时所有非基变量的 $\sigma_j \leqslant 0$,则 $X^{(1)}$ 为最优解。

2. 无穷多最优解判别与唯一最优解的判别定理

(1) 唯一最优解判定

$X^{(1)}$ 为一个基可行解,若此时所有非基变量的 $\sigma_j < 0$,则 $X^{(1)}$ 为该线性规划的唯一最优解。

(2) 无穷多最优解的判定

对于某个基可行解 $X^{(1)}$ 而言,若此时所有非基变量的 $\sigma_j \leq 0$(则 $X^{(1)}$ 为最优解),同时又存在 1 个以上非基变量的检验数(如 $\sigma_k = 0$),则该线性规划模型有无穷多最优解。

令当前的最优解为 $X^{(1)}$,将 x_k 作为换入变量进行基变换,则可得到另一个最优解 $X^{(2)}$,因为 $\sigma_k = 0$,所以二者最优值相等,二者均为最优解。进一步,二者所有的线性组合也都是最优解,所以为无穷多最优解。图中表现为两个顶点连线上的一切点均为最优解,即图解法中目标函数线与可行域边界线重合。

3. 无界解判定定理

若 $X^{(0)} = (b_1, \cdots, b_m, 0, \cdots, 0)^T$ 为一个基可行解,有一个非基变量检验数 $\sigma_k > 0 (k > m)$,并且对 $i = 1, 2, \cdots, m$,有 $a_{ik} \leq 0$,则该线性规划模型具有无界解。

因此需将主元素 a_{lk} 变为 1,又 $b_l' = \dfrac{b_l}{a_{lk}}$,而第 k 列所有系数分量 $a_{ik} \leq 0$,所以 $b_l' < 0$;即不可能再得到基可行解(顶点),只能得到可行解,也即可行域为无界域;x_j 可以趋向正无穷大,故对于目标函数值 $Z = \sum_{j=1}^{n} c_j x_j$ 而言,只要有 $c_j > 0$,则 $Z \to +\infty$,没有最大值。

以上讨论的线性规划模型都是针对求目标函数极大化时的情况。当求目标函数极小化时:

① 可以将其化为标准型,用求极大化的规则来求解。

② 如果不化为标准型,直接按求目标值最小方式求,则只需在最优性判别时将 $\sigma_j \leq 0$ 改为 $\sigma_j \geq 0$,将不是最优解时 $\sigma_k > 0$ 改写为 $\sigma_k < 0$ 即可。

2.4 单纯形法计算步骤

2.4.1 单纯形法的基本计算步骤

如线性规划存在最优解,则一定可以在基可行解里找到。故单纯形法的思路就是:先找出一个基可行解;若不是最优解,则按一定的法则用另外一个基可行解替换当前的基可行解,并保持目标值的增大,直至找到最优解。在单纯形表中,总是以单位阵作为基。

1. 初始计算

① 将线性规划化为标准形式,松弛变量价值系数记为 0。

② 绘制初始单纯形表(表 2.3)。包括在表的左上部将变量按下标顺序依次填入,再在变量的上方和下方分别填入价值系数和系数列向量,同时在左侧第三列按行的顺序填上 b 列数字。

③ 确定基变量。在系数列向量中找出单位阵,以此作为基并确定基变量,将基变量

按其系数向量中"1"所在行的位置顺序填在左侧基变量栏,再按对应关系分别填上基变量的价值系数。

表 2.3　初始单纯形表

C_B	X_B	c_j	c_1	c_2	...	c_m	c_{m+1}	...	c_k	...	c_n
		b	x_1	x_2	...	x_m	x_{m+1}	...	x_k	...	x_n
c_1	x_1	b_1	1	0	...	0	$a_{1,m+1}$	...	a_{1k}		a_{1n}
c_2	x_2	b_2	0	1	...	0	$a_{2,m+1}$	...	a_{2k}		a_{2n}
...	...	...	...	...		...	...		...		...
c_m	x_m	b_m	0	0		1	$a_{m,m+1}$	...	a_{mk}	...	a_{mn}
	σ_j		0	0	...	0	$c_{m+1}-\sum_{i=1}^{m}c_i a_{i,m+1}$	...	$c_k-\sum_{i=1}^{m}c_i a_{ik}$	...	$c_n-\sum_{i=1}^{m}c_i a_{in}$

④ 初始表布置完毕,即可得到初始基可行解(简称初解)及初始目标值。

例 2.7　用单纯形法求解下列线性规划。

$$\text{Max } Z = 2x_1 + 5x_2$$

$$\begin{cases} x_1 + 2x_2 \leqslant 8 \\ 5x_1 + 2x_2 \leqslant 20 \\ 4x_2 \leqslant 12 \\ x_1, x_2 \geqslant 0 \end{cases}$$

解　对该线性规划标准化,添加松弛变量 x_3, x_4, x_5 化为等式约束,即可化为标准形式。

$$\text{Max } Z = 2x_1 + 5x_2$$

$$\begin{cases} x_1 + 2x_2 + x_3 = 8 \\ 5x_1 + 2x_2 + x_4 = 20 \\ 4x_2 + x_5 = 12 \\ x_1, x_2, x_3, x_4, x_5 \geqslant 0 \end{cases}$$

将变量及其价值系数、系数列向量列入表的右半部,b 列数字列入表的左侧第 3 列,如表 2.4 所示。

表 2.4　初始表布置一

C_B	X_B	c_j	2	5	0	0	0
		b	x_1	x_2	x_3	x_4	x_5
		8	1	2	1	0	0
		20	5	2	0	1	0
		12	0	4	0	0	1

因 x_3, x_4, x_5 的系数为单位向量，故这三个变量为基变量，在表的左侧第二列填入，并在第一列填入相应的价值系数，如表 2.5 所示。

表 2.5　初始表布置二

C_B	X_B	c_j	2	5	0	0	0
		b	x_1	x_2	x_3	x_4	x_5
0	x_3	8	1	2	1	0	0
0	x_4	20	5	2	0	1	0
0	x_5	12	0	4	0	0	1

初始表布置完毕，得到初始基可行解 $X^{(0)}$，可计算出事目标值 $Z^{(0)}$。这里 X_B, X_N 分别表示基变量及非基变量，初始基可行解为：$X_B = b, X_N = 0$。

$$X^{(0)} = \begin{pmatrix} X_N \\ X_B \end{pmatrix} = \begin{pmatrix} 0 \\ b \end{pmatrix} = \begin{pmatrix} \begin{pmatrix} x_1 \\ x_2 \end{pmatrix} \\ \begin{pmatrix} x_3 \\ x_4 \\ x_5 \end{pmatrix} \end{pmatrix} = \begin{pmatrix} 0 \\ 0 \\ 8 \\ 20 \\ 12 \end{pmatrix}$$

初始目标值的计算：

$$\begin{aligned} Z^{(0)} &= CX = (C_B, C_N) \begin{pmatrix} X_B \\ X_N \end{pmatrix} \\ &= C_B X_B + C_N X_N = C_B X_B + C_N 0 \\ &= C_B X_B = (0,0,0) \begin{pmatrix} 8 \\ 20 \\ 12 \end{pmatrix} = 0 \end{aligned}$$

⑤ 对最优性进行判定：若所有非基变量 X_N 的检验数 $\sigma_j \leqslant 0$，则最优，算法终止；若存在非基变量检验数 $\sigma_k > 0$，则转入第二阶段。

需要说明的是，判断解的最优性仅需计算非基变量的检验数。基变量的检验数公式与非基变量的相同，但任何时候基变量的检验数均为 0。

非基变量检验数的计算：

$$\sigma_j = c_j - C_B P_j$$

如：

$$\sigma_1 = c_1 - C_B P_1 = 2 - (0,0,0) \begin{pmatrix} 1 \\ 5 \\ 0 \end{pmatrix} = 2$$

$$\sigma_2 = c_2 - C_B P_2 = 5 - (0,0,0) \begin{pmatrix} 2 \\ 2 \\ 4 \end{pmatrix} = 5$$

所以不是最优解,转入迭代运算。

2. 迭代运算(换基运算)

目的:用另外一个能使目标函数值获得增加的基可行解替换初始基可行解。

(1) 确定换入变量(Max 规则)

$$\sigma_k = \underset{j}{\text{Max}} \{\sigma_j | \sigma_j > 0\}$$

则 σ_k 所对应的非基变量 x_k 即为换入变量,第 k 列称为主元列,如表2.6所示。

表2.6 迭代运算之确定换入变量

	c_j		2	5	0	0	0
C_B	X_B	b	x_1	x_2	x_3	x_4	x_5
0	x_3	8	1	2	1	0	0
0	x_4	20	5	2	0	1	0
0	x_5	12	0	4	0	0	1
	σ_j		2	5√			

选择最大正值检验数,可以使迭代次数减少,迭代速度最大。如不选最大正值,只选正值对应的非基变量换入,不影响最后最优解。但对于变量较多的线性规划会显著增加迭代次数,减慢迭代速度,故算作错误。

在表2.6中,非基变量 x_2 所对应的检验数 $\sigma_2 = 5$ 最大,所以 x_2 为换入变量。

(2) 确定换出变量(θ 规则)

$$\theta_l = \underset{i}{\text{Min}} \left\{ \frac{b_i}{a_{ik}} | a_{ik} > 0 \right\} = \frac{b_l}{a_{lk}}$$

选择最小比值,是为了保证下个解为基可行解,也即保证表2.7中 b 列数字全部非负;若不选择最小比值,则表2.7中 b 列数字至少有1个为负,则不是基可行解。

表2.7 迭代运算之确定换出变量

	c_j		2	5	0	0	0	
C_B	X_B	b	x_1	x_2	x_3	x_4	x_5	θ_i
0	x_3	8	1	2	1	0	0	8/2
0	x_4	20	5	2	0	1	0	20/2
0	x_5	12	0	[4]	0	0	1	12/4√
	σ_j		2	5				

第 l 行的基变量 x_l 为换出变量,第 l 行称为主元行(即表中画线处),主元行与主元列相交处的系数 a_{lk} 称为主元素,将主元素加中括号,如表2.7所示。

在表2.7中,基变量 x_3, x_4, x_5 的 θ 比值分别为 $\theta_1 = 4$、$\theta_2 = 10$、$\theta_3 = 3$,其中 $\theta_3 = 3$ 最小,所以基变量 x_5 换出。

注意:计算 θ_i 比值时,若该向量某个分量 $a_{ik} \leqslant 0$,则 θ_i 比值不存在,以横线代替。

(3) 矩阵变换

矩阵变换的目的是在保证除 x_l 之外的其他基变量系数列向量保持单位向量不变的同时,将非基变量 x_k 的系数列向量变为单位向量取代 x_l 的系数列向量。这样其他系数列向量及 b 列常数都需要改变。

将单纯性表左侧基变量 x_l 用非基变量 x_k 替换,同时替换其价值系数。

① 不变的部分:除 x_l 之外的其他基变量系数列向量不变。

② 主元行的所有系数除以主元素,$b'_l = \dfrac{b_l}{a_{lk}}$;$a'_{lj} = \dfrac{a_{lj}}{a_{lk}}$;主元素变为 1,主元列里其他系数直接变为 0。

③ 除上述系数之外的其他系数,采用对角线法则计算,公式如下:

$$b'_i = b_i - \dfrac{b_l \times a_{ik}}{a_{lk}} (i \neq l)$$

$$a'_{ij} = a_{ij} - \dfrac{a_{lj} \times a_{ik}}{a_{lk}} (i \neq l)$$

将要变换的系数与主元素构成矩形的一条对角线,分母是主元素,分子为矩形的另一条对角线上 2 个系数的乘积,矩阵变换如表 2.8 所示。

表 2.8　例 2.7 的第一次矩阵变换

	c_j		2	5	0	0	0	
C_B	X_B	b	x_1	x_2	x_3	x_4	x_5	θ_i
0	x_3	2	1	0	1	0	$-1/2$	
0	x_4	14	5	0	0	1	$-1/2$	
5	x_2	3	0	1	0	0	$1/4$	
	σ_j							

3. 计算最优解

① 重新计算各非基变量的检验数 σ_j,并判断是否存在 $\sigma_j > 0$;若所有 $\sigma_j \leqslant 0$,则已得最优解,算法终止。

② 若存在 $\sigma_j > 0$,则重复第二阶段迭代运算,直至所有 $\sigma_j \leqslant 0$;此时解为最优解,算法终止。

例 2.7 的完整计算过程如表 2.9 所示。

表 2.9　例 2.7 的完整单纯形表

	c_j		2	5	0	0	0	
C_B	X_B	b	x_1	x_2	x_3	x_4	x_5	θ_i
0	x_3	8	1	2	1	0	0	8/2
0	x_4	20	5	2	0	1	0	20/2
0	x_5	12	0	[4]	0	0	1	12/4
	σ_j		2	5				

续表

0	x_3	2	[1]	0	1	0	-1/2	2/1
0	x_4	14	5	0	0	1	-1/2	14/5
5	x_2	3	0	1	0	0	1/4	—
	σ_j		2				-5/4	
2	x_1	2	1	0	1	0	-1/2	
0	x_4	4	0	0	-5	1	2	
5	x_2	3	0	1	0	0	1/4	
	σ_j				-2		-1/4	

表 2.9 的第三部分中,因为所有非基变量的检验数 σ_j 均 $\leqslant 0$,所以已得最优解,算法终止;最优解 $X^* = (2,3,0,4,0)^T$,最优值 $Z^* = 2 \times 2 + 5 \times 3 = 19$。

2.4.2 关于单纯形法计算的补充说明

1. 有两个及以上最大 σ_j 和最小 θ 值时的选取

① 出现两个及以上最大的检验数 $\sigma_j(\sigma_j > 0)$,则任取其中之一对应的非基变量作为换入变量,一般对迭代速度及结果没有影响。

② 计算 θ 时,出现两个及以上的最小 θ 值,则任取一个对应的基变量作为换出变量,则迭代后其他最小 θ 值对应的基变量的取值(即对应的 b 列数字)会变为 0,这种现象称为退化现象,这个基可行解称为退化解;出现退化时,迭代过程可能会出现循环现象,使得计算机计算程序出错。关于退化现象的解决有很多专门的方法,这里不作介绍。但手工计算时,因为变量较少,可直接观察优先选择决策变量为换入变量(或优先选择松弛变量为换出变量),一般不会出现循环现象,故可任取一个。

将例 2.7 中 b_3 数字改为 16,如表 2.10 所示,则出现退化现象。

表 2.10 退化现象

	c_j		2	5	0	0	0	θ_i
C_B	X_B	b	x_1	x_2	x_3	x_4	x_5	
0	x_3	8	1	2	1	0	0	8/2=4
0	x_4	20	5	2	0	1	0	20/2
0	x_5	16	0	[4]	0	0	1	16/4=4
	σ_j		2	5				
0	x_3	0(退化)						
0	x_4	12						
5	x_2	4						
	σ_j							

2. 最优解的类别判断

(1) 无穷多最优解与唯一最优解的判别法则

若对某基可行解 $X^{(1)}$，所有非基变量的检验数 $\sigma_j < 0$，则该线性规划有唯一最优解。

若对某基可行解 $X^{(1)}$，所有非基变量的检验数 $\sigma_j \leqslant 0$（此时算法终止），且有一个或几个非基变量的检验数等于 0，则该线性规划有无穷多最优解；

例 2.8 下列线性规划的最优解如表 2.11 所示。

$$\text{Max } z = x_1 + x_2 + 2x_3 - x_4$$

$$\begin{cases} x_1 + x_3 - x_4 = 1 \\ -x_1 + x_2 + 2x_4 = 0 \\ x_1, x_2, x_3, x_4 \geqslant 0 \end{cases}$$

表 2.11 例 2.8 的初始解 $X^{(1)}$

C_B	X_B	b	c_j			
				1	1	2	-1
			x_1	x_2	x_3	x_4
2	x_3	1	[1]	0	1	-1
1	x_2	0	-1	1	0	2
	σ_j		0			-1

因为非基变量的检验数为 0 和 -1，均小于等于 0，所以是 $X^{(1)}$ 最优解。此时非基变量 x_1 的检验数为 0，若将 x_1 作为换入变量，显然目标值不变，这样得到第二个基可行解 $X^{(2)}$，二者均是最优解，具体如表 2.12 所示。

表 2.12 例 2.8 的迭代，得 $X^{(2)}$

C_B	X_B	b	c_j				θ_i
				1	1	2	-1	
			x_1	x_2	x_3	x_4	
2	x_3	1	[1]	0	1	-1	1/1
1	x_2	0	-1	1	0	2	——
	σ_j		0	0	0	-1	
1	x_1	1	1	0	1	-1	
1	x_2	1	0	1	1	1	
	σ_j				0	-1	

因 $a_{21} = -1$，故无 θ 比值，x_2 换出，得到第二个基可行解 $X^{(2)}$，显然 $X^{(2)}$ 也是最优解。故 $X^{(1)}, X^{(2)}$ 的一切非负线性组合均是最优解，所以此线性规划为无穷多最优解。

(2) 无界解（无最优解）的判定

若对某基可行解 $X^{(1)}$（迭代过程中的某一阶段），存在非基变量 x_k 的检验数 $\sigma_k > 0$ 且最大，但其系数列向量 $P_k < 0$；即 x_k 的系数列向量无正分量，则问题无最优解，为无界解（Z 值趋向正无穷大）。

无解（无可行解）的判断见 2.5 小节。

2.5 人工变量法

单纯形法是求基可行解,初始基可行解都是选择增广矩阵中的单位阵 I 作为基,并以此确定基变量、非基变量,从而得到初始基可行解。所以要求初始增广矩阵必须有单位阵 I。当线性规划模型的增广矩阵里没有 I 时,单纯形法无法正常开始,也即无法得到初始基可行解。这就需要人工变量法才能开始运算。

2.5.1 人工变量法初期处理

例 2.9 用单纯形法求解下列线性规划。
$$\text{Max } Z = 3x_1 - x_2 - x_3$$
$$\begin{cases} x_1 - 2x_2 + x_3 \leqslant 11 \\ -4x_1 + x_2 + 2x_2 \geqslant 3 \\ -2x_1 + x_3 = 1 \\ x_1, x_2, x_3 \geqslant 0 \end{cases}$$

解 将其标准化后得如下:
$$\text{Max } Z = 3x_1 - x_2 - x_3$$
$$\begin{cases} x_1 - 2x_2 + x_3 + x_4 = 11 \\ -4x_1 + x_2 + 2x_3 - x_5 = 3 \\ -2x_1 + x_3 = 1 \\ x_1, \cdots, x_5 \geqslant 0 \end{cases}$$

标准化后的增广矩阵如下:

$$\begin{pmatrix} P_1 & P_2 & P_3 & P_4 & P_5 \\ 1 & -2 & 1 & 1 & 0 \\ -4 & 1 & 2 & 0 & -1 \\ -2 & 0 & 1 & 0 & 0 \end{pmatrix}$$

1. 添加单位向量

因为上述增广矩阵里无单位阵,无法启用单纯形法,无法得到初始基可行解。故直接在原增广矩阵里增加所缺单位向量如下:

$$\left(\begin{array}{ccccc|cc} P_1 & P_2 & P_3 & P_4 & P_5 & P_6 & P_7 \\ 1 & -2 & 1 & 1 & 0 & 0 & 0 \\ -4 & 1 & 2 & 0 & -1 & 1 & 0 \\ -2 & 0 & 1 & 0 & 0 & 0 & 1 \end{array}\right)$$

这样 P_4, P_6, P_7 构成一个基,即可开始用单纯形法。

2. 添加人工变量

系数是变量的系数,故增加了 2 个向量 P_6, P_7,也必须增加 2 个变量 x_6, x_7,这 2 个变量纯粹是为了单纯性算法能够启动而增加的,没有任何实际意义,称为人工变量。由于非负约束的要求，$x_6, x_7 \geq 0$。

$$\begin{array}{ccccc|cc} x_1 & x_2 & x_3 & x_4 & x_5 & x_6 & x_7 \\ P_1 & P_2 & P_3 & P_4 & P_5 & P_6 & P_7 \\ 1 & -2 & 1 & 1 & 0 & 0 & 0 \\ -4 & 1 & 2 & 0 & -1 & 1 & 0 \\ -2 & 0 & 1 & 0 & 0 & 0 & 1 \end{array}$$

3. 对人工变量取值的约束

标准化后的约束方程如下：

$$\begin{cases} x_1 - 2x_2 + x_3 + x_4 = 11 & ① \\ -4x_1 + x_2 + 2x_3 - x_5 = 3 & ② \\ -2x_1 + x_3 = 1 & ③ \end{cases} \quad (2.17)$$

添加人工变量后，约束方程如下：

$$\begin{cases} x_1 - 2x_2 + x_3 + x_4 = 11 & ① \\ -4x_1 + x_2 + 2x_3 - x_5 + x_6 = 3 & ② \\ -2x_1 + x_3 + x_7 = 1 & ③ \end{cases} \quad (2.18)$$

比较式 2.17 与式 2.18，可看出：

$$\begin{cases} 方程 ② 的变化：\begin{cases} -4x_1 + x_2 + 2x_3 - x_5 = 3 \\ -4x_1 + x_2 + 2x_3 - x_5 + x_6 = 3 \end{cases} \\ 方程 ③ 的变化：\begin{cases} -2x_1 + x_3 = 1 \\ -2x_1 + x_3 + x_7 = 1 \end{cases} \end{cases}$$

因为 $x_6, x_7 \geq 0$，要使方程②、方程③为等价变化，x_6, x_7 必须为 0（否则，解为原线性规划的非可行解），但若开始时令 $x_6, x_7 = 0$，则 P_6, P_7 不能存在。因此合理的思路是：开始时，允许 $x_6, x_7 > 0$，当得到基可行解时，约束 x_6, x_7 的取值，使其为 0。

按照对约束 x_6, x_7 取值的方法的不同，人工变量法分为大 M 法和两阶段法。

2.5.2 大 M 法

1. 大 M 法的主要过程及思想

给 x_6, x_7 赋予 $(-M)$ 的价值系数，M 为足够大的正数。对于 M 可以这样看：一方面它大于任何常数，相当于 $+\infty$；另一方面，它是一个数，所以 $0 \times M = 0$。

这样目标函数变为

$$\text{Max } Z = 3x_1 - x_2 - x_3 - Mx_6 - Mx_7$$

因为 x_1, x_2, x_3 的取值是有界的，所以 $(3x_1 - x_2 - x_3)$ 的值有上界，当 x_6, x_7 的值有 1 个不为 0 时，

$$Z = (3x_1 - x_2 - x_3) - Mx_6 - Mx_7 \longrightarrow -\infty \quad (2.19)$$

此时 Z 值为最小值。若该线性规划有最优解，则 Z 值必然存在最大值。通过逐步迭代，一定能使 Z 值得到最大。根据式 2.19，此时必然有 $x_6, x_7 = 0$，所以该解为原线性规划的可行解。

实际上，若将原线性规划命名为 LP_1，由于增广矩阵里无单位阵，无法得到初始基可行

解,故实际是通过求解另外一个线性规划 LP_2(矩阵扩大后对应的线性规划),当 $x_6,x_7=0$ 时,LP_1 与 LP_2 同解,从而得到 LP_1 的 1 个基可行解,再在此基可行解的基础上继续迭代,得到最优解。按前述单纯形法的基本求解过程求解 LP_2 即可,这里计算检验数时需注意 M 的处理,以例 2.9 为例:

$$LP_1: \text{Max } Z = 3x_1 - x_2 - x_3 - 0x_4 - 0x_5$$

$$\text{s.t.} \begin{cases} x_1 - 2x_2 + x_3 + x_4 = 11 \\ -4x_1 + x_2 + 2x_3 - x_5 = 3 \\ -2x_1 + x_3 = 1 \\ x_1, x_2, x_3, x_4, x_5 \geqslant 0 \end{cases}$$

$$LP_2: \text{Max } Z = 3x_1 - x_2 - x_3 + 0x_4 + 0x_5 - Mx_6 - Mx_7$$

$$\text{s.t.} \begin{cases} x_1 - 2x_2 + x_3 + x_4 = 11 \\ -4x_1 + x_2 + 2x_3 - x_5 + x_6 = 3 \\ -2x_1 + x_3 + x_7 = 1 \\ x_1, x_2, x_3, x_4, x_5, x_6, x_7 \geqslant 0 \end{cases}$$

实际解 LP_2,LP_2 得到最优解时,LP_1 与 LP_2 同解,从而得 LP_1 的最优解,如表 2.13 所示。

表 2.13 迭代运算之确定换入变量

C_B	X_B	c_j	3	−1	−1	0	0	−M	−M
		b	x_1	x_2	x_3	x_4	x_5	x_6	x_7
0	x_4	11	1	−2	1	1	0	0	0
−M	x_6	3	−4	1	2	0	−1	1	0
−M	x_7	1	−2	0	[1]	0	0	0	1
	σ_j		3−6M	−1+M	−1+3M		−M		
0	x_4	10	3	−2	0	1	0	0	−1
−M	x_6	1	0	[1]	0	0	−1	1	−2
−1	x_3	1	−2	0	1	0	0	0	1
	σ_j		1	−1+M			−M		−3M+1
0	x_4	12	[3]	0	0	1	−2	2	−5
−1	x_2	1	0	1	0	0	−1	1	−2
−1	x_3	1	−2	0	1	0	0	0	1
	σ_j		1				−1	−M+1	−3M+1
3	x_1	4	1	0	0	1/3	−2/3	2/3	−5/3
−1	x_2	1	0	1	0	0	−1	1	−2
−1	x_3	9	0	0	1	2/3	−4/3	4/3	−7/3
	σ_j					−1/3	−1/3	−M+1/3	−M+2/3

这里，M 相当于 $+\infty$，用以判断 σ 的正负。

这里迭代时，正常情况下先分步换出基变量中的所有人工变量(例 2.9 中 x_6, x_7)，使其为非基变量，其取值也即为 0。此时得到原线性规划的 1 个基可行解，如表 2.13 中的第三部分所示。再在此基础之上继续迭代，即可得到原线性规划的最优解。

注意：用大 M 法计算时，若当算法终止时(即所有非基变量检验数 $\sigma_j \leq 0$)，基变量中仍有人工变量，也即有人工变量取值大于 0，则此解为原线性规划的非可行解。因此时约束方程组不等价于原约束方程组，但由于已不可能继续迭代，找不到基可行解，故原线性规划为无可行解。

2. 大 M 法的缺陷

大 M 法在上机操作时，由于计算机并不能判断 M 的性质，一般事先赋予 M 一个较大的数值用以计算。如果线性规划中的相关系数如 a_{ij}, c_j 很大或很小，在判断检验数 σ_j 的正负时，计算机就可能不能作出正确判断，从而出现逻辑错误，使程序陷入循环当中而得不到结果。

2.5.3 两阶段法

因大 M 法有此缺陷，而实际应用中求解线性规划都是使用软件求解，所以需要用两阶段法代替大 M 法。两阶段法是另一种处理人工变量取值的方法。

1. 第一阶段

第一阶段是解 1 个辅助问题，其目的是得到原线性规划 LP_1 的 1 个基可行解。也即在扩大的约束方程组 LP_2 中找到所有人工变量为 0 的基可行解。

方法：将目标函数改写为求最小全部人工变量和的形式，由于人工变量取值为大于等于 0，若最小值存在，必然有所有人工变量取值为 0，这样就得到原线性规划的 LP_1 的 1 个基可行解。

$$\text{Min } \omega = x_6 + x_7$$
$$\begin{cases} x_1 - 2x_2 + x_3 + x_4 = 11 \\ -4x_1 + x_2 + 2x_3 - x_5 + x_6 = 3 \\ -2x_1 + x_3 + x_7 = 1 \\ x_1, \cdots, x_7 \geq 0 \end{cases}$$

这里求解有两种方式：其一将之化为求极大形式，其二用求极小形式求解。
本例是化为标准形式：

$$\text{Max } \omega = -x_6 - x_7$$
$$\begin{cases} x_1 - 2x_2 + x_3 + x_4 = 11 \\ -4x_1 + x_2 + 2x_3 - x_5 + x_6 = 3 \\ -2x_1 + x_3 + x_7 = 1 \\ x_1, \cdots, x_7 \geq 0 \end{cases}$$

仍以例 2.9 为例，第一阶段求解如表 2.14 所示。

表 2.14 例 2.9 的第一阶段单纯形表

C_B	X_B	c_j b	0 x_1	0 x_2	0 x_3	0 x_4	0 x_5	-1 x_6	-1 x_7
0	x_4	11	1	-2	1	1	0	0	0
-1	x_6	3	-4	1	2	0	-1	1	0
-1	x_7	1	-2	0	[1]	0	0	0	1
	σ_j		-6	1	3		1		
0	x_4	10	3	-2	0	1	0	0	-1
-1	x_6	1	0	[1]	0	0	-1	1	-2
0	x_3	1	-2	0	1	0	0	0	0
	σ_j		0	1			-1		-3
0	x_4	12	3	0	0	1	-2	2	-5
0	x_2	1	0	1	0	0	-1	1	-2
0	x_3	1	-2	0	1	0	0	0	0
	σ_j		0				0	-1	-1

此时,得到原线性规划的 1 个基可行解。

第一阶段如果能得到目标值 $\omega=0$,即所有人工变量的值为 0,也即得到原线性规划的 1 个基可行解,可转入第二阶段继续求最优解。

注意:如果第一阶段算法终止时(即所有非基变量检验数小于等于 0),基变量中仍有人工变量,也即有人工变量取值大于 0,此时解为原线性规划的非可行解(因为此时约束方程组不等价于原约束方程组)。因为不可能继续迭代,所以找不到基可行解,原线性规划为无可行解。

2. 第二阶段

第二阶段是在第一阶段得到原线性规划的基可行解基础上继续求最优解。此时人工变量任务已完成,将人工变量去除,保留第一阶段单纯形表中最后一部分中除价值系数之外的所有其他系数。将目标函数还原,因此所有价值系数还原;重新计算所有非基变量的检验数,再进行最优性判断,若不是最优,迭代至最优解,如表 2.15 所示。

表 2.15 第二阶段单纯形表

C_B	X_B	c_j b	3 x_1	-1 x_2	-1 x_3	0 x_4	0 x_5
0	x_4	12	3	0	0	1	-2
-1	x_2	1	0	1	0	0	-1
-1	x_3	1	-2	0	1	0	0
	σ_j		1				-1

续表

3	x_1	4	1	0	0	1/3	-2/3
-1	x_2	1	0	1	0	0	-1
-1	x_3	9	0	0	1	2/3	-4/3
	σ_j					-1/3	-1/3

2.6 单纯形法总结及应用举例

2.6.1 单纯形法总结

1. 标准化过程及人工变量法求初始基

用单纯形法求解线性规划,是通过不断比较基可行解的方式进行。首先需将该线性规划变化为标准形式,即添加松弛变量,且松弛变量的价值系数定为0。然后在增广矩阵里寻找单位阵,用单位阵作为基,再确定基变量即可得到基可行解。

当增广矩阵里没有单位阵时,则需添加所缺的单位向量,进而添加人工变量,且人工变量的价值系数定为 M(大 M 法)。再用单位阵作基确定基变量,即可得到基可行解。

表2.16详细给出了标准化的方法及人工变量法的矩阵变化、目标函数、常数项 b 及价值系数的变化要求和方法。

表2.16 标准化的四项要求及添加人工变量

		线性规划模型	化为标准形式
变量		$x_j \geqslant 0$	不变
		$x_j \leqslant 0$	$x'_j = -x_j, x'_j \geqslant 0$
		x_j 无约束取值	$x_j = x'_j - x''_j; x'_j, x''_j \geqslant 0$
约束条件	右端项	$b_i \geqslant 0$	不变
		$b_i < 0$	约束条件两端乘以(-1)
	不等式形式	$\sum_{j=1}^{n} a_{ij}x_j \leqslant b_i$	$\sum_{j=1}^{n} a_{ij}x_j + x_{si} = b_i$
		$\sum_{j=1}^{n} a_{ij}x_j = b_i$	$\sum_{j=1}^{n} a_{ij}x_j + x_{ai} = b_i$
		$\sum_{j=1}^{n} a_{ij}x_j \geqslant b_i$	$\sum_{j=1}^{n} a_{ij}x_j - x_{si} = b_i$

续表

线性规划模型			化为标准形式
目标函数	优化方向	Max $z = \sum_{j=1}^{n} c_j x_j$ Min $Z = \sum_{j=1}^{n} c_j x_j$	不变 令 $z' = -z$，化 Max $z' = \sum_{j=1}^{n} - c_j x_j$
	价值系数的赋值	加松弛变量 x_{si} 时 加人工变量 x_{ai} 时	Max $z = \sum_{j=1}^{n} c_j x_j + 0 x_{si}$ Min $Z = \sum_{j=1}^{n} c_j x_j - M x_{ai}$

2. 单纯形法的计算流程图

单纯形法的计算流程如图 2.3 所示。

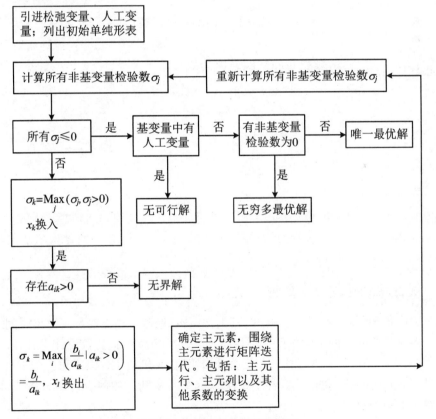

图 2.3 单纯形法的计算流程图

2.6.2 线性规划模型的软件求解

本章前面章节分别介绍了线性规划模型的图解法、单纯形法等求解方法。在实际应用当中，大多数线性规划模型的变量和约束条件个数远远多于 3 个，这样既不便于使用图解法,也不便于使用单纯形法手工计算。因为手工计算既需要大量时间,也很容易出错。在计算机使用广泛普及的今天,我们可以借助计算机进行求解,除了专门的软件之外,很多常用软件也可以求解线性规划模型,如 LINGO 软件和 Excel 软件。下面简单介绍介绍 LINGO 软件及其使用。

① 使用 LINGO 软件求解:先安装该软件,下载 LINGO 软件后,解压缩并打开其中的"LINGO.exe"文件,在弹出窗口点击"Later",再点击"NO",即可使用 LINGO 软件。

② 使用 LINGO 软件计算线性规划模型:先将线性规划模型用其指定的方式表示出来即可。其中目标函数和约束条件用";"隔开,并分成不同的行书写并运行再求解即可。需要说明的是,采用该软件求解线性规划模型,不需要对线性规划模型进行标准化处理。

通常打开 LINGO 软件之后,会出现如下界面:

以下式为例,简单说明求解方法。

$$\text{Max } z = 2x_1 + 3x_2$$

$$\begin{cases} 2x_1 + 3x_2 \leqslant 12 \\ 4x_1 \leqslant 12 \\ 5x_2 \leqslant 16 \\ x_1, x_2 \geqslant 0 \end{cases}$$

点击软件,在对话框中输入程序,如下:

Max = 2 * x1 + 3 * x2
2 * x1 + 3 * x2 <= 12
4 * x1 <= 16
5 * x2 <= 12
x1 >= 0
x2 >= 0

接着点击上方的 LINGO 中的 solve,于是可获得该线性规划问题的最优解。

在 variable 中,计算机运行的结果是 $x_1 = 3, x_2 = 2, z = 12$。与单纯形法求解结果一致。

2.6.3 线性规划问题应用举例

例 2.10(排班问题) 为保证地铁时刻正常运转,地铁公司需对员工上班时间进行轮转排班。各时间段需要的员工数量也不相同,如表 2.17 所示。公司设计了五种班次,第 1 班次为早 6:00—8:00,其他班次依次后推 2 个小时,每班员工连续上班 8 个小时。考虑不同时段任务及时间状况的差别,各个班次工资有所差别。如何合理安排员工,使得总的人工费支出最少?

表 2.17 各时间段人员需求表

时间段	班次 1	班次 2	班次 3	班次 4	班次 5	最少需要人数(人)
6:00—8:00	√					50
8:00—10:00	√	√				60
10:00—12:00	√	√	√			55
12:00—14:00	√	√	√	√		85
14:00—16:00		√	√	√	√	90
16:00—18:00			√	√	√	65
18:00—20:00				√	√	40
20:00—22:00					√	20
工资(元/人·天)	210	180	160	140	160	

解 令五种排班班次下的人数分别为 x_1,x_2,x_3,x_4,x_5。各个不同时段的值班人数之和为该时段在班的总人数。分析时间段 8:00—10:00 仅有班次 1 值班,10:00—12:00 有班次 1 和班次 2 值班,依次类推可得各个时段在班人数。将其用"√"填入表 2.16。

因此,线性规划模型可以表示为:

$$\text{Min } Z = 210x_1 + 180x_2 + 160x_3 + 140x_4 + 160x_5$$

$$\text{s.t.} \begin{cases} x_1 \geqslant 50 \\ x_1 + x_2 \geqslant 60 \\ x_1 + x_2 + x_3 \geqslant 55 \\ x_1 + x_2 + x_3 + x_4 \geqslant 85 \\ x_1 + x_2 + x_3 + x_4 + x_5 \geqslant 90 \\ x_3 + x_4 + x_5 \geqslant 65 \\ x_4 + x_5 \geqslant 40 \\ x_5 \geqslant 20 \\ x_1, \cdots, x_5 \geqslant 0 \end{cases}$$

需要注意的是:本例中 x_j 的取值最后要取整数。

例 2.11(生产计划问题) 环宇公司生产甲、乙两种产品,这两种产品均需由Ⅰ、Ⅱ两种零部件来组装。Ⅰ部件可以由 A,B,C 三家工厂供给,Ⅱ部件可以由 C,D 两家工厂供给。其中,为保证质量,甲所需Ⅰ部件必须指定由 C 工厂供应。部件的需求比例、产品售价、部件成本、工厂的供应能力如表 2.18 所示。求使公司利润最大的产品生产计划。

表 2.18 生产经营数量关系表

	产品甲	产品乙	供应单位	单价(元/件)	供应能力(件)
部件Ⅰ	2	4	A	3	100
			B	4	250
			C	5	300
部件Ⅱ	3	2	D	6	380
			E	4	200
单位售价（元）	34	33			

分析 甲乙两种产品各有多种生产方式，每种方式的利润是不同的，因此对每种生产方式分别定义变量及计算成本、利润（表 2.19），再列约束条件即可。

表 2.19 生产方式及利润分析表

	生产方式	单位成本（元）	单位利润（元）
产品甲	CD	5×2+6×3=28	6
	CE	5×2+4×3=22	12
产品乙	AD	3×4+6×2=24	9
	AE	3×4+4×2=20	13
	BD	4×4+6×2=28	5
	BE	4×4+4×2=24	9
	CD	5×4+6×2=32	1
	CE	5×4+4×2=28	5

解 令甲、乙各种生产方式的生产数量分别为 $x_{11},x_{12},x_{21},\cdots,x_{26}$，可得如下模型：

$$\text{Max } Z = 6x_{11} + 12x_{12} + 9x_{21} + 13x_{22} + 5x_{23} + 9x_{24} + x_{25} + 5x_{26}$$

$$\text{s.t.:} \begin{cases} 4x_{11} + 4x_{22} \leqslant 100 \\ 4x_{23} + 4x_{24} \leqslant 250 \\ 2x_{11} + 2x_{12} + 4x_{25} + 4x_{26} \leqslant 300 \\ 3x_{11} + 2x_{21} + 2x_{23} + 2x_{25} \leqslant 380 \\ 3x_{12} + 2x_{22} + 2x_{24} + 2x_{26} \leqslant 200 \\ x_{11}, x_{12}, x_{21}, x_{22}, x_{23}, x_{24}, x_{25}, x_{26} \geqslant 0 \end{cases}$$

例 2.12（动态生产问题） 东南公司根据合同需自 1 月起连续 3 个月在月底向客户交付产品 13 000 t。公司每个月除了正常产能之外，还可以通过加班方式提供额外产能，但成本会增加 450 元/t，产品若月底未能交货，则每库存 1 个月，需库存费 300 元/t。月初有上期结存产品 10 000 t，公司还计划在 4 月初能持有库存 3 000 t。东南公司相关生产数据如表 2.20 所示，问该公司如何决策才能在满足各项要求的前提下使得总费用最少？

表 2.20 东南公司相关生产及经营数据

月份	正常产能(t)	额外产能(t)	正常生产成本(元/t)
1	8 000	5 000	4 800
2	9 000	3 000	5 700
3	6 000	3 000	5 000

解 定义 x_{01}, x_{02}, x_{03} 分别为上期结存产品分配至 1、2、3 月份交货的数量;x_{ij} 为第 i 月生产,第 j 月交货;x'_{ij} 为第 i 月生产,第 j 月交货的额外生产数量。建立线性规划模型如下:

$$\text{Min } W = 4\,800x_{11} + 5\,250x'_{11} + 5\,100x_{12} + 5\,550x'_{12} + 5\,400x_{13}$$
$$+ 5\,850x'_{13} + 5\,700x_{22} + 6\,150x'_{22} + 6\,000x_{23} + 6\,450x'_{23} + 5\,000x_{33}$$
$$+ 5\,450x'_{33} + 300x_{01} + 600x_{02} + 900x_{03}$$

$$\text{s.t.} \begin{cases} x_{11} + x'_{11} + x_{01} = 13\,000 \\ x_{12} + x'_{12} + x_{22} + x'_{22} + x_{02} = 13\,000 \\ x_{13} + x'_{13} + x_{23} + x_{33} + x'_{33} + x_{03} = 13\,000 \\ x_{11} + x_{12} + x_{23} + x'_{23} + x_{33} + x'_{33} + x_{03} = 13\,000 \\ x_{11} + x_{12} + x_{13} \leqslant 8\,000 \\ x'_{11} + x'_{12} + x'_{13} \leqslant 5\,000 \\ x_{22} + x_{23} \leqslant 9\,000 \\ x'_{22} + x'_{23} \leqslant 3\,000 \\ x_{33} \leqslant 6\,000 \\ x'_{33} \leqslant 3\,000 \\ x_{01} + x_{02} + x_{03} = 10\,000 \\ x_{01}, x_{02}, x_{03}, x_{11}, x'_{11}, x_{22}, x'_{22}, x_{33}, x'_{33} \geqslant 0 \end{cases}$$

例 2.13(配料问题) 恒大饲料公司生产甲、乙、丙三种饲料,分别由 A, B, C 原料混合调配而成。每种产品售价、配料规格要求、原料单价及供应量数据如表 2.21 所示。问如何安排每天生产,才能使恒大公司利润最大?

表 2.21 配方、价格及供应量表

原料＼产品	甲	乙	丙	原料成本(元/kg)	供应量(kg)
A	≤40%	≥40%	不限	0.45	20 000
B	≥30%	不限	不限	0.4	15 000
C	≤30%	≤50%	≤40%	0.5	25 000
售价（元）	1.2	1.3	1.1		

分析 本题的目标是利润最大,利润为三种产品收入之和减去三种原材料的总成本。三种产品中均含有三种原材料,因此用 $i=1,2,3$;$j=1,2,3$ 分别表示三种产品和三种原料。

解 定义 x_{ij} 表示第 i 种产品中第 j 原料的含量。于是,其线性规划模型可以表示为:

Max $Z = 1.2(x_{11}+x_{12}+x_{13})+1.3(x_{21}+x_{22}+x_{23})+1.1(x_{31}+x_{32}+x_{33})$
$-0.45(x_{11}+x_{21}+x_{31})-0.4(x_{12}+x_{22}+x_{32})-0.5(x_{13}+x_{23}+x_{33})$

s.t. $\begin{cases} x_{11}+x_{21}+x_{31} \leqslant 20\,000 \\ x_{12}+x_{22}+x_{32} \leqslant 15\,000 \\ x_{13}+x_{23}+x_{33} \leqslant 25\,000 \\ x_{11} \leqslant 0.4(x_{11}+x_{12}+x_{13}) \\ x_{12} \geqslant 0.3(x_{11}+x_{12}+x_{13}) \\ x_{13} \leqslant 0.3(x_{11}+x_{12}+x_{13}) \\ x_{21} \geqslant 0.4(x_{21}+x_{22}+x_{23}) \\ x_{23} \leqslant 0.5(x_{21}+x_{22}+x_{23}) \\ x_{33} \geqslant 0.4(x_{31}+x_{32}+x_{33}) \\ x_{ij} \geqslant 0; i=1,2,3; j=1,2,3 \end{cases}$

习 题

1. 试述线性规划模型中"线性"二字的含义,并举例说明什么情况下不满足线性的假设。

2. 判断下列说法是否正确,为什么?

(1) 含 n 个变量 m 个约束的标准型的线性规划问题,基解数恰好为 C_n^m 个;

(2) 线性规划问题的可行解如为最优解,则该可行解一定为基可行解;

(3) 如线性规划问题存在可行域,则可行域一定包含坐标的原点;

(4) 单纯形法迭代计算中,必须选取同最大检验数 $\sigma > 0$ 对应的变量作为换入基的变量。

3. 线性规划问题:

$$\text{Max } Z = CX$$
$$\text{s.t.} \begin{cases} AX = b \\ X \geqslant 0 \end{cases}$$

如 X^* 是该问题的最优解,又 $\lambda(\lambda > 0)$ 为一常数,分别讨论下列情况时最优解的变化。

(1) 目标函数变为 Max $Z = \lambda CX$；

(2) 目标函数变为 Max $Z = (\lambda + C)X$。

4. 用图解法求解下列线性规划问题，并指出问题是具有唯一最优解、无穷最优解、无界解还是无可行解。

$$\text{Min } Z = 2x_1 + 3x_2$$
$$\text{s.t:} \begin{cases} 4x_1 + 6x_2 \geqslant 6 \\ 4x_1 + 2x_2 \geqslant 4 \\ x_1, x_2 \geqslant 0 \end{cases}$$

$$\text{Max } Z = 3x_1 + 2x_2$$
$$\text{s.t:} \begin{cases} 2x_1 + x_2 \leqslant 2 \\ 3x_1 + 4x_2 \geqslant 12 \\ x_1, x_2 \geqslant 0 \end{cases}$$

$$\text{Max } Z = x_1 + x_2$$
$$\text{s.t:} \begin{cases} 6x_1 + 10x_2 \leqslant 120 \\ 5 \leqslant x_1 \leqslant 10 \\ 3 \leqslant x_2 \leqslant 8 \end{cases}$$

$$\text{Max } Z = 5x_1 + 6x_2$$
$$\text{s.t:} \begin{cases} 2x_1 - x_2 \geqslant 2 \\ -2x_1 + 3x_2 \leqslant 2 \\ x_1, x_2 \geqslant 0 \end{cases}$$

5. 用单纯形法求解下列线性规划问题。

$$\text{Max } Z = 10x_1 + 5x_2$$
$$\text{s.t:} \begin{cases} 3x_1 + 4x_2 \leqslant 9 \\ 5x_1 + 2x_2 \leqslant 8 \\ x_1, x_2 \geqslant 0 \end{cases}$$

$$\text{Max } Z = 2x_1 + x_2$$
$$\text{s.t:} \begin{cases} 5x_2 \leqslant 15 \\ 6x_1 + 2x_2 \leqslant 24 \\ x_1 + x_2 \leqslant 5 \\ x_1, x_2 \geqslant 0 \end{cases}$$

6. 用大 M 法和两阶段法求解下列线性规划问题，并指出属于哪一类解。

$$\text{Max } Z = 2x_1 - x_2 + 2x_3$$
$$\text{s.t:} \begin{cases} x_1 + x_2 + x_3 \geqslant 6 \\ -2x_1 + x_3 \geqslant 2 \\ 2x_2 - x_3 \geqslant 0 \\ x_1, x_2, x_3 \geqslant 0 \end{cases}$$

$$\text{Min } Z = 2x_1 + 3x_2 + x_3$$
$$\text{s.t:} \begin{cases} x_1 + 4x_2 + 2x_3 \geqslant 8 \\ 3x_1 + 2x_2 \geqslant 6 \\ x_1, x_2, x_3 \geqslant 0 \end{cases}$$

7. 某铸造厂计划生产 1 000 kg 铸件，铸件的含量：Mn 不少于 0.45%；Si 在 3.25%～5.50%范围；铸件的售价是 0.45 元/kg。工厂现有 A, B, C 三种铸铁及纯 Mn 块，其规格与价格如表 2.22 所示。已知浇铸时平均损失铁水费用是每千克铸件 0.005 元。

表 2.22 规格和价格表

材料 含量	A	B	C	Mn 块
Si(%)	4	1	0.6	0
Mn(%)	0.45	0.5	0.4	100
单价(元/kg)	0.021	0.025	0.015	8

该厂应如何配料,才能得到最大利润?建立该线性规划模型并采用单纯形法求解。

8. 某饲养厂饲养动物出售,设每头动物每天至少需要 700 g 蛋白质、30 g 矿物质、100 mg 维生素。现有五种饲料可供选用,各种饲料每千克营养成分含量及单价如表 2.23 所示。要求确定既满足动物生长的营养需要,又使费用最省的选用饲料的方案。建立该问题的线性规划模型,并采用单纯形法求解。

表 2.23 营养成分和价格表

饲料	蛋白质(g)	矿物质(g)	维生素(mg)	价格(元/kg)
1	3	1	0.5	0.2
2	2	0.5	1.0	0.7
3	1	0.2	0.2	0.4
4	6	2	2	0.3
5	18	0.5	0.8	0.8

第3章 对偶问题及灵敏度分析

3.1 对偶问题及其理论

从经济学的角度来看,企业或社会能够不断产生财富,是因为拥有相对稀缺的资源。线性规划模型讨论的是如何在拥有有限资源的情况下安排生产以创造最大的财富。反过来也可以这样考虑,为获得一定数量的资源,如何对资源进行正确的估价而使总付出最少。这两种考虑得出了互为对偶的一对线性规划问题。

3.1.1 对偶问题的提出

例 3.1 大众家电厂利用现有资源生产甲、乙两种产品,有关数据如表 3.1 所示。

表 3.1 大众家电厂生产经营技术数据表

	甲	乙	工时(h)
设备 A	0	5	15
设备 B	6	2	24
设备 C	1	1	5
利润(元/件)	2	1	

问如何安排生产可使总利润最大?

解 令甲、乙的生产数量分别为 x_1, x_2 件,可得如下线性规划:

$$\text{Max } Z = 2x_1 + x_2$$

$$\text{s.t.:} \begin{cases} 5x_2 \leqslant 15 \\ 6x_1 + 2x_2 \leqslant 24 \\ x_1 + x_2 \leqslant 5 \\ x_1, x_2 \geqslant 0 \end{cases} \quad (3.1)$$

设现在有某个企业接到一批加工订单,急需租用设备 A, B, C,有意租用大众家电厂(简称出租者)的三种设备。问该企业(简称承租者)应如何出价,既使出租者有利可图肯把设备出租,又使自己付出的租金最少?

假设承租者按资源的不同分别给 A, B, C 报价 y_1, y_2, y_3(元/小时),且 $y_i \geqslant 0$($i = 1, 2, 3$)。现从出租者和承租者的角度分别予以分析。

出租者:生产中消耗的资源出租所获得的租金之和应大于等于其自行生产产品所得

利润。其生产两种产品,相应的有两个要求:

① 生产甲产品 1 个单位,利润为 2 元:

$$消耗资源:0A + 6B + C$$
$$租金之和:0y_1 + 6y_2 + y_3$$
$$因此要求:0y_1 + 6y_2 + y_3 \geqslant 2$$

② 同理,生产乙产品 1 个单位有如下要求:

$$5y_1 + 2y_2 + y_3 \geqslant 1$$

承租者的要求是:在保证获得全部资源的情况下,通过调整租赁价格以实现总租金最小。即 $\text{Min } \omega = 15y_1 + 24y_2 + 5y_3$。

双方条件同时满足,租赁行为达成。得如下线性规划模型:

$$\text{Min } \omega = 15y_1 + 24y_2 + 5y_3$$
$$\text{s.t.}\begin{cases} 6y_2 + y_3 \geqslant 2 \\ 5y_1 + 2y_2 + y_3 \geqslant 1 \\ y_1, y_2, y_3 \geqslant 0 \end{cases} \tag{3.2}$$

这样就得到有着某种依存关系的一对线性规划,如果命名其中一个为原问题,记为 LP_1(一般为求极大形式),另一个称为原问题的对偶问题,记为 LP_2,则:

LP_1:

$$\text{Max } Z = 2x_1 + x_2$$
$$\text{s.t.}\begin{cases} 5x_2 \leqslant 15 \\ 6x_1 + 2x_2 \leqslant 24 \\ x_1 + x_2 \leqslant 5 \\ x_1, x_2 \geqslant 0 \end{cases}$$

LP_2:

$$\text{Min } \omega = 15y_1 + 24y_2 + 5y_3$$
$$\text{s.t.}\begin{cases} 6y_2 + y_3 \geqslant 2 \\ 5y_1 + 2y_2 + y_3 \geqslant 1 \\ y_1, y_2, y_3 \geqslant 0 \end{cases}$$

LP_1 和 LP_2 是围绕同一批资源所进行的两种不同的决策,所以二者之间存在内在的联系,如表 3.2 所示。

表 3.2 例 3.1 中 LP_1 和 LP_2 关系表

	LP_1	LP_2
	变量 x_j (2 个,2 种产品的数量)	约束条件 (2 个,2 种生产方式的租赁要求)
	约束条件 (3 个,3 种资源约束)	变量 y_i (3 个,3 种资源的租赁价格)
系数矩阵	A	A^T
约束条件符号	$\leqslant$	$\geqslant$
自变量	$x_j \geqslant 0$	$y_i \geqslant 0$
价值系数	C	b^T
右端常数项	b	C^T
目标函数优化方向	Max	Min

3.1.2 标准形式下原问题与对偶问题的对应关系

1. 定义

原问题和其对偶问题分别满足下列线性规划要求,即可称其为符合标准形式的一组原问题与对偶问题。

原问题、对偶问题分别有 3 项要求,如表 3.3 所示。

表 3.3 标准形式下的原问题、对偶问题要求

	原问题	对偶问题
目标函数优化方向	Max Z	Min ω
约束条件符号	$\leqslant$	$\geqslant$
自变量约束	$X \geqslant 0$	$Y \geqslant 0$

2. 标准形式下原问题与对偶问题的一般记述形式之一:列项形式

标准形式下原问题的一般形式为

$$\text{Max } Z = c_1 x_1 + c_2 x_2 + \cdots + c_n x_n$$
$$\text{s.t:} \begin{cases} a_{11} x_1 + a_{12} x_2 + \cdots + a_{1n} x_n \leqslant b_1 \\ a_{21} x_1 + a_{22} x_2 + \cdots + a_{2n} x_n \leqslant b_2 \\ \cdots \\ a_{m1} x_1 + a_{m2} x_2 + \cdots + a_{mn} x_n \leqslant b_m \\ x_j \geqslant 0 \end{cases} \quad (3.3)$$

标准形式下对偶问题的一般形式为

$$\text{Min } \omega = b_1 y_1 + b_2 y_2 + \cdots + b_m y_m$$
$$\text{s.t:} \begin{cases} a_{11} y_1 + a_{21} y_2 + \cdots + a_{m1} y_m \geqslant c_1 \\ a_{12} y_1 + a_{22} y_2 + \cdots + a_{m2} y_m \geqslant c_2 \\ \cdots \\ a_{1n} y_1 + a_{2n} y_2 + \cdots + a_{mn} y_m \geqslant c_n \\ y_i \geqslant 0 \end{cases} \quad (3.4)$$

3. 标准形式下原问题与对偶问题的一般记述形式之二:矩阵与向量形式

标准形式下原问题的一般形式为

$$\text{Max } Z = CX$$
$$\text{s.t:} \begin{cases} AX \leqslant b \\ X \geqslant 0 \end{cases} \quad (3.5)$$

标准形式下对偶问题的一般形式为

$$\text{Min } \omega = Y^T b = b^T Y$$
$$\text{s.t:} \begin{cases} A^T Y \geqslant C^T \\ Y \geqslant 0 \end{cases} \quad (3.6)$$

其中,$Y = (y_1, y_2, \cdots, y_m)^T$

为了更好地比较二者关系,可以使用表 3.4 来观察。

表 3.4 标准形式下原问题与对偶问题的对应关系

	原问题	对偶问题
目标函数	Max $Z = CX$	Min $\omega = b^T Y$
约束条件	$AX \leqslant b$	$A^T Y \geqslant C^T$
自变量	$X \geqslant 0$	$Y \geqslant 0$
价值系数	C	b^T
右端常数项	b	C^T
系数矩阵	A	A^T

根据标准形式下原问题与对偶问题的对应关系,可以在已知其中一个线性规划的情况下,写出另外一个线性规划。

在式 3.6 中,令 $\omega' = -\omega$,则式 3.6 可改写为

$$\text{Max } \omega' = -b^T y$$
$$\text{s.t.: } \begin{cases} -A^T Y \leqslant -C^T \\ Y \geqslant 0 \end{cases}$$

再将上式作为原问题,根据表 3.4 可写出它的对偶问题如下

$$\text{Min } Z' = -CX$$
$$\text{s.t.: } \begin{cases} -AX \geqslant -b \\ X \geqslant 0 \end{cases}$$

再令 $Z = -Z'$,上式可变为

$$\text{Max } Z = CX$$
$$\text{s.t.: } \begin{cases} AX \leqslant b \\ X \geqslant 0 \end{cases}$$

由此可知,对对偶问题再求一次对偶问题,就变成了原问题。也即对偶问题与原问题互为对偶问题,一个线性规划既可以看成原问题,也可以看成对偶问题。

3.1.3 非标准形式下原问题与对偶问题的对应关系

一个线性规划总是有另外一个线性规划与其对应。但当给定的线性规划不符合标准形式下对应关系的要求,就无法直接根据对应关系写出其对应的另外一个线性规划。因此有必要探讨非标准形式下原问题与对偶问题的对应关系。下面通过例 3.2 来推导这种对应关系。

例 3.2 求下列线性规划的对偶问题。

$$\text{Max } Z = c_1 x_1 + c_2 x_2 + c_3 x_3$$
$$\text{s.t.: } \begin{cases} a_{11} x_1 + a_{12} x_2 + a_{13} x_3 \leqslant b_1 \\ a_{21} x_1 + a_{22} x_2 + a_{23} x_3 = b_2 \\ a_{31} x_1 + a_{32} x_2 + a_{33} x_3 \geqslant b_3 \\ x_1 \geqslant 0, x_2 \leqslant 0, x_3 \text{ 无约束} \end{cases} \quad (3.7)$$

首先将式 3.7 化为符合标准形式：

用 $x_2' = -x_2 \geqslant 0$ 替换 x_2；令 $x_3 = x_3' - x_3''$，$x_3', x_3'' \geqslant 0$；

$$\left.\begin{array}{l} a_{21}x_1 + a_{22}x_2 + a_{23}x_2 \geqslant b_2 \\ a_{21}x_1 + a_{22}x_2 + a_{23}x_2 \leqslant b_2 \end{array}\right\} \xrightarrow{\text{替换}} a_{21}x_1 + a_{22}x_2 + a_{23}x_3 = b_2$$

$$\left.\begin{array}{l} a_{21}x_1 + a_{22}x_2 + a_{23}x_3 \geqslant b_2 \\ a_{31}x_1 + a_{32}x_2 + a_{33}x_3 \geqslant b_3 \end{array}\right\} \xrightarrow{\times(-1)} \left\{\begin{array}{l} -a_{21}x_1 - a_{22}x_2 - a_{23}x_3 \leqslant -b_2 \\ -a_{31}x_1 - a_{32}x_2 - a_{33}x_3 \leqslant -b_3 \end{array}\right.$$

得到符合标准形式要求的原问题：

$$\text{Max } Z = c_1 x_1 - c_2 x_2' + c_3(x_3' - x_3'')$$

$$\text{s.t:} \begin{cases} a_{11}x_1 - a_{12}x_2' + a_{13}(x_3' - x_3'') \leqslant b_1 \longrightarrow y_1 \\ a_{21}x_1 - a_{22}x_2' + a_{23}(x_3' - x_3'') \leqslant b_2 \longrightarrow y_2 \\ -a_{21}x_1 + a_{22}x_2' - a_{23}(x_3' - x_3'') \leqslant -b_2 \longrightarrow y_3 \\ -a_{31}x_1 + a_{32}x_2' - a_{33}(x_3' - x_3'') \leqslant -b_3 \longrightarrow y_4 \\ x_1, x_2', x_3', x_3'' \geqslant 0 \end{cases} \tag{3.8}$$

根据标准形式下的对偶关系，即可得到式 3.8 的对偶问题如下：

$$\text{Min } \omega = b_1 y_1 + b_2 y_2 - b_2 y_3 - b_3 y_4$$

$$\text{s.t:} \begin{cases} a_{11}y_1 + a_{21}y_2 - a_{21}y_3 - a_{31}y_4 \geqslant c_1 \\ -a_{12}y_1 - a_{22}y_2 + a_{22}y_3 + a_{32}y_4 \geqslant -c_2 \\ a_{13}y_1 + a_{23}y_2 - a_{23}y_3 - a_{33}y_4 \geqslant c_3 \\ -a_{13}y_1 - a_{23}y_2 + a_{23}y_3 + a_{33}y_4 \geqslant -c_3 \\ y_1, y_2, y_3, y_4 \geqslant 0 \end{cases} \tag{3.9}$$

在式 3.9 中，令 $y_2' = y_2 - y_3$，所以 y_2' 无约束；令 $y_3' = -y_4$，$y_3' \leqslant 0$

$$\left.\begin{array}{l} -a_{12}y_1 - a_{22}y_2' + a_{22}y_3 + a_{32}y_2' \geqslant -c_2 \\ -a_{13}y_1 - a_{23}y_2 + a_{23}y_3 + a_{33}y_4 \geqslant -c_3 \end{array}\right\} \xrightarrow{\times(-1)} \left\{\begin{array}{l} a_{12}y_1 + a_{22}y_2' - a_{22}y_3 - a_{32}y_3' \leqslant c_2 \\ a_{13}y_1 + a_{23}y_2 - a_{23}y_3 - a_{33}y_4 \leqslant c_3 \end{array}\right.$$

$$\left.\begin{array}{l} a_{13}y_1 + a_{23}y_2 - a_{23}y_3 - a_{33}y_4 \leqslant c_3 \\ a_{13}y_1 + a_{23}y_2 - a_{23}y_3 - a_{33}y_4 \geqslant c_3 \end{array}\right\} \xrightarrow{\text{得}} a_{13}y_1 + a_{23}y_2 - a_{23}y_3 - a_{33}y_4 = c_3 \longrightarrow$$

$$a_{13}y_1 + a_{23}y_2' + a_{33}y_3' = c_3$$

再令 $y_2 = y_2'$，$y_3 = y_3'$

综合得式 3.10 如下：

$$\text{Min } \omega = b_1 y_1 + b_2 y_2 + b_3 y_3$$

$$\text{s.t:} \begin{cases} a_{11}y_1 + a_{21}y_2 + a_{31}y_3 \geqslant c_1 \\ a_{12}y_1 + a_{22}y_2 + a_{32}y_3 \leqslant c_2 \\ a_{13}y_1 + a_{23}y_2 + a_{33}y_3 = c_3 \\ y_1 \geqslant 0, y_2 \text{ 无约束}; y_3 \leqslant 0 \end{cases} \tag{3.10}$$

通过例 3.2 可知，求线性规划问题的对偶问题时，无论其是否符合标准形式，对偶问题的常数项(b, c)、系数矩阵 A 都不受影响，仍同于符合标准形式下的转换。其区别在于约束条件不等式符号以及对偶变量的符号。详见表 3.5。

表 3.5 非标准形式下原问题与对偶问题的对应关系

	原问题(对偶问题)	对偶问题(原问题)
目标函数	Max $Z = CX$	Min $\omega = b^T Y$
价值系数	C	b^T
右端常数项	b	C^T
系数矩阵	A	A^T
n 个变量	$\begin{cases} x_j \geqslant 0 \\ x_j \text{ 无约束} \\ x_j \leqslant 0 \end{cases}$	$\begin{cases} \sum_{i=1}^{m} a_{ij} y_i \geqslant c_j \\ \sum_{i=1}^{m} a_{ij} y_i = c_j \\ \sum_{i=1}^{m} a_{ij} y_i \leqslant c_j \end{cases}$ n 个约束条件
m 个约束	$\begin{cases} \sum_{j=1}^{n} a_{ij} x_j \leqslant b_i \\ \sum_{j=1}^{n} a_{ij} x_j = b_i \\ \sum_{j=1}^{n} a_{ij} x_j \geqslant b_i \end{cases}$	$\begin{cases} y_i \geqslant 0 \\ y_i \text{ 无约束} \\ y_i \leqslant 0 \end{cases}$ m 个变量

3.1.4 求线性规划问题的对偶问题

1. 符合标准形式的对偶问题

先根据目标函数的优化方向,确定将其看作原问题还是对偶问题;再根据表 3.4 的对应关系判断是由左至右求还是由右至左求;最后直接写出另外一个线性规划。

2. 一般形式的对偶问题

① 仍然先根据目标函数的优化方向,确定将其看作原问题还是对偶问题,并判断是由左至右求还是由右至左求。

② 由给定的线性规划的约束条件数确定对偶变量的个数。

③ 按表 3.4 的对应关系写出相应的常数项(b,c)及系数矩阵 A(转置)。

④ 根据表 3.5 判断每个约束条件、对偶变量的符号。

一个线性规划既可以看成原问题也可以看成对偶问题。但在利用表 3.5 求其对偶问题时,必须注意:

如果将其看成原问题,目标函数必须写成 Max 形式;

如果将其看成对偶问题,目标函数必须写成 Min 形式。

3.2 对偶问题性质及其经济意义

3.2.1 单纯形法的矩阵描述

单纯形法初始基变量大都是松弛变量(人工变量法除外),此时由于松弛变量的价值系数为 0,初始目标值为 0,是最小的。又因为决策变量的价值系数 $c_j>0$,显然最优解的基变量应该是决策变量。而最优解是由初始解逐步迭代而来,因此二者的系数矩阵必然存在某种确定的关系。找到这种联系,一方面在某些时候可以省去大量不必要的迭代,直接从初始矩阵变换到最终矩阵;另一方面也是更重要的,这种确定的关系可以帮助进行后续章节的灵敏度分析。

对于形如式 3.5 的线性规划,标准化加上松弛变量 X_S 后如下:

$$\text{Max } Z = CX + 0X_S$$
$$\text{s.t.: } \begin{cases} A'X' + IX_S = b, \xrightarrow[(X', X_S) \to X]{(A', I) \to A} AX = b \\ X', X, X_S \geqslant 0 \end{cases} \quad (3.11)$$

其中,$X_S = (x_{s1}, x_{s2}, \cdots, x_{sm})$,$I = I_{m \times m}$。根据上述分析,最终表中的基变量为决策变量(假设决策变量的个数大于 m),则决策变量 X 可分为两部分变量 X_B 和 X_N,其中 X_B 表示在最终表中成为基变量的那部分决策变量,X_N 表示除 X_B 之外剩下的那部分决策变量。X_B 对应的初始分块系数矩阵和价值系数向量分别为 B 和 C_B,X_N 对应的初始分块系数矩阵和价值系数向量分别为 N 和 C_N。则系数矩阵 A 分为 B, N, I;价值系数向量 C 分为 C_B, C_N, C_S(即 0)。据此,可以布置初始单纯形表并计算所有检验数,如表 3.6 所示。

表 3.6 矩阵形式的初始单纯形表

基变量价值系数	基变量	b	非基变量		基变量
			X_B	X_N	X_S
0	X_S	b	B	N	I
σ_j			C_B	C_N	0

根据假设,最终表中为基变量,故其系数为 I,又因为其初始矩阵为 B,而 $B^{-1}B = I$,由此可知,从初表到最终表,约束方程组两边同左乘了 B^{-1}。从而得到相应的其他系数矩阵。也即:

$$\begin{aligned} B^{-1} \times B = I &\xrightarrow{B^{-1} \text{左乘等式端}} B^{-1}(B, N, I)X = B^{-1}b \\ B &\longrightarrow I^{-1}, N \longrightarrow B^{-1}N, I \longrightarrow B^{-1}I \to B^{-1}, b \longrightarrow B^{-1}b \end{aligned} \quad (3.12)$$

根据式 3.12 填上各分块矩阵并根据检验数公式分别计算检验数,如表 3.7 所示。

表 3.7 矩阵形式的最终单纯形表

基变量价值系数	基变量	b	基变量 X_B	非基变量 X_N	X_S
C_B	X_B	$B^{-1}b$	I	$B^{-1}N$	B^{-1}
σ_j			0	$C_N - C_B B^{-1} N$	$-C_B B^{-1}$

分析最终表中的检验数 σ,有三部分,即 $\sigma_B, \sigma_N, \sigma_S$,分别是 X_B, X_N, X_S 的检验数,则

$$\left.\begin{array}{l}\sigma_B = C_B - C_B B^{-1} B = 0 \\ \sigma_N = C_N - C_B B^{-1} N \leqslant 0 \\ \sigma_S = 0 - C_B B^{-1} I \leqslant 0\end{array}\right\} \longrightarrow (\sigma_B, \sigma_N, \sigma_S) \xrightarrow{合并} \sigma \leqslant 0$$

$$\sigma = (C_B, C_N, 0,) - (C_B B^{-1} B, C_B B^{-1} N, C_B B^{-1} I) = (C_B, C_N, 0,) - C_B B^{-1}(B, N, I)$$

$(C_B, C_N, 0,) \xrightarrow{合并} C; (B, N, I) \xrightarrow{合并} A$

$\sigma = C - C_B B^{-1} A \leqslant 0$

$$\left.\begin{array}{l}令\ Y^T = C_B B^{-1} \\ \sigma_S = -C_B B^{-1} \leqslant 0\end{array}\right\} \longrightarrow Y^T \geqslant 0 \longrightarrow Y \geqslant 0$$

则

$$\sigma = C - C_B B^{-1} A \leqslant 0 \longrightarrow C - Y^T A \leqslant 0;$$

$$C - Y^T A \leqslant 0 \xrightarrow{移项} Y^T A \geqslant C \xrightarrow{两边转置} A^T Y \geqslant C^T$$

$$\left.\begin{array}{l}A^T Y \geqslant C^T \\ Y \geqslant 0\end{array}\right\} \xrightarrow{式 3.6} Y\ 是其对偶问题的 1 个可行解 \qquad (3.13)$$

由式 3.13 知,求解原问题得到最优解时,其检验数行去掉负号正好构成这个线性规划的对偶问题的 1 个可行解。

将这个可行解代入式 3.6 中的目标函数表达式,则有

$$\omega = Y^T b = (C_B B^{-1}) b = Z^* = C_B (B^{-1} b) \qquad (3.14)$$

从上述分析可以看出,用单纯形法求解原问题时,在检验数行同步得到其对偶问题的可行解,并且这两个解得到的 $Z = \omega$。根据后面将要讲述的对偶问题的性质,可知这个可行解也是其对偶问题的最优解,也就是这两个线性规划同步得到最优解。

3.2.2 对偶问题的性质

线性规划与其对偶问题是关于某一经济现象决策的两个不同面,故其存在内在的联系。

1. 对称性

对一个原问题的对偶问题再求一次对偶问题,就变成了原问题。也即原问题与其对偶问题互为对偶,一个线性规划既可以是原问题也可以是对偶问题。证明见前述式 3.6。

2. 弱对偶性

若 $\hat{X}$ 与 $\hat{Y}$ 分别为原问题及其对偶问题的可行解,则必有 $\hat{Z} = C\hat{X} \leqslant \hat{\omega} = b^T \hat{Y}$。

证明 因为是可行解,所以分别满足式3.5及式3.6中的约束条件,

$$\left.\begin{array}{l}A^T\hat{Y} \geqslant C^T \\ \hat{Z} = C\hat{X} \xrightarrow{\text{转置}} \hat{Z} = \hat{X}^T C^T\end{array}\right\} \xrightarrow{\text{替换}C^T} \hat{Z} \leqslant \hat{X}^T A^T \hat{Y}$$

$$\left.\begin{array}{l}A\hat{X} \leqslant b \\ \hat{\omega} = b^T\hat{Y} \xrightarrow{\text{转置}} \hat{\omega} = \hat{Y}^T b\end{array}\right\} \xrightarrow{\text{替换}b} \hat{\omega} \geqslant \hat{Y}^T A\hat{X} \xrightarrow{\text{转置}} \hat{\omega} \geqslant \hat{X}^T A^T \hat{Y}$$

得证。

由弱对偶性,可得如下推论:

① 原问题(Max)的最优值是其对偶问题(Min)目标值的上界。

② 若原问题(Max)有可行解但函数值无上界(即为无界解),则其对偶问题(Min)无可行解。需要说明的是,此推论的逆命题不成立。如对偶问题无可行解,则原问题可能为无界解或无可行解,反之亦然。

3. 最优性

若$\hat{X}$与$\hat{Y}$分别为原问题及其对偶问题的可行解,且有$\hat{Z}=C\hat{X}=\hat{\omega}=b^T\hat{Y}$,则$\hat{X}$与$\hat{Y}$分别为原问题及其对偶问题的最优解。

证明 设X^*与Y^*分别为原问题及其对偶问题的最优解,则分别有$Z^*=CX^*$与$\omega^*=b^TY^*$,则

$$\left.\begin{array}{l}\xrightarrow{\text{最优解}} \hat{Z} \leqslant Z^* \\ \xrightarrow{\text{最优解}} \omega^* \leqslant \hat{\omega} \\ \xrightarrow{\text{弱对偶性}} Z^* \leqslant \omega^* \\ \xrightarrow{\text{已知条件}} \hat{Z} = \hat{\omega}\end{array}\right\} \to \hat{Z} \leqslant Z^* \leqslant \omega^* \leqslant \hat{\omega} \xrightarrow{\text{全取等号}} \left\{\begin{array}{l}\hat{Z} = Z^* \\ \hat{\omega} = \omega^*\end{array}\right.$$

因为$\hat{Z}=Z^*$及$\hat{\omega}=\omega^*$,得证。

4. 互补松弛性

若$\hat{X}$,$\hat{Y}$分别是原问题和对偶问题的可行解,$\hat{X}_S$,$\hat{Y}_S$分别为两个可行解所对应的松弛变量,则$\hat{Y}^T\hat{X}_S=0$和$\hat{Y}_S^T\hat{X}=0$,当且仅当$\hat{X}$,$\hat{Y}$分别为原问题及其对偶问题的最优解。

证明

$$A\hat{X} \leqslant b \xrightarrow{\text{加松弛量}} A\hat{X} + \hat{X}_S = b \xrightarrow{\text{左乘}\hat{Y}^T} \hat{Y}^T A\hat{X} + \hat{Y}^T \hat{X}_S = \hat{Y}^T b = \hat{\omega}$$

$$A^T\hat{Y} \geqslant C^T \xrightarrow{\text{加松弛量}} A^T\hat{Y} - \hat{Y}_S = C^T \xrightarrow{\text{转置}} \hat{Y}^T A - \hat{Y}_S^T = C$$

$$\hat{Y}^T A - \hat{Y}_S^T = C \xrightarrow{\text{右乘}\hat{X}} \hat{Y}^T A\hat{X} - \hat{Y}_S^T \hat{X} = C\hat{X} = \hat{Z}$$

由最优性定理知,当$\hat{X}$,$\hat{Y}$分别为原问题及其对偶问题的最优解时,$\hat{Z}=\hat{\omega}$,即

$$\hat{Y}^T A\hat{X} + \hat{Y}^T \hat{X}_S = \hat{Y}^T A\hat{X} - \hat{Y}_S^T \hat{X} \longrightarrow \hat{Y}^T \hat{X}_S = \hat{Y}_S^T \hat{X} = 0$$

得证。

互补松弛性说明了当得到最优解时,变量x_j^*(或y_i^*)与其对应的约束条件中的松弛

变量 y_{sj}（或 x_{si}）中有且仅有一个为 0。

3.2.3 影子价格

生产过程通过耗费多种资源来生产产品，进而创造利润。进行生产管理决策时需要知道在共同创造利润的过程中每种资源贡献的大小。同时，作为要素的供给者，也需要知道每种资源贡献的大小而以此为据进行利润的分配。

经济学中通常采用边际分析法来确定每种资源贡献的大小，即假定其他资源数量不变的情况下，单独分析某种资源微量变化与总利润变化值的比值关系，并用这个比值的极限作为这种资源贡献的大小。此时利润的变化值纯粹是由这一种资源数量变化所引起的。

由最优性定理可知：

$$Z^* = \omega^* = (Y^*)^T b = \sum_{i=1}^{m} b_i y_i^* = b_1 y_1^* + \cdots + b_m y_m^* \qquad (3.15)$$

式 3.15 也说明了最大总利润是由 m 种资源共同创造的。若此时单独分析第 1 种资源每单位贡献的大小，需假定其他资源数量不变。这种贡献的大小如下：

$$\frac{\Delta Z}{\Delta b_1} \xrightarrow{\Delta b_1 \to 0} = \lim_{\Delta b_1 \to 0} \frac{\Delta Z}{\Delta b_1} = \frac{\partial Z}{\partial b_1} = y_1^*$$

类似单独分析第 i 种资源贡献的大小：

$$\frac{\Delta Z}{\Delta b_i} \xrightarrow{\Delta b_i \to 0} = \lim_{\Delta b_i \to 0} \frac{\Delta Z}{\Delta b_i} = \frac{\partial Z}{\partial b_i} = y_i^*$$

1. 影子价格

定义 在耗费多种资源生产过程中，当得到最大总利润时，第 i 种资源单独变化一个单位时所带来的总利润的变化值，称为这种资源的贡献率或估价，也称为它的影子价格。

影子价格是反映特定的生产技术条件下和特定的资源组合下的某种资源的贡献率，当生产技术条件或资源组合发生变化后，影子价格随之变化。

例 3.3 某厂计划在生产周期内生产甲、乙两种产品，要消耗钢材、煤炭和设备三种资源，利润、资源消耗关系及资源数量如表 3.8 所示。求使利润最大的生产计划。

表 3.8 相关数据表

	甲	乙	资源数量
钢材(t)	5	2	170
煤炭(t)	2	3	100
设备台时(h)	1	5	150
利润	10	8	

解 设甲、乙的生产数量分别为 x_1, x_2 单位，线性规划模型如下：

$$\text{Max } Z = 10x_1 + 8x_2$$
$$\text{s.t:}\begin{cases} 5x_1 + 2x_2 \leqslant 170 \longrightarrow y_1 \\ 2x_1 + 3x_2 \leqslant 100 \longrightarrow y_2 \\ x_1 + 5x_2 \leqslant 150 \longrightarrow y_3 \\ x_1, x_2 \geqslant 0 \end{cases}$$

分别用单纯性法求得其最优解及其对偶问题的最优解如下：

最优解 $X^* = \left(\dfrac{50}{7}, \dfrac{200}{7}\right)^T$；最优值 $Z^* = \dfrac{4\,100}{7}$；对偶问题的最优解 $Y^* = \left(0, \dfrac{32}{7}, \dfrac{6}{7}\right)^T$。

$y_1 = 0$，说明增加 1 吨钢材利润不会增加，即钢材相对过剩；

$y_2 = \dfrac{32}{7}$，说明增加 1 吨煤炭利润增加 $\dfrac{32}{7}$ 万元，即煤炭相对最稀缺；

$y_3 = \dfrac{6}{7}$，说明增加 1 台设备时利润增加 $\dfrac{6}{7}$ 万元，即设备相对稀缺。

2. 影子价格的理解

① 影子价格是资源的虚拟价格，不等于资源的市场价格，它的大小取决于工艺技术条件及资源数量搭配关系。

② 影子价格反映了资源的稀缺程度。影子价格越大的资源，表明该资源越稀缺。企业需要重视对该种资源的管理，应通过改革工艺、设计降低消耗，或及时补充该种资源。影子价格为 0，表明这种资源对该企业相对富裕，可转让或者出售。

特别说明 当购买资源用于扩大生产时，此时是否购买应该有 2 种考虑：

一是当目标值表示利润时，影子价格为每单位增加的利润，所以只要影子价格大于 0，即应该考虑购买，无需考虑市场价格。

二是当目标值表示收入时，影子价格为每单位增加的收入，此时必须比较影子价格与市场价格，只有当影子价格大于市场价格，才能考虑购买。

3. 影子价格的计算

由式 3.14 得出结论：在求解原问题时，检验数行同步得到其对偶问题的最优解，这个最优解就是每种资源的影子价格。那么如何确定这种对应关系呢？以例 3.4 进行说明。

例 3.4
$$\text{Max } Z = 2x_1 + 3x_2$$
$$\text{s.t:}\begin{cases} x_1 + 2x_1 \leqslant 8 \\ 4x_1 \leqslant 16 \\ 4x_2 \leqslant 12 \\ x_1, x_2 \geqslant 0 \end{cases}$$

最优单纯形表如表 3.9 所示。

表 3.9 例 3.4 的最优单纯形表

C_B	X_B	b	c_j				
			2	3	0	0	0
			x_1	x_2	x_3	x_4	x_5
2	x_1	4	1	0	0	1/4	0
0	x_5	4	0	0	-2	1/2	1
3	x_2	2	0	1	1/2	$-1/8$	0
	σ_j		0	0	$-3/2$	$-1/8$	0

根据互补松弛性,原问题每个约束条件中的松弛变量与其对应的对偶变量存在明确的对应关系,见式 3.16。

$$\text{Max } Z = 2x_1 + 3x_2$$
$$\text{s.t.} \begin{cases} x_1 + 2x_1 \leqslant 8; \to x_3 \Rightarrow y_1 = -\sigma_3 = 3/2 \\ 4x_1 \leqslant 16 \to x_4 \Rightarrow y_2 = -\sigma_4 = 1/8 \\ 4x_2 \leqslant 12 \to x_5 \Rightarrow y_3 = -\sigma_5 = 0 \\ x_1, x_1 \geqslant 0 \end{cases} \tag{3.16}$$

3.3 对偶单纯形法

单纯形法在求解某些线性规划时速度较慢,比如不等式符号为"$\geqslant$"号时,需要添加人工变量,增加了计算工作量。因此有必要引进其他解法,对偶单纯形法就是线性规划的另外一种求解方法。

前述式 3.14 表明了在用单纯形法求解得到最优解时,检验数行去掉负号构成了对偶问题的最优解。当原问题未达最优解时,必有非基变量的检验数大于 0,也即有 $y_i < 0$,此时对偶问题为非可行解(而原问题为可行解)。通过不断迭代,$\sigma_j > 0$ 的检验数不断减少,$y_i < 0$ 也不断减少,即对偶问题不断向可行解靠近,直至为可行解,此时两个问题同步得到最优解。

结论 原问题与对偶问题皆为可行解,则二者皆为最优解;若其中一个问题为非可行解,则二者皆非最优解。

因此,单纯形法的迭代可以用两个解的观点重新表述如下。

3.3.1 单纯形法的重新表述

1. 初表

保证初始表中原问题的解 X(位于 b 列,$b_i \geqslant 0$)为可行解;此时对偶问题的解一般为非可行解(位于检验数行:$Y = -\sigma$,即开始时一般有 $\sigma_j > 0$,所以有 $y_i < 0$)。此时 1 个是可行解,另 1 个为非可行解,皆非最优解。

2. 迭代

保证原问题始终是可行解(即 $b_i \geqslant 0$,由 θ 规则保证);每迭代一次,非基变量 X_N 的

$\sigma_j \geqslant 0$ 的个数就至少减少一个,则对偶变量 $y_i < 0$ 的个数就减少一个,所以对偶问题就逐步向可行解靠近。

3. 持续迭代

直至对偶问题为可行解(所有 $y_i \geqslant 0$),因原问题始终是可行解,二者皆是可行解。又因此时所有 $y_i \geqslant 0$,故所有的 $\sigma_j \leqslant 0$,根据第 2 章单纯形法算法,原问题得到最优解;所以对偶问题也得到最优解。结论:二者皆可行,二者皆最优。

单纯形法实质是迭代对偶问题,使其成为可行解。

3.3.2 对偶单纯形法

与单纯形法相反,对偶单纯形法是迭代原问题。

对偶单纯形法的基本思想 保证单纯形表中对偶问题的解始终为可行解(即要求所有 $\sigma_j \leqslant 0$,由 θ 规则保证);此时原问题的解一般为非可行解(即有 $b_i < 0$)。通过迭代使原问题逐步向可行解靠近直至原问题为可行解($b_i \geqslant 0$),二者皆是可行解,二者皆最优。

对偶问题的解计算步骤如下:

1. 初始计算

① 化为标准形式(不再要求 $b_i \geqslant 0$)。

② 建立初始单纯形表,使得所有检验数 $\sigma_j \leqslant 0$,即对偶问题为可行解。

③ 检查 b 列元素,如果所有 $b_i \geqslant 0$,即原问题也为可行解,则已得最优解,算法终止。否则(即有 $b_i < 0$),原问题为非可行解,则二者均非最优解,转入迭代运算。

2. 迭代运算

① 确定换出变量(Min 规则)。$b_l = \underset{i}{\text{Min}} \{ b_i \mid b_i < 0 \}$,确定第 l 行为主元行,基变量 x_l 为换出变量。这里执行 Min 规则,是保证最大迭代速度。

② 确定换入变量(θ 规则)。$\theta_k = \underset{j}{\text{Min}} \left\{ \dfrac{\sigma_j}{a_{lj}} \mid a_{lj} < 0 \right\} = \dfrac{\sigma_k}{a_{lk}}$,确定第 k 列为主元列,非基变量 x_k 为换入变量,a_{lk} 为主元素。这里执行 θ 规则,是保证所有 $\sigma'_j \leqslant 0$,即对偶问题为可行解。

③ 矩阵变换。以 a_{lk} 为主元素作矩阵变换,方法与第 2 章所述单纯形法完全相同,得到新的单纯形表。

3. 得最优解

重新检查 b 列元素,若有 $b_i < 0$,继续迭代,直至所有 $b_i \geqslant 0$,原问题为可行解。二者皆为可行解,二者皆为最优解,算法终止。

例 3.5 用对偶单纯形法求下列线性规划。

$$\text{Min } Z = 15x_1 + 24x_2 + 5x_3$$
$$\text{s.t.} \begin{cases} 6x_2 + x_3 \geqslant 2 \\ 5x_1 + 2x_2 + x_3 \geqslant 1 \\ x_1, x_2, x_3 \geqslant 0 \end{cases} \tag{3.17}$$

解 标准化:改写式 3.17 目标函数为 Max,引入松弛变量,约束条件两端乘以 (-1) 得:

$$\text{Max } Z = -15x_1 - 24x_2 - 5x_3$$

$$\text{s.t.}\begin{cases} -6x_2 - x_3 + x_4 = -2 \\ -5x_1 - 2x_2 - x_3 + x_5 = -1 \\ x_1, x_2, x_2, x_4, x_5 \geq 0 \end{cases} \tag{3.18}$$

① 布置初始单纯形表如表 3.10 所示。

表 3.10 例 3.5 的初始单纯形表

C_B	X_B	b	c_j				
			-15	-24	-5	0	0
			x_1	x_2	x_3	x_4	x_5
0	x_4	-2	0	[-6]	-1	1	0
0	x_5	-1	-5	-2	-1	0	1
	σ_j		-15	-24	-5		
	θ_j		——	$\dfrac{-24}{-6}$	$\dfrac{-5}{-1}$		

$b_1 = -2$ 最小,基变量 x_4 换出;$\theta_2 = 4$ 最小,非基变量 x_2 换入,a_{12} 为主元素。

② 例 3.5 的完整计算过程,如表 3.11 所示。

表 3.11 例 3.5 的完整单纯形表

C_B	X_B	b	c_j				
			-15	-24	-5	0	0
			x_1	x_2	x_3	x_4	x_5
0	x_4	-2	0	[-6]	-1	1	0
0	x_5	-1	-5	-2	-1	0	1
	σ_j		-15	-24	-5		
	θ_j		——	$\dfrac{-24}{-6}$	$\dfrac{-5}{-1}$		
-24	x_2	$1/3$	0	1	$1/6$	$-1/6$	0
0	x_5	$-1/3$	-5	0	[$-2/3$]	$-1/3$	1
	σ_j		-15		-1	-4	
	θ_j		$\dfrac{-15}{-5}$		$\dfrac{-1}{-2/3}$	$\dfrac{-4}{-1/3}$	
-24	x_2	$1/4$	$-5/4$	1	0	$-1/4$	$1/4$
-5	x_3	$1/2$	$15/2$	0	1	$1/2$	$-3/2$
	σ_j		$-15/2$			$-7/2$	$-3/2$

b 列数字全部大于 0,即原问题为可行解;二者皆为可行解,二者皆为最优解。

3.3.3 对偶单纯形法小结

1. 前提

有一个基，其对应的基满足：单纯形表的检验数行全部非正；变量取值至少有一个负数。

2. 优点

① 不需要人工变量。对于形如≥的约束，可以不加人工变量，减少迭代次数。
② 当变量远多于约束时，可减少迭代次数。此时迭代的是对偶变量(数量较少)。
③ 在灵敏度分析中，当原问题为非可行解时必须用偶单纯形法处理。

3.4 灵敏度分析

生产过程中的决策很多时候是一个静态的决策，即总是假定相关参数如 a_{ij},b_i,c_j 都是不变的。实际生产经营过程中，工艺技术系数、资源数量、单位利润会因为技术及市场的原因发生各种变动，这可能会导致现有的最优解发生变动。

灵敏度分析就是分析最优解对这种环境变化的敏感程度。

由于初始单纯形表与最终表之间存在直接的联系，当发生这种变化时，无需从初表开始重新计算。在最终表中找出 B^{-1} 矩阵，由表 3.5、表 3.6 得

$$\text{初表 } I \xrightarrow{\text{对应}} \text{终表 } B^{-1}$$
$$b' = B^{-1}b$$
$$P'_j = B^{-1}P_j \tag{3.19}$$
$$\sigma'_j = c_j - C_B P'_j = c_j - C_B B^{-1} P_j$$

由式 3.19 可知：当相关技术参数发生变化后，b'，P'_j 首先发生变化，进而影响到 σ'_j，即最终影响到原问题的解以及对偶问题的解。当这二者有一个为非可行解时，则需重新迭代，不仅最优解发生变化，最优基也发生变化。详见表 3.12。

表 3.12 灵敏度分析的各种可能

原问题	对偶问题	判断及所需后续计算
可行解	可行集	最优解和最优基不变
非可行解	可行解	用对偶单纯形法迭代
可行解	非可行解	用单纯形法迭代
非可行解	非可行解	添加人工变量，重新布表计算

综合所述，当参数变化后，首先计算受到影响的终表中的相关技术参数，再判断原问题及对偶问题是否为可行解，最后决定相关计算方法。

3.4.1 价值系数 c_j 的变化分析

例 3.6 某企业利用三种资源生产两种产品的最优计划问题归结为式 3.20 所描述

的线性规划;该线性规划的最终单纯形表见表3.13。

$$\text{Max } Z = 5x_1 + 4x_2$$
$$\text{s.t.} \begin{cases} x_1 + 3x_2 \leqslant 90 \\ 2x_1 + x_2 \leqslant 80 \\ x_1 + x_2 \leqslant 45 \\ x_1, x_2 \geqslant 0 \end{cases} \tag{3.20}$$

表 3.13 式 3.20 的最终单纯形表

C_B	X_B	c_j	5	4	0	0	0
		b	x_1	x_2	x_3	x_4	x_5
0	x_3	25	0	0	1	2	−5
5	x_1	35	1	0	0	1	−1
4	x_2	10	0	1	0	−1	2
		σ_j				−1	−3

最优计划是两种产品分别生产 35 单位与 10 单位,最大产值 $Z^* = 215$ 单位。

① 确定 x_2 的系数 c_2 的变化范围,使原最优解保持最优。

② 若 $c_2 = 6$,求新的最优计划。

解 ① c_2 为基变量的 x_2 价值系数,故其变化仅影响所有非基变量的检验数,即对偶问题的解。因为原问题的解不变,所以最优解不变的条件为对偶问题仍为可行解,得式 3.21。

$$\begin{cases} \sigma_4 \leqslant 0 \\ \sigma_5 \leqslant 0 \end{cases} \longrightarrow \begin{cases} c_4 - C_B P_4' = 0 - (0, 5, c_2) \begin{pmatrix} 2 \\ 1 \\ -1 \end{pmatrix} \leqslant 0 \\ c_5 - C_B P_5' = 0 - (0, 5, c_2) \begin{pmatrix} -5 \\ -1 \\ 2 \end{pmatrix} \leqslant 0 \end{cases} \tag{3.21}$$

解得: $\dfrac{5}{2} \leqslant c_2 \leqslant 5$。

② 当 $c_2 = 6$ 时,重新计算所有非基变量的检验如 σ_4, σ_5 的值:

$$\begin{aligned} \sigma_4 &= 6 - 5 = 1 > 0 \\ \sigma_5 &= 5 - 12 = -7 \leqslant 0 \end{aligned} \tag{3.22}$$

因为 $\sigma_4 = 1 > 0$,所以最优解发生改变。在表 3.13 的中填入新的检验数,此时对偶问题为非可行解,用单纯形法迭代,如表 3.14 所示。

表 3.14　$c_2 = 6$ 时的迭代计算

c_j			5	6	0	0	0
C_B	X_B	b	x_1	x_2	x_3	x_4	x_5
0	x_3	25	0	0	1	[2]	-5
5	x_1	35	1	0	0	1	-1
6	x_2	10	0	1	0	-1	2
σ_j						1	-7
0	x_4	$25/2$	0	0	$1/2$	1	$-5/2$
5	x_1	$45/2$	1	0	$-1/2$	0	$3/2$
6	x_2	$45/2$	0	1	$1/2$	0	$-1/2$
σ_j					$-1/2$		$-9/2$

在总资源不变的情况下,产品 2 的利润率提升,所以总利润增加,资源向产品 2 显著倾斜,产品 1 的生产量减少。

3.4.2　右端常数 b_i 的变化分析

例 3.7　将例 3.6 中的线性规划作下列分析:

① b_3 在什么范围内变化,原最优基不变?

② 若 $b_3 = 55$,求新的最优解。

分析　最优基是指在最优单纯形表中的基。根据式 3.19 可知,当 b_3 变化会直接导致终表中 b' 的变化,因此最优解必变;又由于这种变化可能会使 b' 出现负分量,则需用对偶单纯形法迭代,则最优基变化。因此最优基不变的条件是 $b' \geqslant 0$。

解　① 据式 3.19,先在原最优表中找出 B^{-1},再计算 b' 的表达式,分别得式 3.23、式 3.24。

$$\text{初表中的 } I \xrightarrow{\text{对应}} \text{终表中的 } B^{-1}$$

$$I = (P_3, P_4, P_5)$$

$$B^{-1} = (P_3', P_4', P_5') = \begin{pmatrix} 1 & 2 & -5 \\ 0 & 1 & -1 \\ 0 & -1 & 2 \end{pmatrix} \tag{3.23}$$

$$b' = B^{-1}b = \begin{pmatrix} 1 & 2 & -5 \\ 0 & 1 & -1 \\ 0 & -1 & 2 \end{pmatrix} \begin{pmatrix} 90 \\ 80 \\ b_3 \end{pmatrix} = \begin{pmatrix} 250 - 5b_3 \\ 80 - b_3 \\ 2b_3 - 80 \end{pmatrix} \geqslant 0 \tag{3.24}$$

解得: $40 \leqslant b_3 \leqslant 50$。

② 当 $b_3 = 55$ 时,先计算 b',随后判断是否需要迭代,见式 3.25。

$$b' = B^{-1}b = \begin{pmatrix} 1 & 2 & -5 \\ 0 & 1 & -1 \\ 0 & -1 & 2 \end{pmatrix} \begin{pmatrix} 90 \\ 80 \\ 55 \end{pmatrix} = \begin{pmatrix} -25 \\ 25 \\ 30 \end{pmatrix} \tag{3.25}$$

在表 3.13 中填入新的 b 列数字。因为 $b_1' = -25 < 0$，所以原问题为非可行解，用对偶单纯形法迭代，如表 3.15 所示。

表 3.15 资源数量 b_3 变化的最终单纯形表

	c_j		5	4	0	0	0
C_B	X_B	b	x_1	x_2	x_3	x_4	x_5
0	x_3	−25	0	0	1	2	[−5]
5	x_1	25	1	0	0	1	−1
4	x_2	30	0	1	0	−1	2
	σ_j					−1	−3
0	x_5	5	0	0	−1/5	−2/5	1
5	x_1	30	1	0	−1/5	3/5	0
4	x_2	20	0	1	2/5	−1/5	0
	σ_j				−3/5	−11/5	

由此可见，当第三种资源增加时，其边际贡献率下降，总利润增加。同时由于资源搭配关系变化，1、2 两种产品的数量相应发生变化。

3.4.3 增加一个新的变量的分析

企业参与市场竞争，会不断开发新产品。新产品必须具有比老产品相对更高的盈利能力（综合考虑单位利润和资源消耗），才会牺牲老产品的生产量来生产新产品。

进行这种分析的时候，一般先设新产品的数量为 x_j，价值系数为 c_j，系数列向量为 P_j，直接将其反映到最终表中（增加一列）。但此时 x_j 系数列向量应为 P_j'，且 $P_j' = B^{-1}P_j$，则其检验数为 $\sigma_j' = c_j - C_B B^{-1} P_j$，再根据检验数的正负判断。

若 $\sigma_j' > 0$ 则生产，用单纯形法迭代，可得到 x_j 的值；

若 $\sigma_j' \leq 0$，则最优解不变，x_j 仍为非基变量，所以 $x_j = 0$，即不生产。

例 3.8 将例 3.6 中的线性规划作下列分析：设企业研制了一种新产品，生产量记为 x_6，对三种资源的消耗系数列向量以 P_6 表示，$P_6 = (3/2 \quad 1 \quad 1/2)^T$。

① 试问它的价值系数 c_6 符合什么条件时，才必须安排它的生产？

② 若 $c_6 = 3$，新的最优生产计划是多少？

解 ① 根据上述分析，计算如下：

$$P'_6 = B^{-1}P_6 = \begin{pmatrix} 1 & 2 & -5 \\ 0 & 1 & -1 \\ 0 & -1 & 2 \end{pmatrix} \times \begin{pmatrix} \frac{3}{2} \\ 1 \\ \frac{1}{2} \end{pmatrix} = \begin{pmatrix} 1 \\ \frac{1}{2} \\ 0 \end{pmatrix}$$

$$\sigma'_6 = c_6 - C_B P'_6 = c_6 - (0,5,4)\begin{pmatrix} 1 \\ \frac{1}{2} \\ 0 \end{pmatrix} = c_6 - \frac{5}{2} > 0 \tag{3.26}$$

解得：$c_6 > \frac{5}{2}$。

② 根据式 3.26，先计算得 $\sigma'_6 = 3 - \frac{5}{2} = \frac{1}{2} > 0$，所以最优解发生变化，需重新列表计算。将 x_6 列对应数字填入表 3.13 中，因对偶问题为非可行解，用单纯形法迭代，见表 3.16。

表 3.16 增加一个新的变量且 $c_6 = 3$ 的最终单纯形表

	c_j		5	4	0	0	0	3
C_B	X_B	b	x_1	x_2	x_3	x_4	x_5	x_6
0	x_3	25	0	0	1	2	-5	[1]
5	x_1	35	1	0	0	1	-1	1/2
4	x_2	10	0	1	0	-1	2	0
	σ_j					-1	-3	1/2
3	x_6	25	0	0	1	2	-5	1
5	x_1	45/2	1	0	-1/2	0	3/2	0
4	x_2	10	0	1	0	-1	2	0
	σ_j				-1/2	-2	-1/2	

从上表分析可知，由于增加了一种盈利能力更强的产品，在总资源不变的情况下，总利润增加了。

3.4.4 增加新的约束条件的分析

生产过程中，往往会因为资源供应条件变化或工艺技术条件的重大变化，使得原本充足供应的某种资源变成了限量供应。这种灵敏度分析一般有以下三步：

① 将最优解代入新的约束条件，若满足，最优解不变；若不满足，转第 2 步。

② 将新的约束引入松弛变量而标准化，再直接加入原最终表最后一行，得到扩大的最终单纯形表。此时原基向量有一部分不再是单位向量，所以无法直接确定基变量。

③ 在扩大的最终表上，通过初等变换，将原基向量变为单位向量，可使得原基变量仍为基变量（如本例中的 x_3, x_1, x_2）。

④ 判断原问题是否为可行解(对偶问题的解不变),若是,得到新的最优解;若不是,用对偶单纯形法迭代。

例 3.9 在例 3.6 的基础上,现增加一个新的资源约束:$4x_1 + 2x_2 \leqslant 150$,求新的最优解。

解 原最优解 $X^* = (35,10,25,0,0)^T$ 不满足该约束,为了求得新的最优计划,在上式中引入松弛变量 x_6,化为式 3.27:

$$4x_1 + 2x_2 + x_6 = 150 \tag{3.27}$$

将式 3.27 反映到表 3.13 中,即增加一行及一列,得表 3.17。

表 3.17 加入新的约束条件的原最终表

C_B	X_B	c_j	5	4	0	0	0	0
		b	x_1	x_2	x_3	x_4	x_5	x_6
		25	0	0	1	2	−5	0
		35	1	0	0	1	−1	0
		10	0	1	0	−1	2	0
		150	4	2	0	0	0	1
	σ_j							

在上表中,因仅有 2 个单位向量,故不能确定全部基变量。可在保证 x_3, x_1, x_2 仍为基变量的前提下,进行初等变换,将 P_1, P_2 变为单位向量。若用①、②、③、④分别代表表 3.17 中 4 个约束条件,则初等变换公式如下:

$$④ - ② \times 4 - ③ \times 2 \tag{3.28}$$

经式 3.28 的变化,在表 3.17 左侧填入基变量及其价值系数,重新计算非基变量的检验数,由于 $b'_4 = -10 < 0$,用对偶单纯形法迭代,直至最终表,得表 3.18。

表 3.18 经过初等变换及迭代运算的最优表

C_B	X_B	c_j	5	4	0	0	0	0
		b	x_1	x_2	x_3	x_4	x_5	x_6
		25	0	0	1	2	−5	0
		35	1	0	0	1	−1	0
		10	0	1	0	−1	2	0
		150	4	2	0	0	0	1
	σ_j							
0	x_3	25	0	0	1	2	−5	0
5	x_1	35	1	0	0	1	−1	0
4	x_2	10	0	1	0	−1	2	0
0	x_6	−10	0	0	0	[−2]	0	1
	σ_j					−1	−3	

	c_j		5	4	0	0	0	0
0	x_3	15	0	0	1	0	-5	1
5	x_1	30	1	0	0	0	-1	1/2
4	x_2	15	0	1	0	0	2	-1/2
0	x_4	5	0	0	0	1	0	-1/2
	σ_j						-3	-1/2

由表 3.18 可知,因为增加了约束条件,可行域变小,所以最优目标值减小了。

3.4.5 技术系数 a_{ij} 的变化分析

在生产经营过程中,由于技术原因导致 a_{ij} 发生变化,也会对最优解产生影响。这种影响分两类进行分析:

① 非基变量 x_j 的 1 个或多个 a_{ij} 发生变化,则仅需按式 3.19 计算 x_j 对应的 $P'_j = B^{-1}P_j$,再计算 x_j 对应的 $\sigma'_j = c_j - C_B B^{-1} P_j$。若该检验数 $\sigma'_j \leqslant 0$,则最优解不变;若 $\sigma'_j > 0$,用单纯形法迭代。

② 基变量 x_j 的 1 个或多个 a_{ij} 发生变化,它会影响到 B^{-1}。故分步分析:

第一步,将该变量视作 1 个新的变量,分别计算 $P'_j = B^{-1} P_j$ 及 $\sigma'_j = c_j - C_B B^{-1} P_j$;

第二步,无论新变量的检验数 σ'_j 是否 >0,都用该新变量替换老变量,因为老变量实际不存在;

第三步,分别判断原问题、对偶问题是否为可行解,确定迭代方法;若二者均非可行解,则需添加人工变量,重新构造基可行解再迭代。

例 3.10 在例 3.6 中,若 x_2 的单位利润变为 6,且 P_2 变为 $(7 \quad 1 \quad 1)^T$,求新的最优解。

解 记改变后的 2 产品生产数量为 x_6,系数列向量为 P_6,其检验数记为 σ_6,则有:

$$P'_6 = B^{-1} P_6 = \begin{pmatrix} 1 & 2 & -2 \\ 0 & 1 & -1 \\ 0 & -1 & 2 \end{pmatrix} \begin{pmatrix} 7 \\ 1 \\ 1 \end{pmatrix} = \begin{pmatrix} 4 \\ 0 \\ 1 \end{pmatrix}$$

$$\sigma'_6 = c_6 - C_B P'_6 = 6 - (0, 5, 4) \begin{pmatrix} 4 \\ 0 \\ 1 \end{pmatrix} = 6 - 4 = 2 \tag{3.29}$$

在表 3.19 中填入第 6 列相关数据,并用 x_6 替换 x_2,得表 3.20。

表 3.19 技术系数 a_{ij} 的变化分析一

C_B	X_B	c_j b	5 x_1	4 x_2	0 x_3	0 x_4	0 x_5	6 x_6
0	x_3	25	0	0	1	2	−5	4
5	x_1	35	1	0	0	1	−1	0
4	x_2	10	0	1	0	−1	2	[1]
	σ_j					−1	−3	2

表 3.20 技术系数 a_{ij} 的变化分析二

C_B	X_B	c_j b	5 x_1	0 x_2	0 x_3	0 x_4	0 x_5	6 x_6
3	x_3	−15	0		1	6	−13	0
5	x_1	35	1	空	0	1	−1	0
6	x_6	10	0		0	−1	2	1
	σ_j					−17	32	

由表 3.20 可知，因为原问题及对偶问题皆非可行解，所以要对表 3.20 添加人工变量，重新布表迭代。由表 3.20 第一行可得式 3.29。

$$x_3 + 6x_4 - 13x_5 = -15 \xrightarrow{\times(-1)} -x_3 - 6x_4 + 13x_5 = 15 \quad (3.29)$$

再对式 3.29 添加人工变量得式 3.30：

$$-x_3 - 6x_4 + 13x_5 + x_7 = 15 \quad (3.30)$$

在表 3.20 中，用式 3.30 中系数替换第一行系数，并用 x_6 替换 x_2，再将 x_7 反映上去后，重新计算非基变量的检验数，可得表 3.21。

表 3.21 技术系数 a_{ij} 的变化分析三

C_B	X_B	c_j b	5 x_1	6 x_6	0 x_3	0 x_4	0 x_5	−M x_7
−M	x_7	15	0	0	−1	−6	[13]	1
5	x_1	35	1	0	0	1	−1	0
6	x_6	10	0	1	0	−1	2	0
	σ_j				−M	11−6M	13M−7	

在表 3.21 中，因对偶问题为非可行解，继续用单纯形法迭代，得表 3.22。

表 3.22 技术系数 a_{ij} 的变化分析四

c_j			5	6	0	0	0	$-M$
C_B	X_B	b	x_1	x_6	x_3	x_4	x_5	x_7
0	x_5	15/13	0	0	$-1/13$	$-6/13$	1	1/13
5	x_1	470/13	1	0	$-1/13$	7/13	0	1/13
6	x_6	100/13	0	1	2/13	$-1/13$	0	$-2/13$
	σ_j				$-7/13$	$-29/13$		$7/13-M$

3.4.6 其他变化情况的分析

当有多个参数同时变化时,可依据上述分析,分别计算受到影响的数据并填入原最终表中,重新计算非基变量的检验数。再分别判断原问题及对偶问题解的可行性,在此基础上决定用哪种方法迭代或添加人工变量重新布表计算。

如当 c_j 和 b_i 同时变化时,此时原最优表的 b 列和检验数行同时改变,可能造成原问题与对偶问题均非可行解。这时需要引入人工变量,使原问题转化为基可行解,再用大 M 法继续迭代计算。

3.5 参数线性规划

灵敏度分析是考虑当 a_{ij}, b_i, c_j 中的某个数字发生变化时,最优解(或最优基)不变的条件以及求解这些数字变化的最优解。

参数线性规划分析的是当 C 以 $(C+\lambda \overline{C})$ 或 b 以 $(b+\lambda \overline{b})$ 的形式连续变化时,求出目标函数值 Z 与 λ 的关系函数 $Z(\lambda)$。如下式 3.31、式 3.32 的线性规划称为参数线性规划。

3.5.1 参数线性规划类型

1. 价值系数连续变化型

形式如下:

$$\text{Max } Z = (C + \lambda \overline{C})X \\ \text{s.t.} \begin{cases} AX = b \\ X \geqslant 0 \end{cases} \quad (3.31)$$

其中 C 价值系数向量,$\overline{C}$ 为变动价值系数向量,λ 是连续变化的参数。

2. 资源向量连续变化型

形式如下:

$$\text{Max } Z = CX \\ \text{s.t.} \begin{cases} AX = b + \lambda \overline{b} \\ X \geqslant 0 \end{cases} \quad (3.32)$$

其中 b 为资源向量,$\overline{b}$ 为变动资源向量,λ 是参数。

3.5.2 参数线性规划的分析步骤

① 首先令 $\lambda=0$,求得相应的最优单纯形表。

② 把 $\lambda\overline{C}$ 或 $\lambda\overline{b}$ 项反映到最优单纯形表中。

③ 分析 λ 的变动对原问题(或对偶问题)解的影响,在保证最优解(或最优基)不变的情况下,求出 λ 的变动范围;若超出该范围,用单纯形法(或对偶单纯形法)求新的最优解。

④ 对于新的最优表,重复③的做法,直到把 λ 的变化范围分析完毕。

例 3.11 分析下列线性规划的最优解与参数 λ 的关系。

$$\text{Max } Z = (2+\lambda)x_1 + (1+2\lambda)x_2$$

$$\text{s.t.}\begin{cases} 5x_2 \leqslant 15 \\ 6x_1 + 2x_2 \leqslant 24 \\ x_1 + x_2 \leqslant 5 \\ x_1, x_2 \geqslant 0 \end{cases}$$

解 ① 先令 $\lambda=0$,求出最优解,并把价值系数向量的变化反映到最优表中,得表 3.23。在该表中:当 $-\dfrac{1}{5} \leqslant \lambda \leqslant 1$ 时,解为最优解,目标值 $Z = \dfrac{17}{2}$。

表 3.23 价值系数向量变化分析一

	c_j		$2+\lambda$	$1+2\lambda$	0	0	0	
C_B	X_B	b	x_1	x_2	x_3	x_4	x_5	
0	x_3	15/2	0	0	1	5/4	$-15/2$	
$2+\lambda$	x_1	7/2	1	0	0	1/4	$-1/2$	$-\dfrac{1}{5} \leqslant \lambda \leqslant 1$
$1+2\lambda$	x_2	3/2	0	1	0	$-1/4$	3/2	
	σ_j					$-\dfrac{1}{4}+\dfrac{\lambda}{4}$	$-\dfrac{1}{2}-\dfrac{5\lambda}{2}$	

② 在表 3.23 中,当 $\lambda>1$ 时,x_4 的检验数 $\sigma_4>0$,用单纯形法迭代,得表 3.24。

表 3.24 价值系数向量变化分析二

	c_j		$2+\lambda$	$1+2\lambda$	0	0	0	
C_B	X_B	b	x_1	x_2	x_3	x_4	x_5	
0	x_4	6	0	0	4/5	1	-6	
$2+\lambda$	x_1	2	1	0	$-1/5$	0	1	$\lambda>1$
$1+2\lambda$	x_2	3	0	1	1/5	0	0	
	σ_j				$\dfrac{1}{5}-\dfrac{\lambda}{5}$		$-2-\lambda$	

在表 3.24 中,当 $\lambda>1$ 时为最优解,此时 $Z=7+8\lambda$。

③ 在表 3.23 中,当 $\lambda \leqslant -\frac{1}{5}$ 时,$\sigma_5 > 0$,用单纯形法迭代得表 3.25 的第一部分,由检验数行可知:

当 $-2 \leqslant \lambda \leqslant -\frac{1}{5}$ 时,是最优解,目标值为 $Z = 8 + 4\lambda$;

当 $\lambda \leqslant -2$ 时,$\sigma_5 > 0$,用单纯形法迭代得表 3.25,此时目标为 0。

表 3.25 价值系数向量变化分析表三

c_j			$2+\lambda$	$1+2\lambda$	0	0	0	
C_B	X_B	b	x_1	x_2	x_3	x_4	x_5	
0	x_3	15	0	5	1	0	0	
$2+\lambda$	x_1	4	1	1/3	0	[1/6]	0	$-2 \leqslant \lambda \leqslant -\frac{1}{5}$
0	x_5	1	0	2/3	0	$-1/6$	1	
σ_j				$\frac{1}{3} + \frac{5\lambda}{3}$		$-\frac{1}{3} - \frac{\lambda}{6}$		
0	x_3	15	0	5	1	0	0	
0	x_4	24	6	2	0	1	0	$\lambda \leqslant -21$
0	x_5	5	1	1	0	0	1	
σ_j			$2+\lambda$	$1+2\lambda$				

习 题

1. 判断下列说法的正确性,并给出理由。
(1) 若线性规划的原问题存在可行解,则其对偶问题一定存在可行解。
(2) 若线性规划的对偶问题无可行解,则原问题一定无可行解。
(3) 互为对偶的一对线性规划,无论原问题是求极大还是极小,原问题的目标值都一定小于等于对偶问题的目标值。
(4) 任何线性规划都有唯一的对偶问题。

2. 任选一个线性规划问题,用单纯形法求出其最优解;根据最优单纯形表,直接给出其对偶问题的最优解;指出每种资源的影子价格,并说明其经济含义。

3. 写出下列线性规划问题的对偶问题。

(1) Max $Z = 2x_1 + x_2 + 3x_3$

s.t: $\begin{cases} x_1 + x_2 + x_3 \leqslant 5 \\ 6x_1 + 2x_2 = 10 \\ 8x_1 + 3x_3 \geqslant 8 \\ x_1 \geqslant 0, x_2 \leqslant 0, x_3 \text{ 无约束} \end{cases}$

(2) Min $\omega = 15y_1 + 24y_2 + 5y_3$

s.t: $\begin{cases} -y_1 + 6y_2 + y_3 \leqslant 10 \\ 5y_1 + 2y_2 + y_3 \geqslant 8 \\ y_1 + 2y_2 + 2y_3 = 9 \\ y_1 \leqslant 0, y_2 \text{ 无约束}, y_3 \geqslant 0 \end{cases}$

$$\text{Max } Z = \sum_{j=1}^{n} c_j x_j$$

$$\text{s.t.} \begin{cases} \sum_{j=1}^{n} a_{ij} x_j \geq b_i (i = 1, \cdots, m_1; m_1 < m) \\ \sum_{j=1}^{n} a_{ij} x_j \leq b_i (i = m_1 + 1, \cdots, m) \\ x_j \leq 0 (j = 1, \cdots, n_1; n_1 < n) \\ x_j \geq 0 (j = n_1 + 1, \cdots, n) \end{cases}$$

4. 某公司生产甲、乙、丙三种纸制品,三种纸制品的单位利润分别为8、9、15元/单位,生产三种纸制品需要人力和纸浆。其中每个人每天可单独生产甲、乙、丙的数量分别为1/3、1/3、1/5单位,甲、乙、丙三种产品每单位消耗纸浆分别为2 kg、4 kg、5 kg。现每天有纸浆100 kg、人力120人,问如何安排生产,可使每天利润最大?(要求以纸制品为变量)

(1) 用单纯形法求出最优安排及最大利润。

(2) 问甲产品的利润在什么范围内变化,可使原最优解不变?

(3) 若人力增加为180人,求新的最优解。

5. 某公司生产甲、乙、丙三种产品,已知每人每天可以生产甲、乙、丙三种产品的数量分别为3、4、2单位,甲、乙、丙三种产品每单位需要原材料分别为4、8、4单位,甲、乙、丙三种产品每单位的利润分别为3、2、2元。原材料数量为64单位,人员数量为20。

(1) 试建立该公司利润最大的生产计划的数学模型,并求出最优生产计划及最大利润及对偶问题的最优解(建议以人为变量)。

(2) 若丙产品的利润变为4单位,求新的最优解。

(3) 如原材料的数量变为300,求出新的最优解及最优值。

6. 某出版单位有4 500个空闲印刷机和4 000个空闲装订工,用于4种图书的装订和印刷(允许解可以不为整数),具体数据如表3.26所示。

表3.26 印刷和装订数据表

	1	2	3	4	拥有量(千)
印刷	0.1	0.3	0.8	0.4	4.5
装订	0.2	0.1	0.1	0.3	4
预期利润(元/册)	1	1	4	3	

用单纯形法得到的最终单纯形表如表3.27所示。

表3.27 最终单纯形表

C_B	x_B	c_j	1	1	4	3	0	0
		b	x_1	x_2	x_3	x_4	x_5	x_6
1	x_1	5	1	-1	-4	0	-0.6	0.8
3	x_4	10	0	1	3	1	0.4	-0.2
	σ_j			-1	-1		-0.6	-0.2

(1) 根据市场调查，第四种书最多只销售 5 000 册，当销量多于 5 000 册时，超量的部分每册降价 2 元，求最优计划安排。

(2) 经理对不出版第二种书有很大的意见，要求该书必须出版 2 000 册，求此条件下的最优解。

(3) 作为替代方案，第二种书仍然出版 2 000 册，印刷由该厂承担，装订工序交给别的厂完成，但是装订每册的成本比该厂高 0.5 元，求新的最优解。

(4) 出版第二种书的另一种方案是提高售价，如果第二种书的印刷装订成本合计每册 6 元，则该书的售价为多高时出版才盈利？

第 4 章 运 输 问 题

在社会再生产不断往复循环的过程中,物资的流转是其实现的物质基础。生产资料及生活资料需不断地从产地运往需求地;在此过程中人们不断地追求降低成本和缩短时间,这就需要妥善安排运输方案以实现上述目标。尤其当物资运输量巨大时,这种方案的选择具有巨大的经济意义和社会意义。

运输问题就是一种以追求成本或时间优化以实现运输方案优化的线性规划模型。但通过适当抽象,该模型也可运用于其他经营或社会管理决策。

4.1 运输问题及其数学模型

例 4.1 某公司有 3 个生产同类产品的加工厂(简称:产地),分别记为 A_i,其产量记为 $a_i(i=1,2,\cdots,m)$;产品由 4 个销售点(简称:销地)销售,分别记为 B_j,其销量记为 b_j ($j=1,2,\cdots,n$)。从第 i 个产地 A_i 向第 j 个销地 B_j 运输每单位物资的运费(即运价)为 c_{ij},产销量表及运价表分别如表 4.1、表 4.2 所示。问该公司如何将产品从产地调往销地才能使总运费最小?

表 4.1 产销量表

产地＼销地	B_1	B_2	B_3	B_4	产量(t)
A_1					8
A_2					5
A_3					11
销量(t)	4	7	6	7	

表 4.2　运价表

销地 产地	B_1	B_2	B_3	B_4	运价 (元/t)
A_1	4	12	4	11	
A_2	2	10	3	9	
A_3	8	5	11	6	

解　设自第 i 个产地运至第 j 个销地的运量记为 x_{ij}。

目标函数：每个运量产生的运费为 $c_{ij}x_{ij}$，则目标函数为 $\text{Min } Z = \sum_{i=1}^{3}\sum_{j=1}^{4} x_{ij}c_{ij}$。

约束条件：① 产量约束，每个产地的产量必须全部运出，即

$$\sum_{j=1}^{4} x_{ij} = a_i \ (i = 1,2,3)$$

② 销量约束，每个销地的销量必须全额满足，即

$$\sum_{i=1}^{3} x_{ij} = b_j \ (j = 1,\cdots,4)$$

综合得例 4.1 的数学模型如下式：

$$\text{Min } Z = \sum_{i=1}^{3}\sum_{j=1}^{4} c_{ij}x_{ij}$$

$$\text{s.t.}\begin{cases} \sum_{i=1}^{3} x_{ij} = a_i \\ \sum_{i=1}^{3} x_{ij} = b_j \\ x_{ij} \geqslant 0\ (i = 1,\cdots,3;\ j = 1,\cdots,4) \end{cases} \tag{4.1}$$

例 4.1 的数学模型也可展开写成式 4.2 的形式：

$$\text{Min } Z = 4x_{11} + 12x_{12} + 4x_{13} + 11x_{11} + 2x_{21} + 10x_{22} + 3x_{23}$$
$$+ 9x_{24} + 8x_{31} + 5x_{32} + 11x_{33} + 6x_{34}$$

$$\text{s.t.}\begin{cases} x_{11} + x_{12} + x_{13} + x_{11} = 8 \\ x_{21} + x_{22} + x_{23} + x_{24} = 5 \\ x_{31} + x_{32} + x_{33} + x_{34} = 11 \\ x_{11} + x_{21} + x_{31} = 4 \\ x_{12} + x_{22} + x_{32} = 7 \\ x_{13} + x_{23} + x_{33} = 6 \\ x_{14} + x_{24} + x_{34} = 7 \\ x_{ij} \geqslant 0,\ i \in (1,2,3),\ j \in (1,\cdots,4) \end{cases} \tag{4.2}$$

例 4.1 所得式 4.1 或式 4.2 即为一个运输问题模型。

4.1.1 运输问题的一般模型

1. 运输问题的一般提法

运输问题的一般提法是：设某种物资有 m 个产地 $A_i(i=1,2,\cdots,m)$，每个产地的产量记为 a_i；有 n 个销地 $B_j(j=1,2,\cdots,n)$，每个销地的销量记为 b_j。从第 i 个产地 A_i 向第 j 个销地 B_j 运输每单位物资的运费为 c_{ij}。问如何调运这些物资才能使总运费达到最小？一般有两个已知条件：产销量表和运价表，分别如表 4.3、表 4.4 所示。

表 4.3　产销量表

产地＼销地	B_1	B_2	$\cdots$	B_n	产量(t)
A_1	x_{11}	x_{12}	$\cdots$	x_{1n}	a_1
A_2	x_{21}	x_{22}	$\cdots$	x_{2n}	a_2
$\vdots$	$\cdots$	$\cdots$	$\cdots$	$\cdots$	$\vdots$
A_m	x_{m1}	x_{m2}	$\cdots$	x_{mn}	a_m
销量	b_1	b_2	$\cdots$	b_n	

表 4.4　运价表

产地＼销地	B_1	B_2	$\cdots$	B_n	
A_1	c_{11}	c_{12}	$\cdots$	c_{1n}	
A_2	c_{21}	c_{22}	$\cdots$	c_{2n}	运价(元/t)
$\vdots$	$\cdots$	$\cdots$	$\cdots$	$\cdots$	
A_m	c_{m1}	c_{m2}	$\cdots$	c_{mn}	

2. 运输问题的数学模型

定义变量：令第 i 个产地运至第 j 个销地的运量记为 x_{ij}，

$$\text{Min } Z = \sum_{i=1}^{m}\sum_{j=1}^{n} c_{ij}x_{ij}$$

$$\text{s.t.} \begin{cases} \sum_{j=1}^{n} x_{ij} = a_i \\ \sum_{i=1}^{m} x_{ij} = b_j \\ x_{ij} \geqslant 0 (i=1,2,\cdots,m;j=1,2,\cdots,n) \end{cases} \quad (4.3)$$

运输问题的数学模型的解释：
① 其目标函数是追求总运费最小。
② 有两个资源约束条件，分别为产量约束和销量约束。

③ 自变量取值有限制,即调运量非负。

3. 运输问题分类

满足式 4.4 的运输问题,称为产销平衡的运输问题;若不满足,则称为产销不平衡的运输问题。

$$\sum_{i=1}^{m} a_i = \sum_{j=1}^{n} b_j = Q \tag{4.4}$$

式 4.4 称为产销平衡条件。

4.1.2 运输问题的数学特点

式 4.3 的系数矩阵如表 4.5 所示。

表 4.5 式 4.3 的系数矩阵

$$\begin{array}{c}
\phantom{\begin{bmatrix}}x_{11}\ x_{12}\ \cdots\ x_{1n}\ x_{21}\ x_{22}\ \cdots\ x_{2n}\ \cdots\ x_{m1}\ x_{m2}\ \cdots\ x_{mn}\\
\begin{bmatrix}
1\ 1\ \cdots\ 1 & & & \\
 & 1\ 1\ \cdots\ 1 & & \\
 & & \ddots & \\
 & & & 1\ 1\ \cdots\ 1 \\
1 & 1 & & 1 \\
1 & 1 & & 1 \\
\ddots & \ddots & \cdots & \ddots \\
1 & 1 & & 1
\end{bmatrix}\begin{matrix}\left.\begin{matrix}\\ \\ \\ \\ \end{matrix}\right\}m\ 行\\ \left.\begin{matrix}\\ \\ \\ \\ \end{matrix}\right\}n\ 行\end{matrix}
\end{array}$$

1. 运输问题是线性规划

由式 4.2 可知,运输问题的目标函数及其运输条件都是决策变量的线性函数,因此运输问题是线性规划。这也决定了后续介绍的运输问题的表上作业法实质上是单纯形法。

2. 运输问题是一种更简单的线性规划

从式 4.4 中可以看出其系数列向量简单且有规律,每个列向量有 2 个 1,其余都是 0;同时其约束条件都是等式约束。这决定了它的解法表上作业法是比一般单纯形法更高效的算法。

3. 运输问题的基变量为 $(m+n-1)$ 个

基变量的个数一般等于约束条件个数,但这些约束是线性无关的。运输问题的约束条件分别为 m 个产量约束与 n 个销量约束,共 $(m+n)$ 个约束条件;但因为式 4.4 这个隐含条件的存在,所以线性无关的约束条件为 $(m+n-1)$ 个,故其基变量个数为 $(m+n-1)$ 个。

4.2 运输问题的求解

运输问题的求解主要是求解产销平衡的运输问题,若该问题为产销不平衡问题,则先转化为产销平衡问题再求解。根据前述运输问题的数学特点,人们构造了求解运输问题的表上作业法,其本质是单纯形法。

表上作业法的解题思想同单纯形法。即先确定初始基可行解,随之根据非基变量的检验数判断其最优性;若非最优解,即行迭代,用另外一个基可行解替换当前的基可行解,直至得到最优解。故表上作业法分为求初解、计算检验数和迭代等主要步骤。

4.2.1 初始基可行解的确定(初解或初始调运方案)

初解的求法多种,这里介绍两种最常见的方法。

1. 最小元素法

(1) 最小元素法的思想

优先满足运价最小处的调运。

运输问题是追求总运费最小,总运费为$(m \times n)$个局部$c_{ij} \times x_{ij}$之和。由于非基变量取值为0,这个乘积实际只有$(m+n-1)$个,即只使用了$(m+n-1)$个运价;又由于总运量为定值,即$\sum_{i=1}^{m} a_i = Q$。因此为追求总运费最小,应该优先挑选最小的运价。由于该方法每次都是寻找运价表中的最小运价,故称为最小元素法。

(2) 最小元素法的步骤

第一步:在运价表中找出最小运价(可称为元素),在该空格内的右下角标上允许取得的最大数,即运量$x_{ij} = \text{Min}(a_i, b_j)$。分别计算剩余的产销量,若某行(列)的产量(销量)已满足(即剩余值为0),则将该行(列)划去(注意:正常情况下,只划掉1行或1列)。

第二步:重复进行第一步,直至所有产量、销量均得到满足,也即所有行与列均划掉(注意:最后一步,同时划掉1行1列),此时得到一个基可行解,也称初始调运方案。

第三步:再计算初始目标值$Z^{(0)}$,即初始总运费。

以例4.1为例:首先找到运价表中最小元素2,为A_2至B_1,因5>4,最多运4单位,在此处填上4,同时计算A_2剩余产量为1单位,B_1剩余销量为0,因B_1已满足,故划掉第一列。再从剩下的运价表中寻找最小元素,重复上述步骤,直至所有行列均被划掉,即得到一个初始可行解$X^{(0)}$,如表4.6所示。

表4.6 用最小元素法求例4.1的初解$X^{(0)}$

	B_1	B_2	B_3	B_4	产量
A_1	4	12	4　　5	11　　3	⑥ 8̶ 3̶ 0
A_2	2　　4	10	3　　1	9	② 5̶ 1̶ 0
A_3	8	5　　7	11	6　　4	⑤ 7̶ 4̶ 0
销量	① 4̶ 0	④ 7̶ 0	③ 6̶ 5̶ 0	⑥ 4̶ 3̶ 0	

初始函数值(总运费)：$Z^{(0)} = 5\times 4 + 3\times 11 + 4\times 2 + 1\times 3 + 7\times 5 + 4\times 6 = 123$。

(3) 最小元素法的缺点

总运费由各个产地(或销地)的运费之和构成，因此单独降低某个产地(销地)的运费并不一定能使总运费最小。

因为各个产地(销地)的运量相互影响，而最小元素法只考虑节省某个产地(销地)的运费，势必造成在其他产地(销地)处要增加运费。若增加值大于节省值，则该解较劣。

例如：在例 4.1 中，对于 B_1 来说，由 A_2 来运费最省，而对于 B_3 来说也是如此，这就产生了矛盾。最小元素法对此没有考虑，故用最小元素法得出的初始解离最优解较远。

2. 伏格尔法

(1) 伏格尔法的思想

某产地(或销地)的产品假如不能按最小运价供应，就考虑次小运价，这就产生一个差额，称为罚值。罚值越大，说明当不能按最小运价调运时，运费增加越多。

因而罚值最大的行或列，必须优先调运，在此处应当采用最小运价调运。伏格尔法得出的初始解比用最小元素法给出的初始解更接近最优解，可有效减少迭代次数。

(2) 伏格尔法的步骤

第一步：先计算运价表中每行、每列最小的两个元素(若两个最小相等，罚值记为 0)的差值，即罚值，找出最大罚值；再在该最大罚值对应的行(列)里寻找最小运价并充分执行该最小运价(即填上允许的最大运量)，将这个最大运量填在空格内；分别计算剩余的产、销量，同时划掉已经得到满足的行(列)，正常一次只划掉 1 行或 1 列。

第二步：重新计算所有罚值，并重复上述步骤。

第三步：计算到后面，若一些行或列里只有一个运价，则不必计算罚值，因为此时该行(列)只有唯一选择；按照这些唯一运价的大小顺序，先小后大依次执行。

第四步：直至所有行、列都得到满足，即得到初始解。

以例 4.1 为例：先计算第一轮罚值，最大为第二列罚值(5)，在第二列选择最小运价为 5，填上运量 x_{32} 为 7；计算剩余产销量，划掉第二列。重复第二轮至第四轮。当计算第五轮罚值时，由于第一、第二行均只有一个运价，故无需计算罚值，直接填写运量，划掉第一、第二行，得到初解 $X'^{(0)}$。伏格尔法计算过程如表 4.7 所示。

此时目标函数值为：$Z'^{(0)} = 6\times 4 + 2\times 11 + 4\times 2 + 1\times 9 + 7\times 5 + 4\times 6 = 122$，优于最小元素法得到的目标值。对于产销地较少的运输问题，伏格尔法得到的初解往往就是最优解。

伏格尔法的不足之处在于计算步骤较多，手工计算较麻烦。

表 4.7 用伏格尔法计算例 4.1 的初解 $X'^{(0)}$

		B_1 ③	B_2 ①	B_3 ④	B_4 ⑥	行罚值 轮次	①	②	③	④
⑥ A_1		4	12	4 6	11 2	8̸ 2̸ 0	0	0	0	(7)
⑤ A_2		2 4	10	3	9 1	5̸ 4̸ 0	1	1	1	6
② A_3		8	5 7	11	6 4	1̸2̸ 4 0	1	2	—	—
列罚值	轮次	4̸ 0	7̸ 0	6̸ 0	7̸ 2̸ 0					
	①	2	(5)	1	3					
	②	2	—	1	(3)					
	③	(2)	—	1	2					
	④	—	—	1	2					

3. 初解计算中的注意事项

(1) 多个相同值的处理

在求初解过程中,当寻找最小运价、最大罚值等时,出现 2 个及以上值相同时,可任选 1 个执行,这样所得到的初解是不同的,但不影响最优解。

(2) 补 0 现象

最小元素法与伏格尔法求初解,都会出现在选定某个最小运价执行时,该最小运价对应的产量与销量相同,则当填上数字(运量)后,就需要同时划掉 1 行与 1 列。但这会使初始解中基变量个数减少 1 个(每出现 1 次减少 1 个),从而使基变量个数少于 $(m+n-1)$ 个,这会造成无法计算非基变量的检验数。

为使基变量个数仍为 $(m+n-1)$ 个,这时需要在被同时划掉的 1 行和 1 列中的任一空格处补填上 0,这个 0 是当作基变量的(但初解中填上最后一个数字是同时划掉 1 行 1 列,这是正常现象,无需补 0),如下表 4.8 所示。

表 4.8 例 4.1 的初解补 0 现象

	B_1	B_2	B_3	B_4	产量
A_1	4	12	4	11	8
A_2	2 4	10 0	3	9	4̸ 0
A_3	8	5	11	6	12
销量	4̸ 0	7	6	7	

在表 4.8 中,在选择最小运价 2 时,由于 $a_2 = b_1 = 4$,当填上 $x_{21} = 4$ 时,第一列与第二行同时得到满足,故需同时划掉第一列与第二行。此时需在 $x_{11}, x_{31}, x_{22}, x_{23}, x_{24}$ 等 5 个运量当中选择 1 个填上 0,以保证基变量个数为 $(m+n-1)$ 个,本例选择的是 x_{22}。

4.2.2 解的最优性检验

同单纯形法一样,表上作业法也是通过计算所有非基变量的检验数来判断解的最优性。检验数的计算主要有闭回路法、位势法。

1. 闭回路法

在表上作业法中又把基变量称为数字格,非基变量称为空格。闭回路法是通过作每个空格的闭回路来计算检验数。

(1) 检验数的含义及公式

非基变量的检验数表示将该非基变量换为基变量每单位所造成的的总运费的变化值。

以表 4.6 中所示初解为例。x_{11} 为非基变量,其值现在为 0。若使 x_{11} 为基变量,则可令 x_{11} 为 1,为保持每行、每列的平衡,表中必有部分数字格的值发生改变。又由于各个数字格运价不同,这种变化必然造成总运费变动。这个变动值 ΔZ 就是 x_{11} 的检验数 σ_{11}。以表 4.9 为例进行说明:

表 4.9 检验数的含义

	B_1	B_2	B_3	B_4	产量
A_1	4 (1)●	12	4 →5 (4)	11 3	8
A_2	2 (3) 4←	10	3 1 (2)	9	5
A_3	8	5	11	6 4	11
销量	4	7	6	7	

在上表中,当 x_{11} 变为 1 时,x_{13}, x_{23}, x_{21} 受到影响,与 x_{11} 构成一个闭回路。且相应的 x_{13} 变为 4,x_{23} 变为 2,x_{21} 变为 3;因为其他格数字未变,且变化量均为 1,所以总运费的变化值即为上述 4 格运价的代数和。

$$\sigma_{11} = \Delta Z = (4+3) - (4+2) = 1$$

若按旋转方向记始点为第 1 节点,则检验数的公式为:

$$\sigma_{ij} = (\text{闭回路中奇数节点的运价和}) - (\text{闭回路中偶数节点的运价和}) \quad (4.5)$$

(2) 闭回路的含义

在某个非基变量(空格)调整后,所有受到影响的数字格加上该空格所构成的回路即为闭回路。

(3) 闭回路的做法

欲求某空格的检验数，则从该空格出发，直线前进，遇到数字格可转可不转，若转则转 $90°$ 后继续前进，遇到空格不转，直至回到原空格，这样就形成一个闭回路。

注意：每个空格有且仅有一个闭回路。

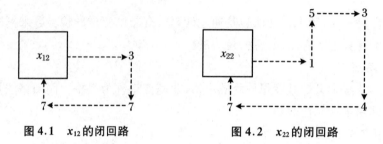

图 4.1　x_{12} 的闭回路　　　　　图 4.2　x_{22} 的闭回路

根据图 4.1 和图 4.2，即可得出：

$$\sigma_{12} = (12 + 6) - (11 + 5) = 2$$
$$\sigma_{22} = (4 + 6 + 10) - (11 + 5 + 3) = 1$$

相应的绘制剩余空格的闭回路并根据公式计算其检验数，将检验数填入表 4.5 中，检验数加括号以区别运量，如表 4.10 所示。

表 4.10　例 4.1 由最小元素法所得初解的检验数表

	B_1	B_2	B_3	B_4	产量
A_1	4　(1)	12　(2)	4　　5	11　　3	8
A_2	2　　4	10　(1)	3　　1	9　(-1)	5
A_3	8　(10)	5　　7	11　(12)	6　　4	11
销量	4	7	6	7	

回路法计算检验数简单易行，但当节点较多时，闭回路的寻找较麻烦。因此这里介绍另一种方法——位势法。

2. 位势法

位势法是通过给每行、每列赋予一个参数破位势来求空格的检验数。

(1) 位势

$$\text{Min } Z = \sum_{i=1}^{m}\sum_{j=1}^{m} c_{ij}x_{ij}$$

$$\text{s.t:}\begin{cases} \sum_{j=1}^{n} x_{1j} = a_1 \longrightarrow y_1 \\ \vdots \\ \sum_{j=1}^{n} x_{mj} = a_m \longrightarrow y_m \\ \sum_{i=1}^{m} x_{i1} = b_1 \longrightarrow y_{m+1} \\ \vdots \\ \sum_{i=1}^{m} x_{in} = b_n \longrightarrow y_{m+n} \\ x_{ij} \geqslant 0 (i=1,2,\cdots,m;j=1,2,\cdots,n) \end{cases} \quad (4.6)$$

运输问题有一个对偶问题,由式 4.6 可知,其每个约束条件对应 1 个对偶变量,所以共 $(m+n)$ 个。对于某个调运方案而言,每列对应一个对偶变量,其值称为列位势,记为:$v_1,v_2,\cdots,v_n$;每行对应一个对偶变量,其值称为行位势,记为:$u_1,u_2,\cdots,u_m$。

(2) 位势的计算

根据检验数计算公式,任何

$$\sigma_j = c_j - C_B B^{-1} P_j = c_j - Y^T P_j$$

所以对任何空格(非基变量)有

$$\sigma_{ij} = c_{ij} - Y^T P_{ij} = c_{ij} - (u_1,\cdots,u_m,v_1,\cdots,v_j)P_{ij} \quad (4.7)$$

因 P_{ij} 里第 i 个与第 $(m+j)$ 个分量为 1,其余皆为 0,所以

$$\sigma_{ij} = c_{ij} - (u_i + v_j) \quad (4.8)$$

又因为基变量的检验数总是为 0,所以对任何数字格(基变量)有

$$\sigma_{ij} = c_{ij} - (u_i + v_j) = 0 \quad (4.9)$$

即得

$$c_{ij} = (u_i + v_j) \quad (4.10)$$

位势的计算由式(4.10)确定,即每个基变量都存在上述关系。

(3) 空格检验数的计算

空格的检验数根据式(4.8)来计算。下面仍以例 4.1 中最小元素法所得初解为例介绍位势求求解检验数。

由前表 4.6 中基变量(数字格)的位置可列出位势方程如下:

$$\begin{cases} x_{13}: c_{13} = u_1 + v_3 = 4 \\ x_{14}: c_{14} = u_1 + v_4 = 11 \\ x_{21}: c_{21} = u_2 + v_1 = 2 \\ x_{23}: c_{23} = u_2 + v_3 = 3 \\ x_{32}: c_{32} = u_3 + v_2 = 5 \\ x_{34}: c_{34} = u_3 + v_4 = 6 \end{cases} \quad (4.11)$$

因位势个数多于方程个数,一般令 $\mu_1=0$,解得各个位势值如下:

$$\begin{cases} u_1 = 0 \\ u_2 = -1 \\ u_3 = -5 \end{cases} \quad 及 \quad \begin{cases} v_1 = 3 \\ v_2 = 10 \\ v_3 = 4 \\ v_4 = 11 \end{cases} \quad (4.12)$$

再根据式 4.8 计算各空格的检验数如下:

$$\begin{aligned} \sigma_{11} &= c_{11} - (u_1 + v_1) = 4 - (0 + 3) = 1 \\ \sigma_{12} &= c_{12} - (u_1 + v_2) = 12 - (0 + 10) = 2 \\ \sigma_{22} &= c_{22} - (u_2 + v_2) = 10 - (-1 + 10) = 1 \\ \sigma_{24} &= c_{24} - (u_2 + v_4) = 9 - (-1 + 11) = -1 \\ \sigma_{31} &= c_{31} - (u_3 + v_1) = 8 - (-5 + 3) = 10 \\ \sigma_{33} &= c_{33} - (u_3 + v_3) = 11 - (-5 + 4) = 12 \end{aligned} \quad (4.13)$$

3. 最优性判别

最优判别准则:当所有非基变量的检验数 $\sigma_{ij} \geq 0$ 时,方案最优。因为这意味着任何非基变量的换入都会导致总运费增加,故目前调运方案最优。反之,若有 $\sigma_{ij} < 0$,则方案不是最优,需要迭代。

例 4.1 中最小元素法所得初解的检验数中,$\sigma_{24} = -1 < 0$,所以该解不是最优解,需要迭代。

4.2.3 迭代至最优解

即用另外一个基可行解替换当前的基可行解,并保持目标值的减小。

1. 确定换入变量

$$\underset{(ij)}{\text{Min}}(\sigma_{ij}, \sigma_{ij} < 0) = \sigma_{lk} \longrightarrow x_{lk} \text{ 换入。}$$

2. 确定调整量 θ 及换出变量

作 x_{lk} 的闭回路。$\sigma_{24} = -1$ 表示 x_{24} 从 0 增加 1 单位,可使总运费减少 1 元,所以应尽可能增加 x_{24},但这种增加会受到 x_{24} 闭回路上偶数顶点的限制。因偶数顶点运量是减少的,其最多能减少的为其自身运量。用 θ 表示 x_{24} 的最大增加值,称为调整量,θ 值的确定如下:

$$\theta = \text{Min}\{x_{lk} \text{ 的闭回路中偶数顶点的运量}\} \quad (4.14)$$

θ 所对应的基变量为换出变量,换出变量在下一张表中变为空格,此时 $\Delta Z = \theta \times \sigma_{24}$。

3. 调整运量

x_{ij} 的闭回路中奇数顶点的运量:$x'_{ij} = x_{ij} + \theta$;

x_{ij} 的闭回路中偶数顶点的运量:$x'_{ij} = x_{ij} - \theta$;

不在闭回路中的其他顶点运量不变:$x'_{ij} = x_{ij}$。

4. 得最优解

调整运量后得到新的基可行解,再重新计算所有非基变量的检验数;直至所有非基变量的 $\sigma_{ij} \geq 0$,算法终止,得到最优解。例 4.1 中最小元素法所得初解中,因仅 $\sigma_{24} = -1 < 0$,不是最优解。换入变量即为 x_{24},作 x_{24} 的闭回路如图 4.3 所示。

由式 4.14 得：$\theta = \text{Min}(1,3) = 1$，调整后得 x_{24} 闭回路如图 4.4 所示。

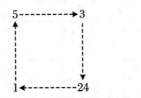
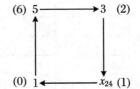

图 4.3　x_{24} 的闭回路　　　图 4.4　x_{24} 的闭回路中运量调整图

括号中数字为各闭回路中运量调整后的值，此时 x_{23} 为 0，为换出变量，在表 4.10 中为空格。这样可得第 2 个基可行解 $X^{(1)}$，如表 4.11 所示。

表 4.11　例 4.1 中最小元素法第 2 个基可行解 $X^{(1)}$

	B_1	B_2	B_3	B_4	产量
A_1	4	12	4 6	11 2	8
A_2	2 4	10	3	9 1	5
A_3	8	5 7	11	6 4	11
销量	4	7	6	7	

此时，总运费 $Z^{(1)} = 6 \times 4 + 2 \times 11 + 4 \times 2 + 1 \times 9 + 7 \times 5 + 4 \times 6 = 122$（元）；$\Delta Z = \theta \times \sigma_{24} = -1$，总运费比 $Z^{(0)} = 123$ 减少 1 元。

再求表 4.11 所示基可行解 $X^{(1)}$ 的所有非基变量检验数，得表 4.12 如下。

表 4.12　第 2 个基可行解 $X^{(1)}$ 的检验数表

	B_1	B_2	B_3	B_4	产量
A_1	4 （0）	12 （2）	4 6	11 2	8
A_2	2 4	10 （2）	3 （1）	9 1	5
A_3	8 （9）	5 7	11 （12）	6 4	11
销量	4	7	6	7	

因为所有空格的检验数 $\sigma_{ij} \geqslant 0$，所以已得最优解，为最优调运方案，总运费为 122 元。

关于迭代时 $\theta = 0$ 的说明：求解基可行解时可能出现补 0 现象，即有基变量的值为 0；又当迭代时，这个 0 恰出现在换入变量闭回路的偶数顶点上，则此刻 θ 的值为 0。这时迭代并不改变各个运量的数值，其意义在于使换入变量与换出变量交换身份，使得下一次该换出变量的检验数 $\geqslant 0$。若不迭代，则因有非基变量检验数 $\sigma_{ij} < 0$，算法不能终止，如表 4.13 所示。

表 4.13 例 4.1 的初解

	B_1	B_2	B_3	B_4	产量
A_1	3　（5）	10　（5）	2 20	0　（6）	20
A_2	4 15	11 15	8 0	0　（0）	30
A_3	8　（4）	11 10	4　(-4)	0 10	20
销量	15	25	20	10	

图 4.5 x_{33} 的闭回路

此时，$\theta = \mathrm{Min}(0, 10) = 0$，即调整量为 0，继续调整。调整后，虽然 x_{33} 值仍为 0，但其由空格变为数字格；x_{34} 的值仍为 0，但由数字格变为空格(图 4.5)。

4.3 非标准形式的运输问题及转运问题求解

前述表上作业法的求解是针对式 4.3 类的运输问题，当给定的运输问题不符合相关要求时，不能直接使用表上作业法求解。这里先引入标准形式的运输问题概念。

4.3.1 标准形式与非标准形式运输问题的概念

1. 标准形式的运输问题

形如式 4.3 的运输问题称为标准形式的运输问题，这里有 2 项要求：
① 目标函数：Min。
② 总产量与总销量相等：$\sum_{i=1}^{m} a_i = \sum_{j=1}^{n} b_j = Q$（产销平衡）。

2. 非标准形式的运输问题

凡是不满足上述条件之一的运输问题即为非标准的运输问题，非标准的运输问题分为产销不平衡运输问题和极大化运输问题。

非标准的运输问题的求解思想是：先将其化为标准运输问题，再用表上作业法求解。

4.3.2 产销不平衡的运输问题求解

总产量不等于总销量的运输问题又称为产销不平衡的运输问题，这里又分为两小类：一是产大于销；二是销大于产。求解方法都是先转化为产销平衡运算问题。

1. 产大于销

例 4.2 某运输问题条件如下,求其总运费的最小值,如表 4.14 所示。

表 4.14 例 4.2 的产销表及运价表

产地＼销地	B_1	B_2	$\cdots$	B_n	产量
A_1	x_{11}	x_{12}	$\cdots$	x_{1n}	a_1
A_2	x_{21}	x_{22}	$\cdots$	x_{2n}	a_2
$\vdots$			$\cdots$		$\vdots$
A_m	x_{m1}	x_{m2}	$\cdots$	x_{mn}	a_m
销量	b_1	b_2	$\cdots$	b_n	c_{ij}

在表 4.14 中,若 $\sum_{i=1}^{m} a_i > \sum_{j=1}^{n} b_j$,则称产大于销。

(1) 增加虚拟销地

求解时先增加 1 个虚拟的销地,即第 $(n+1)$ 个销地,使得 $\sum_{i=1}^{m} a_i = \sum_{j=1}^{n} b_j + b_{n+1}$,即 $b_{n+1} = \sum_{i=1}^{m} a_i - \sum_{j=1}^{n} b_j$。

(2) 增加虚拟运价

增加了一个虚拟销地后,虚拟列即第 $(n+1)$ 列的运价一般用 0 表示,即 $c_{i,n+1} = 0$ ($i=1,\cdots,m$)。因为每个产地对应虚拟销地的调运不会发生,运费为 0,所以运价为 0。

注意 若某个产地有特殊要求,则该产地对应的虚拟运价不一定为 0。

如例 4.2 中,若要求 A_2 的产量必须全部运走,则 $c_{2,(n+1)}$ 不能记为 0,因为这有可能导致 A_2 运至虚拟的销地,即实际上留有一部分没有运出。为避免这种可能性,应令 $c_{2,(n+1)} = M$(M 的含义同人工变量法的定义)。因为运输问题有最优解,总运费 Z 有最小值。又总运费 Z 中含有局部运费 $M \times x_{2,(n+1)}$,当 Z 取最小值时,$M \times x_{2,(n+1)}$ 必为 0(否则 Z 不能取到最小值),也即 $x_{2,(n+1)}$ 必为 0,即 A_2 的产量全部运走。

完成上述(1)、(2)两步后,例 4.2 转化为产销平衡问题,即可求解。

例 4.3 求下列运输问题的最优解,相关条件如表 4.15 所示。

表 4.15 迭代运算之确定换入变量

	B_1	B_2	B_3	产量
A_1	3	10	2	20
A_2	4	11	8	30
A_3	8	11	4	20
销量	15	25	20	

因为总产量为 $\sum_{i=1}^{3} a_i = 20 + 30 + 20 = 70 > \sum_{j=1}^{3} b_j = 15 + 25 + 20 = 60$，所以为产大于销的运输问题，差额为 10。现增加虚拟的第四个销地 B_4，销量 $b_4 = 10$，虚拟运价为 0，得表 4.16 如下。

表 4.16 将例 4.3 转化为产销平衡问题

	B_1	B_2	B_3	B_4	产量
A_1	3	10	2	0	20
A_2	4	11	8	0	30
A_3	8	11	4	0	20
销量	15	25	20	10	

此时已是产销平衡问题，可以用表上作业法求解。

注意 若用最小元素法求初解，因最小元素 0 有 3 个，不同的选择会得到不同的初解，有优劣性之别。为避免这种情况，可以始终从非 0 的最小元素开始，直至非 0 元素全部被划掉，最后仅剩 0 元素，这时再选择 0 元素。

用伏格尔法求初解，计算某行(列)的罚值及寻找某行(列)的最小元素也从非 0 元素开始，0 元素放置最后处理。例 4.3 的最优解如表 4.17 所示。

表 4.17 例 4.3 的最优解

	B_1	B_2	B_3	B_4	产量
A_1	3 (1)	10 (1)	2 20	0 (2)	20
A_2	4 15	11 15	8 (4)	0 (0)	30
A_3	8 (4)	11 10	4 0	0 10	20
销量	15	25	20	10	

在表 4.17 中，因所有空格的检验数 σ_{ij} 均大于等于 0，所以已得最优解：运费为 365。

2. 销大于产

在表 4.14 中，若 $\sum_{j=1}^{n} b_j > \sum_{i=1}^{m} a_i$，则称为销大于产的运输问题。与产大于销的运输问题处理方法类似，先增加一个虚拟的产地，即第 $(m+1)$ 个产地，其产量为 $a_{m+1} = \sum_{j=1}^{n} b_j - \sum_{i=1}^{m} a_i$，第 $(m+1)$ 行的虚拟运价一般记为 0，即可转化为产销平衡问题求解。求解要求与产大于销相同。

3. 目标函数极大化的运输问题

在式 4.3 中，若 c_{ij} 表示 $A_i \rightarrow B_j$ 的单位利润，则该问题的描述应改为：如何调运才能使总利润最大？相应模型如下：

$$\text{Max } Z = \sum_{i=1}^{m}\sum_{j=1}^{n} c_{ij}x_{ij}$$

$$\text{s.t:}\begin{cases} \sum_{j=1}^{m} x_{ij} = a_i \\ \sum_{i=1}^{m} x_{ij} = b_j \\ x_{ij} \geqslant 0 (i=1,2,\cdots,m; j=1,2,\cdots,n) \end{cases} \quad (4.15)$$

这是非标准的运输问题，不能直接用表上作业法求解，应先化为标准运输问题。

令

$$c_{lk} = \underset{(i,j)}{\text{Max}}\left(c_{ij}, \begin{matrix} i=(1,\cdots,m) \\ j=(1,\cdots,n) \end{matrix}\right), \text{再令 } c'_{ij} = c_{lk} - c_{ij} \quad (4.16)$$

即用原利润表中的最大元素逐一减去每一个利润，得到新的利润表。

再令

$$Z' = \sum_{i=1}^{m}\sum_{j=1}^{n} c'_{ij}x_{ij} = \sum_{i=1}^{m}\sum_{j=1}^{n}(c_{lk}-c_{ij})x_{ij} \quad (4.17)$$

将式 4.17 展开，由于 c_{lk} 为常数，即得下式：

$$Z' = c_{lk}\sum_{i=1}^{m}\sum_{j=1}^{n} x_{ij} - \sum_{i=1}^{m}\sum_{j=1}^{n} c_{ij}x_{ij} = c_{lk}\sum_{i=1}^{m} a_i - \sum_{i=1}^{m}\sum_{j=1}^{n} c_{ij}x_{ij} = c_{lk}Q - Z \quad (4.18)$$

由于 $c_{lk}Q$ 为常数，当 Z' 取得最小值时，Z 取得最大值。即 $\text{Min } Z' = c_{lk}Q - \text{Max } Z$，所以式 4.15 转化为求式 4.19 的最小值问题。

$$\text{Min } Z' = \sum_{i=1}^{m}\sum_{j=1}^{n} c'_{ij}x_{ij}$$

$$\text{s.t:}\begin{cases} \sum_{j=1}^{n} x_{ij} = a_i \\ \sum_{i=1}^{m} x_{ij} = b_i \\ x_{ij} \geqslant 0 (i=1,2,\cdots,m; j=1,2,\cdots,n) \\ c'_{ij} = c_{lk} - c_{ij} \end{cases} \quad (4.19)$$

再用表上作业法求解式 4.19，式 4.15 与式 4.19 同解。

例 4.4 将例 4.1 中若 c_{ij} 改为表示 $A_i \rightarrow B_j$ 的单位利润，则模型如下：

$$\text{Max } Z = \sum_{i=1}^{3}\sum_{j=1}^{4} c_{ij}x_{ij}$$

$$\text{s.t:}\begin{cases} \sum_{j=1}^{4} x_{ij} = a_i \\ \sum_{i=1}^{3} x_{ij} = b_i \\ x_{ij} \geqslant 0 (i=1,\cdots,3; j=1,\cdots,4) \end{cases} \quad (4.20)$$

因其最大元素为 12，则由表 4.2，变化得表 4.18。

表 4.18 例 4.4 变化后的利润表

产地＼销地	B_1	B_2	B_3	B_4	
A_1	8	0	8	1	
A_2	10	2	9	3	利润（元）
A_3	4	7	1	6	

再用表上作业法以表 4.18 作为运价表求解，得最优解如表 4.19 所示。

表 4.19 例 4.4 的最优解

	B_1	B_2	B_3	B_4	产量
A_1	8 (9)	0 7	8 (12)	1 1	8
A_2	10 (9)	2 (0)	9 (11)	3 5	5
A_3	4 4	7 (2)	1 6	6 1	11
销量	4	7	6	7	

4.3.3 含有转运的运输问题求解

在 4.1 节中，通常假定产地只能供货，而销地只能接受货物。而在实际的经济活动中，有销售点之间的调货，需考虑运输价格及便利的产地接货以及纯粹的中转运货等物流现象。这就是有转运现象的运输问题。

对允许转运现象的运输问题的求解，通常是将其转化为一个扩大的产销平衡运输问题来求解。

转运问题的一般提法是：设某种物资有 m 个产地 $A_i (i=1,2,\cdots,m)$，每个产地的产量记为 a_i；有 n 个销地 $B_j (j=1,2,\cdots,n)$，每个销地的销量记为 b_j；有 k 个中转地（只负责转运）$D_k (k=1,2,\cdots,p)$。各个节点间的单位运价已知。问如何调运这些物资才能使总运费达到最小？

为简化问题，假设原问题是产销平衡问题，记 $Q = \sum_{i=1}^{m} a_i = \sum_{j=1}^{n} b_j$。每个节点都既是产地也是销地。扩大化的运输问题描述如下，其中：

每个产地 A_i：产量为 Q，销量为 $Q - a_i$；
每个销地 B_j：产量为 $Q - b_j$ 销量为 Q；
k 个中转地的产、销量均为 Q；
将所有节点记号合并，则产地为 $(m+p+n), i=(1,\cdots,m+p+n)$；

销地为 $(m+p+n)$, $j=(1,\cdots,m+p+n)$;

并令 x_{ij} 为第 i 个产地运至第 j 个销地的运量，c_{ij} 为第 i 个产地运至第 j 个销地的运价。每个节点的产销量如表 4.20 所示。

表 4.20 扩大的运输问题产销量表

		产 地 $1\cdots m$	中转地 $m+1\cdots m+p$	销 地 $m+p+1\cdots m+p+n$	产量
产地	1 $\vdots$ m	$x_{1,1}\cdots x_{1,m}$ $\vdots$ $x_{m,1}\cdots x_{m,m}$	$x_{1,m+1}\cdots x_{1,m+p}$ $\vdots$ $x_{m,m+1}\cdots x_{m,m+p}$	$x_{1,m+p+1}\cdots x_{1,m+p+n}$ $\vdots$ $x_{m,m+p+1}\cdots x_{m,m+p+n}$	Q $\vdots$ Q
中转地	$m+1$ $\vdots$ $m+p$	$x_{m+1,1}\cdots x_{m+1,m}$ $\vdots$ $x_{m+p,1}\cdots x_{m+p,m}$	$x_{m+1,m+1}\cdots x_{m+1,m+p}$ $\vdots$ $x_{m+p,m+1}\cdots x_{m+p,m+p}$	$x_{m+1,m+p+1}\cdots x_{m+1,m+p+n}$ $\vdots$ $x_{m+p,m+p+1}\cdots x_{m+p,m+p+n}$	Q $\vdots$ Q
销地	$m+p+1$ $\vdots$ $m+p+n$	$x_{m+p+1,1}\cdots x_{m+p+1,m}$ $\vdots$ $x_{m+p+n,1}\cdots x_{m+p+n,m}$	$x_{m+p+1,m+1}\cdots x_{m+p+1,m+p}$ $\vdots$ $x_{m+p+n,m+1}\cdots x_{m+p+n,m+p}$	$x_{m+p+1,m+p+1}\cdots x_{m+p+1,m+p+n}$ $\vdots$ $x_{m+p+n,m+p+1}\cdots x_{m+p+n,m+p+n}$	$Q-b_1$ $\vdots$ $Q-b_n$
销量		$Q-a_1\cdots Q-a_m$	$Q\cdots Q$	$Q\cdots Q$	

根据上述分析，可建立扩大化的运输问题数学模型如下：

$$\text{Min } Z = \sum_{i=1}^{m+p+n}\sum_{j=1}^{n+p+n} c_{ij}x_{ij}$$

$$\text{s.t.}\begin{cases} \sum_{j=1}^{m+p+n} x_{ij} = Q (i=1,\cdots,m+p) \\ \sum_{j=1}^{m+p+n} x_{ij} = Q - b_I (i=m+p+1,\cdots,m+p+n) \\ \sum_{i=1}^{m+p+n} x_{ij} = Q - a_j (j=1,\cdots,m) \\ \sum_{i=1}^{m+p+n} x_{ij} = Q (j=m+1,\cdots,m+p+n) \\ x_{ij} \geq 0 (i,j=1,2,\cdots,m+p+n) \\ c_{ij} = 0 (i=j) \end{cases} \quad (4.21)$$

例 4.5 某公司生产经营系统共有 2 个产地、2 个销地和 1 个转运地，转运地最大转运量为 60，各产销量、各节点间运价如表 4.21 所示。

表 4.21 迭代运算之确定换入变量

节点		产地		转运地	销地		产量
		A_1	A_2	D	B_1	B_2	
产地	A_1	0	5	3	2	M	10
	A_2	5	0	2	M	4	40
转运地	D	3	2	0	5	5	——
销地	B_1	2	M	5	0	6	——
	B_2	M	4	5	6	0	——
销量		——	——	30	20	运价	

其中 M 表示两节点间不能调运。根据表 4.21，可计算扩大化后各节点的产销量如表 4.22 所示。

表 4.22 扩大化的产销量表

	产量	销量
A_1	50	40
A_2	50	10
D	50	50
B_1	20	50
B_2	30	50

解 设有 i 个产地、j 个销地，第 i 个产地运至第 j 个销地的运价、运量分别为 c_{ij}，x_{ij}，模型如下：

$$\text{Min } Z = \sum_{i=1}^{5} \sum_{j=1}^{5} c_{ij} x_{ij}$$

$$\text{s.t.} \begin{cases} \sum_{j=1}^{5} x_{ij} = a_i \\ \sum_{i=1}^{5} x_{ij} = b_i \\ x_{ij} \geq 0 (i,j = 1,\cdots,5) \end{cases} \quad (4.22)$$

用表上作业法求解的最优解如表 4.23 所示。

表 4.23 例 4.5 的最优解

节点	1	2	3	4	5	产量
1	0 40	5	3	2 10	M	50
2	5	0 10	2 20	M	4 20	50
3	3	2	0 30	5 20	5	50
4	2	M	5	0 20	6	20
5	M	4	5	6	0 30	30
销量	40	10	50	50	50	

上述调运方案为 A_1 运至 B_1 点 10 单位,A_2 运至 D 点 20 单位,再经 D 运至 B_1,A_2 运至 B_2 点 20 单位,总运费为 300。

4.4 运输问题的应用讲解

运输问题是一种特殊的线性规划,其表上作业法求解比单纯形法更直观、简单,因此在建模型时,若能通过适当简化、抽象建成运输问题,则求解更加方便。

例 4.6 P&T 公司相关运输数据如表 4.24、表 4.25 所示,问该公司该如何制定一个新的运输计划,使运输成本最小?

表 4.24 单位运价表(单位:美元/车)

从 \ 至	萨克拉门托	盐湖城	赖皮特城	奥尔巴古
贝林翰	464	513	654	867
尤基尼	352	416	690	791
艾尔贝·李	995	682	388	685

表 4.25 产销平衡表(单位:车)

从 \ 至	萨克拉门托	盐湖城	赖皮特城	奥尔巴古	产量
贝林翰					75
尤基尼					125
艾尔贝·李					100
分配量	80	65	70	85	

解 用伏格尔法求初解,得到初解就是最优解,具体如表4.26所示。总运费为152 535美元。

表4.26 例4.6的最优解

	萨克拉门托	盐湖城	赖皮特城	奥尔芭古	产量
贝林翰	464 (15)	513 20	654 (84)	867 55	75
尤基尼	352 80	416 45	690 (217)	791 (21)	125
艾尔贝·李	995 (728)	682 (351)	388 70	685 30	100
销量	80	65	70	85	

例4.7 金鑫公司有三个工厂 A_1, A_2 和 A_3 生产同一种物品,3个销售公司分别为 B_1, B_2 和 B_3,各工厂到各销售公司的单位运价如表4.27所示。这三个销地的销量分别为10个单位、4个单位和6个单位。由于销售需要和客观条件的限制,工厂 A_1 至少要发出6个单位的产品,而它最多只能生产11个单位的产品;A_2 必须发出7个单位的产品;A_3 至少要发出4个单位的产品。试根据上述条件用表上作业法求最优运输方案。

表4.27 例4.7的产销、运价表

	B_1	B_2	B_3	产量
A_1	2	4	3	$6 \leq a_1 \leq 11$
A_2	1	5	6	$a_2 = 7$
A_3	3	2	4	$a_2 \geq 4$
销量	$b_1 = 10$	$b_2 = 4$	$b_3 = 6$	

解 该题是一个产销不平衡问题。根据表4.27可知,当 A_1 的产量 a_1 取最小值6时,A_1 和 A_2 的产量之和等于13,而总需量为20,故在产销平衡的条件下产地 A_3 的产量 a_3 最多等于7。如果产地 A_1 和 A_3 的产量都取各自的最大值11和7,总产量可达25,它大于总销量20,这时应增设一个虚销点 B_4,其销量为5。

由于 A_1 和 A_3 的取值是变动的,故分别取其最大值与最小值之差,将二者分为两部分,其中一部分是最低限度值,只能发往实际销地,而不能运往虚拟销地,从而应将这部分产品运往虚拟销地 B_4 的单位运价取为足够大的正数 M;另一部分产品可以运往虚拟销地,但由于这时实际上没有运输,故取相应的单位运价等于0。整理后的产销、运价如表4.28所示。

表 4.28 整理后的产销、运价表

	B_1	B_2	B_3	B_4	产量
A_1	2	4	3	M	6
A_1'	2	4	3	0	5
A_2	1	5	6	M	7
A_3	1	5	6	M	4
A_3'	3	2	4	0	3
销量	10	4	6	5	

表 4.28 已是一个产销平衡问题,读者可以自行按照 4.2 节所讲方法逐步求解。

例 4.8 中远航运集装箱公司有 4 条集装箱航线。已知:

① 各条航线的起点城市和终点城市及每天的航班数如表 4.29 所示。

② 各城市间的航行时间如表 4.30 所示。

③ 所有航线都使用同一种船只,每次装船和卸船时间均为 1 天。问该公司至少应配备多少条船才能满足所有航线运输的需要?

表 4.29 例 4.8 的航班表

航线	始发城市	到达城市	每天航班数
Ⅰ	E	D	3
Ⅱ	B	C	2
Ⅲ	A	F	1
Ⅳ	D	B	1

表 4.30 航班航行时间表

至 \ 发	A	B	C	D	E	F
A	0	1	2	14	7	7
B	1	0	3	13	8	8
C	2	3	0	15	5	5
D	14	13	15	0	17	20
E	7	8	5	17	0	3
F	7	8	5	20	3	0

解 中远航运所需船只可分为两部分:

① 各航线航行、装船、卸船所占用的船只。对各航线逐一分析,所需船只数如表4.31所示,累计需要91只船。

② 各城市之间需要通过调度平衡的船只数。这由每天到达某一城市的船只数量与它所需发出的船只数量差额而产生。各港口城市每天到达船只、需求船只数量及其差额如表4.32所示。

表 4.31 航线船只数统计

航线	装船时间(天)	卸船时间(天)	航行时间(天)	合计(天)	航班数(天)	需船只数(条)
Ⅰ	1	1	17	19	3	57
Ⅱ	1	1	3	5	2	10
Ⅲ	1	1	7	9	1	9
Ⅳ	1	1	13	15	1	15

表 4.32 每个城市每天船只差额值

城市	A	B	C	D	E	F
每天到达数	0	1	2	3	0	1
每天需船数	1	2	0	1	3	0
每天差额	−1	−1	2	2	−3	1

将船只在不同城市间进行调度时是空船行驶,因而只产生成本。所以应采用合理的调度方案,以使这种调运量最小。故建立表4.32所示的运输问题,其单位运价取值为相应一对港口城市间的航行时间。如此可建立如表4.33所示的运输问题,运价用航行时间代替。

表 4.33 例 4.8 的最优解

	A	B	E	余船数(只)
C	2 0	3 (2)	5 2	2
D	14 1	13 1	17 (0)	2
F	7 (7)	8 (9)	3 1	1
缺船数(只)	1	1	3	

该问题最优解如表4.33所示,因为 $\sigma_{23}=0$,所以该问题有两个最优解,目标值为40,说明各港口之间调度所需船只至少为40只。综合以上两个方面的要求,在不考虑维修、储备等情况下,该公司至少要配备131只船,才能满足4条航线正常运输的需要。

习　　题

1. 试比较求运输问题初始基可行解的最小元素法和伏格尔法,分析给出的解的优劣性不同的原因。

2. 简要说明用位势法求检验数的原理。

3. 用表上作业法求解运输问题时,在什么情况下会出现退化解?当出现退化解时应如何处理?

4. 一般线性规划问题具备什么条件时才能将其转化为运输问题求解?请举例说明。

5. 判断下列说法的正确性,并给出理由。

(1) 运输问题中用位势法求得的检验数不唯一。

(2) 平衡运输问题一定有最优解。

(3) 不平衡运输问题不一定有最优解。

(4) 产地数为3、销地数为4的平衡运输问题有7个基变量。

(5) 运输问题的检验数就是其对偶变量。

(6) 运输问题的检验数就是对偶问题的松弛变量。

(7) 运输问题的位势就是其对偶变量。

(8) 用一个常数 k 加到运价矩阵 $\{c_{ij}\}$ 的某列的所有元素上,则最优解不变。

(9) 令虚设的产地或销地对应的运价为一任意大于零的常数 $c(c>0)$,则最优解不变。

(10) 按最小元素法求得运输问题的初始方案,从任一空格出发都存在唯一一个闭回路。

(11) 运输问题中运价表的每一个元素都分别乘以一个常数,则最优解不变。

6. 振华机械公司和用户签订了机械产品交货合同,已知振华公司各月度的生产能力、每台机械产品的生产成本和每月度末的交货量(表4.34),若生产出的设备当月度不交货,每台设备每月度需支付保管维护费 0.1 万元。试问在遵守合同的条件下,公司应如何安排生产计划,才能使年消耗费用最低?

表4.34　振华公司经营情况数据表

月度	工厂生产能力(台/月)	交货量(台/月)	设备生产成本(万元/台)
1	25	15	13
2	35	20	11
3	30	25	12
4	20	20	14

7. A,B,C 三个城市每年需分别供应电力 320 个单位、250 个单位和 350 个单位,由甲、乙两个电厂提供,它们的最大可供电量分别为 400 个单位和 450 个单位,单位费用如表 4.35 所示。由于需求量大于可供给量,决定城市 A 的供应量可减少 0~30 个单位,

城市 B 的供应量不变,城市 C 的供应量不能少于 270 个单位,试求总费用最低的分配方案(将可供电量用完)。

表 4.35 相关经营数据

城市 电厂	A	B	C
甲	15	18	22
乙	21	25	16

8. 已知某运输问题的单位运价如表 4.36 所示,用表上作业法求该运输问题的最优解。c_{11} 或 c_{23} 在什么范围变化时,上述最优解不变?

表 4.36 单位运价表

	B_1	B_2	B_3	产量
A_1	4	2	5	8
A_2	3	5	3	7
A_3	1	3	2	4
销量	4	8	5	

9. 已知某运输问题的单位运价如表 4.37 所示,考虑到修路原因,暂时对产地 2 到销地 B 的道路进行封闭,求最优调运方案。

表 4.37 某运输问题的单位运价表

	A	B	C	D	E	产量
1	10	20	5	9	10	9
2	2	10	10	30	6	4
3	1	20	7	10	4	8
销量	3	5	4	6	3	

第 5 章 目 标 规 划

在经济社会生活中,组织和个人面临一些重要决策时,往往要兼顾多个目标,追求总体目标的优化。由于不同目标具有完全不同的属性,常用的做法就是通过赋权计算总加权分的方式进行决策;因不同目标的权重由专家事先给出,所以这种决策方式具有明显的主观倾向。除此之外,该决策方式忽视了很多决策的目标之间有明确的优先次序的差别。

因此,对于有明确的优先次序的差别的多目标决策,有必要引入其他决策模型,这就是目标规划,又称多目标决策。

5.1 目标规划问题的建模

5.1.1 目标规划问题的提出

1. 问题的提出

例 5.1 常山机器厂生产甲、乙两种产品,相关参数如表 5.1 所示,求最优生产方案。

表 5.1 常山机器厂的生产技术、经营参数

	甲产品	乙产品	工时数
设备 A	2	2	12
设备 B	4	0	16
设备 C	0	5	15
利润(元/单位)	2	3	

解 令甲、乙产品分别生产 x_1, x_2 单位,得如下模型:
$$\text{Max } Z = 2x_1 + 3x_2$$
$$\text{s.t.:} \begin{cases} 2x_1 + 2x_2 \leqslant 12 \\ 4x_1 \leqslant 16 \\ 5x_2 \leqslant 15 \\ x_1, x_2 \geqslant 0 \end{cases} \tag{5.1}$$

式 5.1 是个线性规划模型,但其对环境的抽象高度简单,不符合大多数现实情况。

如本题该作如下要求：

假设现在企业在决定生产方案时还需考虑其他事项。其中因 A 为贵重设备，要求严禁超标使用；同时提出了需按顺序满足的下列要求：

① 力求利润指标不低于 15 元。

② 考虑市场需求，甲、乙两种产品需保持 1∶2。

③ 设备 C 可以适当加班，但要控制；设备 B 既要充分利用，又尽可能不加班，且在重要性上 B 是 C 的 3 倍。

求获利最大的生产方案。

对于上述问题求解，由于牵涉多个目标要求，线性规划问题无法胜任。

2. 线性规划的缺陷

① 约束条件为严格约束，即为刚性约束。而实际情况是，某些约束可以适当违背。

严格约束，即条件一定要满足，例如 5.1 中设备 A 的要求：$2x_1+2x_2$ 必须小于等于 12。严格约束通常表现为 ≤，≥，>，<，= 等形式。

如例 5.1 中设备 C 可以加班，意味着 $5x_2$ 既可以小于 15 也可以大于等于 15。所以设备 C 不是严格约束，而这种约束，线性规划无法描述。

② 只能处理单目标问题。

③ 线性规划约束条件中各个条件地位相同，即必须同时满足，而现实情况是各约束条件地位有差别。如本题中设备 A,B,C 的要求力度不同。

④ 线性规划追求的是最优解，但实际中往往仅需满意解。最优解在数学上表现为 Max，Min 形式。在实际生产经营活动或个人决策中，片面追求最优意味着最大的风险。用经济学的观点来解释，更大的利润（回报）是给决策者勇于冒险的风险报酬。追求最优意味着环境当中的各种条件都必须处于最理想的状况，这是非常难的。

所以理性人在决策时追求满意解（不低于某种自己事先设定的标准）。但线性规划的目标函数无法体现满意解。

上述分析表明，同任何其他决策工具一样，线性规划并不是完美无缺的。在处理实际问题时，线性规划存在着刚性约束并强调定量分析。而现代决策强调定量分析和定性分析相结合，强调硬性和柔性相结合，强调妥协和让步的必要性。而线性规划无法胜任这些要求。

1961 年，查恩斯（A. Chance）和库伯（W. W. Cooper）提出目标规划（goal programming），得到了广泛重视和较快发展。目标规划在处理实际决策问题时，承认各项决策要求（即使是冲突的）的存在有其合理性；在作最终决策时，不强调其绝对意义上的最优性。由于目标规划在一定程度上弥补了线性规划的上述局限性，因此，目标规划被认为是一种较线性规划更接近于实际决策过程的决策工具。

5.1.2 目标规划建模之一：目标规划的相关概念

1. 偏差变量 d

决策之前，决策者对每个子目标或环境变量都事先设定一个标准（如例 5.1 中的利润；A,B,C 设备的工时），我们称这个标准为目标值。

当决策方案制定后(如本题 x_1,x_2 确定后,即使没有实际执行),这些子目标或环境变量会得到一个值,我们称之为实际值或决策值。

实际值与目标值正常情况下不相等,则产生偏差。偏差变量就是描述这种实际值对目标值偏离的大小:

正偏差变量 d^+:表示实际值超出目标值的部分;
负偏差变量 d^-:表示实际值低于目标值的部分;
$d^+ = $实际值$-$目标值;$d^- = $目标值$-$实际值;
所以 $d^+,d^- \geqslant 0$;且有 $d^+ \times d^- \equiv 0$。

以例 5.1 为例,因本题中有多个子目标、环境变量,所以偏差变量有多个,用 d_1,d_2,d_3,d_4 分别表示利润、甲乙两产品比例、设备 B 的偏差变量、设备 C 的偏差变量。先设甲、乙两产品的生产数量分别为 x_1,x_2 单位,有以下表达式。

① 利润目标值为 15,实际值为 $(2x_1+3x_2)$,所以得

$$\begin{cases} d_1^+ = 2x_1 + 3x_2 - 15 \\ d_1^- = 15 - 2x_1 + 3x_2 \end{cases}$$

② 类似可得设备 B、设备 C 的偏差变量表达式:

B 设备的偏差变量为 $\begin{cases} d_3^+ = 4x_1 - 16 \\ d_3^- = 16 - 4x_1 \end{cases}$,$C$ 设备的偏差变量为 $\begin{cases} d_4^+ = 5x_2 - 15 \\ d_4^- = 15 - 5x_2 \end{cases}$

③ 对于甲、乙两种产品的比例需保持 $1:2$,不能直接用 $d_2^+ = \dfrac{x_1}{x_2} - \dfrac{1}{2}$ 来描述;因为这样 x_1,x_2 就是非线性关系,会增加求解难度。故改写为 $2x_1 - x_2 = 0$,这样目标值为 0,得偏差变量的表达式为

$$\begin{cases} d_2^+ = 2x_1 - x_2 - 0 \\ d_2^- = 0 - (2x_1 - x_2) = -2x_1 + x_2 \end{cases}$$

2. 约束条件

目标规划的约束条件分为 2 类。

(1) 严格约束(系统约束、绝对约束)

严格约束:即某项要求必须严格遵守或满足。如例 5.1 中 A 设备的要求,$2x_1+2x_2$ 必须小于等于 12。严格约束通常表现为 $\leqslant$、$\geqslant$、$>$、$<$、$=$ 等形式。建模时一般先描述严格约束。

(2) 目标约束(弹性约束)

某些要求允许违背,这种要求就是一种弹性的限制,称为目标约束。凡是带有目标的要求,都是目标约束。如例 5.1 中设备 C 的工时为 15 小时,但允许加班,即实际工时可以超过 15。

目标约束条件的写法:

当实际值超出目标值时:实际值$-d^+ = $目标值;
当实际值低于目标值时:实际值$+d^- = $目标值;

又由于 $d^+ \times d^- \equiv 0$,二式可合二为一,即:实际值$+d^- - d^+ = $目标值。

例 5.1 的 4 个目标约束条件如下:

$$2x_1 + 3x_2 + d_1^- - d_1^+ = 15$$
$$2x_1 - x_2 + d_2^- - d_2^+ = 0$$
$$4x_1 + d_3^- - d_3^+ = 16$$
$$5x_2 + d_4^- - d_4^+ = 15$$

3. 优先因子和权重系数

目标规划是一个多目标体系,有一系列目标追求,当它们之间产生矛盾时,需要通过它们之间的主次差别来确定实现目标的先后顺序。这种差别有绝对差别和相对差别之分。

绝对差别就是优先级别上的差别,优先级别又称优先因子,并规定 P_k 绝对优先于 $P_{(k+1)}$。选择低优先级别目标必须建立在高优先级别目标已满足的基础之上,且低优先级别目标的选择不能违背已选择的高优先级别目标。

相对差别就是权重系数上的差别,它是衡量在同一优先级别下不同目标的重要程度的差别,用 ω_i 区别。此时决策不是仅仅依赖权重 ω_i 的大小,而是综合依据 $\text{Min}(\sum_i \omega_i d_i)$ 的值进行判断。

假设例 5.1 中第一、第二、第三要求的优先级别分别为 P_1, P_2, P_3;B, C 的权重分别为 3 和 1。

4. 子目标函数

目标规划中每个具体目标称为子目标;每个子目标具有不同的优先级别和权重系数。描述子目标的函数时,先明确每个子目标的优先级别及权重系数,随后逐一描述每个子目标,最后结合每个子目标的优先级别、权重系数进行汇总。

目标规划求解时就是追求实际值与目标值之间的偏差尽可能小,所以目标函数的优化方向为 Min,具体有 3 种表达方式。

① 要求实际值等于目标值。若实际值不等于目标值,则产生正偏差或负偏差,此时希望这 2 个偏差都尽可能小;又由于正负偏差不可能同时存在,可以合二为一。所以有

$$\text{Min}(d^- + d^+)$$

② 要求实际值不超过目标值。若实际值超出目标值,则产生正偏差,此时希望正偏差尽可能小。所以有

$$\text{Min}(d^+)$$

③ 要求实际值不低于目标值。若实际值低于目标值,则产生负偏差,此时希望负偏差尽可能小。所以有

$$\text{Min}(d^-)$$

除此之外还有 $\text{Min}(d^- - d^+)$ 与 $\text{Min}(d^+ - d^-)$ 的形式,但极少使用。子目标函数的完整表述还需带上各自的优先级别和权重系数,形式为 $\text{Min } P_k(\omega_i^- d^- + \omega_i^+ d^+)$。

所以例 5.1 中各子目标函数分别如下:

利润目标函数为 $\text{Min } P_1 \times (d_1^-)$;

甲、乙产品比例的目标函数为 $\text{Min } P_2 \times (d_2^- + d_2^+)$;

B 设备的目标函数为 $\text{Min } P_3 \times 3(d_3^- + d_3^+)$;

C 设备的目标函数为 $\text{Min } P_3 \times (d_4^+)$

5. 准则函数(总目标函数)

将所有子目标函数汇总即得总目标函数,又因为总目标函数是决策的依据,又称准则函数,记为 f,将 Min 提前。准则函数的形式一般如下:

$$\text{Min } f = \sum_{l=1}^{L} P_l \left(\sum_{k=1}^{K} w_{kl}^- d_k^- + w_{kl}^+ d_k^+ \right) (k = 1, \cdots, K; l = 1, \cdots, L)$$

综合上述分析例 5.1 的目标规划模型为

$$\text{Min } f = P_1(d_1^-) + P_2(d_2^- + d_2^+) + 3P_3(d_3^- + d_3^+) + P_3(d_4^+)$$

$$\text{s.t.:} \begin{cases} 2x_1 + 2x_2 \leqslant 12 \\ 2x_1 + 3x_2 + d_1^- - d_1^+ \leqslant 15 \\ 2x_1 - x_2 + d_2^- - d_2^+ = 0 \\ 4x_1 + d_3^- - d_3^+ = 16 \\ 5x_2 + d_4^- - d_4^+ = 15 \\ x_1, x_2 \geqslant 0; d_i^-, d_i^+ \geqslant 0 (i = 1, \cdots, 4) \end{cases} \quad (5.2)$$

目标规划的一般数学模型如式 5.3。

$$\text{Min } f = \sum_{l=1}^{L} P_l \left(\sum_{k=1}^{K} \omega_{lk}^- d_k^- + \omega_{lk}^+ d_k^+ \right), l \in (1, \cdots, L)$$

$$\text{s.t.:} \begin{cases} \sum_{j=1}^{n} c_{kj} x_j + d_k^- - d_k^+ = g_k, k \in (1, \cdots, K) \\ \sum_{j=1}^{n} a_{ij} x_j \leqslant (=, \geqslant) b_i, i \in (1, \cdots, m) \\ x_j \geqslant 0, j \in (1, \cdots, n); d_k^-, d_k^+ \geqslant 0 \end{cases} \quad (5.3)$$

式 5.3 中,ω_{lk}^-,ω_{lk}^+ 分别是优先级别为 P_l 的各个子目标的权重系数,g_k 为第 k 个子目标的目标值。

5.1.3 目标规划建模之二:建模步骤

建立目标规划模型一般遵循以下步骤:

① 定义变量后,判断每个要求是严格的还是目标性的。
② 写出所有严格约束条件。
③ 分析每个目标性要求的目标值、实际值,写出相应的目标约束条件;再分析其对应的优先因子、权重系数,写出与其对应的子目标函数。
④ 汇总准则函数及所有约束条件。

5.2 目标规划的求解法

5.2.1 目标规划的图解法

1. 图解法的步骤

① 先按自变量约束及严格约束绘制可行域。

② 令所有 d 为 0，绘出各个目标约束条件，并在各个目标约束条件上标注出正、负偏差。

③ 按优先顺序逐一对目标进行优化求解，次优先级别目标的解只能在高优先级别目标已获得最优解的基础上求解。

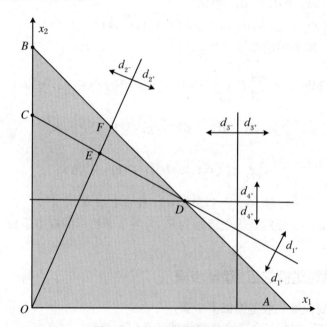

图 5.1 例 5.1 的图解法过程

2. 用图解法解例 5.1

① 根据自变量约束及严格约束得可行域为 $\triangle OAB$（图 5.1）。

② 令所有 $d=0$，绘制所有目标约束条件，再标注相应的偏差变量。

③ 按优先顺序求解。$\text{Min } P_1 d_1^- = 0$ 得 $\triangle DBC$，$\text{Min } P_2(d_2^- + d_2^+) = 0$ 得解为线段 EF。此时得到的第一、第二优先级别目标的解分别为各自的最优解。因为在线段 EF 上第三优先级别无法得到最优解，所以比较 E,F 两点的优劣。

E 点：$d_3^- = 2, d_3^+ = 0, d_4^+ = 1$；$F$ 点：$d_3^- = \dfrac{17}{8}, d_3^+ = 0, d_4^+ = \dfrac{3}{4}$；根据式 $3(d_3^- + d_3^+) + d_4^+$ 计算得 E, F 的总偏差分别为 $7、\dfrac{57}{8}$；故选择 E 点，此时第三优先级别的解为满意解。

由此可见，目标规划求解是按优先顺序逐步满足，这往往造成低优先级别的目标不能实现最优解,即获得的解总体上是满意解。这是因为这些目标间相互矛盾,牺牲了低优先级别造成的。

例 5.2 某厂装配黑白与彩色两种电视机,每装配一台电视机,需占用装配线 1 小时,装配线每周开动 40 小时,预计市场每周彩电销量为 24 台,每台可获利 80 元,黑白电视机销量为 30 台,每台可获利 40 元,该厂的目标是:

第一优先级:充分利用装配线每周开动 40 小时;

第二优先级:允许装配线加班,但每周加班时间不超过 10 小时;

第三优先级:装配电视机数量尽量满足市场需要,但因彩电利润高,彩电权重系数为 2。

试建立该问题的目标规划模型,并计算两种电视机的产量应为多大?

解 设 x_1, x_2 分别为彩电及黑白电视机产量,模型如式 5.4 所示。

$$\text{Min } f = P_1 d_1^- + P_2 d_2^+ + P_3(2d_3^- + d_4^-)$$

$$\text{s.t.}\begin{cases} x_1 + x_2 + d_1^- - d_1^+ = 40 \\ x_1 + x_2 + d_2^- - d_2^+ = 50 \\ x_1 + d_3^- - d_3^+ = 24 \\ x_2 + d_4^- - d_4^+ = 30 \\ x_1, x_2, d_i^-, d_i^+ \geq 0 (i = 1, \cdots, 4) \end{cases} \quad (5.4)$$

用图解法求解例 5.2,如图 5.2 所示。

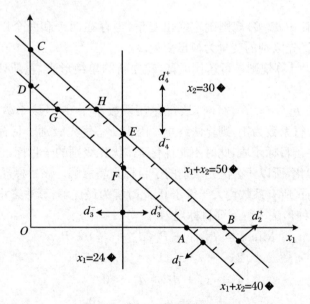

图 5.2 例 5.2 的图解法过程

按优先顺序求解,P_1 的最优解在 AD 右上方,P_2 的最优解在 BC 的左下方;P_1 与 P_2 共同的最优解为 $ABCD$,在此区域内 P_3 无法实现最优。最接近的为线段 HE,E 点偏差:$d_3^- = 0, d_4^- = 4$;H 点偏差:$d_3^- = 4, d_4^- = 0$;P_3 层在 H, E 点的总偏差分别为 4 与 8,故选择 E 点。

图解法有两种可能。一是所有目标均能实现最优解,即所有目标偏差为 0,此时最优解可能不唯一,则最优解的选择取决于决策者。二是部分目标实现最优解,其对应偏差为 0;但这些目标之后的低优先级别目标未获最优解,其目标偏差不为 0;此时选择总偏差最小的点。

注意:在选择低优先级别的解时,不能违背优先级别在其之前的选择。

图解法具有直观、简单的特点,但只适用于 3 个决策变量以下的目标规划求解。

5.2.2 用单纯形法求解目标规划

当决策变量多于 3 个时,图解法无法求解目标规划。对于线性目标规划,则可以考虑用单纯形法求解。因为目标规划的价值系数都是优先因子与偏差变量的乘积,故其对应的检验数为所有优先因子的代数和,应将其分为 k 行,逐行分析。其求解步骤如下:

① 建立初始单纯形表,计算非基变量的检验数。在检验数表中按优先因子个数从高到低列成 K 行,分别填上各优先因子的系数。

② 首先取 $k=1$,即检查检验数的 P_1 行中是否存在负数,若有则取其中最小者对应的非基变量为换入变量,转④;若所有系数均大于等于 0,则转③。

③ 检查第 $(k+1)$ 行检验数的系数,若有系数为负且该系数所在列上方所有系数均为 0(注意:若该负系数所在列之上有系数大于 0,则不能取该系数),则取其中最小者对应的非基变量为换入变量,转④;若所有系数均大于等于 0,则转第 $(k+2)$ 行,直至第 K 行。

④ 按最小比值 $\theta(\theta>0)$ 规则确定换出变量,当存在两个和两个以上相同最小比值时,选取具有较高优先级别的变量为换出变量。

⑤ 按单纯形法计算规则进行迭代运算,建立新的单纯形表,重新计算所有非基变量的检验数,返回②。

说明当检查到 $m(m \leqslant K)$ 行时,该行存在系数小于 0,但该系数所在列的上方第 $i(i=1,\cdots,m-1)$ 行系数为正,则算法终止。因为 P_m 优先级别子目标与优先级别在其之前的某个或某些子目标矛盾,此时不能优化 P_m 优先级别的子目标,否则会造成更高优先级别子目标的劣化,所以 P_m 优先级别的子目标为满意解。该目标规划得到满意解。

⑥ 若 $k=K$ 时,所有系数均大于等于 0,此时解为最优解;算法终止。

例 5.3 用单纯形法求解下列目标规划。

$$\text{Min } f = P_1 d_1^+ + P_2(d_2^- + d_2^+) + P_3 d_3^-$$

$$\text{s.t.} \begin{cases} 2x_1 + x_2 \leqslant 11 \\ x_1 - x_2 + d_1^- - d_1^+ = 0 \\ x_1 + 2x_2 + d_2^- - d_2^+ = 10 \\ 8x_1 + 10x_2 + d_3^- - d_3^+ = 56 \\ x_1, x_2, d_i^-, d_i^+ \geqslant 0 (i=1,\cdots,3) \end{cases} \quad (5.5)$$

表 5.2 例 5.3 的初始单纯形表一

C_B	X_B	c_j	0	0	0	0	P_1	P_2	P_2	P_3	0
		b	x_1	x_2	x_3	d_1^-	d_1^+	d_2^-	d_2^+	d_3^-	d_3^+
0	x_3	11	2	1	1	0	0	0	0	0	0
0	d_1^-	0	1	-1	0	1	-1	0	0	0	0
P_2	d_2^-	10	1	[2]	0	0	0	1	-1	0	0
P_3	d_3^-	56	8	10	0	0	0	0	0	1	-1
		P_1					1				
σ_j		P_2	-1	-2					2		
		P_3	-8	-10							1

在初始表 5.2 中,先检验 P_1 行,P_1 行全部大于等于 0,说明 P_1 已最优;转 P_2 行,P_2 行有负检验数,说明 P_2 未达最优,-2 最小,对应 x_2 换入,用 θ 规则,确定 d_2^- 换出。进行矩阵变换得表 5.3。

表 5.3 例 5.3 的单纯形表二

C_B	X_B	c_j	0	0	0	0	P_1	P_2	P_2	P_3	0
		b	x_1	x_2	x_3	d_1^-	d_1^+	d_2^-	d_2^+	d_3^-	d_3^+
0	x_3	6	3/2	0	1	0	0	$-1/2$	1/2	0	0
0	d_1^-	5	3/2	0	0	1	-1	1/2	$-1/2$	0	0
0	x_2	5	1/2	1	0	0	0	1/2	$-1/2$	0	0
P_3	d_3^-	6	[3]	0	0	0	0	-5	5	1	-1
		P_1					1				
σ_j		P_2						1	1		
		P_3	-3					5	-5		1

在表 5.3 中,P_2 全部大于等于 0,说明 P_2 已达到最优,简称 P_3 行,有负检验数,未达最优。-5 最小,但因其 P_2 行系数为 1,故不能选择(若选择 d_2^+ 换出,优化 P_3 会使得 P_2 变劣,处于非最优),因此选择 -3,x_1 换入,对应 d_3^- 换出,得表 5.4。

表 5.4 例 5.3 的单纯形表三

C_B	X_B	c_j	0	0	0	0	P_1	P_2	P_2	P_3	0
		b	x_1	x_2	x_3	d_1^-	d_1^+	d_2^-	d_2^+	d_3^-	d_3^+
0	x_3	2	0	0	1	0	0	2	-2	$-1/2$	1/2
0	d_1^-	2	0	0	0	1	-1	3	-3	$-1/2$	1/2
0	x_2	4	0	1	0	0	0	4/3	$-4/3$	$-1/6$	1/6
0	x_1	2	1	0	0	0	0	5/3	$-5/3$	1/3	$-1/3$

续表

c_j			0	0	0	0	P_1	P_2	P_2	P_3	0
C_B	X_B	b	x_1	x_2	x_3	d_1^-	d_1^+	d_2^-	d_2^+	d_3^-	d_3^+
σ_j		P_1					1				
		P_2							1	1	
		P_3									1

在表 5.4 中,全部检验数的系数均大于等于 0,所以该目标规划获得最优解;又因为非基变量 d_3^+ 的检验数为 0,故该线性规划为无穷多最优解。可将 d_3^+ 换入,得另一个最优解,该最优解与表 5.4 中的最优解的线性组合均是最优解。

例 5.4 用单纯形法求解下列线性规划。

$$\text{Min } f = P_1 d_1^- + P_2 d_2^+ + P_3(5d_3^- + 3d_4^-) + P_4 d_1^+$$

$$\text{s.t.:} \begin{cases} x_1 + 2x_2 + d_1^- - d_1^+ = 6 \\ x_1 + 2x_2 + d_2^- - d_2^+ = 9 \\ x_1 - 2x_2 + d_3^- - d_3^+ = 4 \\ x_2 + d_4^- - d_4^+ = 2 \\ x_1, x_2, d_i^-, d_i^+ \geqslant 0 (i = 1, 2, 3, 4) \end{cases} \tag{5.6}$$

布置初表,得表 5.5。

表 5.5 例 5.4 的单纯形表一

c_j			0	0	P_1	P_4	0	P_2	$5P_3$	0	$3P_3$	0
C_B	X_B	b	x_1	x_2	d_1^-	d_1^+	d_2^-	d_2^+	d_3^-	d_3^+	d_4^-	d_4^+
P_1	d_1^-	6	1	2	1	−1	0	0	0	0	0	0
0	d_2^-	9	1	2	0	0	1	−1	0	0	0	0
$5P_3$	d_3^-	4	1	−2	0	0	0	0	1	−1	0	0
$3P_3$	d_4^-	2	0	[1]	0	0	0	0	0	0	1	−1
σ_j		P_1	−1	−2								
		P_2						1				
		P_3	−5	7						5		3
		P_4				1						

在表 5.5 中,选择 −1,则 x_2 换入,如此迭代,直至得最终表 5.6。

表 5.6 例 5.4 的单纯形表二

c_j			0	0	P_1	P_4	0	P_2	$5P_3$	0	$3P_3$	0
C_B	X_B	b	x_1	x_2	d_1^-	d_1^+	d_2^-	d_2^+	d_3^-	d_3^+	d_4^-	d_4^+
0	x_1	13/2	1	0	0	0	1/2	-1/2	1/2	-1/2	0	0
P_4	d_1^+	3	0	0	-1	1	1	-1	0	0	0	0
$3P_3$	d_4^-	3/4	0	0	0	0	-1/4	1/4	1/4	-1/4	1	-1
0	x_2	5/4	0	1	0	0	1/4	-1/4	-1/4	1/4	0	0
σ_j	P_1				1							
	P_2							1				
	P_3						3/4	-3	17/4	3/4		3
	P_4					1	-1	1				

在表 5.6 中,P_3 行仅有负检验数 -3,但因其上系数为 1,故不能选择 d_2^+ 换入,否则导致 P_2 层目标变劣,故算法终止。此时,例 5.4 的 P_1,P_2 层次目标的解为最优解,P_3,P_4 层次的解为满意解,该目标规划为满意解。

综合例 5.3 及例 5.4 可知,目标规划的解有最优解和满意解两种可能。

5.2.3 字典序法解目标规划

目标规划在实现目标时遵循从最优到次优逐层满足的原则,次优层次目标的优化必须建立在其上层目标已最优的基础之上,且次优层目标的优化不能劣化其上层目标的最优性。字典序法求解步骤如下:

① 字典序法求解按优先顺序先解最优先的目标,此时去掉其他目标。若其没有最优解(即 $d \neq 0$),则选择满意解(即最小的 d),算法终止。

② 若最优层次有最优解,即其 $d = 0$。这时将 $d = 0$ 作为下一层次目标优化的约束条件,求解第二层次最优解。

③ 如此逐层求解最优解,直至算法终止。字典序法又称按优先级逐层优化法。

以例 5.3 为例,先解第一优先级别如下:

$$\text{Min } f = d_1^+$$

$$\text{s.t.:} \begin{cases} 2x_1 + x_2 \leqslant 11 \\ x_1 - x_2 + d_1^- - d_1^+ = 0 \\ x_1 + 2x_2 + d_2^- - d_2^+ = 10 \\ 8x_1 + 10x_2 + d_3^- - d_3^+ = 56 \\ x_1, x_2, d_i^-, d_i^+ \geqslant 0 (i = 1, \cdots, 3) \end{cases} \quad (5.7)$$

解式 5.7 得 $d_1^+ = 0$,将其作为约束条件加入式 5.7 中得:

$$\text{Min } f = d_2^- + d_2^+$$

$$\text{s.t.} \begin{cases} 2x_1 + x_2 \leqslant 11 \\ x_1 - x_2 + d_1^- - d_1^+ = 0 \\ x_1 + 2x_2 + d_2^- - d_2^+ = 10 \\ 8x_1 + 10x_2 + d_3^- - d_3^+ = 56 \\ d_1^+ = 0 \\ x_1, x_2, d_i^-, d_i^+ \geqslant 0 (i = 1, \cdots, 3) \end{cases} \quad (5.8)$$

解式 5.8 得 $d_2^-, d_2^+ = 0$，将其作为约束条件加入式 5.7 中得：

$$\text{Min } f = d_3^-$$

$$\text{s.t.} \begin{cases} 2x_1 + x_2 \leqslant 11 \\ x_1 - x_2 + d_1^- - d_1^+ = 0 \\ x_1 + 2x_2 + d_2^- - d_2^+ = 10 \\ 8x_1 + 10x_2 + d_3^- - d_3^+ = 56 \\ d_1^+ = 0 \\ d_2^- = 0 \\ d_2^+ = 0 \\ x_1, x_2, d_i^-, d_i^+ \geqslant 0 (i = 1, \cdots, 3) \end{cases} \quad (5.9)$$

求解式 5.9 得 $d_3^- = 0$，该目标规划为最优解，结果与单纯形法一致。

5.2.4 赋权求解法

使用单纯形法求解目标规划时，因检验数中含有优先因子，因此检验数需要分为 K 行，这给计算分析增加了工作量和不变，可考虑将检验数合并处理。要保证高优先级别先满足，故可赋予高优先级别的目标以高权重。例如令 P_k 为 $10^{(K-k)}$，则例 5.3 可变为式 5.10，求解得表 5.7。

$$\text{Min } f = 100d_1^+ + 10(d_2^- + d_2^+) + d_3^-$$

$$\text{s.t.} \begin{cases} 2x_1 + x_2 \leqslant 11 \\ x_1 - x_2 + d_1^- - d_1^+ = 0 \\ x_1 + 2x_2 + d_2^- - d_2^+ = 10 \\ 8x_1 + 10x_2 + d_3^- - d_3^+ = 56 \\ x_1, x_2, d_i^-, d_i^+ \geqslant 0 (i = 1, \cdots, 3) \end{cases} \quad (5.10)$$

表 5.7 赋权法求解例 5.3 的表一

C_B	X_B	c_j	0	0	0	0	100	10	10	1	0
		b	x_1	x_2	x_3	d_1^-	d_1^+	d_2^-	d_2^+	d_3^-	d_3^+
0	x_3	11	2	1	1	0	0	0	0	0	0
0	d_1^-	0	1	−1	0	1	−1	0	0	0	0
10	d_2^-	10	1	[2]	0	0	0	1	−1	0	0
1	d_3^-	56	8	10	0	0	0	0	0	1	−1
	σ_j		−18	−30			100		20		2

上表中,x_2 的检验数 −30 最小,所以 x_2 换入,按 θ 规则 d_2^- 换出,得表 5.8。

表 5.8 赋权法求解例 5.3 的表二

C_B	X_B	c_j	0	0	0	0	100	10	10	1	0
		b	x_1	x_2	x_3	d_1^-	d_1^+	d_2^-	d_2^+	d_3^-	d_3^+
0	x_3	2	0	0	1	0	0	2	−2	−1/2	1/2
0	d_1^-	2	0	0	0	1	−1	3	−3	−1/2	1/2
0	x_2	4	0	1	0	0	0	4/3	−4/3	−1/6	1/6
0	x_1	2	1	0	0	0	0	5/3	−5/3	1/3	−1/3
	σ_j						100	10		10	1

在表 5.8 中,所有非基变量的检验数都大于等于 0,所以已得最优解,与前述单纯形法结果一致。

5.3 目标规划的灵敏度分析

在目标规划模型中,由于经营环境的变化,模型中各常数都可能发生改变,这会对最优解产生影响。其中 b,a_{ij} 的变化分析同线性规划,这里不再赘述。目标规划中的 P_k,ω_{lk} 是由人主观判断的,当这种判断发生改变后,会对原最优解产生影响。但由于其检验数含有多重优先因子及权重系数,故这种变化分析更加复杂。以例 5.4 为例进行分析。

在例 5.4 中,若目标函数分别发生以下变化后,求新的最优解。

(1) Min $\{P_1 d_1^-, P_2 d_2^+, P_3 d_1^+, P_4(5d_3^- + 3d_4^-)\}$。

(2) Min $\{P_1 d_1^-, P_2 d_2^+, P_3(\omega_1 d_3^- + \omega_2 d_4^-), P_4 d_1^+\}$ ($\omega_1, \omega_2 > 0$)。

解 (1) 目标函数的变化仅影响原解的各非基变量的检验数。因此,先在原最优表中重新计算各非基变量的检验数。则由表 5.6 得表 5.9 如下。

表 5.9 例 5.4(1)问的灵敏度分析表一

C_B	X_B	c_j → b	0 x_1	0 x_2	P_1 d_1^-	P_3 d_1^+	0 d_2^-	P_2 d_2^+	$5P_4$ d_3^-	0 d_3^+	$3P_4$ d_4^-	0 d_4^+
0	x_1	13/2	1	0	0	0	1/2	-1/2	1/2	-1/2	0	0
p_3	d_1^+	3	0	0	-1	1	[1]	-1	0	0	0	0
$3p_4$	d_4^-	3/4	0	0	0	0	-1/4	1/4	1/4	-1/4	1	-1
0	x_2	5/4	0	1	0	0	1/4	-1/4	-1/4	1/4	0	0
σ_j		P_1			1							
		P_2						1				
		P_3			1		-1	1				
		P_4					3/4	-3/4	17/4	3/4		3

在表 5.9 中,d_2^- 的检验数为 -1,所以用 d_2^- 替换 d_1^+,得表 5.10 如下:

表 5.10 例 5.4(1)问的灵敏度分析表二

C_B	X_B	c_j → b	0 x_1	0 x_2	P_1 d_1^-	P_3 d_1^+	0 d_2^-	P_2 d_2^+	$5P_4$ d_3^-	0 d_3^+	$3P_4$ d_4^-	0 d_4^+
0	x_1	5	1	0	1/2	-1/2	0	0	1/2	-1/2	0	0
0	d_2^-	3	0	0	-1	1	1	-1	0	0	0	0
$3p_4$	d_4^-	3/2	0	0	-1/4	1/4	0	0	1/4	-1/4	1	-1
0	x_2	1/2	0	1	1/4	-1/4	0	0	-1/4	1/4	0	0
σ_j		P_1			1							
		P_2						1				
		P_3				1						
		P_4			3/4	-3/4			17/4	3/4		3

在表 5.10 中,d_1^+ 的检验数为 -3/4,但由于 P_3 层系数为 1,故算法终止,该目标规划得到满意解,但满意解与原满意解相比发生了变化。

解 (2) 同(1)一样,重新计算所有非基变量的检验数得表 5.11 如下。

表 5.11 例 5.4(2)问的灵敏度分析表

C_B	X_B	c_j → b	0 x_1	0 x_2	P_1 d_1^-	P_3 d_1^+	0 d_2^-	P_2 d_2^+	$\omega_1 P_3$ d_3^-	0 d_3^+	$\omega_2 P_3$ d_4^-	0 d_4^+
0	x_1	13/2	1	0	0	0	1/2	-1/2	1/2	-1/2	0	0
P_4	d_1^+	3	0	0	-1	1	1	-1	0	0	0	0
$\omega_2 P_3$	d_4^-	3/4	0	0	0	0	-1/4	1/4	[1/4]	-1/4	1	-1
0	x_2	5/4	0	1	0	0	1/4	-1/4	-1/4	1/4	0	0

续表

c_j			0	0	P_1	P_3	0	P_2	$\omega_1 P_3$	0	$\omega_2 P_3$	0
C_B	X_B	b	x_1	x_2	d_1^-	d_1^+	d_2^-	d_2^+	d_3^-	d_3^+	d_4^-	d_4^+
σ_j		P_1			1							
		P_2						1				
		P_3					$\omega_2/4$	$-\omega_2/4$	$\omega_1-\omega_2/4$	$\omega_2/4$		ω_2
		P_4				1		-1	1			

在表 5.11 中，d_2^+ 的 P_3 层检验数为负，但因其 P_2 层为正不予考虑，此时 P_3 层的最优性取决于 d_3^- 的系数 $\omega_1-\dfrac{\omega_2}{4}$；若 $\omega_1-\dfrac{\omega_2}{4}\geqslant 0$，即 $\dfrac{\omega_1}{\omega_2}\geqslant\dfrac{1}{4}$ 时，P_3 层未获得最优，满意解未发生变化。当 $\omega_1-\dfrac{\omega_2}{4}<0$，即 $\dfrac{\omega_1}{\omega_2}<\dfrac{1}{4}$ 时，用 d_3^- 作换入变量，d_4^- 换出，得新的满意解，此时：

$$\begin{cases} x_1 = 5 \\ x_2 = 2 \\ d_3^- = 3 \\ d_4^- = 0 \end{cases}$$

5.4 目标规划的应用举例

例 5.5 某电子公司生产录音机和收音机两种产品，它们均需经过两个工厂加工，每一台录音机在第一个工厂加工 2 小时，然后送到第二个工厂装配试验 2.5 小时才变为成品。每一台收音机需在第一个工厂加工 4 小时，在第二个工厂装配试验 1.5 小时才变为成品。

录音机与收音机每台厂内的每月储存成本分别为 8 元和 15 元。第一个工厂有 12 台制造机器，每台每天工作 8 小时，每月正常工作天数为 25 天；第二个工厂有 7 台装配试验设备，每台每天工作 16 小时，每月正常工作天数仍为 25 天。

每台机器每小时的运转成本是：第一个工厂为 18 元，第二个工厂为 15 元。每台录音机的销售利润为 20 元，每台收音机的销售利润为 23 元。

依市场预测，下个月录音机与收音机的销售量估计分别为 1 500 台和 1 000 台。该公司确定下列次序为目标优先次序：

P_1：厂内的储存成本不超过 23 000 元。

P_2：录音机销售量必须完成 1 500 台。

P_3：第一、第二工厂的生产设备应全力运转，避免有空闲时间。两厂运转成本当作它们间的权系数。

P_4：第一个工厂的超时作业时间全月份不宜超过 30 小时。

P_5：收音机销售量必须完成 1 000 台。

P_6：两个工厂的超时工作时间应予限制，其限制的比率依各厂每小时运转成本为准。

试建立这个问题的目标规划模型。

解 设 x_1, x_2 分别表示下个月录音机与收音机的产量；d_i^-, d_i^+ 分别为第 i 个目标的负、正偏差变量。

① 先分析严格约束条件，本题没有。

② 按目标的优先顺序逐一分析；先写出相应的目标约束，再描述子目标函数（即控制什么偏差）。

③ P_1：厂内存储成本目标。

$$\begin{cases} 8x_1 + 15x_2 + d_1^- - d_1^+ = 23\ 000 \\ \text{Min}\ (d_1^+) \end{cases}$$

④ P_2：录音机目标。

$$\begin{cases} x_1 + d_2^- - d_2^+ = 1\ 500 \\ \text{Min}\ (d_2^-) \end{cases}$$

⑤ P_3：两个工厂工时空闲目标，第一、第二工厂权重为 18/15=6/5。

$$\begin{cases} 2x_1 + 4x_2 + d_3^- - d_3^+ = 2\ 400 \\ 2.5x_1 + 1.5x_2 + d_4^- - d_4^+ = 2\ 800 \\ \text{Min}\ (6d_3^- + 5d_4^-) \end{cases}$$

⑥ P_4：第一工厂的超时目标。

$$\begin{cases} d_3^+ + d_{10}^- - d_{10}^+ = 30 \\ \text{Min}\ (d_{10}^+) \end{cases}$$

这里第一工厂的实际超时时间为 d_3^+，d_{10}^-, d_{10}^+ 是对 d_3^+ 的偏差。

⑦ P_5：收音机目标。

$$\begin{cases} x_2 + d_5^- - d_5^+ = 1\ 000 \\ \text{Min}\ (d_5^-) \end{cases}$$

⑧ P_6：两个工厂工时超时目标。

$$\text{Min}\ (6d_3^+ + 5d_4^+)$$

综合得例 5.5 的目标规划模型如下：

$\text{Min}\ f = P_1 d_1^+ + P_2 d_2^- + P_3(6d_3^- + 5d_4^-) + P_4 d_{10}^+ + P_5 d_5^- + P_6(6d_3^+ + 5d_4^+)$

$$\text{s.t.}\begin{cases} 8x_1 + 15x_2 + d_1^- - d_1^+ = 23\ 000 \\ x_1 + d_2^- - d_2^+ = 1\ 500 \\ 2x_1 + 4x_2 + d_3^- - d_3^+ = 2\ 400 \\ 2.5x_1 + 1.5x_2 + d_4^- - d_4^+ = 2\ 800 \\ x_2 + d_5^- - d_5^+ = 1\ 000 \\ d_3^+ + d_{10}^- - d_{10}^+ = 30 \\ x_1, x_2 \geqslant 0;\ d_i^-, d_i^+ \geqslant 0\ (i = 1, 2, \cdots, 5, 10) \end{cases} \quad (5.11)$$

例 5.6 某公司有三个生产同类产品的加工厂（产地），生产的产品由四个销售点（销地）出售，各产销量及运价如表 5.12 所示。

表 5.12 例 5.6 的产销量、运价表

销地 产地	B_1	B_2	B_3	B_4	产量
A_1	4	12	4	11	8
A_2	2	10	3	9	5
A_3	8	5	11	6	11
销量	5	6	6	7	运价

若安排调运方案时,同时提出如下要求:

P_1:尽可能减小 A_1 的总运费;

P_2:A_2 尽可能运至 B_3;

P_3:总运费尽可能小。

试建立该问题数学模型,不必求解。

解 设自第 i 个产地运至第 j 个销地的运量为 x_{ij};d_i^-,d_i^+ 分别为第 i 个目标的负、正偏差变量。A_1 的运费最少 32 单位,总运费最少可以取 0 单位,所以得如下目标规划模型:

$$\text{Min } f = p_1 d_1^+ + p_2 d_2^- + p_3 d_3^+$$

$$\text{s.t.} \begin{cases} \sum_{i=1}^{3} x_{ij} = b_j \\ \sum_{j=1}^{4} x_{ij} = a_i \\ \sum_{j=1}^{4} c_{1j} x_{1j} + d_1^- - d_1^+ = 32 \\ x_{23} + d_2^- - d_2^+ = 5 \\ \sum_{i=1}^{3} \sum_{j=1}^{4} c_{ij} x_{ij} + d_3^- - d_3^+ = 0 \\ x_{ij} \geqslant 0, d_i^-, d_i^+ \geqslant 0 (i=1,2,3; j=1,\cdots,4) \end{cases} \quad (5.12)$$

例 5.7 某公司决定使用 1 000 万元的开发基金开发新产品 A,B,C,经测算三种新产品的投资利润率分别为 5%、7%、10%。

由于新产品投资有一定的风险,经研究决定,确定如下目标:

P_1:A 产品至少投资 300 万元;

P_2:为分散投资风险,任一新产品投资不超过 350 万元;

P_3:应至少留有 100 万元开发基金,以备急用;

P_4:使总投资利润最大。

试建立该问题的数学模型。

解 设 x_1,x_2,x_3 分别表示 A,B,C 三种新产品的投资金额;d_i^-,d_i^+ 分别为第 i 个目标的负、正偏差变量分别为第 i 个目标的负、正偏差变量。

先分析严格约束条件:$x_1 + x_2 + x_3 \leqslant 1\,000$,再按目标的优先顺序逐一分析。

P_4 中没有直接给出目标值。因为该子目标是求极大值,所以可寻求一个实际不可能达到的值作为目标值。比如 1 000 万全部投入 C(显然不可能),则利润为 100 万。因此实际利润永远小于 100 万,产生负偏差,负偏差最小,则实际利润最大。

$$\text{Min } f = P_1 d_1^- + P_2(d_2^+ + d_3^+ + d_4^+) + P_3(d_5^+) + P_4 d_6^-$$

$$\text{s.t.} \begin{cases} x_1 + x_2 + x_3 \leqslant 1\ 000 \\ x_1 + d_1^- - d_1^+ = 300 \\ x_1 + d_2^- - d_2^+ = 350 \\ x_2 + d_3^- - d_3^+ = 350 \\ x_3 + d_4^- - d_4^+ = 350 \\ x_1 + x_2 + x_3 + d_5^- - d_5^+ = 900 \\ 5\% x_1 + 7\% x_2 + 10\% x_3 + d_6^- - d_6^+ = 100 \\ x_1, x_2, x_3 \geqslant 0; d_i^-, d_i^+ \geqslant 0 (i = 1, 2, \cdots, 6) \end{cases} \quad (5.13)$$

习 题

1. 某工厂生产甲、乙两种产品。这两种产品都需要在 A、B、C 三种不同的设备上加工。每吨甲、乙产品在不同设备上加工所需的台时、销售后所能获得的利润以及这三种加工设备在计划期内能提供的有限台时数如表 5.13 所示。建立本题的目标规划模型。

表 5.13 有关参数表

设备	每吨产品的加工台时		总有限台时
	甲	乙	
A	3	4	36
B	5	4	40
C	9	8	76
利润(元/t)	32	30	

该工厂的领导在安排生产计划时,将考虑以下三级目标:

第一级目标:根据市场信息,甲产品的销售量有下降的趋势,故考虑甲产品的产量不大于乙产品的产量。

第二级目标:尽可能充分利用各设备工时,但不希望加班。

第三级目标:尽可能达到并超过计划利润指标 300 元。

2. 某计算机制造厂生产 A、B、C 三种型号的计算机,它们在同一条生产线上装配,三种产品的工时消耗分别为 5 小时、8 小时、12 小时。生产线上每月正常运转时间是 170 小时。这三种产品的利润分别为每台 1 000 元、1 440 元、2 520 元。该厂的经营目标为:

第一级目标:充分利用现有设备工时,必要时可以加班。

第二级目标：A、B、C 的最低产量分别为 5,5,8 台,并依单位工时的利润比例确定权系数。

第三级目标：该厂的总利润不小于 20 000 元。

试建立该问题的目标规划模型。

3. 某厂拟生产甲、乙两种产品,每件利润分别为 20,30 元。这两种产品都要在 A,B,C,D 四种设备上加工,每件甲产品需占用各设备依次为 2,1,4,0 机时,每件乙产品需占用各设备依次为 2,2,0,4 机时,而这四种设备正常生产能力依次为每天 12,8,16,12 机时。此外,A,B 两种设备每天还可加班运行。试拟订一个满足下列目标的生产计划：

p_1：两种产品每天总利润不低于 120 元；

p_2：两种产品的产量尽可能均衡；

p_3：A,B 设备都应不超负荷,其中 A 设备能力还应充分利用(A 比 B 重要三倍)。

要求建立数学模型。

4. 某彩色电视机厂生产 A,B,C 三种规格的电视机,装配工作在同一条生产线上完成,三种产品装配时候的工时消耗分别为 6、8、10 小时,生产线每月的正常工作时间为 200 小时,三种规格的电视机销售获得的利润分别为 500、650、800 元,每月销量预计为 12、10、6 台,该厂的经营目标如下：

p_1：利润指标为每月 16 000 元；

p_2：充分利用生产能力；

p_3：加班时间不超过 24 小时；

p_4：产量以预计销量为准。

为确定生产计划,试图建立该问题的目标规划模型。

5. 一个小型的无线电广播台考虑如何最好地安排音乐、新闻和商业节目,依据法律,每天允许广播 12 小时,其中商业节目用以盈利,每分钟可以收入 250 美元,新闻节目每分钟需要支出 40 美元,音乐节目每播一分钟需要费用 17.5 美元,正常情况下的商业节目只能占广播节目时间的 20%,每小时至少安排 5 分钟的新闻节目。问每天广播如何安排,优先级别如下：

p_1：满足法律规定的要求；

p_2：每天的纯收入最大。

试图建立该问题的目标规划模型。

6. 分别用图解法和单纯形法求解下列目标规划。

$$\text{Min } Z = P_1 d_1^+ + P_2 d_3^+ + P_3 d_2^+$$

$$\text{s.t.} \begin{cases} -x_1 + 2x_2 + d_1^- - d_1^+ = 4 \\ x_1 - 2x_2 + d_2^- - d_2^+ = 4 \\ x_1 + 2x_2 + d_3^- - d_3^+ = 8 \\ x_1, x_2, d_1^-, d_2^-, d_3^-, d_4^-, d_1^+, d_2^+ \geqslant 0 \end{cases}$$

7. 分别用图解法和单纯形法求解下列目标规划。

$$\text{Min } Z = P_1(d_1^- + d_1^+) + P_2(d_2^- + d_2^+)$$

$$\text{s.t.} \begin{cases} x_1 + x_2 \leqslant 4 \\ x_1 + 2x_2 \leqslant 6 \\ 2x_1 + 3x_2 + d_1^- - d_1^+ = 18 \\ 3x_1 + 2x_2 + d_2^- - d_2^+ = 18 \\ x_1, x_2, d_1^-, d_2^- \geqslant 0 \end{cases}$$

第6章 整 数 规 划

在很多线性规划模型中,常常要求解必须是整数。例如,所求解是机器的台数、完成工作的人数或装货的车数等。很多时候,依据单纯形法所获得的最优解进行四舍五入得到近似最优解。这有两个问题:

一是该近似最优解不一定是可行解,可能不符合约束条件;

二是当最优解 x_j 数值较小时,这种四舍五入会导致最优目标值存在较大的误差。因此需要专门的方法去求解这种有整数要求的线性规划。

6.1 整数规划的建模及其特点

6.1.1 整数规划问题的提出

例 6.1 华兴集团拟建设 A,B 两种类型的生产基地若干个,两种类型的生产基地每个的占地面积、所需经费、建成后生产能力及现有资源情况如表 6.1 所示。问 A,B 类型基地各建设多少个,可使总生产能力最大?

表 6.1 华兴集团经营相关数据

	A	B	资源限制
占地(m²)	2 000	5 000	4
费用(万元)	5	4	24
生产能力(万件)	20	10	

解 设 A,B 两种类型生产基地各建设 x_1,x_2 个,则其模型为

$$\text{Max } Z = 20x_1 + 10x_2 \\ \text{s.t.} \begin{cases} 2x_1 + 5x_2 \leqslant 13 \\ 5x_1 + 4x_2 \leqslant 24 \\ x_1, x_2 \geqslant 0 \text{ 且为整数} \end{cases} \quad (6.1)$$

像式 6.1 这种变量有取整数要求的数学模型,称为**整数规划**(integer programming),简记 IP。

很多现实问题往往都无法直接建立线性规划模型,但通过引入(0—1变量)可以建立整数规划模型。因此在实际管理决策中,整数规划比线性规划有着更广泛的应用。

整数规划是运筹学中庞大的分支,其本身又有很多子分支。根据变量间的函数关系的不同及变量取值的不同,可进行下列分类。

$$根据变量间的函数关系:\begin{cases}线性\ IP\\非线性\ IP\end{cases}$$

$$根据变量的取值特点:\begin{cases}纯整数\ IP\\混合整数\ IP\\(0—1)型整数\ IP\end{cases}$$

6.1.2 几类约束条件的处理

在实际问题建模时,会遇到在不同的环境受到不同的环境约束这种现象。但因为事先并不知道会是什么样的环境,所以有必要将所有环境约束都写入约束条件中去。但是很多时候,不同的环境约束之间相互矛盾,这样就不能直接写入,否则可行域为空集。

1. 两个互斥约束条件的处理

若两个约束是相互矛盾的,如 $f(x)-5\geqslant 0$ 与 $f(x)\leqslant 0$;如何将其都写入约束条件中?

引入 y(y 取 0 或 1)变量来处理:

$$\begin{cases}-f(x)+5\leqslant M(1-y)\\f(x)\leqslant My\end{cases}, 其中 M 是足够大的正数$$

2. 两个约束条件同时只能有一个成立

如下列两个约束条件:$2x_1+3x_2\geqslant 8$ 与 $x_1+x_2\leqslant 2$ 只能有一个成立,试用(0—1)变量来表示这个要求。

解 引入(0—1)变量 y 和足够大的正数 M,则:

$$\begin{cases}8-2x_1+3x_2\leqslant M(1-y)\\x_1+x_2-2\leqslant My\end{cases}$$

3. m 个约束条件中只有 k 个起作用

如下列 m 个约束条件,$\sum_{j=1}^{n}a_{ij}x_j\leqslant b_i(i=1,2,\cdots,m)$,同时只有 k 个起作用,如何将其定义在 1 个数学模型中?

引入(0—1)变量 y 和足够大的正数 M,则得式如下:

$$\begin{cases}\sum_{j=1}^{n}a_{ij}x_j\leqslant b_i+My_i\\y_1+y_2+\cdots+y_m=m-k\\y_i=0\ 或\ 1\end{cases}$$

整数规划因其是离散决策,随着变量与约束的增加,其求解难度呈指数式上升。因而是数学规划中一个较弱的分支。目前人们只能求解中等规模的线性整数规划问题,而对于非线性整数规划问题,还没有好的办法。

6.1.3 整数规划的求解思想

在实际管理决策中整数规划比线性规划更符合决策环境,因此其有着比线性规划更广泛的应用。从整数规划诞生之始人们就在探讨如何求解的问题,一般来说有两种代表性的思想。

1. 近似法

若将整数规划的整数要求放弃,则得到一个线性规划。求解这个线性规划得到一个非整数的最优解,然后将这个最优解取整,得到整数最优解。

例 6.2 某厂拟购进甲、乙两类机床生产新产品。已知甲、乙机床进价分别为 2 万元和 3 万元;安装占地面积分别为 4 m^2 和 2 m^2;投后的收益分别为 3 百元/天和 2 百元/天。厂方仅有资金 14 万元,安装面积为 18 m^2,为使收益最大,厂方应购进甲、乙机床各多少台?

解 设购进甲、乙机床分别为 x_1, x_2 台,于是该问题的线性规划模型如下:

$$\text{Max } Z = 3x_1 + 2x_2$$

$$\text{s.t.} \begin{cases} 2x_1 + 3x_2 \leqslant 14 \\ 4x_1 + 2x_2 \leqslant 18 \\ x_1, x_2 \geqslant 0 \text{ 且取整数} \end{cases} \tag{6.2}$$

对该模型采用图解法求解得到图 6.1:

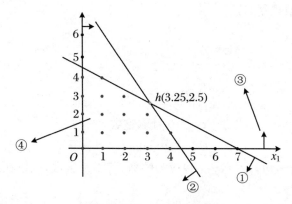

图 6.1 例 6.2 图解法结果

在图 6.1 中,最优解为点 $h(3.25, 2.5)$,将其取整,周围四点分别为 $(3,2)$、$(3,3)$、$(4,3)$、$(4,2)$,可以看出,若取大,则部分点不在可行域内,不可行;若取小,则最优解为 $(3,2)$。

需要说明的是,有些时候最优整数解与非整数最优解毫无关系,因此这种近似法求解整数规划并不是科学的解法。

2. 枚举法

这种方法就是先求出可行域,然后罗列出可行域内所有整数点,再分别代入目标函数求最大值得最优整数解。这种方法在变量较少且变量取值上限也较小时是一种非常有效的算法,但当变量数较多且变量上限较大时,由于可行整数解的数量以指数形式上升,算法就非常低效不可取。

6.2 整数规划的求解方法

解整数规划时,一般先放弃整数要求,此时整数规划变为一个线性规划,该线性规划称为此整数规划的松弛问题。

6.2.1 割平面法

1. 割平面法简介

割平面法是高莫瑞(R. E. Gomory)在1958年提出的,故也称Gomory割平面法。其基本思想是先求原整数规划的松弛问题得到非整数最优解;此时增加线性约束条件(割平面),将原可行域在最优基可行解(顶点)附近切除一部分,并保证仅切除非整数解,整数解没有被切除。这就产生了新的基可行解(顶点),这样不断切除,直至新的基可行解为整数最优解。

2. 割平面法求解原理

分析下列纯整数规划问题:

$$\text{Max } Z = \sum_{j=1}^{n} c_j x_j$$

$$\text{s.t.} \begin{cases} \sum_{j=1}^{n} a_{ij} x_j = b_i \\ x_j \geqslant 0 \text{ 且取整数} \\ i = 1,\cdots,m; j = 1,\cdots,n \end{cases} \tag{6.3}$$

其中,$a_{ij}, b_i (i=1,\cdots,m; j=1,\cdots,n)$应为整数,若不是整数,可以在约束两端乘以一个倍数整数化。

式6.3的松弛问题为式6.4:

$$\text{Max } Z = \sum_{j=1}^{n} c_j x_j$$

$$\text{s.t.} \begin{cases} \sum_{j=1}^{n} a_{ij} x_j = b_i \\ x_j \geqslant 0 (i = 1,\cdots,m; j = 1,\cdots,n) \end{cases} \tag{6.4}$$

先解式6.4,得6.4的最优解为:

$$X_B^* = (x_1 \cdots x_m)^T = (\hat{b}_1 \cdots \hat{b}_m)^T \tag{6.5}$$

若式6.5不是整数解,则将式6.4中的所有约束条件改写为下式:

$$x_i + \sum_{j=m+1}^{n} \hat{a}_{ij} x_j = \hat{b}_i (i = 1,\cdots,m) \tag{6.6}$$

在式6.6中,因假设不是最优解,故$\hat{b}_i$不是整数,$\hat{a}_{ij}$可能为整数也可能不是。将$\hat{b}_i$与$\hat{a}_{ij}$分为两部分:一部分为不超过该数的最大整数,另一部分为剩下的小数部分。则:

$$\hat{a}_{ij} = N_{ij} + f_{ij}, N_{ij} \leqslant \hat{a}_{ij} \text{ 且为整数}$$
$$0 \leqslant f_{ij} \leqslant 1 (j = m+1, \cdots, n) \tag{6.7}$$
$$\hat{b}_i = N_i + f_i, N_i \leqslant \hat{b}_i \text{ 且为整数}$$
$$0 \leqslant f_i \leqslant 1 (i = 1, \cdots, m) \tag{6.8}$$

将式 6.7、式 6.8 分别代入式 6.6 中，并将整数与小数分置两侧，得式 6.9：

$$x_i + \sum_{j=m+1}^{n} N_{ij} x_j - N_i = f_i - \sum_{j=m+1}^{n} f_{ij} x_j \tag{6.9}$$

式 6.9 左边为整数，右边为小于 1 的小数，所以进一步缩写为 $f_i - \sum_{j=m+1}^{n} f_{ij} x_j \leqslant 0$，整理可得：

$$-\sum_{j=m+1}^{n} f_{ij} x_j \leqslant -f_i \tag{6.10}$$

将松弛问题的最优解式 6.5 代入式 6.10，得 $0 \leqslant -f_i$，显然与假设矛盾，故可知 X_B^* 不满足式 6.10；另外将式 6.10 至式 6.3 逐步推导，可知所有整数解满足该式。

将式 6.10 标准化后得：

$$-\sum_{j=m+1}^{n} f_{ij} x_j + x_{n+1} = -f_i \tag{6.11}$$

这样就得到式 6.11 这样的 1 个约束条件，称为 Gomory 约束。将式 6.11 作为 1 个新的约束条件加入式 6.4，继续用单纯形法求解，可以得到新的最优基可行解，若该解不是整数解，重复上述步骤，最终可得整数最优解。

说明 ① 构造 Gomory 约束有很多种方法，式 6.10 是使用较为广泛的一种。可以从松弛问题的最优单纯形表中获得。

② 实际求解中，为保证收敛速度，通常在原最优单纯形表中选择具有最大正分数的那个基变量所在的行构造 Gomory 约束，可有效提高切割效果，减少切割次数。

③ 割平面法提出后，完全用这种方法解题的仍然很少。主要是因为该算法切除的是当前基最优解附近的非整数解，但有些时候因切除区域过少造成切除次数过多。所以该算法有时收敛很慢，需要与其他方法相互结合使用，比如分支定界法。

3. 割平面法解题步骤

① 用单纯形法求解原问题的松弛问题（注意：将所有系数均化为整数），若得到整数解则结束，否则转下一步。

② 找出非整数解中分数部分（写成真分数）最大的一个基变量，写出该行的约束，并将其中的常数项（包括系数）写成整数与正的真分数之和的形式；然后将整数项（包括系数）部分移至等式右端，分式部分移至等式左端，因右端为整数，故左端也必须取整数，这样放缩得出一个新的约束（Gomory 约束）。

③ 将 Gomory 约束标准化后加入原松弛问题，得到一个新的线性规划并用单纯形法继续求解。

④ 重复步骤①—③，直至求出整数最优解。

例 6.3 用割平面法求解下列整数规划。

$$\text{Max } Z = 3x_1 + 2x_2$$
$$\text{s.t.} \begin{cases} 2x_1 + 3x_2 \leqslant = 14 \\ x_1 + 0.5x_2 \leqslant 4.5 \\ x_1, x_2 \geqslant 0 \text{ 且取整数} \end{cases} \tag{6.12}$$

先将约束条件 6.12 中的系数整数化，得式 6.12 的松弛问题：
$$\text{Max } Z = 3x_1 + 2x_2$$
$$\text{s.t.} \begin{cases} 2x_1 + 3x_2 \leqslant 14 \\ 2x_1 + x_2 \leqslant 9 \\ x_1, x_2 \geqslant 0 \end{cases} \tag{6.13}$$

将式 6.13 标准化后解得最优表 6.2 如下。

表 6.2　式 6.13 的最优表

C_B	c_j		3	2	0	0
	X_B	b	x_1	x_2	x_3	x_4
2	x_2	5/2	0	1	1/2	−1/2
3	x_1	13/4	1	0	−1/4	3/4
	σ_j				−1/4	−5/4

该解非整数。因 x_2 的正分数部分为 $\frac{1}{2}$，最大，故选择最优表中的第 1 行得：
$$x_2 + \frac{1}{2}x_3 - \frac{1}{2}x_4 = 2\frac{1}{2} \tag{6.14}$$

将系数分为整数、正分数两部分，并整理得：
$$x_2 + \left(0 + \frac{1}{2}\right)x_3 + \left(-1 + \frac{1}{2}\right)x_4 = \left(2 + \frac{1}{2}\right) \tag{6.15}$$

$$x_2 - x_4 - 2 = \frac{1}{2} - \frac{1}{2}x_3 - \frac{1}{2}x_4 \tag{6.16}$$

因式 6.16 左端为整数，所以
$$\frac{1}{2} - \frac{1}{2}x_3 - \frac{1}{2}x_4 \leqslant 0 \tag{6.17}$$

标准化后得割平面约束：
$$\frac{1}{2} - \frac{1}{2}x_3 - \frac{1}{2}x_4 + x_5 = 0 \tag{6.18}$$

将式 6.18 加入表 6.2 中得表 6.3。

表 6.3 割平面法求解例 6.3 表一

c_j			2	5	0	0	0
C_B	X_B	b	x_1	x_2	x_3	x_4	x_5
2	x_2	5/2	0	1	1/2	-1/2	0
3	x_1	13/4	1	0	-1/4	3/4	0
0	x_5	-1/2	0	0	[-1/2]	-1/2	1
	σ_j				-1/4	-5/4	

在表 6.3 中,因 $b'_3 = -\dfrac{1}{2} < 0$,故用对偶单纯形法迭代得表 6.4。

表 6.4 割平面法求解例 5.3 表二

c_j			3	2	0	0	0
C_B	X_B	b	x_1	x_2	x_3	x_4	x_5
2	x_2	2	0	1	0	-1	1
3	x_1	7/2	1	0	0	1	-1/2
0	x_3	1	0	0	1	1	-2
	σ_j					-1	-1/2

在表 6.4 中,因 $x_1 = \dfrac{7}{2}$,不是整数解。由第 2 行得新增割平面约束如下:

$$-\frac{1}{2}x_5 + x_6 = -\frac{1}{2} \tag{6.19}$$

将式 6.19 加入表 6.4 中得表 6.5。

表 6.5 割平面法求解例 6.3 表三

c_j			3	2	0	0	0	0
C_B	X_B	b	x_1	x_2	x_3	x_4	x_5	x_6
2	x_2	2	0	1	0	-1	1	0
3	x_1	7/2	1	0	0	1	-1/2	0
0	x_3	1	0	0	1	1	-2	0
0	x_6	-1/2	0	0	0	0	[-1/2]	1
	σ_j					-1	-1/2	

在表 6.5 中,因 $b'_4 = -\dfrac{1}{2} < 0$,故用对偶单纯形法迭代得表 6.6。

表 6.6 割平面法求解例 6.3 表四

C_B	X_B	c_j	3	2	0	0	0	0
		b	x_1	x_2	x_3	x_4	x_5	x_6
2	x_2	1	0	1	0	-1	0	2
3	x_1	4	1	0	0	1	0	-1
0	x_3	3	0	0	1	1	0	-4
0	x_5	1	0	0	0	0	1	-2
	σ_j					-1		-1

由表 6.6 可知，此时 $x_1=4, x_2=1$，已得整数最优解，目标值为 14。

将 $\frac{1}{2} - \frac{1}{2}x_3 - \frac{1}{2}x_4 \leqslant 0$ 及 $-\frac{1}{2}x_5 \leqslant -\frac{1}{2}$ 中 x_3, x_4, x_5 用 x_1, x_2 替换，可得：

$2x_1+2x_2\leqslant 11, x_1+x_2\geqslant 6$ 两个约束。通过作图法，可以清楚看出切割的效果。

6.2.2 分支定界法

分支定界法实际上也是一种切割法。割平面法是用一条直线或平面同时切除所有变量的非整数解；分支定界法是仅切除某个变量的非整数部分，所以分支定界法也称隐枚举法。分支定界法的步骤如下：

1. 求解松弛问题

先求解原整数规划的松弛问题，若其无最优解，这时该整数规划也无最优解，停止求解；若其有最优解，且符合整数条件，则此整数最优解即为相应整数规划的最优解，停止求解；若其是非纯整数最优解，转下一步。

2. 分支

选取决策变量非整数的 x_i 进行分支。若 $x_i=\hat{b}_i$ 为非整数；令 $[b_i]$ 小于 b_i 的最大整数，将 $x_i \leqslant [b_i]$ 和 $x_i \geqslant [b_i]+1$ 两个分支条件分别作为约束条件添加到原松弛问题上，得到两个子松弛问题，这就切除了 x_i 在 $[b_i]$ 及 $[b_i]+1$ 间的所有非整数解。分别求解这两个子问题，若得到整数解，则转入剪支；否则继续分支，直至获得整数解。

3. 定界、剪支

当得到整数解时，即可进行定界、剪支直至得到整数最优解。此时先定界，即选定最优整数分支的目标值为目标值的界值（若是求最大问题，则界值为上界；若是求最小问题，则界值为下界），界值为切除提供了标准。定界后即可进行剪支，即切除整数最优解不可能存在的分支，剪支提高了计算效率，消除了部分冗余计算。

① 对于所有其他分支，若其目标值劣于界值，直接剪支。

② 对于非整数解分支，若该分支的目标值优于界值，则需对该非整数解分支继续分支，并用单纯形法继续求解直至其得到整数最优解。

③ 重新确定界值。若新得到的整数解的目标值优于界值，则用新得目标值作为界值再剪支，直至所有分支都处理完毕。若新得整数目标值劣于原界值，则用原界值继续剪支，直至所有分支都处理完毕，得到最优整数解。

不同于割平面法,分支定界法可以求解混合整数规划。分支定界法每次都可以稳定有效地切除一部分非整数解,因此是一种行之有效的算法。

例 6.4 用分支定界法求解下列整数规划。

$$\text{Max } Z = 4x_1 + 3x_2$$
$$\text{s.t.} \begin{cases} 3x_1 + 4x_2 \leqslant 12 \\ 4x_1 + 2x_2 \leqslant 9 \\ x_1, x_2 \geqslant 0 \end{cases} \quad (6.20)$$

令式 6.20 的松弛问题为 LP,用单纯形法可解得 LP 最优解为 $\left(\dfrac{6}{5}, \dfrac{21}{10}\right)$,目标值 $Z = \dfrac{111}{10}$。选 x_1 作为分支变量,分别将 $x_1 \leqslant 1$ 及 $x_1 \geqslant 1$ 两个条件加入 LP 中,得 LP_1 和 LP_2,再用单纯形法解 LP_1 和 LP_2,得:

$$\text{LP}_1: \quad \text{Max } Z = 4x_1 + 3x_2$$
$$\text{s.t.} \begin{cases} 3x_1 + 4x_2 \leqslant 12 \\ 4x_1 + 2x_2 \leqslant 9 \\ x_1 \leqslant 1 \\ x_1, x_2 \geqslant 0 \end{cases}$$

$$\text{LP}_2: \quad \text{Max } Z = 4x_1 + 3x_2$$
$$\text{s.t.} \begin{cases} 3x_1 + 4x_2 \leqslant 12 \\ 4x_1 + 2x_2 \leqslant 9 \\ x_1 \geqslant 2 \\ x_1, x_2 \geqslant 0 \end{cases}$$

分别用单纯形法求解 LP_1 和 LP_2,得 LP_1 的最优解为 $\left(1, \dfrac{9}{4}\right)$,目标值 $Z = \dfrac{43}{4}$;LP_2 的最优解为 $\left(2, \dfrac{1}{2}\right)$,目标值 $Z = \dfrac{19}{2}$。

此时仍未得到整数最优解,所以选择 LP_1 继续分支。用 x_2 作为分支变量,分别将 $x_2 \leqslant 2$ 及 $x_1 \geqslant 2$ 两个条件加入 LP_1 中,得 LP_{11} 和 LP_{12},再用单纯形法解 LP_{11} 和 LP_{12},得:LP_{11} 的最优解为 $(1,2)$,$Z = 10$;LP_{12} 的最优解为 $(0,3)$,$Z = 9$(图 6.2)。

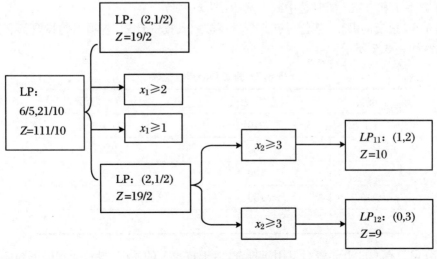

图 6.2 例 6.4 的求解流程图

此时已得整数最优解。用 $Z=10$ 作为上界值进行剪支,剪掉 LP_{12},LP_2,只剩 LP_{11} 一支,所以已得最优解,即例 6.4 的最优解为 $(1,2)$,$Z=10$。

在例 6.4 中,若 LP_2 的目标值优于界值,则还需对 LP_2 进行分支,再定界、剪支,直至得到最优解。

6.3 (0—1)规划问题

整数规划的应用非常广泛,如上述的纯整数规划、混合整数规划等等。0—1 规划及指派问题是应用最广泛的整数规划问题。

6.3.1 (0—1)变量及其应用

应用最广泛的整数规划问题是各种类型的决策问题,决策者希望模型能回答诸如:是否要执行某些项目(或某些活动),在什么时候或什么地点执行等决策问题,回答这类"是或否"或"有或无"问题可借助整数规划中的(0—1)整数变量。(0—1)整数变量只有 0 或 1 两个选择。0 由于它在数学上的特性可以很好地代表"无"或"否",而 1 则可以很好地代表"有"或"是"。(0—1)变量由于其特殊性也被称为二进制变量、决策变量或逻辑变量。

一般定义,$x_j=1$ 表示方案 j 被选中,否则 $x_j=0$ 表示方案 j 未被选中。(0—1)变量的主要作用体现在:

① 从 n 个方案之中必须且仅选择一个,则 $\sum_{j=1}^{n} x_j = 1$。

② 从 n 个方案之中最多选择 m 个,则 $\sum_{j=1}^{n} x_j \leqslant m$。

③ 方案 i 只有在方案 j 被选中时,才可能被选中,即 $x_i \leqslant x_j$。

④ 方案 i 和方案 j 同时选中或不选的,即 $x_i = x_j$。

例 6.5(投资问题) 某公司有 5 个项目被列入投资计划,各项目的投资额和期望的投资收益如表 6.7 所示。

表 6.7 投资和期望收益表

项目	投资额(万元)	投资收益(万元)
1	210	150
2	300	210
3	100	60
4	130	80
5	260	180

该公司只有 600 万元资金可用于投资,由于技术上的原因,投资受到以下约束:

① 在项目 1、2 和 3 中必须有一项被选中。

② 项目 3 和 4 只能选一项。
③ 项目 5 被选中的前提是项目 1 必须被选中。
问如何在上述条件下选择一个最好的投资方案,使投资收益最大?

解 假设 $x_j = 1$ 表示方案 j 被选中,否则 $x_j = 0$ 表示方案 j 未被选中,$j = 1,2,3,4,5$。则该问题的整数规划模型可以设计为:

$$\text{Max } Z = 150x_1 + 210x_2 + 60x_3 + 80x_4 + 180x_5$$

$$\text{s.t.} \begin{cases} 210x_1 + 300x_2 + 100x_3 + 130x_4 + 260x_5 \leqslant 600 \\ x_1 + x_2 + x_3 = 1 \\ x_3 + x_4 = 1 \\ x_1 - x_5 \geqslant 0 \\ x_1, x_2, x_3, x_4, x_5 = 1,0 \end{cases}$$

例 6.6(背包问题) 一个旅行者,为了旅行需在背包内装一些重要的物品,但最多只能装 b 千克的物品,且每件物品只能整个携带。假设旅行者可以给每件物品确定一个"价值"以表示其重要程度,共有 n 件物品 ($j = 1,\cdots,n$),第 j 件物品重量为 a_j 千克,其价值记为 c_j。

问在携带的物品总重量不超过 b 千克的条件下,应该携带哪些物品,可使总价值最大?

解 令 $x_j = 1$ 表示携带第 j 件物品;$x_j = 0$ 表示不携带 j 件物品。

(1) 目标函数

总价值等于所有物品的实际价值之和。第 j 件物品对旅行者的实际价值为第 j 件物品的名义价值 c_j 乘以第 j 件物品的状态函数值(x_j 的值),即 $c_j x_j$,所以:

$$\text{Max } Z = \sum_{j=1}^{n} c_j x_j$$

(2) 约束条件

携带的总重量不超过 b 千克。第 j 件物品对旅行者的实际重量为第 j 件物品的名义重量乘以第 j 件物品的状态(x_j 的值)。所以总重量为 $\sum_{j=1}^{n} c_j x_j$,约束条件为:

$$\sum_{j=1}^{n} c_j x_j \leqslant b$$

综合得模型如下:

$$\text{Max } Z = \sum_{j=1}^{n} c_j x_j$$

$$\text{s.t.} \begin{cases} \sum_{j=1}^{n} a_j x_j \leqslant b \\ x_j = 0 \text{ 或 } 1 (j = 1,\cdots,n) \end{cases}$$

例 6.7 某篮球队需选择 5 名队员上场参赛,共有 8 名队员,相关情况如表 6.8 所示。问如何选择才能使平均身高最高?

表 6.8 篮球队员位置及身高参数

队员(号码)	1	2	3	4	5	6	7	8
身高(m)	1.92	1.90	1.88	1.86	1.85	1.83	1.80	1.78
位置	中锋	中锋	前锋	前锋	前锋	后卫	后卫	后卫

要求如下：
① 有且仅有 1 名中锋。
② 至少 1 名后卫。
③ 若 1、4 号上，则 6 号不上；若 6 号上，则 1、4 号均不上。
④ 2 号与 8 号至少有 1 个不出场。

解 设每名队员身高为 $h_j(j=1,\cdots,8)$；对每名队员定义一个变量 x_j：$x_j=1$ 表示选择第 j 名队员，$x_j=0$ 表示不选择第 j 名队员。目标函数为平均身高最高，由于只选 5 名队员，即总身高最高，模型如下：

$$\text{Max } Z = \sum_{j=1}^{8} h_j x_j$$

$$\text{s.t.}\begin{cases} \sum_{j=1}^{8} x_j = 5 \\ x_1 + x_2 = 1 \\ x_6 + x_7 + x_8 \geqslant 1 \\ x_1 + x_6 \leqslant 1 \\ x_4 + x_6 \leqslant 1 \\ x_2 + x_8 \leqslant 1 \\ x_j = 0,1 \end{cases}$$

例 6.8（固定费用问题） 红光服装厂可生产三种服装：西服、衬衫和羽绒服。生产不同种类的服装要使用不同的设备，红光服装厂可从专业租赁公司租用这些设备，设备租金和其他经济参数如表 6.9 所示。

表 6.9 红光服装厂经营相关参数表

序号	服装种类	设备租金（元）	生产成本（元/件）	销售价格（元/件）	人工工时（小时/件）	设备工时（小时/件）	设备可用工时
1	西服	5 000	280	400	5	3	300
2	衬衫	2 000	30	40	1	0.5	300
3	羽绒服	3 000	200	300	4	2	300

假定市场需求不成问题，服装厂每月可用人工工时为 2 000 小时，该厂如何安排生产可使每月的利润最大？

解 用变量 x_i，y_j 表示设备租赁及服装生产情况。$x_i=1$ 表示租赁设备 i，$x_i=0$ 表

示不租赁设备 i；若 $y_j>0$，则 $x_i=1$；反之若 $y_j=0$，则 $x_i=0$；M 为足够大的正数。则有：

$$\text{Max } Z = 120y_1 + 10y_2 + 100y_3 - 5\,000x_1 - 2\,000x_2 - 1\,000x_3$$

$$\text{s.t.} \begin{cases} 5y_1 + y_2 + 4y_3 \leqslant 2\,000 \\ 3y_1 \leqslant 300x_1 \\ 0.5y_2 \leqslant 300x_2 \\ 2y_3 \leqslant 300x_3 \\ y_j > M(x_i - 1) \\ y_j \leqslant Mx_i \\ x_i = 0 \text{ 或 } 1(i=1,2) \\ y_j \geqslant 0 \text{ 且为整数}(j=1,2,3) \end{cases}$$

6.3.2 (0—1)规划问题的求解

如何求解(0—1)型整数规划？一个合理的做法就是找出所有满足约束条件的可行解，然后分别代入目标函数中，比较大小得出最优解，这就是枚举法。因每个变量有两个值(0,1)，所以就需要检查变量取值的 2^n 个组合。当变量个数 n 较大时，这种算法效率极低。

隐枚举法(implicit enumeration)是对枚举法的一种优化。考虑(0—1)规划所有变量的可能组合并不一定都是可行解。先找到一组可行解，并计算目标值；然后以该目标值作为筛选条件(filtering constraint)判断其他解。需先看目标值，若该目标值劣于筛选条件，放弃。若该目标值优于筛选条件，再看是否为可行解，若是可行解，则修改筛选条件，直到不能改进为止，筛选条件所对应的可行解就是最优解。隐枚举法是只检查一部分变量取值组合就能求得问题最优解的方法，因此它优于枚举法。

例 6.9 求下列(0—1)规划的最优解。

$$\text{Max } Z = 3x_1 - 2x_2 + 5x_3$$

$$\text{s.t.} \begin{cases} x_1 + 2x_2 - x_3 \leqslant 2 \\ x_1 + 4x_2 + x_3 \leqslant 4 \\ x_1 + x_2 \leqslant 3 \\ 4x_2 + x_3 \leqslant 6 \\ x_1, x_2, x_3 = 0 \text{ 或 } 1 \end{cases} \tag{6.21}$$

求解过程如表 6.10 所示。

表 6.10 隐枚举法求例 6.9 的过程

(x_1,x_2,x_3)	Z 值	约束条件 a	b	c	d	过滤条件
(0,0,0)	0	√	√	√	√	$z\geqslant 0$
(0,0,1)	5	√	√	√	√	$z\geqslant 5$

(x_1, x_2, x_3)	Z 值	约束条件 a	b	c	d	过滤条件
(0,1,0)	-2					
(0,1,0)	3					
(0,1,1)	3					
(1,0,0)	8	√	√	√	√	$z \geqslant 8$
(1,0,1)	1					
(1,1,1)	6					

该(0—1)规划的最优解为$(x_1, x_2, x_3)^T$,Max $Z = 8$。上述计算过程共计算 20 次,计算量有一定的减小。

当变量个数 n 较大,上述算法仍然具有较大的计算量。为进一步优化算法,可将求极大化目标函数中的变量按价值系数由大到小排列(若求极小,则按从小到大排列);这样可以使较大的目标值更早出现,筛选也就更快。

具体的求解步骤可以描述为:

① 按目标函数优化方向及价值系数大小顺序重新排列目标函数中的变量顺序。

② 先令目标函数中第 1 个变量取 1,若不满足约束条件;改为令目标函数中第 2 个变量取 1,依次顺延,直至满足约束条件,计算该可行解的目标值,并以此值为筛选条件。

③ 用筛选条件筛选后续解的目标值,若劣于筛选条件,直接舍弃;若优于筛选条件,则判断该解的可行性。若该解为可行解,则用该目标值取代筛选条件,继续往下;如不是可行解,则继续用原筛选条件往下筛选,直至得到最优解。重新求解例 6.9 如下:

改写式 6.21 如下:

$$\text{Max } Z = 5x_3 + 3x_1 - 2x_2$$

$$\text{s.t.} \begin{cases} x_1 + 2x_2 - x_2 \leqslant 2 \\ x_1 + 4x_2 + x_3 \leqslant 4 \\ x_1 + x_2 \leqslant 3 \\ 4x_2 + x_3 \leqslant 6 \\ x_1, x_2, x_3 = 0 \text{ 或 } 1 \end{cases} \quad (6.22)$$

先取(1,0,0),是可行解,目标值为 5,作为筛选条件,得表 6.11。

表 6.11 增加排序的隐枚举法求例 6.9

(x_3, x_1, x_2)	Z 值	约束条件 a	b	c	d	过滤条件
(1,0,0)	5	√	√	√	√	$z \geqslant 5$
(1,1,0)	8	√	√	√	√	$z \geqslant 8$
(1,1,1)	6			√	√	$z < 8$,不满足

其实,(1,1,1)这个解的目标值可不必计算,因 x_3 的价值系数为负,会导致目标减小。因此实际只计算 2 次,大大减少了计算量。

6.4 指派问题及其模型

6.4.1 指派问题的提出

例 6.10 有 1 份文件需译成英、日、德、俄 4 种文字,现由甲、乙、丙、丁 4 人承担,每个人均可译 4 种文字,但每个人翻译各种语言的时间均不相同(见表 6.12)。问如何分配任务,才能使总时间最小?

分析 设有 $A_i(j=1,\cdots,4)$ 个人,有 $B_j(i=1,\cdots,4)$ 项任务,已知 a_{ij} 表示第 i 个人承担第 j 项任务所花的时间,即工作效率,$\{a_{ij}\}$ 称为效率矩阵。效率矩阵如表 6.12 所示:

表 6.12 例 6.10 的效率矩阵

任务 a_{ij} 人	英语	日语	德语	俄语
甲	2	10	9	7
乙	15	4	14	8
丙	13	14	16	11
丁	4	15	13	9

解 定义 $x_{ij} = \begin{cases} 1, \text{安排第 } i \text{ 个人承担第 } j \text{ 项任务} \\ 0, \text{不安排第 } i \text{ 个人承担第 } j \text{ 项任务} \end{cases} (i,j=1,\cdots,4)$

① 目标函数,即总时间。以甲为例,则甲的时间分析如下:

甲的安排:4 种状态分别为 $x_{11}, x_{12}, x_{13}, x_{14}$;

甲做每件事的实际时间为:名义时间乘以状态函数值,即 $a_{ij} \times x_{ij}$,所以甲做事的总时间为:

$$a_{11}x_{11} + a_{12}x_{12} + a_{13}x_{13} + a_{14}x_{14} = \sum_{j=1}^{4} a_{1j}x_{1j}$$

类似可得乙、丙、丁的时间,所以目标函数为 $\text{Min } Z = \sum_{i=1}^{4}\sum_{j=1}^{4} a_{ij}x_{ij}$。

② 约束条件,指派问题有两类约束,包括人的约束和任务的约束。

人的约束,即 1 个人做且仅做 1 项任务。以甲为例:

甲的任务有 4 种可能:$x_{11}, x_{12}, x_{13}, x_{14}$;

所以甲的约束为:$x_{11} + x_{12} + x_{13} + x_{14} = \sum_{j=1}^{4} x_{1j} = 1$;

类似可得人的约束为：$\sum_{j=1}^{4} x_{ij} = 1(i = 1,\cdots,4)$；

相应的任务约束为：$\sum_{i=1}^{4} x_{ij} = 1(j = 1,\cdots,4)$。

所以例 6.10 的模型如下：

$$\text{Min } Z = \sum_{i=1}^{4}\sum_{j=1}^{4} a_{ij}x_{ij}$$

$$\text{s.t:}\begin{cases} \sum_{i=1}^{4} x_{ij} = 1 \\ \sum_{j=1}^{4} x_{ij} = 1 \\ x_{ij} = 1 \text{ 或 } 0(i,j = 1,\cdots,4) \end{cases} \quad (6.23)$$

经济社会生活中经常有 m 项任务需要完成，恰好有 m 个人可承担这些任务。由于每人的专长不同，各人完成任务不同（或所费时间），效率也不同。指派哪个人去完成哪项任务，使得完成 m 项任务的总效率最高（或所需总时间最小），这类问题称为指派问题或分派问题。类似的还有：有 m 项加工任务，怎样指派到 m 台机床分别完成的问题；有 m 条航线，怎样指定 m 艘船去航行问题等。

指派问题的通常提法如下：设有 m 个人，记为 $A_i(i = 1,2,\cdots,m)$；有 m 项任务，记为 $B_j(j = 1,2,\cdots,m)$。已知 a_{ij} 表示第 i 个人承担第 j 项任务所花的时间，即工作效率，问如何安排使得总工作效率最高？

定义：x_{ij} 表示是否安排第 i 个人承担第 j 项任务，其结果只有 2 种可能：$x_{ij} = 0$，表示不安排第 i 个人承担第 j 项任务；$x_{ij} = 1$，表示安排第 i 个人承担第 j 项任务。

指派问题模型如下：

$$\text{Min } Z = \sum_{i=1}^{m}\sum_{j=1}^{m} a_{ij}x_{ij}$$

$$\text{s.t:}\begin{cases} \sum_{i=1}^{m} x_{ij} = 1 \\ \sum_{j=1}^{m} x_{ij} = 1 \\ x_{ij} = 1 \text{ 或 } 0(i,j = 1,\cdots,4) \end{cases} \quad (6.24)$$

6.4.2 指派问题的数学特征

一是特殊的运输问题。决策变量为(0—1)变量，发点数 = 收点数 = m，产销量相等均为 1，即 $a_i = b_j = 1$；是一个更有规律也更简单的运输问题。

二是特殊(0—1)规划问题。决策变量是一个纯(0—1)规划问题，并且约束条件更有规律、更简单。

由上述分析可知，指派问题可以用表上作业法和隐枚举法求解，但这样没有抓住其特征，计算效率不高。库恩(W. W. Kuhn)于 1955 年提出了指派问题的解法，因其引用了匈牙利数学家克尼格(Konig)的一个关于效率矩阵中独立"0"元素的定理,习惯上称这种解法为匈牙利法。

6.4.3 相关定理

1. 定理一:等效矩阵定理

如果对效率矩阵$\{a_{ij}\}$中每一行元素减去(加上)一个常数μ_i(行位势),从每一列元素减去(加上)一个常数ν_j(列位势),得到一个新的矩阵$\{b_{ij}\}$,称为$\{a_{ij}\}$的等效矩阵。则分别以$\{b_{ij}\}$与$\{a_{ij}\}$为效率矩阵的2个指派问题的最优解相同。

证明

$$Z' = \sum_{i=1}^{m}\sum_{j=1}^{m} b_{ij}x_{ij} = \sum_{i=1}^{m}\sum_{j=1}^{m}(a_{ij} - \mu_i - \nu_j)x_{ij}$$

$$= \sum_{i=1}^{m}\sum_{j=1}^{m} a_{ij}x_{ij} - \sum_{i=1}^{m}\sum_{j=1}^{m}\mu_i x_{ij} - \sum_{i=1}^{m}\sum_{j=1}^{m}\nu_j x_{ij}$$

$$= Z - \sum_{i=1}^{m}\mu_i - \sum_{j=1}^{m}\nu_j$$

因为$\sum_{i=1}^{m}\mu_i, \sum_{j=1}^{m}\nu_j$均为常数,所以当$Z'$取最小时,$Z$也取最小,得证。

定理一是为了使得效率矩阵产生很多"0"元素,这使得选取最小效率元素变得更加简单。

2. 定理二:独立"◎"元素定理

若矩阵A里的元素可分为"0"与非"0"两部分,则覆盖"0"元素的最少直线数等同于位于不同行、列的"0"元素的(独立的"◎"元素)最大个数,如图6.3所示。

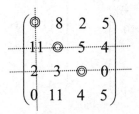

图6.3 定理二的示意图

◎表示独立的"0"元素,即相互之间既不同行也不同列的"0"元素。

6.4.4 匈牙利法步骤

1. 第一阶段:矩阵初始变换并判断独立的"0"元素

(1) 矩阵初始变换

目的是将初始效率矩阵$\{a_{ij}\}$变为等效矩阵$\{b_{ij}\}$。

行变换:从效率矩阵$\{a_{ij}\}$的每一行里减去该行的最小元素。

列变换:从效率矩阵$\{a_{ij}\}$的每一列里减去该列的最小元素。

这样每行、每列里均至少有1个"0"元素,得到等效矩阵$\{b_{ij}\}$。

(2) 初始判断

目的是为了寻找独立的"0"元素，其核心思想是每行每列选且仅选1个"0"。

行判断： 从第一行开始：若该行只有一个"0"元素，给这个"0"元素加圈，记作◎。同时划掉◎所在列的其他"0"元素，并对◎所在的列画一条直线；否则转下一行。依次进行，直至最后一行，再转至列判断。

列判断： 从第一列开始：若该列已有直线，转下一列。若该列只有一个"0"元素，则对该"0"元素加圈，记作◎；然后划去◎所在行其他的"0"元素，并对◎所在的行画一条直线；否则转下一列。依次进行，直至最后一列，再转至行判断。

反复进行行、列判断，直至无法判断（"0"元素均被处理，或还有"0"元素但无法处理）为止。

(3) 对初始判断结果的处理（有3种可能）

记加圈0的个数为L（等于直线数），矩阵的阶数为m。

① $L=m$，则已得最优解，转第三阶段。

② $L<m$，且所有"0"均被处理（加圈、划掉），仍未得最优解，说明效率矩阵里缺少"0"元素；则需进行矩阵的再变换，转第二阶段。

③ $L<m$，始终有一部分"0"不能被处理。则存在多重最优解，利用"0"的闭回路检查并处理剩下的"0"元素。若存在"0"的闭回路，这说明该指派问题存在多重最优解。一般有1个闭回路意味着有2个最优解。闭回路中"0"的处理：任取1个"0"元素，给其加圈，并划掉与其同行、列的其他"0"元素，然后寻找某行（列）只剩下1个"0"元素的，直接给其加圈，并划掉与其同行（列）的其他"0"元素，直至所有"0"元素均被处理，如图6.4所示。

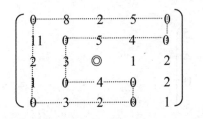
图6.4a 闭回路示例

图6.4b 闭回路处理示例

图6.4b所示的闭回路处理还有另外一种选择，故对应2个解。

2. 第二阶段：矩阵的再变换及再判断

(1) 得等效矩阵$\{c_{ij}\}$

即通过定理一给某行（列）加减同一数字而得0。

寻找k元素： 在矩阵中未被直线覆盖的元素里找出一个最小元素，记为k。

矩阵再变换： 目的是由$\{b_{ij}\}$得到新的等效矩阵$\{c_{ij}\}$。可将效率矩阵$\{b_{ij}\}$中的元素分为3部分：

未被直线覆盖的元素：$b_{ij} - k = c_{ij}$；

被1条直线覆盖的元素：$b_{ij} = c_{ij}$；

被2条直线覆盖的元素：$b_{ij} + k = c_{ij}$。

这样得到新的等效矩阵$\{c_{ij}\}$。

(2) 矩阵再判断

重新判断独立"0"元素个数,再判断上述新的等效矩阵$\{c_{ij}\}$中独立的"0"元素并计算L,若$L<m$,继续变换并判断,直至$L=m$,则得最优解,转第三阶段。

3. 第三阶段:得出最优解矩阵及最优值

在最优效率矩阵中,将◎变为1,其他元素变为0,即得$\{x_{ij}\}^*$矩阵。再将最优解矩阵$\{x_{ij}\}^*$代入原$\{a_{ij}\}$矩阵里得到最优值。

下面以例6.10为例,介绍匈牙利法的解题过程。

(1) 矩阵变换(图6.5)

$$
\{a_{ij}\} \qquad\qquad\qquad\qquad\qquad \{b_{ij}\}
$$

$$
\begin{pmatrix} 2 & 10 & 9 & 7 \\ 15 & 4 & 14 & 8 \\ 13 & 14 & 16 & 11 \\ 4 & 15 & 13 & 9 \end{pmatrix} \xrightarrow{\text{行变换}} \begin{pmatrix} 0 & 8 & 7 & 5 \\ 11 & 0 & 10 & 4 \\ 2 & 3 & 5 & 0 \\ 0 & 11 & 9 & 5 \end{pmatrix} \xrightarrow{\text{列变换}} \begin{pmatrix} 0 & 8 & 2 & 5 \\ 11 & 0 & 5 & 4 \\ 2 & 3 & 0 & 0 \\ 0 & 11 & 4 & 5 \end{pmatrix}
$$

图6.5 等效矩阵变换

(2) 矩阵判断

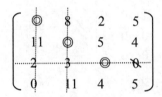

图6.6 矩阵判断一

经上述判断后,因$L=3<m=4$,故需矩阵再变换。将图6.6中加圈的"0"元素还原,得图6.7。

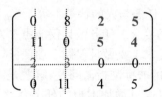

图6.7 矩阵判断二

(3) 矩阵再变换

在图6.7中,未被直线覆盖的元素中最小的是2,记为k,所有元素分为3部分:未被直线覆盖的减去k;被一条直线覆盖的不变;被两条直线覆盖的加k。得到新矩阵(图6.8)如下:

$$\{b_{ij}\} \xrightarrow{k=2} \{c_{ij}\}$$

$$\begin{bmatrix} 0 & 8 & 2 & 5 \\ 11 & 0 & 5 & 4 \\ 2 & 3 & 0 & 0 \\ 0 & 11 & 4 & 5 \end{bmatrix} \xrightarrow{k=2} \begin{bmatrix} 0 & 8 & 0 & 3 \\ 11 & 0 & 3 & 2 \\ 4 & 5 & 0 & 0 \\ 0 & 11 & 4 & 5 \end{bmatrix}$$

图 6.8　新的效率矩阵 $\{c_{ij}\}$

(4) 矩阵再判断

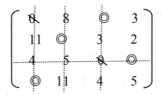

图 6.9　新的判断结果

在图 6.9 中,因 $L=m=4$,所以已得最优解。将图 6.9 中加圈的"0"元素变为 1,其他元素变为 0,即可得到最优解矩阵及最优目标值如下:

$$\{x_{ij}\}^* = \begin{bmatrix} 0 & 0 & 1 & 0 \\ 0 & 1 & 0 & 0 \\ 0 & 0 & 0 & 1 \\ 1 & 0 & 0 & 0 \end{bmatrix}; Z^* = 9+4+11+4 = 28$$

6.4.5　非标准指派问题的求解

(1) 标准指派问题的要求

① 人与任务数相同 ($m=m$)。

② 目标函数优化方向为求 Min。

③ 1 人做且仅做 1 项任务,1 项任务做且仅能由 1 人做。

(2) 非标准指派问题之一:任务与人的数量不等

第一种:人数多于任务。仍要求 1 任务做且仅能由 1 人做,但 1 人最多做 1 项任务。

第二种:任务多于人。仍要求 1 人做且仅做 1 项任务,1 项任务最多由 1 人去做。

对于任务与人的数量不等的非标准指派问题,解题是将其转化为标准指派问题再求解。以人数多于任务为例,可以通过增加虚拟的任务将之转化为标准指派问题;这时需增加虚拟的效率元素,一般计为 0(特殊的除外)。

若任务多于人,就增加虚拟的人,使之成为标准的指派问题(图 6.10)。

$$\begin{bmatrix} 10 & 11 & 4 & 2 \\ 7 & 11 & 10 & 14 \\ 5 & 6 & 9 & 12 \\ 13 & 15 & 11 & 10 \end{bmatrix} \xrightarrow{\text{增加虚拟的人}} \begin{bmatrix} 10 & 11 & 4 & 2 \\ 7 & 11 & 10 & 14 \\ 5 & 6 & 9 & 12 \\ 13 & 15 & 11 & 10 \\ 0 & 0 & 0 & 0 \end{bmatrix}$$

图 6.10a　　　　　　　　图 6.10b

在图 6.10a 中，任务多于人，所以增加 1 个虚拟的人，虚拟的效率元素计为 0 即可转化为标准指派问题。

(3) 非标准指派问题之二：存在 1 个人做多项任务，或 1 项任务由多人合做

对于这种情况，可以通过复制人或任务的形式，将这种非标准指派问题转化为符合 1 人做且仅做 1 项任务，同时 1 项任务被做且仅能由 1 人去做的约束形式，也即成为标准指派的问题。

例 6.11 现有 5 项任务 $B_j(j=1,\cdots,5)$ 需要完成，有 3 个人 $A_i(i=1,\cdots,3)$ 去承担，每个人最多承担 2 项。问如何安排可以总时间最少？

$$\begin{bmatrix} & B_1 & B_2 & B_3 & B_4 & B_5 \\ A_1 & 4 & 6 & 2 & 4 & 9 \\ A_2 & 7 & 2 & 3 & 8 & 1 \\ A_3 & 3 & 2 & 4 & 5 & 6 \end{bmatrix}$$

图 6.11 例 6.11 的效率矩阵

解 由于每个人最多可以承担 2 项任务，故可将 A_1, A_2, A_3 复制 1 份，这样变成 6 个人 5 项任务，故需再增加一个虚拟的任务 B_6 才能成为标准指派问题，如图 6.12 所示。

$$\begin{bmatrix} & B_1 & B_2 & B_3 & B_4 & B_5 & B_6 \\ A_1 & 4 & 6 & 2 & 4 & 9 & 0 \\ A_1' & 4 & 6 & 2 & 4 & 9 & 0 \\ A_2 & 7 & 2 & 3 & 8 & 1 & 0 \\ A_2' & 7 & 2 & 3 & 8 & 1 & 0 \\ A_3 & 3 & 2 & 4 & 5 & 6 & 0 \\ A_3' & 3 & 2 & 4 & 5 & 6 & 0 \end{bmatrix}$$

图 6.12 例 6.11 的标准化

(4) 非标准指派问题之三：目标函数求极大

在将效率矩阵 $\{a_{ij}\}$ 里挑出最大的元素 P，用 P 逐一减去效率矩阵 $\{a_{ij}\}$ 里的每个元素，得到一个新的矩阵 $\{a'_{ij}\}$，然后用匈牙利法求解。

例 6.12 有 4 个人去完成 4 项任务，效率矩阵如图 6.13 所示，表示每个人完成每项任务所创造的利润。问该如何安排才能使总利润最大？

$$\{a_{ij}\}$$
$$\begin{bmatrix} 2 & 10 & 9 & 7 \\ 15 & 4 & 14 & 8 \\ 13 & 14 & 16 & 11 \\ 4 & 15 & 13 & 9 \end{bmatrix}$$

图 6.13 例 6.12 的效率矩阵

解 用 $\{a_{ij}\}$ 矩阵里最大的元素 16 逐一减 $\{a_{ij}\}$ 里的每一个元素，得矩阵 $\{a'_{ij}\}$，用 $\{a'_{ij}\}$ 作为效率矩阵求极小所得最优解，就是原问题的最优解(图 6.14)。

$$\{a_{ij}\} \xrightarrow{P=16} \{a'_{ij}\}$$

$$\begin{pmatrix} 2 & 10 & 9 & 7 \\ 15 & 4 & 14 & 8 \\ 13 & 14 & 16 & 11 \\ 4 & 15 & 13 & 9 \end{pmatrix} \xrightarrow{P=16} \begin{pmatrix} 14 & 6 & 7 & 9 \\ 1 & 12 & 2 & 8 \\ 3 & 2 & 0 & 5 \\ 12 & 1 & 3 & 7 \end{pmatrix}$$

图 6.14　例 6.12 的矩阵变换

习　题

1. 求下列整数规划问题的最优解。

(1) $\text{Max } Z = 3x_1 + 2x_2$
$$\text{s.t.}\begin{cases} 2x_1 + 3x_2 \leqslant 14.5 \\ 4x_1 + x_2 \leqslant 16.5 \\ x_1, x_2 \geqslant 0 \\ x_1, x_2 \text{ 为整数} \end{cases}$$

(2) $\text{Max } Z = 3x_1 + 2x_2$
$$\text{s.t.}\begin{cases} 2x_1 + 3x_2 \leqslant 14 \\ 4x_1 + x_2 \leqslant 9 \\ x_1, x_2 \geqslant 0 \\ x_1, x_2 \text{ 为整数} \end{cases}$$

(3) $\text{Max } Z = x_1 + x_2$
$$\text{s.t.}\begin{cases} 2x_1 + 3x_2 \leqslant 6 \\ 4x_1 + 5x_2 \leqslant 20 \\ x_1, x_2 \geqslant 0 \\ x_1, x_2 \text{ 为整数} \end{cases}$$

(4) $\text{Max } Z = 3x_1 - x_2$
$$\text{s.t.}\begin{cases} 3x_1 - 2x_2 \leqslant 3 \\ -5x_1 - 4x_2 \leqslant -10 \\ 2x_1 + x_2 \leqslant 5 \\ x_1, x_2 \geqslant 0 \\ x_1, x_2 \text{ 为整数} \end{cases}$$

2. 下列说法中正确的有：

(1) 用分支定界法求解一个极大化的整数规划问题时，任何一个可行解的目标函数值是该问题目标函数值的下界。

(2) 用割平面法求解整数规划时，构造的割平面有可能切去一些不属于最优解的整数值。

(3) 指派问题可用求解运输问题的表上作业法求解，反过来运输问题经处理后也可用匈牙利解法求解。

(4) 一个整数规划问题如存在两个以上最优解，则一定有无穷多最优解。

3. 分别用分支定界法和割平面法求解下列整数规划。

(1) $\text{Max } Z = 2x_1 + x_2$
$$\text{s.t.}\begin{cases} x_1 + x_2 \leqslant 5 \\ -x_1 + x_2 \leqslant 0 \\ 6x_1 + 2x_2 \leqslant 21 \\ x_1, x_2 \geqslant 0 \text{ 且为整数} \end{cases}$$

(2) $\text{Min } Z = 5x_1 + x_2$
$$\text{s.t.}\begin{cases} 3x_1 + x_2 \geqslant 9 \\ x_1 + x_2 \geqslant 5 \\ x_1 + 8x_2 \geqslant 8 \\ x_1, x_2 \geqslant 0 \text{ 且为整数} \end{cases}$$

4. 某科学实验卫星拟从下列仪器装置中选择若干件安装上，有关数据如表 6.13 所示。

表 6.13 仪器数据表

仪器装置代号	体积	重量	试验中的价值
A_1	v_1	ω_1	c_1
A_2	v_2	ω_2	c_2
A_3	v_3	ω_3	c_3
A_4	v_4	ω_4	c_4
A_5	v_5	ω_5	c_5
A_6	v_6	ω_6	c_6

具体要求有:装入卫星的仪器装置总体积不超过 V,总重量不超过 W;A_1 和 A_3 最多安装一件;A_2 和 A_4 至少安装一件;A_5 和 A_6 或者都安上,或者都不安装。问该如何安装仪器才能使该科学卫星发挥最大的实验价值? 试建立该问题的数学模型。

5. 用隐枚举法求解下列(0—1)规划。

(1) $\quad$ Min $Z = 5x_1 + 7x_2 + 10x_3 + 3x_4 + x_5$

$$\text{s.t.:} \begin{cases} x_1 - 3x_2 + 5x_2 + x_4 - 4x_5 \geqslant 2 \\ -2x_1 + 6x_2 - 3x_3 - 2x_4 + 2x_5 \geqslant 0 \\ -2x_2 + 2x_3 - x_4 - x_5 \geqslant 1 \\ x_i = 0 \text{ 或 } 1(i = 1,\cdots,5) \end{cases}$$

(2) $\quad$ Max $Z = 2x_1 + x_2 - x_3$

$$\text{s.t.:} \begin{cases} x_1 + 3x_2 + x_3 \leqslant 2 \\ 4x_2 + x_3 \leqslant 5 \\ x_1 + 2x_2 - x_3 \leqslant 4 \\ x_i = 0 \text{ 或 } 1(i = 1,\cdots,5) \end{cases}$$

6. 某钻井队要从以下 10 个可供选择的井位中确定 5 个钻井探油,使得总的钻探费用为最小。10 个井位的代号分别是 $s_1,\cdots,s_{10}$,相应的钻探费用为 $c_1,\cdots,c_{10}$,并且井位的选择要满足如下条件:或选择 s_1 和 s_7,或选择钻探 s_8;选择了 s_3 或 s_4 就不能选择 s_5,反过来也一样;在 s_5,s_6,s_7,s_8 中最多选择两个。试建立该问题的整数规划模型。

7. 某城市共有 6 个地区,每个都可以建消防站,但要求必须满足在城市任何地区发生火警时,消防车要在 15 分钟内赶到现场。据实地测定,各区之间消防车行驶的时间如表 6.14 所示。问市政府该如何决策才能使建设的消防站数量最少以节约财政资金投入?

表 6.14 各地区消防车行驶时间表

	地区 1	地区 2	地区 3	地区 4	地区 5	地区 6
地区 1	0	10	16	28	27	20
地区 2	10	0	24	32	17	10
地区 3	16	24	0	12	27	21
地区 4	28	32	12	0	15	25
地区 5	27	17	27	15	0	14
地区 6	20	10	21	25	14	0

8. (卡车送货问题)龙运公司目前必须向 5 家用户送货,需在用户 A 处卸下 1 个单位重量的货物,在用户 B 处卸下 2 个单位重量的货物,在用户 C 处卸下 3 个单位重量的货物,在用户 D 处卸下 4 个单位重量的货物,在用户 E 处卸下 8 个单位重量的货物。公司有各种卡车 4 辆,其中 1 号车载重能力为 2 个单位,2 号车载重能力为 6 个单位,3 号车载重能力为 8 个单位,4 号车载重能力为 11 个单位。每辆车只运货一次,卡车 j 的一次运费为 c_j。假定一辆卡车不能同时给用户 A 和 C 送货;同样也不能同时给用户 B 和 D 送货。

(1) 请列出一个整数规划模型表达式,以确定装运全部货物应如何配置卡车,使其运费为最小。

(2) 如果卡车 j 只要给用户 i 运货时需收附加费 K(同卸货量无关),试述应如何修改这一表达式。

第7章 动态规划

前述指出决策都会受到环境的限制,因而有约束条件。线性规划类决策都是建立在某个时期内,环境变量取值不变,因此实质上是一个相对静态的决策。在经济社会生活中,经常会有某些决策期内环境因素是变化的,此时面临的就是一个动态的决策。

1. 动态规划简介

动态规划(dynamic programming,DP)是运筹学的一个分支,是求解决策过程最优化的过程。20世纪50年代初,美国数学家贝尔曼(R. Bellman)等人在研究多阶段决策过程的优化问题时,提出了著名的最优化原理,从而创立了动态规划。动态规划的应用极其广泛,包括工程技术、经济、工业生产、军事以及自动化控制等领域,并在背包问题、生产经营问题、资金管理问题、资源分配问题、最短路径问题和复杂系统可靠性问题等中取得了显著的效果。

虽然动态规划主要用于求解以时间划分阶段的动态过程的优化问题,但是一些与时间无关的静态规划(如线性规划、非线性规划),只要人为地引进时间因素,把它视为多阶段决策过程,也可以用动态规划方法方便地求解。

2. 动态规划的解题思想

动态决策的思想就是将整个决策过程划分为一些静态决策过程,每个过程单独决策,这样就组成一个决策序列。整个决策过程可看作一个前后关联的链状结构多阶段过程,这种决策问题也称为多阶段决策问题。在多阶段决策问题中,各阶段的决策,一般与时间有关。决策依赖于当前环境,又随即引起环境的变化,进而影响后续决策;一个决策序列就是在变化的环境中产生出来的,因此视为动态决策。

动态决策追求的是整个阶段的总效果最优,因此在每个阶段决策时,不但要考虑本阶段最优,还要考虑对总目标的影响,兼顾总目标的最优。动态决策的应用很多,如下面的例子。

例7.1(最短路线问题) 图7.1是一个线路网,连线上的数字表示两点之间的距离(或费用)。试寻求一条由 A 到 E 距离最短(或费用最省)的路线。

例7.2(生产计划问题) 工厂生产某种产品,每件的成本为1 000元,每次开工的固定成本为3 000元,工厂每季度的最大生产能力为6 000件。经调查,市场对该产品的需求量第一、二、三、四季度分别为2 000、3 000、2 000、4 000件。如果工厂在第一、二季度将全年的需求都生产出来,自然可以降低成本(少付固定成本费),但对第三、四季度才能上市的产品需付存储费,每季每千件的存储费为500元,还规定年初和年末这种产品均无库存。试制定一个生产计划,即安排每个季度的产量,使一年的总费用(生产成本和存

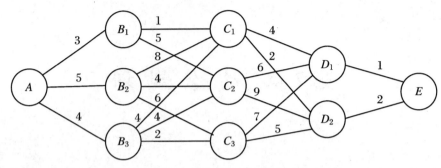

图 7.1 例 7.1 的网络图

储费)最少。

3. 动态决策的分类

根据过程的时间变量是离散的还是连续的,分为离散时间决策过程(discrete-time decision process)和连续时间决策过程(continuous-time decision process)。

根据过程的演变是确定的还是随机的,分为确定性决策过程(deterministic decision process)和随机性决策过程(stochastic decision process),其中应用最广的是确定性多阶段决策过程。

动态规划是一种方法,是考虑问题的一种途径,而不是一种算法。因此,它不像深度优先和广度优先那样可以提供一套模式,它必须对具体问题进行具体分析,需要丰富的想象力和创造力去建立模型求解。

7.1 动态规划的概念、原理

在建立动态规划模型之前,有必要了解与之有关的概念。

7.1.1 动态规划的概念

1. 阶段(step)

阶段是对整个过程的自然划分。通常根据时间顺序或空间顺序特征来划分阶段,以便按阶段的次序解优化问题。阶段变量一般用 $k(k=1,\cdots,n)$ 表示。

在例 7.1 中从 A 到 B 为第一阶段,从 B 到 C 为第二阶段,从 C 到 D 为第三阶段,从 D 到 E 为第四阶段。

2. 状态(state)

状态是表示每个阶段开始所处的自然状况或客观条件,用于描述问题过程的状况,又称不可控因素。状态既是一个阶段上某支路的起点,又是前一阶段上某支路的终点。第 k 阶段的状态就是第 k 阶段所有始点的集合。一般一个阶段有若干个状态,描述过程状态的变量称为状态变量(state variable,简称状态),可用一个数、一组数或向量(多维情形)来描述,记为 s_k;S_k 表示第 k 阶段的状态变量 s_k 的集合。

状态具有无后效性(即马尔科夫性),即如果某阶段状态给定后,则在该阶段以后过程的发展不受该阶段以前各段状态的影响。如果某种给定的状态设计思路不满足无后效性的要求,就需要适当地改变状态的规定方法,确保满足无后效性。

在例 7.1 中有:第一阶段中 A 为起点,终点状态有 B_1, B_2, B_3 三个,同时也是第二阶段的起点状态;第二阶段的终止状态也是第三阶段的初始状态,有 C_1, C_2, C_3 三个;第三阶段的终止状态也是第四阶段的初始状态,即 D_1, D_2 两个;第四阶段的终止状态为 E。于是 S_k 分别表示为:

$$S_1 = \{A\}, S_2 = \{B_1, B_2, B_3\}, S_3 = \{C_1, C_2, C_3\}, S_4 = \{D_1, D_2\}$$

上述状态设定满足无后效性要求,如第二阶段状态不受到第一阶段状态的影响。

3. 决策(decision)

在某一阶段的状态确定时,可以作出不同的决定(或选择),从而确定下一阶段的状态,这种决定称为决策。描述决策的变量,称为决策变量(decision variable,简称决策),常用 $\mu_k(s_k)$ 表示第 k 阶段处于状态 s_k 时的决策变量。决策变量的取值往往限制在某一范围内(允许决策集合),常用 $D_k(s_k)$ 表示第 k 阶段从状态 s_k 出发的允许决策集合,有 $\mu_k(s_k) \in D_k(s_k)$。

在例 7.1 中有:$u_1(A) \in D_1(A) = \{B_1, B_2, B_3\}$;$D_2(B_1) = \{C_1, C_2\}, D_2(B_2) = \{C_1, C_2, C_3\}, D_2(B_3) = \{C_1, C_2, C_3\}$;$D_3(C_1) = \{D_1, D_2\}, D_3(C_2) = \{D_1, D_2\}, D_3(C_3) = \{D_1, D_2\}$;$D_4(D_1) = \{E\}, D_4(D_2) = \{E\}$。

4. 策略(policy)

一个按顺序排列的决策组成的集合。由初始状态 s_1 开始的全过程的策略记作 $p_{1,n}(s_1)$,即 $p_{1,n}(s_1) = \{\mu_1(s_1), \mu_2(s_2), \cdots, \mu_n(s_n)\}$。

由第 k 阶段开始到终止状态为止的过程,称为问题的后部子过程(或称为 k 子过程)。每段的决策按照顺序排列组成的决策函数序列 $\{\mu_k(s_k), \cdots, \mu_n(s_n)\}$ 称为 k 子过程策略,简称子策略,记为 $p_{k,n}(s_k)$,即 $p_{k,n}(s_k) = \{\mu_k(s_k), \mu_{k+1}(s_{k+1}), \cdots, \mu_n(s_n)\}$。

在实际问题中,可供选择的策略有一定的范围(允许策略集合),用 P 表示。从允许策略集合中找出达到最优效果的策略称为最优策略。

在例 7.1 中有如下策略:

$p_{1,4}(A) = \{u_1(A) = B_2, u_2(B_2) = C_2, u_3(C_2) = D_1, u_4(D_1) = E\}$

$p_{3,4}(A) = \{u_3(C_1) = D_2, u_4(D_2) = E\}$

5. 状态转移方程(equation of state transition)

确定过程由一个状态到另一个状态的演变过程,s_{k+1} 的值常随着 s_k 和 μ_k 的值变化而变化,可记为:

$$s_{k+1} = T_k(s_k, \mu_k) \tag{7.1}$$

如果第 k 阶段状态变量 s_k 和决策变量 μ_k 确定,第 $k+1$ 阶段的状态变量 s_{k+1} 的值也就完全确定。该式描述了由 k 阶段到 $k+1$ 阶段的状态转移规律,称为状态转移方程。T_k 称为状态转移函数。

例 7.1 中有:$s_2 = T_1(A, \mu_1(A) = B_1) = B_1, s_3 = T_2(B_2, \mu_2(B_2) = C_3) = C_3$。

6. 指标函数、最优值函数

指标函数(objective function)是衡量过程优劣的数量指标,它是定义在全过程和所有后部子过程上的数量函数,用 $V_{k,n}(s_k,\mu_k,s_{k+1},\mu_{k+1}\cdots s_{n+1})(k=1,\cdots,n)$ 表示。指标函数应具有可分离性,即 $V_{k,n}$ 可表为 $s_k,\mu_k,V_{k+1,n}$ 的函数,记为:

$$V_{k,n}(s_k,\mu_k,s_{k+1},\mu_{k+1}\cdots s_{n+1}) = \varphi_k(s_k,\mu_k,V_{k+1,n}(s_{k+1},\mu_{k+1},s_{k+2}\cdots s_{n+1})),$$

并且函数 φ_k 对于变量 $V_{k+1,n}$ 是严格单调的。

过程在第 j 阶段的阶段指标取决于状态 s_j 和决策 μ_j,用 $\nu_j(s_j,\mu_j)$ 表示。指标函数由 $\nu_j(j=1,\cdots,n)$ 组成,常见的形式有:

阶段指标之和,即 $V_{k,n}(s_k,\mu_k,s_{k+1},\mu_{k+1},\cdots,s_{n+1}) = \sum_{j=k}^{n}\nu_j(s_j,\mu_j)$;

阶段指标之积,即 $V_{k,n}(s_k,\mu_k,s_{k+1},\mu_{k+1},\cdots,s_{n+1}) = \prod_{j=k}^{n}\nu_j(s_j,\mu_j)$;

阶段指标之极大(或极小),即 $V_{k,n}(s_k,\mu_k,s_{k+1},\mu_{k+1},\cdots,s_{n+1}) = \underset{k\leqslant j\leqslant n}{\text{Max}}(\text{Min})\nu_j(s_j,\mu_j)$。

这些形式下第 k 到第 j 阶段子过程的指标函数为 $V_{k,j}(s_k,\mu_k,s_{k+1},\mu_{k+1},\cdots,s_{j+1})$。

根据状态转移方程,指标函数 $V_{k,n}$ 还可以表示为状态 s_k 和策略 $p_{k,n}$ 的函数,即 $V_{k,n}(s_k,p_{k,n})$。在 (α_{i2},β_{j1}) 给定时指标函数 $V_{k,n}$ 对 $p_{k,n}$ 的最优值称为最优值函数(optimal value function),记为 $f_k(s_k)$,即

$$f_k(s_k) = \underset{p_{k,n}\in P_{k,n}(s_k)}{\text{opt}} V_{k,n}(s_k,p_{k,n}) \tag{7.2}$$

其中 opt 可根据具体情况取 Max 或 Min。

在例 7.1 中,由于本题主要采用和的方式(计算距离),如:

$V_{3,4} = (s_3 = C_1,\mu_3 = D_1,s_4 = D_1,\mu_4 = E) = \nu_3(s_3 = C_1,\mu_3 = D_1) + \nu_4(s_4 = D_1,\mu_4 = E) = 5$;

$V_{3,4} = (s_3 = C_1,\mu_3 = D_2,s_4 = D_2,\mu_4 = E) = \nu_3(s_3 = C_1,\mu_3 = D_2) + \nu_4(s_4 = D_2,\mu_4 = E) = 4$;

最优指标函数 $f_3(C_1) = \text{Min}(4,5) = 4$。

7. 最优策略和最优轨线

使指标函数 $V_{k,n}$ 达到最优值的策略是从 k 开始的后部子过程的最优策略,记作 $p_{k,n}^* = \{\mu_k^*\cdots\mu_n^*\}$。$p_{1,n}^*$ 是全过程的最优策略,简称最优策略(optimal policy)。从初始状态 $s_1(=s_1^*)$ 出发,过程按照 $p_{1,n}^*$ 和状态转移方程演变所经历的状态序列 $\{s_1^*,s_2^*\cdots s_{n+1}^*\}$ 称最优轨线(optimal trajectory)。

例 7.1 的最优路线是:$A\to B_1\to C_1\to D_2\to E$,也即最优轨线。

相应的最优策略为 $p_{1,4} = \{\mu_1(A),\mu_2(B_1),\mu_3(C_1),\mu_4(D_2)\}$。

7.1.2 动态规划的最优性原理

20 世纪 50 年代,R. Bellman 等人提出了最优性原理。动态规划的最优性原理就是作为整个过程的最优策略具有这样的性质,即无论过去的状态和决策如何,对前面的决策所形成的状态而言,余下的决策必须构成最优策略,即一个最优决策的子策略总是最优的。

对不同类型的问题所建立严格定义的动态规划模型,必须对相应的最优性原理进行

验证,即最优性原理不是对任何决策过程都普遍成立的。

1. 递推方程

根据最优性原理,求某个阶段的最优值是建立在其紧后子过程取得最优的基础上,因此必须明确 $f_k(s_k)$ 与 $f_{k+1}(s_{k+1})(k=n,\cdots,1)$ 间的关系,这种关系称为递推方程。

$$f_k(s_k) = \underset{\mu_k \in U_k(s_k)}{\mathrm{opt}} \{\nu_k(s_k,\mu_k) \otimes f_{k+1}(s_{k+1})\}(k = n,\cdots,1) \tag{7.3}$$

在式 7.3 中,当 $\otimes$ 为加法时取 $f_{k+1}(s_{k+1})=0$;当 $\otimes$ 为乘法时,取 $f_{k+1}(s_{k+1})=1$。动态规划递归方程是动态规划的最优性原理的基础,即最优策略的子策略一定是最优子策略。

在式 7.3 中必须明确递推的边界,一般有:

$$f_{n+1}(s_{n+1}) = 0 \text{ 或 } 1 \tag{7.4}$$

式 7.4 称为边界条件。在式 7.3 中,当 $\otimes$ 为加法时,取 $f_{n+1}(s_{n+1})=0$;当 $\otimes$ 为乘法时,取 $f_{n+1}(s_{n+1})=1$。

用状态转移方程 7.1 和递推方程 7.3 求解动态规划的过程,是由 $k=n+1$ 逆推至 $k=1$,故这种解法称为逆序解法。

对某些动态规划问题,也可采用顺序解法。这时状态转移方程、边界条件和递归方程分别为:

$$\begin{cases} f_1(s_1) = 0 \text{ 或 } 1 \\ s_k = T_{k+1}(s_{k+1},\mu_{k+1})(k = 1,\cdots,n) \\ f_{k+1}(s_{k+1}) = \underset{\mu_{k+1} \in U_{k+1}(s_{k+1})}{\mathrm{opt}} \{\nu_{k+1}(s_{k+1},\mu_{k+1}) \otimes f_k(s_k)\}(k = n,\cdots,1) \end{cases} \tag{7.5}$$

2. 动态规划的建模步骤

综上所述,如果一个问题能用动态规划方法求解,则可以按下列步骤建模。

① 将过程划分成恰当的阶段。

② 正确选择状态变量 s_k,使它既能描述过程的状态,又满足无后效性,同时确定允许状态集合 S_k。

③ 选择决策变量 u_k,确定允许决策集合 $U_k(s_k)$。

④ 写出状态转移方程。

⑤ 确定阶段指标 $\nu_k(s_k,\mu_k)$ 及指标函数 $V_{k,n}$ 的形式(阶段指标之和、阶段指标之积、阶段指标之极大或极小等)。

⑥ 写出最优值函数满足的递推方程以及边界条件。

下面用动态规划求解方法解例 7.1。

解 首先将该问题划分为四个阶段,分别为 $k=1,2,3,4$。

当 $k=4$ 时,$f_4(D_1)=1$,即由 D_1 到终点 E 的最短距离为 1,则其路线是 $D_1 \to E$;$f_4(D_2)=2$,即由 D_2 到终点 E 的最短距离为 2,则其路线是 $D_2 \to E$。

当 $k=3$ 时,$f_3(C_1) = \mathrm{Min}\begin{Bmatrix} d_3(C_1,D_1)+f_4(D_1) \\ d_3(C_1,D_2)+f_4(D_2) \end{Bmatrix} = \mathrm{Min}\begin{Bmatrix} 4+1 \\ 2+2 \end{Bmatrix} = 4$,即由 C_1 至终点 E 的最短距离为 4,最短路线是 $C_1 \to D_2 \to E$。同理,

$$f_3(C_2) = \mathrm{Min}\begin{Bmatrix} d_3(C_2,D_1)+f_4(D_1) \\ d_3(C_2,D_2)+f_4(D_2) \end{Bmatrix} = \mathrm{Min}\begin{Bmatrix} 6+1 \\ 9+2 \end{Bmatrix} = 7$$

$$f_3(C_3) = \text{Min} \begin{cases} d_3(C_3, D_1) + f_4(D_1) \\ d_3(C_3, D_2) + f_4(D_2) \end{cases} = \text{Min} \begin{cases} 7+1 \\ 5+2 \end{cases} = 7$$

即由 C_2 至终点 E 的最短距离为 7,其最短路线是: $C_2 \to D_1 \to E$；由 C_3 至终点 E 的最短距离为 7,其最短路线是: $C_3 \to D_2 \to E$。

当 $k = 2$ 时,

$$f_2(B_1) = \text{Min} \begin{cases} d_2(B_1, D_1) + f_3(D_1) \\ d_2(B_1, C_2) + f_3(D_2) \end{cases} = \text{Min} \begin{cases} 1+4 \\ 5+7 \end{cases} = 5$$

$$f_2(B_2) = \text{Min} \begin{cases} d_2(B_2, D_1) + f_3(C_1) \\ d_2(B_2, C_2) + f_3(C_2) \\ d_2(B_2, C_3) + f_3(C_3) \end{cases} = \text{Min} \begin{cases} 8+4 \\ 4+7 \\ 6+7 \end{cases} = 11$$

$$f_2(B_3) = \text{Min} \begin{cases} d_2(B_3, C_1) + f_3(C_1) \\ d_2(B_3, C_2) + f_3(C_2) \\ d_2(B_3, C_2) + f_3(C_2) \end{cases} = \text{Min} \begin{cases} 4+4 \\ 4+7 \\ 2+7 \end{cases} = 8$$

即由 B_1 至终点 E 的最短距离为 5,其最短路线是 $B_1 \to C_1 \to D_2 \to E$；由 B_2 至终点 E 的最短距离为 11,其最短路线是 $B_2 \to C_2 \to D_1 \to E$；由 B_3 至终点 E 的最短距离为 8,其最短路线是 $B_3 \to C_1 \to D_2 \to E$。

当 $k = 1$ 时,出发点只有一个 A 点,则 $f_1(A) = \text{Min} \begin{cases} d_1(A, B_1) + f_2(B_1) \\ d_1(A, B_2) + f_2(B_2) \\ d_1(A, B_3) + f_2(B_3) \end{cases} =$

$\text{Min} \begin{cases} 3+5 \\ 5+11 \\ 4+8 \end{cases} = 8$,即由 A 至终点 E 的最短距离为 8,其路线(最优路线)是 $A \to B_1 \to C_1 \to D_2 \to E$。

相应的最优策略为 $p_{1,4}(A) = \{\mu_1(A), \mu_2(B_1), \mu_3(C_1)\mu_4(D_2)\}$。

上述最短路线问题的计算过程,也可借助图形直观简明的表示出来,如图 7.2 所示。

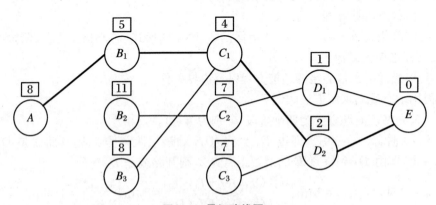

图 7.2 最短路线图一

图 7.2 中每节点处上方的方格内的数,表示该点到终点 E 的最短距离,用直线连接的点表示该点到终点 E 的最短路线,未用直线连接的点就说明它不是该点到终点 E 的

最短路线,故这些支路均被舍去了。图中粗线表示由始点 A 到终点 E 的最短路线。

这种在图上直接作业的方法叫作标号法。如果规定从 A 点到 E 点为顺行方向,则由 E 点到 A 点为逆行方向,那么,图 7.2 是以 A 为始端,E 为终端,从 E 到 A 的解法称为逆序解法。

因为线路网络的两端都是固定的,且线路上的数字是表示两点间的距离,则从 A 点计算到 E 点和从 E 点计算到 A 点的最短路线是相同的,所以标号也可以由 A 开始,从前向后标。只是那时是视 E 为起点,A 为终点,按动态规划方法处理的,如图 7.3 所示。

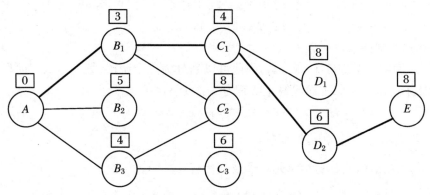

图 7.3 最短路线图二

在图 7.3 中,每节点处上方方格内的数表示该点到 A 点的最短距离,用直线连接的点表示该点到起点 A 的最短路线,粗线表示 A 到 E 的最短路线。这种以 A 为始端、E 为终端的从 A 到 E 的解法称为顺序解法。

7.2 动态规划的求解方法

根据上述分析,动态规划如按式 7.1、式 7.3、式 7.4 规定由后向前确定每阶段状态、最优指标函数以及边界值,最后得到全过程最优指标函数,则称为逆序求解。

如动态规划如按式 7.5 规定由前向后确定每阶段状态、最优指标函数以及边界值,最后得到全过程最优指标函数,则称为顺序求解。

无论是顺序还是逆序,计算的过程均和前进方向相反,即首先需要确定前进方向。

动态规划建模后,其求解并不像线性规划那样有固定的方法,而是要根据模型的具体特点确定合适的方法。

7.2.1 离散型变量的解法

所谓离散型变量是指动态规划中状态变量、决策变量只能取有限的离散值。针对这种情况,可以采取分段枚举法。在每段状态变量、决策变量取值较少时,枚举法是一种高效算法。

7.2.2 连续型变量的解法

当动态规划中状态变量、决策变量为连续变量时,需要根据方程的具体情况选取合适解法,如解析法、线性规划法以及非线性规划方法等。以例 7.3 为例,分别用逆序和顺序解法求解。

例 7.3
$$\text{Max } Z = 2x_1^2 + 2x_2 + 4x_3 - x_3^2$$
$$\text{s.t.} \begin{cases} 2x_1 + x_2 + x_3 \leqslant 4 \\ x_i \geqslant 0 (i = 1,2,3) \end{cases}$$

1. 用逆序解法求解例 7.3

解 本题有三个变量 x_1, x_2, x_3,因此可以划分为三个阶段,第一、二、三阶段的初始状态分别为 s_1, s_2, s_3,第三阶段终止状态为 s_4。令 $s_4 = 0$,于是:
$$s_3 = x_3, s_3 + x_2 = s_2, s_2 + 2x_1 = s_1 \leqslant 4$$

则有:$x_3 = s_3, 0 \leqslant x_2 \leqslant s_2, 0 \leqslant x_1 \leqslant \dfrac{s_1}{2}$。

$f_3(s_3) = \underset{x_3 = s_3}{\text{Max}}(4x_3 - x_3^2) = 4s_3 - s_3^2$ 及最优解 $x_3^* = s_3$。

$f_2(s_2) = \underset{0 \leqslant x_2 \leqslant s_2}{\text{Max}} [2x_2 + f_3(s_3)] = \underset{0 \leqslant x_2 \leqslant s_2}{\text{Max}} [2x_2 + 4(s_2 - x_2) - (s_2 - x_2)^2]$。

求 $f_2(s_2)$ 的最大值,可以通过求导的方式获得 x_2 的最优解,且 $0 \leqslant x_2 \leqslant s_2$。

由于 $\dfrac{dh_2}{dx_2} = -2x_2 + 2s_2 - 2 = 0$,得 $x_2 = s_2 - 1$,又因为 $\dfrac{d^2 h_2}{dx_2^2} = -2 < 0$,故 $x_2 = s_2 - 1$ 为极大值点,所以 $f_2(s_2) = 2s_2 + 1$,最优解 $x_2^* = s_2 - 1$。

又 $f_1(s_1) = \underset{0 \leqslant x_1 \leqslant \frac{s_1}{2}}{\text{Max}} [2x_1^2 + f_2(s_2)] = \underset{0 \leqslant x_1 \leqslant \frac{s_1}{2}}{\text{Max}} [2x_1^2 + 2(s_1 - 2x_1) + 1]$,求 $f_1(s_1)$ 的最大值,可以通过求导的方式获得 x_1 的最优解,且 $0 \leqslant x_1 \leqslant \dfrac{s_1}{2}$。

由于 $\dfrac{dh_1}{dx_1} = 4x_1 - 4 = 0$,得 $x_1 = 1$,又因为 $\dfrac{d^2 h_1}{dx_1^2} = 4 > 0$,故 $x_1 = 1$ 为极小值点。此时 $f_1(s_1)$ 的最大值应该在边界点获得。

由于 $f_1(0) = 2s_1 + 1, f_1\left(\dfrac{s_1}{2}\right) = \dfrac{1}{2} s_1^2 + 1$,在 $s_1 < 4$ 时,可得 $f_1(0) \geqslant f_1\left(\dfrac{s_1}{2}\right)$,所以 $h_1(s_1, x_1)$ 的最大值点在 $x_1 = 0$ 处,即 $f(s_1) = 2s_1 + 1, x_1^* = 0$。

由于 s_1 未知,需再对 s_1 求一次极值,即 $\underset{0 \leqslant s_1 \leqslant 4}{\text{Max}} f_1(s_1) = \underset{0 \leqslant s_1 \leqslant 4}{\text{Max}} (2s_1 + 1)$。当 $s_1 = 4$ 时 $f_1(s_1)$ 才能达到最大值,所以 $f_1(4) = 2 \times 4 + 1 = 9$ 为最大值。

再按计算的顺序反推算,可得各阶段的最优决策和最优值,即 $x_1^* = 0, x_2^* = 3, x_3^* = 1$,最大值为 $\text{Max } Z = 0 + 2 \times 3 + 4 \times 1 - 1 = 9$。

2. 用顺序法解例 7.3

解 本题有三个变量 x_1, x_2, x_3,因此可以划分为三个阶段,第一、二、三阶段的初始状态分别为 s_1, s_2, s_3。令 $s_0 = 0$,于是:
$$2x_1 = s_1, s_1 + x_2 = s_2, s_2 + x_3 = s_3 \leqslant 4$$

则有 $x_1 = \frac{s_1}{2}, 0 \leqslant x_2 \leqslant s_2, 0 \leqslant x_3 \leqslant s_3$。

$f_1(s_1) = \underset{x_1=\frac{s_1}{2}}{\text{Max}}(2x_1^2) = \frac{1}{2}s_1^2$，及最优解 $x_1^* = \frac{s_1}{2}, f_2(s_2) = \underset{0 \leqslant x_2 \leqslant s_2}{\text{Max}}[2x_2 + f_1(s_1)] = \underset{0 \leqslant x_2 \leqslant s_2}{\text{Max}}\left[2x_2 + \frac{1}{2}(s_2 - x_2)^2\right] = \underset{0 \leqslant x_2 \leqslant s_2}{\text{Max}} h_2(s_2, x_2)$。

由于 $\frac{dh_2}{dx_2} = x_2 - s_2 + 2 = 0$，得 $x_2 = s_2 - 2$，又因为 $\frac{d^2 h_2}{dx_2^2} = 1 > 0$，故 $x_2 = s_2 - 2$ 为极小值点，所以 $f_2(0) = \frac{1}{2}s_2^2, f_2(s_2) = 2s_2$。因为 $s_2 \leqslant s_1 \leqslant 4$，可得 $f_2(s_2) \geqslant f_2(0)$，故 $h_2(s_2, x_2)$ 的最大值点在 $x_2 = s_2$ 处，所以得 $f_2(s_2) = 2s_2$ 及最优解 $x_2^* = s_2 - 2$。

$f_3(s_3) = \underset{0 \leqslant x_3 \leqslant s_3}{\text{Max}}[4x_3 - x_3^2 + f_2(s_2)] = \underset{0 \leqslant x_3 \leqslant s_3}{\text{Max}}[4x_3 - x_3^2 + 2(s_3 - x_3)^2] = \underset{0 \leqslant x_3 \leqslant s_3}{\text{Max}} h_3(s_3, x_3)$。

因为 $\frac{dh_3}{dx_3} = -2x_3 + 2 = 0$，得 $x_3 = 1$，又因为 $\frac{d^2 h_3}{dx_3^2} = -2 < 0$，故 $x_2 = 1$ 为极大值点，所以 $f_3(s_3) = 2s_3 + 1$，最优解 $x_3^* = 1$。

因为 s_3 未知，需再对 s_3 求一次极值，即 $\underset{0 \leqslant s_3 \leqslant 4}{\text{Max}} f_3(s_3) = \underset{0 \leqslant s_3 \leqslant 4}{\text{Max}}(2s_3 + 1)$；当 $s_3 = 4$ 时，$f_3(s_3)$ 才能达到最大值，所以 $f_3(4) = 2 \times 4 + 1 = 9$ 为最大值。

再按计算的顺序反推算，可得各阶段的最优决策和最优值，即 $x_1^* = 0, x_2^* = 3, x_3^* = 1$，最大值为 Max $Z = 0 + 2 \times 3 + 4 \times 1 - 1 = 9$。

7.2.3 连续变量的离散化解法

当状态变量 s_k 和决策变量 x_k 是连续变量时，函数序列 $f_k(s_k)$ 难以获得具体解析形式；又由于部分始端和终端均是自由状态，此时求 $f_k(s_k)$ 和最优策略的就非常困难。对于这种情况，一般采用将连续变量离散化的方式来求解。以投资分配问题类的静态模型为例介绍连续变量离散化的作法。

其静态模型一般如下：

$$\text{Max } Z = \sum_{i=1}^{n} g_i(x_i)$$

$$\text{s.t.:} \begin{cases} \sum_{i=1}^{n} x_i \leqslant a, \\ x_i \geqslant 0 (i = 1, \cdots, n) \end{cases}$$

先建立其动态规划模型，其递推方程如下：

$$\text{s.t.:} \begin{cases} f_k(S_k) = \underset{0 \leqslant x_k \leqslant s_k}{\text{Max}} \{g_k(x_k) + f_{k+1}(s_{k+1})\}, k = (n, \cdots, 1) \\ f_{n+1}(s_{n+1}) = 0 \end{cases}$$

其状态转移方程为 $s_{k+1} = s_k - x_k$。

采用将连续变量离散化来求其数值解，具体做法如下：

① 令 $s_k = 0, \Delta, 2\Delta, \cdots, m\Delta = a$，将区间 $[0, a]$ 进行分割，Δ 根据实际需要的精度及

计算机容量来定。

② 规定状态变量 s_k 和决策变量 x_k 只在离散点 $0, \Delta, 2\Delta, \cdots, m\Delta$ 上取值,相应的指标函数 $f_k(s_k)$ 被定义在这些离散值上,递推方程变为

$$\begin{cases} f_k(s_k) = \underset{p=0,1,\cdots,q}{\text{Max}} \{g_k(p\Delta) + f_{k+1}(s_k - p\Delta)\}(k = n,\cdots,1) \\ f_{n+1}(s_{n+1}) = 0 \end{cases}$$

其中 $q\Delta = s_k, x_k = p\Delta$。

③ 按逆序解法,逐步递推求出 $f_n(s_n), \cdots, f_1(s_1)$,最后求出最优资金分配方案。

需要说明的是,采用连续变量离散化可能得不到最优解,大多是得到的近似最优解。

7.3 动态规划问题的应用举例

动态规划主要是针对动态环境的数学规划模型,能解决实际经济生活中很多静态模型不能处理的决策。同时动态规划也特别适合求解离散性问题,因此动态规划模型是现代管理决策的重要手段。

7.3.1 资源分配问题

例 7.4 某公司拟将五台某种高效率的设备分配给所属的甲、乙、丙三个工厂,各工厂若获得这种设备之后,可以提供的盈利如表 7.1 所示。这五台设备如何分配给各工厂,才能使盈利最大?

表 7.1 盈利表(单位:万元)

设备台数 \ 工厂	甲	乙	丙
1	4	6	4
2	9	10	6
3	12	12	11
4	16	15	16
5	19	20	21

解 将问题按工厂分为三个阶段,甲、乙、丙三个工厂分别编号为 1、2、3,假定 x_k 表示为分配给第 k 个工厂的设备台数,有 $x_1 + x_2 + x_3 = 5$。

s_k 表示为分配给第 k 个工厂至第 n 个工厂的设备台数,则 $s_{k+1} = s_k - x_k$ 为分配给第 $k+1$ 个工厂至第 n 个工厂的设备台数。

$P_k(x_k)$ 表示为 x_k 台设备分配到第 k 个工厂所得的盈利值,$f_k(s_k)$ 表示为 s_k 台设备分配给第 k 个工厂至第 n 个工厂时所得到的最大盈利值。如果采用逆推解法,则:

$$f_k(s_k) = \underset{0 \leqslant x_k \leqslant s_k}{\text{Max}} \{P_k(x_k) + f_{k-1}(s_k - x_k)\}(k = 3,2,1; f_4(s_4) = 0)$$

如果把 s_3 台设备全部分配给工厂丙,则最大盈利值为 $f_3(s_3) = \underset{x_3}{\text{Max}}[P_3(x_3)]$,其中 $x_3 = s_3 = 0,1,\cdots,5$。数值计算如表 7.2 所示,其中 x_3^* 是 $f_3(s_3)$ 为最大值时的最优决策。

表 7.2 设备分配给丙的盈利值

x_3 \ s_3	$P_3(x_3)$						$f_3(s_3)$	x_3^*
	0	1	2	3	4	5		
0	0						0	0
1		4					4	1
2			6				6	2
3				11			11	3
4					16		16	4
5						21	21	5

如果把 $s_2(s_2 = 0,1,\cdots,5)$ 分配给工厂乙和丙,对每个 s_2 的值,都有一种最优分配方案使最大盈利值为 $f_2(s_2) = \underset{x_2}{\text{Max}}[P_2(x_2) + f_3(s_2 - x_2)]$ $(x_2 = 0,1,2,3,4,5)$,如表 7.3 所示。

表 7.3 设备分配给乙和丙的盈利值

x_2 \ s_2	$P_2(x_2) + f_3(s_2 - x_2)$						$f_2(s_2)$	x_2^*
	0	1	2	3	4	5		
0	0						0	0
1	0+4	6+0					6	1
2	0+6	6+4	10+0				10	2,1
3	0+11	6+6	10+4	12+0			14	2
4	0+16	6+11	10+6	12+4	15+0		17	1
5	0+21	6+16	10+11	12+6	15+4	20+0	22	1

如果把 $s_1(s_1 = 5)$ 台设备分配给甲、乙、丙三个工厂时,则最大盈利值可以表示为 $f_1(5) = \underset{x_1}{\text{Max}}[P_1(x_1) + f_2(5 - x_1)]$,其中 $x_1 = 0,1,\cdots,5$。甲工厂分配 x_1 台的盈利为 $P_1(x_1)$,剩下的 $(5 - x_1)$ 台就分给乙和丙两个工厂,盈利最大值为 $f_2(5 - x_1)$,计算如表 7.4 所示。

表 7.4 设备分配给三个工厂的盈利值

x_1 \ s_1	$P_1(x_1) + f_2(5 - x_1)$						$f_1(5)$	x_1^*
	0	1	2	3	4	5		
5	0+22	4+17	9+14	12+10	16+6	19+0	23	2

于是,得到最优解为 $x_1 = 2, x_2 = 2, x_3 = 1$。

在例7.4中,决策变量取离散值,资源分配不考虑回收利用的问题,称为资源平行分配问题。还有一类问题,决策变量为连续的,称为资源连续分配问题,如例7.5。

例7.5（机器负荷分配问题） 某种机器可在高低两种不同的负荷下进行生产,设机器在高负荷下生产的产量函数为 $g=8\mu_1$,其中 μ_1 为投入生产的机器数量,年完好率 $a=0.7$;在低负荷下生产的产量函数为 $h=5y$,其中 y 为投入生产的机器数量,年完好率 $b=0.9$。假定开始生产时完好的机器数量 $s_1=1\,000$ 台,试问每年如何安排机器在高、低负荷下的生产,使在五年内生产的产品总产量最高?

解 设阶段序数 k 表示年度,s_k 为第 k 年初拥有的完好机器数量,也是第 $(k-1)$ 年末时的完好机器数量;μ_k 为第 k 年度中分配给高负荷下生产的机器数量,$s_k-\mu_k$ 为该年度中分配在低负荷下生产的机器数量,s_k 和 μ_k 均取连续变量。

状态转移方程为 $s_{k+1}=a\mu_k+b(s_k-\mu_k)=0.7\mu_k+0.9(s_k-\mu_k)\,(k=1,2,3,4,5)$。$k$ 阶段允许决策集合为 $D_k(s_k)=\{\mu_k\mid 0\leqslant\mu_k\leqslant s_k\}$。

设 $v_k(s_k,\mu_k)$ 为第 k 年度的产量,则 $v_k=8\mu_k+5(s_k-\mu_k)$。因此,指标函数可以表示为 $V_{1,5}=\sum_{k=1}^{5}v_k(s_k,\mu_k)$。令最优值函数 $f_k(s_k)$ 表示从第 k 年初始状态为 s_k 到第5年结束时所生产的产品的总产量最大值。如果采用逆推解法,有:

$$f_k(s_k)=\underset{\mu_k\in D_k(s_k)}{\operatorname{Max}}\{8\mu_k+5(s_k-\mu_k)+f_{k+1}(0.7\mu_k+0.9(s_k-\mu_k))\}$$

$$(k=1,2,3,4,5;f_6(s_6)=0)$$

当 $k=5$ 时,有:

$$f_5(s_5)=\underset{0\leqslant\mu_5\leqslant s_5}{\operatorname{Max}}\{8\mu_5+5(s_5-\mu_5)+f_6(0.7\mu_5+0.9(s_5-\mu_5))\}=\underset{0\leqslant\mu_5\leqslant s_5}{\operatorname{Max}}\{3\mu_5+5s_5\}$$

因 f_5 是 μ_5 的线性单调增函数,故最大解 $\mu_5^*=s_5$,相应的有 $f_5(s_5)=8s_5$。当 $k=4$ 时,有:

$$f_4(s_4)=\underset{0\leqslant\mu_4\leqslant s_4}{\operatorname{Max}}\{8\mu_4+5(s_4-\mu_4)+f_5(0.7\mu_4+0.9(s_4-\mu_4))\}$$

$$=\underset{0\leqslant\mu_4\leqslant s_4}{\operatorname{Max}}\{8\mu_4+5(s_4-\mu_4)+8(0.7\mu_4+0.9(s_4-\mu_4))\}$$

$$=\underset{0\leqslant\mu_4\leqslant s_4}{\operatorname{Max}}\{1.4\mu_4+12.2s_4\}$$

故得最大解 $\mu_4^*=s_4$,相应的有 $f_4(s_4)=13.6s_4$,依次类推,可求得:

$\mu_3^*=s_3$,相应的 $f_3(s_3)=17.5s_3$;

$\mu_2^*=0$,相应的 $f_2(s_2)=20.8s_2$;

$\mu_1^*=0$,相应的 $f_1(s_1)=23.7s_1$。

因 $s_1=1\,000$,故 $f_1(s_1)=23\,700$(台)。最优策略为 $\mu_1^*=0,\mu_2^*=0,\mu_3^*=s_3,\mu_4^*=s_4,\mu_5^*=s_5$,即前两年应把年初全部完好机器投入低负荷生产,后三年应把年初全部完好机器投入高负荷生产,其最高产量为23\,700台。已知 $s_1=1\,000$ 台,每年年初完好机器数为:

$s_2=0.7\mu_1^*+0.9(s_1-\mu_1^*)=0.9s_1=900$（台）；

$s_3=0.7\mu_2^*+0.9(s_2-\mu_2^*)=0.9s_2=810$（台）；

$s_4=0.7\mu_3^*+0.9(s_3-\mu_3^*)=0.7s_3=567$（台）；

$s_5=0.7\mu_4^*+0.9(s_4-\mu_4^*)=0.9s_4=397$（台）；

$$s_6 = 0.7\mu_5^* + 0.9(s_5 - \mu_5^*) = 0.7s_5 = 278(台)。$$

7.3.2 生产存储问题

合理地安排生产(或购买)与库存的问题,就是既要满足社会的需要,又要尽量降低成本费用,目标是实现总的生产成本费用和库存费用之和最小。

例 7.6(生产计划问题) 某工厂要对一种产品制定今后四个时期的生产计划,据估计在今后四个时期内,市场对于该产品的需求量如表7.5所示。

表 7.5 产品的需求量表

时期(k)	1	2	3	4
需求量(d_k)	3	2	4	2

假定该厂生产每批产品的固定成本为3千元,若不生产为1千元;每单位产品成本为2千元;每个时期生产能力所允许的最大生产批量为不超过6个单位;每个时期末未售出的产品,每单位需付存储费0.5千元。还假定在第一个时期的初始库存量为0,第四个时期末的库存量也为0。试问该厂应如何安排各个时期的生产与库存,才能在满足市场需要的条件下总成本最小?

解 按四个时期将问题分为四个阶段,x_k表示第k时期的生产量,则在第k时期内的生产成本为:

$$c_k(x_k) = \begin{cases} 1 & (x_k = 0) \\ 3 + x_k & (x_k = 1,2,3,4,5,6) \\ \infty & (x_k > 6) \end{cases}$$

第k时期末库存量为ν_k时的存储费用为$h_k(\nu_k) = 0.5\nu_k$,故第k时期内的总成本为$c_k(\nu_k) + h_k(\nu_k)$。令$\sigma_k = \text{Min}(\nu_k + d_k, 6)$,动态规划的顺序递推关系式为:

$$f_k(\nu_k) = \min_{0 \leqslant x_k \leqslant \sigma_k} [c_k(\nu_k) + h_k(\nu_k) + f_{k-1}(\nu_k + d_k - x_k)] \quad (k = 2,3,4)$$

其中:$f_1(\nu_1) = \min\limits_{x_1 = \text{Min}(\nu_1+3,6)} [c_1(x_1) + h_1(\nu_1)]$。当$k = 1, \nu_1 \in \left[0, \text{Min}(\sum_{j=2}^{4} d_j, m - d_1)\right] = [0,3]$,于是有$\nu_1 = 0,1,2,3$时,$f_1(\nu_1)$分别等于9,11.5,14和16.5元。

当$k = 2$时,由于$\nu_2 \in \left[0, \text{Min}(\sum_{j=3}^{4} d_j, m - d_2)\right] = [0,4]$,且:

$$f_2(\nu_2) = \min_{0 \leqslant x_2 = \text{Min}(\nu_2+2,6)} [c_2(x_2) + h_2(\nu_2) + f_1(\nu_2 + 2 - x_2)]$$

于是

$$f_2(0) = \min_{0 \leqslant x_2 \leqslant 2} [c_2(x_2) + h_2(0) + f_1(2 - x_2)]$$
$$= \text{Min}(1 + 14, 5 + 11.5, 7 + 9) = 15$$

于是 $x_2 = 0$。

$$f_2(1) = \min_{0 \leqslant x_2 \leqslant 3} [c_2(x_2) + h_2(1) + f_1(3 - x_2)] = 18(x_2 = 0)$$

$$f_2(2) = \min_{0 \leqslant x_2 \leqslant 4} [c_2(x_2) + h_2(2) + f_1(4 - x_2)] = 21(x_2 = 4)$$

$$f_2(3) = \underset{0 \leqslant x_2 \leqslant 5}{\text{Min}} [c_2(x_2) + h_2(3) + f_1(5-x_2)] = 23.5(x_2 = 5)$$

$$f_2(4) = \underset{0 \leqslant x_2 \leqslant 6}{\text{Min}} [c_2(x_2) + h_2(4) + f_1(6-x_2)] = 26(x_2 = 6)$$

当 $k=3$ 时，由于 $v_3 \in [0, \text{Min}(4, 6-4)] = [0, 2]$，且

$$f_3(v_3) = \underset{0 \leqslant x_3 \leqslant \text{Min}(v_3+4, 6)}{\text{Min}} [c_3(x_3) + h_2(v_3) + f_2(v_3 + 4 - x_3)]$$

于是：

$$f_3(0) = \underset{0 \leqslant x_3 \leqslant 4}{\text{Min}} [c_3(x_3) + h_2(0) + f_2(4-x_3)] = 26(x_3 = 4)$$

$$f_3(1) = \underset{0 \leqslant x_3 \leqslant 5}{\text{Min}} [c_3(x_3) + h_2(1) + f_2(5-x_3)] = 28.5(x_3 = 5)$$

$$f_3(2) = \underset{0 \leqslant x_3 \leqslant 6}{\text{Min}} [c_3(x_3) + h_2(2) + f_2(6-x_3)] = 31(x_3 = 6)$$

当 $k=4$ 时，因要求第 4 时期之末的库存量为 0，即 $v_4=0$，故有：

$$f_4(0) = \underset{0 \leqslant x_4 \leqslant \text{Min}(v_4+2, 6)}{\text{Min}} [c_4(x_4) + h_2(0) + f_3(2-x_4)] = 0(x_4 = 0)$$

于是，该问题的最优安排是 $x_1 = 5, x_2 = 0, x_3 = 6, x_4 = 0$。

由上述解可知，对每个 i 均存在 $v_{i-1} x_i = 0$，称该点的生产决策具有再生产点的性质或重生性质。如果 $v_i = 0$，称 i 为再生产点（又称重生点）。假定 $v_0 = 0, v_n = 0$，阶段 i, n 为再生产点。如果此类问题的目标函数 $g(x)$ 在凸集合 $(\alpha_{i2}, \beta_{j1})$ 上是凹函数（或凸函数），则 $g(x)$ 在 s 的顶点上具有再生产点性质的最优策略。令 $c(j, i)(j \leqslant i)$ 为阶段 j 到 i 的总成本，$j-1$ 和 i 是再生产点，阶段 j 到 i 的所有产品全部由阶段 j 提供，则

$$c(j, i) = c_j\left(\sum_{s=j}^{i} d_s\right) + \sum_{s=j+1}^{i} c_s(0) + \sum_{s=j}^{i-1} h_s\left(\sum_{t=s+1}^{i} d_t\right)$$

设最优值函数 f_i 表示在阶段 i 末库存量 $v_i = 0$ 时，从阶段 1 到 i 的最小成本，则递推关系式可以表示为 $f_i = \underset{1 \leqslant j \leqslant i}{\text{Min}}[f_{i-1} + c(j, i)](i = 1, \cdots, n)$，边界条件为 $f_0 = 0$。求出 $f_1, \cdots, f_n$ 的最小值，倒推即可获得最优生产方案。

例 7.7 用再生产点法求解例 7.6。

解 计算 $c(j, i)(j \leqslant i)$，有：

$c(1,1) = 9, c(1,2) = 15, c(1,3) = \infty, c(1,4) = \infty, c(2,2) = 7$
$c(2,3) = 18, c(2,4) = \infty, c(3,3) = 11, c(3,4) = 17, c(4,4) = 7$
$f_0 = 0; f_1 = f_0 + c(1,1) = 9;$
$f_2 = \text{Min}[f_0 + c(1,2), f_1 + c(2,2)] = 15$
$f_3 = \text{Min}[f_0 + c(1,3), f_1 + c(2,3), f_2 + c(3,3)] = 26$
$f_4 = \text{Min}[f_0 + c(1,4), f_1 + c(2,4), f_2 + c(3,4), f_3 + c(4,4)] = 32$

于是，倒推即可得到 $x_1 = 5, x_2 = 0, x_3 = 6, x_4 = 0$。

7.3.3 不确定性采购

采购管理中，存在随机性因素，状态转移不能完全确定，是按照某种已知的概率分布取值的，具有这种性质的多阶段决策过程就称为随机性的决策过程。

例 7.8 某厂在近五周内必须采购一批原料，估计在未来五周内价格有波动，其浮动价格分别是 50, 600 和 700，相应的概率分别为 0.3, 0.3 和 0.4。试求在哪一周以什么价

格购入,使其采购价格的数学期望值最小,并求出期望值。

解 按照动态规划的思想,采购期限划分为 5 个阶段。令 y_k 表示第 k 周的实际价格,x_k 为决策变量,$x_k=1$ 表示第 k 周采购,$x_k=0$ 表示第 k 周等待。y_{kE} 表示第 k 周等待而以后才去最优决策时采购价格的期望值。$f_k(y_k)$ 表示第 k 周实际价格为 y_k 时,第 k 周至第五周才去最优决策所得的最小期望值,即

$$f_k(y_k) = \text{Min}\{y_k, y_{kE}\}, y_k \in (500,600,700)[k=0,1,2,3,4,5; f_5(y_5)=y_5]$$

于是 $y_{kE} = 0.3 f_{k+1}(500) + 0.3 f_{k+1}(600) + 0.4 f_{k+1}(700)$。当 $f_k(y_k) = y_k$ 时,$x_k=1$;反之当 $f_k(y_k) = y_{kE}$ 时,$x_k=0$。

当 $k=5$ 时,$f_5(500)=500, f_5(600)=600, f_5(700)=700$,说明在第五周时,若所需的原料尚未买入,则无论市场价格如何都必须采购。

当 $k=4$ 时,$y_{4E} = 0.3 f_5(500) + 0.3 f_5(600) + 0.4 f_5(700) = 610$,则

$$f_4(y_4) = \text{Min}\{y_k, 610\}$$

如果 $y_4 = 500, 600$,则 $x_4 = 1$;否则 $y_4 = 700$,则 $x_4 = 0$。

当 $k=3$ 时,$y_{3E} = 0.3 \times (500+600) + 0.4 \times 610 = 574$,则 $f_3(y_3) = \text{Min}\{y_3, 574\}$。

如果 $y_3 = 500$,则 $x_3 = 1$;否则 $y_3 = 600, 700$,则 $x_3 = 0$。

当 $k=2$ 时,$y_{2E} = 0.3 \times 500 + 0.7 \times 574 = 551.8$,则 $f_2(y_2) = \text{Min}\{y_2, 551.8\}$。

如果 $y_2 = 500$,则 $x_2 = 1$;否则 $y_2 = 600, 700$,则 $x_2 = 0$。

当 $k=1$ 时,$y_{1E} = 0.3 \times 500 + 0.7 \times 551.8 = 536.26$,则 $f_1(y_1) = \text{Min}\{y_1, 536.26\}$。

如果 $y_1 = 500$,则 $x_1 = 1$;否则 $y_1 = 600, 700$,则 $x_1 = 0$。

因此,最优策略为:在第一、二、三周时,若价格为 500 就采购,否则应该等待;在第四周时,价格为 500 或 600 应采购,否则就等待;在第五周时,无论什么价格都要采购。此时,采购价格的数学期望值为 $0.3 \times 500 + 0.7 \times 536.26 = 525.382$。

7.3.4 背包问题

背包问题的表述是一个人背包上山,总重量限定为 a 千克。有 n 种物品可以装入包中,第 i 种物品的单位重量为 w_i 千克,第 i 种物品的价值为其数量的函数 $c_i(x_i)$,问此人应如何选择携带物品,使所起作用(总价值)最大?类似的问题有工厂中下料,货物装载问题等等。设 x_i 为第 i 种物品的装入件数,则该问题的数学模型为:

$$\text{Max } f = \sum_{i=1}^{n} c_i(x_i)$$

$$\text{s.t.} \begin{cases} \sum_{i=1}^{n} w_i x_i \leqslant a \\ x_i \geqslant 0 \text{ 且为整数} \end{cases}$$

设 n 种物品划分为 n 个阶段,状态变量 w 表示用于装第 1 种物品至第 k 种物品的总重量,决策变量 x_k 表示第 k 种物品的件数。则状态转移方程为 $\widetilde{w} = w - x_k w_k$,允许决策集合为 $D_k(w) = \left\{x_k \,\middle|\, 0 \leqslant x_k \leqslant \left[\dfrac{w}{w_k}\right]\right\}$。最优值函数 $f_k(w_k)$ 是当总重量不超过 w 公斤,背包中可以装入第 1 种到第 k 种物品的最大使用价值,即

$$f_k(w_k) = \max_{\sum_{i=1}^{k} w_i x_i \leq w} \sum_{i=1}^{k} c_i(x_i) \quad (x_i \geq 0 \text{ 且为整数 } i = 1,2,\cdots,k)$$

递推关系式为：$f_1(w) = \max\limits_{x_1 = 0,1,\cdots,\left[\frac{w}{w_1}\right]} c_1(x_1)$

$$f_k(w) = \max_{x_k = 0,1,\cdots,\left[\frac{w}{w_k}\right]} \{c_k(x_k) + f_{k-1}(w - w_k x_k)\} \quad (2 \leq k \leq n)$$

根据 $f_1(w), f_2(w) \cdots f_n(w)$ 及相应的决策函数 $x_1, \cdots, x_n$，最后得出的 $f_n(a)$ 就是所求的最大价值，其相应的最优策略由反推运算即可得出。

例 7.9 计算下列线性规划问题的最优解。

$$\max f = 4x_1 + 5x_2 + 6x_3$$

$$\text{s.t.:} \begin{cases} 3x_1 + 4x_2 + 5x_2 \leq 10 \\ x_1, x_2, x_3 \geq 0 \text{ 且为整数} \end{cases}$$

解 由于含有三个变量，故划分为三个阶段。于是：

$$f_3(10) = \max_{\substack{3x_1 + 4x_2 + 5x_3 \leq 10 \\ x_1, x_2, x_3 \geq 0 \text{ 且为整数}}} \{4x_1 + 5x_2 + 6x_3\} = \max_{\substack{10 - 5x_3 \geq 0 \\ x_3 \geq 0 \text{ 且为整数}}} \left\{6x_3 + \max_{\substack{3x_1 + 4x_2 \leq 10 - 5x_3 \\ x_1, x_2 \geq 0 \text{ 且为整数}}} 4x_1 + 5x_2 \right\}$$

$$= \max_{x_3 = 0,1,2} \{6x_3 + f_2(10 - 5x_3)\} = \max \{0 + f_2(10), 6 + f_2(5), 12 + f_2(0)\}$$

其中：

$$f_2(10) = \max_{\substack{3x_1 + 4x_2 \leq 10 \\ x_1, x_2 \geq 0 \text{ 且为整数}}} \{4x_1 + 5x_2\} = \max_{\substack{3x_1 \leq 10 - 4x_2 \\ x_1, x_2 \geq 0 \text{ 且为整数}}} \{4x_1 + 5x_2\}$$

$$= \max_{\substack{10 - 4x_2 \geq 0 \\ x_2 \geq 0 \text{ 且为整数}}} \left\{5x_2 + \max_{\substack{3x_1 \leq 10 - 4x_2 \\ x_1 \geq 0 \text{ 且为整数}}} \{4x_1\}\right\} = \max \{f_1(10), 5 + f_1(6), 6 + f_1(2)\}$$

$$f_2(5) = \max_{\substack{3x_1 + 4x_2 \leq 5 \\ x_1, x_2 \geq 0 \text{ 且为整数}}} \{4x_1 + 5x_2\} = \max_{x_2 = 0,1} \{5x_2 + f_1(5 - 4x_1)\} = \max \{f_1(5), 5 + f_1(1)\}$$

$$f_2(0) = \max_{\substack{3x_1 + 4x_2 \leq 0 \\ x_1, x_2 \geq 0 \text{ 且为整数}}} \{4x_1 + 5x_2\} = \max_{x_2 = 0} \{5x_2 + f_1(0 - 4x_2)\} = f_1(0)$$

$$f_1(w) = \max_{\substack{3x_1 \leq w \\ x_1 \geq 0 \text{ 且为整数}}} 4 \times \left(\text{不超} \frac{w}{3} \text{的最大整}\right), \text{最优决策 } x_1 = \frac{w}{3}, \text{于是：}$$

$f_1(10) = 4 \times 3 = 12 (x_1 = 3), f_1(6) = 4 \times 2 = 8 (x_1 = 2)$

$f_1(5) = 4 \times 1 = 4 (x_1 = 1), f_1(2) = 4 \times 0 = 0 (x_1 = 0)$

$f_1(1) = 4 \times 0 = 0 (x_1 = 0), f_1(0) = 4 \times 0 = 0 (x_1 = 0)$

$f_2(10) = \max \{f_1(10), 5 + f_1(6), 10 + f_1(0)\}$

$\qquad = \max \{12, 5 + 8, 10 + 0\} = 13 (x_1 = 2, x_2 = 1)$

$f_2(5) = \max \{f_1(5), 5 + f_1(1)\} = \max \{4, 5 + 0\}$

$\qquad = 5 (x_1 = 0, x_2 = 1), f_2(0) = f_1(0) = 0$

故 $f_3(10) = \max \{f_2(10), 6 + f_2(5), 12 + f_2(0)\} = \max \{13, 6 + 5, 12 + 0\} = 13$，所以最优装入方案为 $x_1^* = 2, x_2^* = 1, x_3^* = 0$，最大使用价值为 13。

7.3.5 复合系统工作可靠性

如果某种机器的工作系统由 n 个部件串联组成,一个部件失灵就会造成整个系统不能工作。为提高系统工作的可靠性,在每一个部件上均装有主要元件的备用件。备用元件越多,系统正常工作的可靠性越大,但成本、重量、体积均相应加大,工作精度也降低。复合系统的可靠性问题就是考虑如何选择部件的备用元件数,使整个系统的工作可靠性最大。

假设部件 i 上安装有 x_i 个备件,正常工作的概率为 $p_i(x_i)$。部件 i 的备件费用为 c_i,重量为 w_i,如果总费用不超过 c,总重量不超过 w,于是其规划模型表示为:

$$\text{Max } f = \prod_{i=1}^{n} p_i(x_i)$$

$$\text{s.t.} \begin{cases} \sum_{i=1}^{n} c_i x_i \leqslant c \\ \sum_{i=1}^{n} w_i x_i \leqslant w \\ x_i \geqslant 0 \text{ 且为整数}(i=1,\cdots,n) \end{cases}$$

令 y_i 是第 i 个到第 n 个部件所容许使用的总费用,z_i 是第 i 个到第 n 个部件所容许使用的总重量,其状态转移方程为:$y_{i+1} = y_i - c_i x_i, z_{i+1} = z_i - w_i x_i$。允许决策集合为 $D_i(y_i, z_i) = \left\{ x_i : 0 \leqslant x_i \leqslant \text{Min}\left(\left[\frac{y_i}{c_i} \right], \left[\frac{z_i}{w_i} \right] \right) \right\}$。

最优值函数 $f_i(y_i, z_i)$ 为由状态 y_i 和 z_i 出发,从部件 i 到部件 n 的系统的最大可靠性。其动态规划方程为

$$f_i(y_i, z_i) = \max_{x_i \in D_i(y_i, z_i)} [p_i(x_i) f_{i+1}(y_i - c_i x_i, z_i - w_i x_i)] (i=1,\cdots,n),$$

$$f_{n+1}(y_{n+1}, z_{n+1}) = 1$$

边界条件说明 $y_{n+1} = z_{n+1} = 0$,装置根本不工作。

复合系统可靠性的目标函数是连乘积形式,也满足可分离性和递推关系。可靠性 $p_i(x_i)$ 是 x_i 的严格单调上升函数,而且 $p_i(x_i) \leqslant 1$。

例 7.10 某种设备由三种元件 D_1, D_2, D_3 组成,其价格和可靠性如表 7.6 所示,要求在设计中所使用元件的费用不超过 120 元。如何设计使可靠性达到最大(不考虑重量的限制)?

表 7.6 元器件可靠性及价格表

元件	单价(元)	可靠性
D_1	35	0.87
D_2	20	0.82
D_3	18	0.56

解 令 x_i 是 D_i 元件上并联元件的个数,s_i 是在元件 D_i 至元件 D_3 的总费用,因此

$$f_3(s_3) = \underset{1 \leqslant x_3 \leqslant \frac{s_3}{18}}{\text{Max}} (1 - 0.44\, x_3)$$

$$f_2(s_2) = \underset{1 \leqslant x_2 \leqslant \frac{s_2}{20}}{\text{Max}} (1 - 0.18\, x_2) f_3(s_2 - 20x_2)$$

$$f_1(s_1) = \underset{1 \leqslant x_1 \leqslant \frac{s_1}{35}}{\text{Max}} (1 - 0.13\, x_1) f_2(s_1 - 35x_1)$$

于是

$$f_1(120) = \underset{1 \leqslant x_1 \leqslant 3}{\text{Max}} (1 - 0.13^{x_1}) f_2(120 - 35x_1)$$

$$= \underset{1 \leqslant x_1 \leqslant 3}{\text{Max}} [0.87 f_2(85), 0.983\,1 f_2(50), 0.997\,803 f_2(15)]$$

由于

$$f_2(85) = \underset{1 \leqslant x_2 \leqslant 4}{\text{Max}} (1 - 0.18^{x_2}) f_3(85 - 20x_2)$$

$$= \underset{1 \leqslant x_2 \leqslant 4}{\text{Max}} [0.82 f_3(65), 0.967\,6 f_3(45), 0.994\,168 f_3(25), 0.998\,95 f_3(5)]$$

$$f_2(50) = \underset{1 \leqslant x_2 \leqslant 4}{\text{Max}} (1 - 0.18^{x_2}) f_3(50 - 20x_2)$$

$$= \underset{1 \leqslant x_2 \leqslant 4}{\text{Max}} [0.82 f_3(30), 0.967\,6 f_3(10)]$$

$f_2(15) = 0$

可得 $x_1^* = 1, x_2^* = 2, x_3^* = 1$ 为最优方案。

7.3.6 排序问题

设有 n 个工件需要在机床 A, B 上加工,每个工件都必须经过先 A 而后 B 的两道加工工序,以 a_i, b_i 分别表示工件 $i(i = 1, \cdots, n)$ 在 A, B 上的加工时间。问如何在两个机床上安排各工件加工顺序,使在机床 A 上加工第一个工件开始到在机床 B 上将最后一个工件加工完为止的加工总时间最少?

当工件加工顺序确定后,在 A 上加工时没有等待时间,而在 B 上则常常等待。因此,最优排序方案尽量减少在 B 上等待加工的时间。

令 X 表示在机床 A 上等待加工的按预定顺序排列的工件集合,x 表示不属于 X 的在 A 上最后加工完的工件,t 表示在 A 上加工完 x 的时刻算起到 B 上加工完 x 所需的时间。于是,在 A 上加工完一个工件之后,就有 (X, t) 与之对应。

令 $f(X, t)$ 为由状态 (X, t) 出发,对未加工的工件采取最优加工顺序后,将 X 中所有工件加工完所需时间。$f(X, t, i)$ 为由状态 (X, t) 出发,在 A 上加工工件 i,然后再对以后的加工工件采取最优顺序后,把 X 中工件全部加工完成所需要的时间。

令 $f(X, t, i, j)$ 为由状态 (X, t) 出发,在 A 上相继加工工件 i 与 j 后,对以后加工的工件采取最优顺序后,将 X 中的工件全部加工完成所需要的时间。因此

$$f(X, t, i) = \begin{cases} a_i + f(X/i, t - a_i + b_i) & (t \geqslant a_i) \\ a_i + f(X/i, b_i) & (t \leqslant a_i) \end{cases}$$

令 $z_i(t) = \text{Max}\,(t - a_i, 0) + b_i$,于是:$f(X, t, i) = a_i + f(X/i, z_i(t))$,其中 X/i 表示在集合 X 中去掉工件 i 后剩下的工件集合。

$f(X,t,i,j) = a_i + a_j + f\{X/(i,j), z_{ij}(t)\}$，$z_{ij}(t)$ 是在机床 A 上从 X 出发相继加工工件 i,j，并从它将 j 加工完的时刻算起，至在 B 上相继加工工件 i,j 并将工件加工完所需时间。机床 A 上加工 i,j 后由状态 (X,t) 转移到状态 $X/(i,j)$。于是可得：

$$z_{ij}(t) = \text{Max}\,[z_i(t) - a_j, 0] + b_j = \text{Max}\,[\text{Max}(t-a_i, 0) + b_i - a_j, 0] + b_j$$
$$= \text{Max}\,[\text{Max}(t - a_i - a_j + b_i, b_i - a_j), 0] + b_j$$
$$= \text{Max}\,[t - a_i - a_j + b_i + b_j, b_i + b_j - a_j, b_j]$$

将 i,j 对调，则 $f(X,t,i,j) = a_i + a_j + f\{X/(i,j), z_{ij}(t)\}$。此时：

$$z_{ij}(t) = \text{Max}\,[t - a_i - a_j + b_i + b_j, b_i + b_j - a_i, b_i]$$

因此，对任意 t，当 $z_{ij}(t) \leqslant z_{ji}(t)$ 时，工件 i 放在工件 j 之前加工可以使总的加工时间短些，即 $\text{Max}\,[b_i + b_j - a_j, b_j] \leqslant \text{Max}\,[b_i + b_j - a_i, b_i]$。于是 $\text{Max}\,[-a_j, -b_j] \leqslant \text{Max}\,[-a_i, -b_i]$，可得，$\text{Min}\,[a_i, b_j] \leqslant \text{Min}\,[a_j, b_i]$。

基于此，排序问题的规则可以确定如下：

① 根据工时矩阵 $M = \begin{pmatrix} a_1 & a_2 & \cdots & a_n \\ b_1 & b_2 & \cdots & b_n \end{pmatrix}$，找出最小的元素（如果有多个最小元素，可选择其中一个）。

② 如果最小元素在第一排，则相应的工件应该排在最前的位置；如果在第二排，则应该排在最后的位置。

③ 将排定位置的工件所对应的列从 M 中划掉，然后对余下的工件重复上述步骤，直至把所有工件都排完为止。

例 7.11 有 5 个工件，先要在车床上车削，然后再钻床上钻孔。已知各个工件在车床和钻床上的加工时间已知，$M = \begin{pmatrix} 1.5 & 2.0 & 1.0 & 1.25 & 0.75 \\ 0.5 & 0.25 & 1.75 & 2.5 & 1.25 \end{pmatrix}$，试求各个工件的加工顺序，使得机床加工完所有工件的加工时间最省。

解 基于上述规则，最优加工工序为 5→3→4→1→2，总加工时间为 7 个小时。

7.3.7 设备更新问题

设备更新问题主要指一种设备应该用多少年后进行更新为最恰当，即更新的最佳策略使在某一时间内的总收入达到最大或总费用达到最小。随着使用年限的增加，机器的使用效率降低，收入减少，维修费用增加，使用年限越长，价值就越小，更新时净支出费用就愈多。

设备更新问题是以机龄作为状态变量，决策是保留和更新两种。可推广到多维情形，如还考虑对使用的机器进行大修作为一种决策，那时所需的费用和收入，不仅取决于机龄和购置的年限，也取决于上次大修后的时间，必须使用两个状态变量来描述系统的状态。

假设 $I_j(t)$ 表示在第 j 年机器役龄为 t 年的一台机器运行所得的收入；$O_j(t)$ 表示在第 j 年机器役龄为 t 年的一台机器运行时所需的运行费用；$C_j(t)$ 表示在第 j 年机器役龄为 j 年的一台机器更新时所需更新净费用；α 为折扣因子 $(0 \leqslant \alpha \leqslant 1)$，表示一年以后的单位收入的价值视为现年的 α 单位；T 是在第一年开始时，正在使用的机器的役龄；n 为计划的年限总数；$g_j(t)$ 是在第 j 年开始使用一个役龄为 t 年的机器时，从第 j 年至第 n 年内最佳收入；$x_j(t)$ 是给出 $g_j(t)$ 时，在第 j 年开始时的决策(保留或更新)。

若第 j 年开始时购买了新机器，从第 j 年至第 n 年的总收入等于在第 j 年中由新机器获得的收入，减去在第 j 年中的运行费用，减去在第 j 年开始时役龄为 t 年的机器的更新净费用，加上在第 $(j+1)$ 年开始使用役龄为 1 年的机器从 $(j+1)$ 年至第 n 年的最佳收入。

若在第 j 年开始时继续使用役龄为 t 年的机器，从第 j 年至第 n 年的总收入应等于在第 j 年由役龄为 t 年的机器得到的收入，减去在第 j 年中役龄为 t 年的机器的运行费用，加上在第 $(j+1)$ 年开始使用役龄为 $(t+1)$ 年的机器从 $(j+1)$ 年至第 n 年的最佳收入。递推关系式为：

$$g_j(t) = \text{Max} \begin{bmatrix} R: I_j(0) - O_j(0) - C_j(t) + \alpha g_{j+1}(1) \\ K: I_j(t) - O_j(t) + \alpha g_{j+1}(t+1) \end{bmatrix}$$

边界条件是 $g_{n+1}(t) = 0 (j = 1 \cdots n; t = 1, 2, \cdots, j-1, j+T-1)$

其中"K"表示保留使用(keep)；"R"表示更新更新机器(replacement)。对 $g_1(.)$，允许的 t 值只能是 T，表明进入计划过程时，已经使用了 T 年。

例 7.12 假设 $n = 5, \alpha = 1, T = 1$，试运用动态规划思想制定 5 年中的设备更新策略，使在 5 年内的总收入达到最大。其中收入表示 RE，运行费用表示为 OF，更新费用为 UF。

表 7.7 设备使用年限和费用表

项目\机龄	第一年					第二年				第三年			第四年		第五年	期前				
	0	1	2	3	4	0	1	2	3	0	1	2	0	1	0	1	2	3	4	5
RE	22	21	20	18	16	27	25	24	22	29	26	24	30	28	32	18	16	16	14	14
OF	6	6	8	8	10	5	6	5	7	5	5	6	4	5	4	8	8	9	9	10
UF	27	29	32	34	37	29	31	34	36	31	32	33	32	33	34	32	34	36	36	38

解 第 j 年开始机龄为 t 年的机器，年序为 $(j-t)$ 年。$I_5(0)$ 为第五年新产品收入，故 $I_5(0) = 32$；$I_3(2)$ 为机龄为 2 年的机器的第一年收入，$I_3(2) = 20$；$C_5(1)$ 是第 5 年机龄为 1 年的机器(应为第四年的产品)的更新费用，故 $C_5(1) = 33$；同理可得 $C_5(2) = 33, C_3(1) = 31, O_5(0) = 8, O_3(2) = 4$。

当 $j = 5$ 时，设 $T = 1$，机器使用了 1、2、3、4、5 年，则递推关系式为：

$$g_5(t) = \text{Max} \begin{bmatrix} R: I_5(0) - O_5(0) + C_5(t) + 1 \cdot g_6(1) \\ K: I_5(t) - O_5(t) + 1 \cdot g_6(t+1) \end{bmatrix}$$

因此 $g_5(1) = \text{Max} \begin{bmatrix} R: 32 - 4 - 33 + 0 = -5 \\ K: 28 - 5 + 0 = 23 \end{bmatrix} = 23$，所以 $x_5(1) = K$。同理可得 $g_5(2) = 18, x_5(2) = K, g_5(3) = 13, x_5(3) = K, g_5(4) = 6, x_5(4) = K, g_5(5) = 4, x_5(5) = K$。

当 $j=4$ 时,$g_4(t) = \text{Max} \begin{bmatrix} R: I_4(0) - O_4(0) + C_4(t) + g_5(1) \\ K: I_4(t) - O_4(t) + g_5(t+1) \end{bmatrix}$。故:

$$g_4(1) = \text{Max} \begin{bmatrix} R: 30 - 4 - 32 + 23 = 17 \\ K: 26 - 5 + 18 = 39 \end{bmatrix} = 39, x_4(1) = K$$

可得:$g_4(2) = 29, x_4(2) = K, g_4(3) = 16, x_4(3) = K, g_4(4) = 13, x_4(4) = R$。

当 $j=3$ 时,可得:$g_3(1) = 48, x_3(1) = K, g_3(2) = 31, x_3(2) = R, g_3(3) = 27, x_3(3) = R$。

当 $j=2$ 时,可得:$g_2(1) = 46, x_2(1) = K, g_2(2) = 36, x_2(2) = R$。

当 $j=1$ 时,可得:$g_1(1) = 46, x_1(1) = K$。

于是:第 1,2,3,4,5 年最优策略分别是 K,R,K,K,K,机龄分别是 1,2,1,2,3,相应的最佳收益为 46 单位。

7.3.8 货郎担问题

货郎担问题指一个串村走户卖货郎,从某个村庄出发,通过若干个村庄一次且仅一次,最后回到原出发的村庄。问应如何选择行走路线,能使总的行程最短?类似的问题如物资运输路线中,汽车应走怎样的路线使路程最短;铺设管道的路线耗费最少等等。

设有 n 个城市,d_{ij} 表示从 i 城到 j 城的距离。从城市 1 出发到其他每个城市去一次且仅仅是一次,然后回到城市 1。问如何选择行走的路线,使总的路程最短?

令 $N_i = \{2, 3, \cdots, i-1, i+1, \cdots n\}$ 表示由 1 城到 i 城的中间城市集合,S 表示到达 i 城之前中途所经过的城市的集合,则有 $S \subseteq N_i$。选取 (i, S) 作为描述过程的状态变量,最优值函数 $f_k(i, S)$ 为从 1 城开始经由 k 个中间城市 S 集到 i 城的最短路线的距离,动态规划的递推关系为:$f_k(i, S) = \underset{j \in S}{\text{Min}} [f_{k-1}(j, S/\{j\}) + d_{ji})](k = 1, \cdots, n-1; i = 2, \cdots, n; S \subseteq N_i)$,边界条件为 $f_0(i, \varphi) = d_{1i}$;$P_k(i, S)$ 为最优决策函数,它表示从 1 城开始经 k 个中间城市集合 S 到 i 城的最短路线上紧挨着 i 城前面的那个城市。

例 7.13 推销员从 1 城出发,经过每个城市一次且仅一次,最后回到 1 城,怎样设计行走路线,使总的行程距离最短?各个城市之间的距离如表 7.8 所示。

表 7.8 各个城市距离表

距离 j \ i	1	2	3	4
1	0	8	5	6
2	6	0	8	5
3	7	9	0	5
4	9	7	8	0

解 由边界条件可知:$f_0(2, \varphi) = d_{12} = 8, f_0(3, \varphi) = d_{13} = 5, f_0(4, \varphi) = d_{14} = 6$。

当 $k = 1$ 时,即从 1 城开始,中间经过一个城市到达 i 城的最短距离是 $f_1(2, \{3\}) =$

$f_0(3,\varphi)+d_{32}=5+9=14; f_1(2,\{4\})=f_0(4,\varphi)+d_{42}=6+7=13; f_1(3,\{2\})=8+8=16; f_1(3,\{4\})=6+8=14; f_1(4,\{2\})=8+5=13; f_1(4,\{3\})=5+5=10$。

当 $k=2$ 时，即从 1 城开始，中间经过两个城市到达 i 城的最短距离是类似，$f_2(2,\{3,4\})=\text{Min}\,[f_1(3,\{4\})+d_{32},f_1(4,\{3\})+d_{42}]=\text{Min}\,[14+9,10+7]=17$，所以 $p_2(2,\{3,4\})=4$。

$f_2(3,\{2,4\})=\text{Min}\,[13+8,13+8]=21$，可得 $p_2(3,\{2,4\})=2$ 或 4；

$f_2(4,\{2,3\})=\text{Min}\,[14+5,16+5]=19$，可得 $p_2(4,\{2,3\})=2$。

当 $k=3$ 时，即从 1 城开始，中间经过三个城市回到 1 城的最短距离是：

$f_3(1,\{2,3,4\})=\text{Min}\,[f_2(2,\{3,4\})+d_{21},f_2(3,\{2,4\})+d_{31}+f_2(4,\{2,3\})+d_{41}]$
$\qquad\qquad\quad=\text{Min}\,[17+6,21+7,19+9]=23$

可得 $p_3(1,\{2,3,4\})=2$。最短旅行路线是 1→3→4→2→1，最短距离为 23。

习　题

1. 设某工厂有 1 000 台机器，生产两种产品 A,B。若投入 y 台机器生产 A 产品，则纯收入为 $5y$；若投入 j 台机器生产 B 种产品，则纯收入为 $4y$。又知：生产 A 种产品机器的年折损率为 20%，生产 B 产品机器的年折损率为 10%。问在 5 年内如何安排各年度的生产计划，才能使总收入最高？

2. 有 4 个工人，要指派他们分别完成 4 项工作，每人做各项工作所消耗的时间如表 7.9 所示。

表 7.9　每人做各项工作消耗的时间

工人＼工作	A	B	C	D
甲	15	18	21	24
乙	19	23	22	18
丙	26	17	16	19
丁	19	21	23	17

问指派哪个人去完成哪项工作，可使总的消耗时间为最小？试对此问题用动态规划方法求解。

3. 某工厂有 1 000 台机器，可以在高、低两种不同负荷下进行生产。假设在高负荷下生产时，产品的年产量 s_1 和投入的机器数量 y_1 的关系为 $s_1=8y_1$，机器的完好率为 0.7；在低负荷下生产时，产品的年产量 s_2 和投入的机器数量 y_2 的关系为 $s_2=5y_2$，机器的完好率为 0.9。现在要求制定一个 5 年生产计划，问应如何安排使在 5 年内的产品总产量最高？

4. 某公司接到一种定制产品要货，要在 3 个月后一次性提供该产品 1 000 kg。由于该产品用途特殊，该厂平时无存货，交货后也不留库存。已知生产费用与月产量关系为：

$C = 0.005d^2 + 3d + 1\,000$,其中 d 为月产量(kg),C 为该月费用(元)。每月库存成本为 2元/kg,库存量按月初与月末存储量的平均数计算,问如何决定3个月的产量使总费用最小?

现要求在既不超出投资额的限制,又能尽量提高设备运转的可靠性的条件下,问各种零件的备件数量应是多少为好?

5. 为保证某一设备的正常运转,需备有三种不同的零件 E_1, E_2, E_3。若增加备用零件的数量,可提高设备正常运转的可靠性,但增加了费用,而投资额仅为8 000元。已知备用零件数与它的可靠性和费用的关系如表7.10所示。

表 7.10

备件数	增加的可靠性			设备的费用(千元)		
	E_1	E_2	E_3	E_1	E_2	E_3
$Z=1$	0.3	0.2	0.1	1	3	2
$Z=2$	0.4	0.5	0.2	2	5	3
$Z=3$	0.5	0.9	0.7	3	6	4

6. (随机型决策)某公司欲采购一批产品,预计该产品价格在5周内可能有所变动,已预测得该产品今后5周内报出不同价格的概率如表7.11所示。试确定该公司在5周内购进这批产品的最优策略,使采购价格的期望值最小。

表 7.11 不同价格的概率

产品单价(元/件)	概率
30	0.3
50	0.3
40	0.4

7. 某电子企业流水线生产 A_1, A_2 两种产品,每天流水线工作5小时,组装产品 A_1,A_2 的生产能力都是每小时1件,产品 A_1, A_2 的成本分别为4千元、3千元,生产数量分别为 x_1, x_2 件,每件产品售价与产量有以下的线性关系:对于产品 A_1,每件售价 $P_1 = 12 - x_1$;对于产品 A_2,每件售价 $P_2 = 13 - x_2$。问每天应如何安排生产,才能使总利润最大?

(1) 建立该问题的数学模型。
(2) 用动态规划方法求解。

8. 试分别用动态规划中的顺序解法及逆序解法求解下列线性规划。

(1) $\text{Max } Z = x_1 \times x_2^2 \times x_3$
s.t: $\begin{cases} x_1 + x_2 + x_3 = 4 \\ x_1, x_2, x_3 \geq 0 \end{cases}$

(2) $\text{Max } Z = x_1 \times x_2 \times x_3$
s.t: $\begin{cases} x_1 + 5x_2 + 2x_3 \leq 20 \\ x_1, x_2, x_3 \geq 0 \end{cases}$

9. 下列说法中正确的有：

(1) 动态规划中定义状态应保证在各阶段中所作决策的独立性。

(2) 对一个动态规划问题，应用逆序解法和顺序解法可能会得出不同的最优解。

(3) 一个含5个变量和3个约束的标准化线性规划问题，用动态规划求解时将其转化为3个阶段，每个阶段的状态变量由一个5维向量组成。

(4) 建立动态规划模型时，阶段的划分是最关键和最重要一步。

10. 某企业有1 000万元资金可在3年内每年年初对项目 A,B 投资，若每年年初投资项目 A，则年末以0.6的概率回收本利2 000万元或以0.4概率丧失全部资金；若投资项目 B，则年末以0.1的概率回收本利2 000万元或以0.9概率回收1 000万元。假定每年只能投资一个项目，每次1 000万元（有多余资金也不使用），试给出三年末期望总资金最大的投资策略。

11. 某公司购买一辆某型号汽车，该汽车年均利润函数 $r(t)$ 与年均维修费用函数 $\mu(t)$ 如表7.12所示。该新汽车每辆购买价格20万元/台，如果该公司将汽车卖出，不同役龄价格如表7.13所示。试给出该公司4年里总赢利最大的更新计划。

表7.12 平均利润函数与年均维修费用函数

项目＼役龄	0	1	2	3
$r(t)$	20	18	17.5	15
$u(t)$	2	2.5	4	6

表7.13 不同役龄价格

项目＼役龄	2	3	4	
价格（万元）	17	16	15.5	15

第 8 章　图与网络分析

图与网络简称图论(graph theory),是离散数学的一个分支,是用来研究成对关系建模的一种数学结构。现实中很多问题都可以用图来表示,因此图论在运筹学、控制论、网络理论、物理学、社会学、生物学、计算机科学等方面有着广泛的应用。

关于图论的最早文字记录出现在 1736 年瑞士数学家欧拉的论著中,也就是著名的哥尼斯堡七桥问题。哥尼斯堡是东普鲁士的首都(位于今天的俄罗斯加里宁格勒市),普赖格尔河流过该城市,这条河上建有七座桥将河中间的两座小岛 B,D 和两岸 A,C 连接,如图 8.1 所示。有人提出来,能否每座桥都走且仅走一遍,最后回到出发点。很多人曾尝试过,但最终都没有成功。1736 年有人带着这个问题找到了大数学家欧拉,欧拉把两座小岛和河的两岸分别看作四个点,把七座桥看作这四个点的连线(图 8.2),经过进一步分析,得出结论:不可能每座桥都走一遍,最后回到原点,并给出了所有线路应具备的条件。这项工作使欧拉成为了图论的创始人。

图 8.1　哥尼斯堡七桥

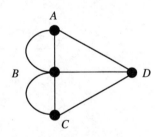
图 8.2　欧拉图

1859 年英国数学家哈密顿以游戏的形式提出,把一个正十二面体的二十个顶点看作二十个城市,找出一条经过每个城市恰好一次而回到出发点的路线,这条路径也叫哈密顿路径。一百多年来对哈密顿问题的研究促进了图论的发展。在 20 世纪 70 年代终于被证明是 NP 完全的。实际上对于节点数不到 100 的网络,利用现有最好的算法和计算机也需要几百年的时间才能确定是否存在这样一条路径。

1852 年毕业于伦敦大学的格斯里在一家科研单位为地图着色时发现,每幅地图都可以用四种颜色将相邻的国家区分开来。格斯里尝试和在上大学的弟弟格里斯共同用数学理论证明这个结论,但没能成功。1872 年英国著名的数学家凯利向伦敦数学会提出了该问题,于是四色猜想成了世界关注的问题(四色猜想和费马猜想、哥德巴赫猜想共同称为世界近代三大数学难题)。1976 年美国伊利诺伊大学哈肯和阿佩尔在大学的两台计算机上,用 1 200 个小时,100 亿次运算证明了四色猜想。

类似的图论经典问题还有旅行商问题。该问题也叫货郎担问题或中国邮递员问题，该问题描述如下：给定一些城市和城市之间的距离，求解访问每座城市一次且能返回出发点的最短路径。实际上旅行商问题是加权的哈密顿路径问题，因此求解旅行商问题的精确解是 NP 难的。若将问题限定在欧氏平面上，则称为欧几里得旅行商问题，但它也是 NP 难的，因此通常用来解决旅行商问题的解法都是近似算法。第一个欧几里得旅行商问题的多项式近似算法由阿罗德于 1986 年使用随机平面和动态规划方法给出，轰动了世界。

1736 年欧拉发表首篇关于图论的文章，研究了哥尼斯堡七桥问题，被称为图论之父。1936 年匈牙利数学家克尼格(Dénes Kónig Hungarian)，写出第一本图论专著《有限图与无限图的理论》，使图论成为了一门独立学科。在这近二百年的历程中，图论发展缓慢；直至 20 世纪中期，随着计算机水平的提升，图论才得以快速发展。很多实际问题虽然没有时间、空间上的逻辑关系，但通过合理设定点与边，也可以转化为图，如下例 8.1。

例 8.1 有甲、乙、丙、丁、戊、己六名运动员报名参加 A,B,C,D,E,F 六个项目的比赛。已知甲参加 B,E 两个项目，乙参加 A,D 两个项目，丙参加 B,F 两个项目，丁参加 A,C,E 三个项目，戊参加 D,F 两个项目，己参加 B,D 两个项目。问如何安排六个项目的比赛顺序，才能做到每名运动员不连续地参加两项比赛？

解 把比赛项目作为研究对象，用点来表示每个比赛项目。如果有一名运动员同时参加两个项目，在这两个项目之间画一条边，已知条件如图 8.3 所示。

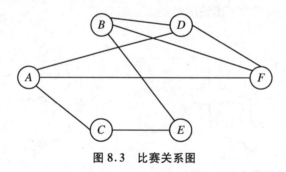

图 8.3 比赛关系图

于是该问题的解就是找到这样一个图中点的序列，即任何相邻的点之间没有边，所以解为点序 (A,B,C,D,E,F)。

8.1 图的基本概念

图是日常生活中描述成对事物之间关系的一种方式。图由点和线组成，点表示研究对象，线表示研究对象之间特定的关系。如图 8.4 所示，点 (v_1,v_2,v_3,v_4,v_5) 分别表示企业 5 个职能部门，连线表示相关部门之间存在信息交互关系。在图 8.5 中，点 $(v_1,v_2,v_3,v_4,v_5,v_6,v_7,v_8)$ 分别代表仓库中的八种产品，连线表示连接该连线的两种产品能存放在一起，没有连线的表示不能存放在一起。

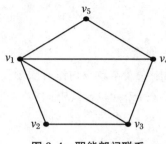
图 8.4　职能部门联系

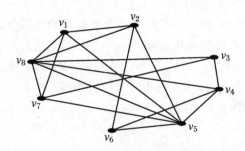
图 8.5　产品存储联系

上述两个例子中,对象之间的"关系"具有"对称性",即如果甲与乙有关系,那么乙与甲也有这种关系。但现实中,某些关系并不具备对称性,如比赛胜负关系等。如球队 v_1 胜了球队 v_2,可以从 v_1 引一条带箭头的连线到 v_2,如图 8.6 所示。

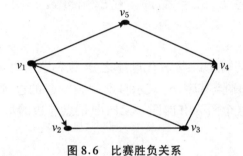
图 8.6　比赛胜负关系

图是反映对象之间关系的一种工具,图中点的相对位置如何,点与点之间连线的长短、曲直,对于反映对象之间的关系并不重要。

8.1.1　图的基本概念

设 $G=(V,E,\varphi)$,其中 $V=(v_1,\cdots,v_i,\cdots,v_m)$,$v_i$ 称为顶点;$E=(e_1,\cdots,e_j,\cdots,e_n)$,$e_j$ 称为边;φ 是描述边与顶点之间关系的函数。如果它满足:

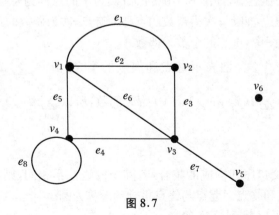
图 8.7

① V 非空；

② E 是一个不与 V 中顶点相交的边集合；

③ φ 是关联函数。

则称 $G=(V,E,\varphi)$ 为一个图，V,E,φ 称为图的三要素。

当 V,E 为有限集时，G 称为有限图，反之，称为无限图。本章只讨论有限图。

例 8.2 在图 8.7 中，$V=(v_1,v_2,\cdots,v_6)$，$E=(e_1,e_2,\cdots,e_8)$。其中：
$$e_1=[v_1,v_2] \quad e_2=[v_1,v_2] \quad e_3=[v_2,v_3] \quad e_8=[v_4,v_4]$$

8.1.2 其他定义

1. 端点、关联边、相邻

若 $e_k=[v_i,v_j]\in E$，则称 v_i 与 v_j 为边 e_k 的端点，e_k 为 v_i 及 v_j 的关联边，并称 v_i 与 v_j 两点相邻。

若有 $e_k=[v_i,v_j]\in E$，$e_m=[v_i,v_h]\in E$，则边 e_k 与边 e_m 有公共端点，称两边相邻。

2. 无向图、有向图

$e_k=[v_i,v_j]\in E$，若端点 v_i 与 v_j 无顺序之分，则称这条边为无向边，一般记为 $[v_i,v_j]$，这个图为无向图；如端点有序，e_k 表示自点 v_i 指向 v_j 的边，则称该边为有向边，也称为弧，记为 (v_i,v_j)，称这个图为有向图。无向图是点与边的集合，有向图是点与弧的集合。

3. 环、多重边、简单图

在图 8.7 中，边 e_8 的两个端点重合，称 e_8 为环。点 v_1 与 v_2 之间有两条边，像这样如果图中有一对顶点之间存在两条以上边的现象，则称这个图为有多重边。无环且无多重边的图称为简单图；一个无环、有多重边的图称为多重图。

4. 次、奇点、偶点、孤立点、悬挂点、悬挂边

以点 v_i 为端点的边的个数之和称为点 v_i 的次，记作 $d(v_i)$，也称为度。环中的端点计两次，如 $d(v_4)=4$。

次为零的点称为孤立点，如图 8.7 中的 v_6；次为 1 的点称为悬挂点，如 v_5；以悬挂点为端点的边称为悬挂边，如 e_7；次为奇数的点称为奇点，次为偶数的点称为偶点。

定理 1 任一个图中，奇点的个数为偶数。

证明 用 V_1 与 V_2 分别表示奇点和偶点的集合，由于 $\sum\limits_{v\in V_1}d(v)+\sum\limits_{v\in V_2}d(v)=\sum\limits_{v\in V}d(v)=2q$，又因 $\sum\limits_{v\in V}d(v)$ 和 $\sum\limits_{v\in V_2}d(v)$ 都是偶数，所以 $\sum\limits_{v\in V_1}d(v)$ 一定也是偶数，从而 V_1 的点数是偶数。

5. 链、圈

图中任一点、边交错序列构成的集合，若其中的边互不相同，则称之为链；其两个端点分别称为链的起点和终点。起点与终点重合的链称为圈。

如在图 8.7 中可以找到这样的链：$\{v_1,e_1,v_2,e_2,v_1\}$，$\{v_1,e_2,v_2,e_3,v_3,e_7,v_5\}$。链是描述顶点之间的连通状况；而如果存在圈，则说明图中存在回路，任何一对顶点之间必存在两条以上的链。

6. 连通图

在一个图中,若任一对顶点中均至少存在一条链,则称该图为连通图,否则称该图为不连通图。图 8.7 是不连通图,因为有 v_6 这个孤立点。

7. 子图、部分图

定义 设 $G=(V,E,\varphi)$,$G_1=(V_1,E_1,\varphi)$;若 $V_1 \subseteq V$,$E_1 \subseteq E$,则称 G_1 为 G 的子图;$V_1=V$,$E_1 \subseteq E$,则称 G_1 为 G 的部分图。引入子图和部分图的概念是为了将复杂的多重图加以简化。

8.2 树及图的最小部分树

树图是所有连通图中最简单的,因其结构简单,构建网络成本低且快捷,在实际经济生活中有着广泛的应用。很多最小化的决策问题也可以通过建立树图模型而加以解决。

8.2.1 树的定义及性质

1. 定义

一个无圈的连通无向图称为树图,简称树。其悬挂点也称为树叶,次大于 1 的点称为分支点。

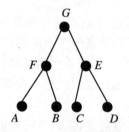

图 8.8 半决赛对阵图

图 8.8 为某项网球比赛半决赛对阵图,该图即为树图。

2. 性质

① 任何树中至少存在 2 个次为 1 的点。
② 具有 n 个顶点的树的边数恰好为 $(n-1)$ 条。
③ 任何具有 n 个顶点、$(n-1)$ 条的连通无向图均是树图。
④ 树图增加一条边必形成圈;若减去任一条边,则成为不连通图。

8.2.2 图的最小支撑树

定义 若 G_1 是 G 的部分图,且是树图,则称 G_1 是 G 的部分树(生成树、支撑树)。树图中的每条边称为树枝(若各条边均有权重,则记权重值为树枝的长度);其中树枝总长度最小的部分树称为该图的最小部分树,或称为最小支撑树。

定理2 $G=(V,E,\varphi)$ 有支撑树的充分必要条件是 G 为连通图,且 $q(G)=p(G)-1$。

证明 必要性。设 G 是树,$p(G)$ 与 $q(G)$ 分别表示图中边与点的个数。G 是连通图,有 $q(G)=p(G)-1$。

充分性。只要证明 G 不含圈,对点数施行归纳。$p(G)=1,2$ 时,结论显然成立。

设 $p(G)=n(n\geqslant 1)$ 时结论成立,所以 $q(G)=n-1$,证明 j 必有悬挂点。因 G 是连通的,且 $p(G)\geqslant 2$,故对每个点 v_i,有 $d(v_i)\geqslant 2$。从而,$q(G)=\frac{1}{2}\sum_{i=1}^{p(G)}d(v_i)\geqslant p(G)$。这与 $q(G)=n-1$ 矛盾,所以 G 必有悬挂点。

设 v_1 是 G 的一个悬挂点,考虑 $G-v_1$,这个图仍然是连通的。
$$q(G-v_1)=q(G)-1=p(G)-2=p(G-v_1)-1$$
由归纳假设知 $G-v_1$ 不含圈,于是 G 也不含圈,即 G 是一个树。证毕。

定理3 图中任一个点 i,若 j 是与 i 相邻点中距离最近的,则边 $[v_i,v_j]$ 一定包含在该图的最小支撑树内。

推论 把图中所有的点分成 V 和 $\bar{V}$ 两个集合,则两集合之间连线最短的边一定包含在最小支撑树内。定理2、3及定理2的推论证明略。

推论为求图的最小支撑树提供了一种方法。即从任一点 i 出发,若 j 是与 i 相邻点中距离最小的,则到达 j,再从 j 出发,至与 j 相邻点中距离最小的点,从而到达下一个点;重复进行,直至到达最后一个点,则这个点边序列即为所求最小树。这种方法称为避圈法,因为每次只选择一条边,不会产生圈。

实际构建网络的决策中,经常会考虑如何提高建设速度、降低建设成本等问题。在保证各点连通的前提下,这种决策往往是一个求图的最小支撑树的决策。

图的最小支撑树问题一般是指在保证各点连通的前提下,将一个复杂的图去掉一些边,使之成为树枝总长度最小的树图。求图的最小支撑树的方法有避圈法、破圈法2种。

1. 避圈法

根据定义,避圈法就是保证各点连通,但只有一条链,这样不会产生圈。

① 从图中任选一点 v_i,记 $v_i\in V$,其他点 $\in \bar{V}$。

② 从 V 与 $\bar{V}$ 的连线中找出长度最小的边,则该边一定在图的最小树中;假设该最小边为 $[v_i,v_j]$,将 $[v_i,v_j]$ 加粗。

③ 令 $V\cup v_j\Rightarrow V$,$\bar{V}/v_j\Rightarrow \bar{V}$。

④ 重复②、③两步,直至所有的点进入 V 集合,则加粗边的集合即为该图的最小支撑树。

例8.3 用避圈法求图8.9的最小支撑树。

分析 解的过程可通过 V 集合的变化看出,最小支撑树见图8.10。
$$V=\{S\},\{S,A\},\{S,A,B\},\{S,A,B,E\},\{S,A,B,E,D\},$$
$$\{S,A,B,E,D,C\},\{S,A,B,E,D,C,T\}$$

2. 破圈法

根据定义,树图是无圈的连通图,而每个圈去掉一条边仍是连通图。故从原图中任

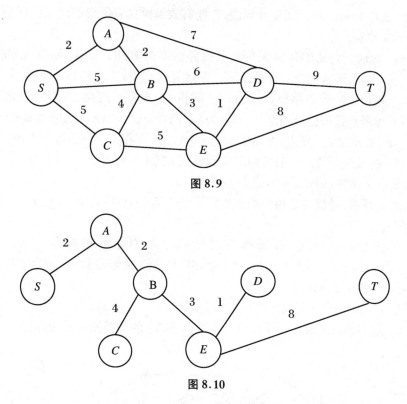

图 8.9

图 8.10

取一个圈,然后去掉其中长度最大的一条边;继续寻找圈,每次从圈中去掉长度最大的一条边,直至图中不再存在圈,则剩下的部分即为所求的最小支撑树。

在顶点较少的图中,破圈法是高效的;当顶点较多时,手工计算因图中圈较多则较麻烦且容易犯错。

8.3 最短路问题

最短路问题是图论理论的一个经典问题。寻找最短路径就是在指定网络中两结点间找一条距离最小的路。最短路不仅仅指一般地理意义上的距离最短,还可以引申到其他的度量,如时间、费用、线路容量等。

最短路径算法的选择与实现是通道路线设计的基础,最短路径算法是计算机科学与地理信息科学等领域的研究热点,很多网络相关问题均可纳入最短路径问题的范畴之中。经典的图论与不断发展完善的计算机数据结构及算法的有效结合使得新的最短路径算法不断涌现。

对最短路问题的研究早在 20 世纪 60 年代以前就卓有成效了,其中对赋权图的有效算法是由荷兰著名计算机专家(E. W. Dijkstra)在 1959 年首次提出的,该算法能够解决两指定点间的最短路,也可以求解图 G 中一特定点到其他各顶点的最短路。后来海斯在 Dijkstra 算法的基础之上提出了海斯算法。但这两种算法都不能解决含有负权的图的最短路问题。因此 Ford 提出了 Ford 算法,它能有效解决含有负权的最短路问题。本章只介绍 Dijkstra 算法。

Dijkstra 算法是公认的计算无负权最短路的高效算法。Dijkstra 算法的基本思想是:从始点 v_s 出发,逐步向外寻找最短路。在运算过程中,依次给每个点标号,标号的数值表示从 v_s 到该点的最短路权。作为一个附带,如要求最短路径,则可以增加一个标号,即使得被标号点获得标号的上一个标号点的代号。Dijkstra 算法的步骤如下:

定义 d_{ij} 表示自点 i 到点 j 的距离,若点 i 与点 j 不相邻,则记 $d_{ij} = +\infty$;L_{si} 表示自始点 s 到点 i 的最短距离。一般求始点 s 到终点 t 的最短距离。

① 从始点 s 出发,因 $L_{ss}=0$,给点 s 标 $(0,s)$。

② 从点 s 开始,寻找与之相邻的点中距离最小的一个,记为点 r,记 $L_{sr} = L_{ss} + d_{sr}$,并给点 r 标号 (L_{sr}, s)。

③ 从已标号的点出发,寻找所有与已标号点相邻的未标号点 p。记 $L_{sp} = \text{Min}\{L_{ss} + d_{sp}, L_{sk} + d_{kp}\}(k=1,\cdots,K)$,其中,$k$ 为已标号的代号。假设 $L_{sp} = L_{sn} + d_{np}$,则给 p 点标号 (L_{sp}, n)。

④ 重复③、④两步,直至点 t 获得标号为止。

例 8.4 用 Dijkstra 算法求下图 8.11 中 v_1 至 v_7 的最短路及最短路径。

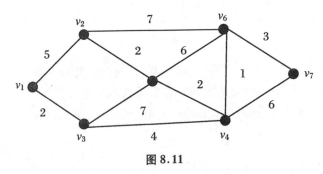

图 8.11

解 用标号算法给图 8.11 标号,因为要求最短路径,所以采用双标号。标号结果见图 8.12,标号中的第一数字为 v_1 至该点的最短距离;最短路径见图 8.13。

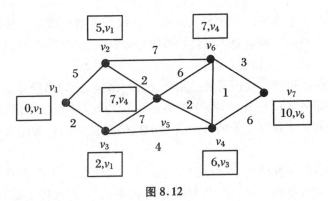

图 8.12

从上述求解结果看,在求 v_1 至 v_7 的最短路及最短路径过程中,由于 v_7 是距离 v_1

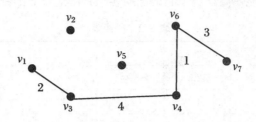

图 8.13 最短路径

最远的一个点,所以在得到求 v_1 至 v_7 的最短路及最短路径结果后,同时得到了求 v_1 至其他各点的最短路及最短路径。这也是 Dijkstra 算法的优点之一。Dijkstra 算法可以求解无向图和有向图,但无法求解带负权的最短路问题。

例 8.5(设备更新决策) 某台机器可以连续工作 4 年,也可每年末卖掉换一台新的。已知各年初购置一台新机器的价格及不同役龄机器年末的处理价如表 8.1 所示。又新机器第一年运行及维修费为 0.3 万元,使用 1—3 年后机器每年的运行及维修费用分别为 0.8、1.5、2.0 万元。确定该机器的最优更新策略,使 4 年内用于更换、购买及运行维修的总费用最少。

表 8.1 机器购置和处理费用表

年数(j)	第 1 年	第 2 年	第 3 年	第 4 年
年初购置价	2.5	2.6	2.8	3.1
使用了 j 年的机器处理价	2.0	1.6	1.3	1.1

解 可以将机器更新决策问题化简为求最短路问题,v_i 表示每年年初购进新设备。机器更新费用如图 8.14 所示。

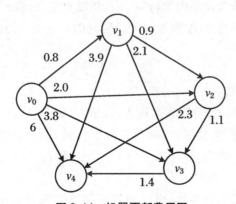

图 8.14 机器更新费用图

于是,起点到终点的最短路为 $v_0 \to v_1 \to v_2 \to v_4$,最优更新策略为第 1、2 年末都换一辆新车,到第 4 年末处理掉,总费用为 4.0 万元。

例 8.6 某快递公司在东方市有 6 个客户,已知客户区域内交通信息如表 8.2 所示。现该快递公司欲在上述客户据点中选取一个建立配送中心,问该公司应该选择哪个客户据点建立配送中心,才能使离配送中心最远的客户到配送中心的距离最小?

表 8.2 距离表

客户	1	2	3	4	5	6
1	0	20	$+\infty$	$+\infty$	15	$+\infty$
2		0	20	60	25	$+\infty$
3			0	30	18	$+\infty$
4				0	$+\infty$	$+\infty$
5					0	15
6						0

解 对于本题的选址决策,可以转化为求一系列最短路问题。令各客户据点为 $(v_1, \cdots, v_6)$,先求 v_1 至其他各点的最短距离 d_{1j},令 $D(v_1) = \text{Max}\{d_{1j}\}(j=1,\cdots,6)$,表示若配送中心建在 v_1 处,则 $D(v_1) = 63$ 即为客户据点离配送中心最远的距离。依次计算得 $D(v_2) = 50, D(v_3) = 33, D(v_4) = 63, D(v_5) = 48, D(v_6) = 63$;因为 $D(v_3) = 33$ 为最小,所以配送中心应建在 v_3 处,此时距配送中心的最远客户据点为 v_1 和 v_6,最大距离为 33。

8.4 网络的最大流

最大流问题(Maximum flow problem)是一种组合最优化问题。讨论的是如何充分利用现有系统的设计能力,使得系统输送能力或产出能力得到最大,以取得最好的经济效果。求最大流的标号算法最早由福特(Ford)和福克逊(Fulkerson)于 1956 年提出,20 世纪 50 年代福特、福克逊建立的"网络流理论",是图与网络应用的重要组成部分。

8.4.1 基本概念

1. 有向图及容量网络

① 边有方向的图称为有向图,该边称为弧,记为 (v_i, v_j),有向图是点与弧的集合。

② 给出每条弧的最大通过能力(称为该弧的容量,记为 c_{ij})的网络称为容量网络。在容量网络中一般指定一个发点 v_s 和一个收点 v_t,除发点、收点之外的其他点叫作中间点。

对于有多个收点及发点的网络,可以通过添加一个假想的发点及收点,将其转化为一个收点及一个发点。

2. 流与可行流

网络中每条弧上的负载量,称为该弧上的流;记弧 (v_i, v_j) 的流量为 $f(v_i, v_j)$ 或 f_{ij};当 $f_{ij} = c_{ij}$,称其为饱和弧,反之,若 $f_{ij} < c_{ij}$,称其为不饱和弧。若一个网络上所有弧的流量 $f_{ij} = 0$,则称之为零流。

若容量网络上的一组流满足下列条件,则称该网络上的一组流为可行流。

① 容量限制条件。即对所有弧存在 $0 \leqslant f(v_i,v_j) \leqslant c(v_i,v_j)$。

② 中间平衡条件。对于网络上的任一中间点 v_i,用 v_j,v_k 分别表示从 v_i 流出的点和流向 v_i 的点,有 $\sum_j f(v_i,v_j) = \sum_k f(v_k,v_i)$。

任何网络中都存在可行流,因为零流也是可行流。

3. 网络最大流

若以 $v(f)$ 表示网络上自 s 至 t 的流量,则有 $v(f) = \sum_j f(v_s,v_j) = \sum_k f(v_k,v_t)$。

一个容量网络,若其上的所有弧上的流满足容量限制条件及中间平衡条件,则称 $v(f)$ 的最大值为该网络的最大流,记为 $v^*(f)$。

8.4.2 割与流量

① 割指在网络中用一条虚拟的割线将容量网络割断,使得 s 至 t 的流完全中断,则该割线所包含的全部弧的集合成为该网络的一个割。

如图 8.15 所示,割线所得弧的集合为 $\{(v_1,v_3),(v_2,v_4)\}$,注意:弧 (v_3,v_2) 不在割中,因为其指向为 t 至 s。

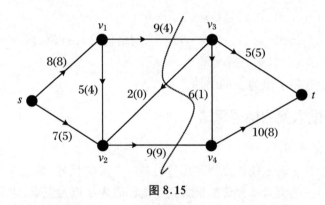

图 8.15

② 割可以用所有弧的集合表示,也可以用点集表示。割线将网络上的点分为 V 及 $\overline{V}$ 两个点集,则割可记为 $(V,\overline{V})$,其中 $V = (s,v_1,v_2)$,$\overline{V} = (v_3,v_4,t)$。上图中的割也可用弧 $(V,\overline{V}) = \{(v_1,v_3),(v_2,v_4)\}$ 的集合表示。

③ 割的容量记为组成割的所有弧的容量之和,用 $c(V,\overline{V})$ 表示。

8.4.3 最大流的最小割定理

若用 $f(V,\overline{V})$ 表示割中所有 $V \to \overline{V}$ 方向弧的流量之和,$f(\overline{V},V)$ 表示割中所有 $\overline{V} \to V$ 方向弧的流量之和,则:

$$f(V,\overline{V}) = \sum_{(i,j)\in(V,\overline{V})} f(v_i,v_j), f(V,\overline{V}) = \sum_{(j,i)\in(\overline{V},V)} f(v_j,v_i)$$

则有网络中的流量:

$$v(f) = f(V,\overline{V}) - f(\overline{V},V)$$

则 $v^*(f) = \text{Max } f(V,\overline{V}) - \text{Min } f(\overline{V},V) \leqslant c(V,\overline{V})$，令最小割的容量 $c^*(V,\overline{V}) = \text{Min } c(V,\overline{V})$，则 $v^*(f) = c^*(V,\overline{V})$。

定理 4 网络最大流的最小割定理，即网络中的最大流等于网络中最小割集的容量。

$$v^*(f) = c^*(V,\overline{V})$$

这个定理也为求解网络中的最大流提供了方向。

8.4.4 增广链

在网络中任意寻找一条 s 至 t 的链条 μ，并将方向为 $s \to t$ 的弧称为前向弧，记为 μ^+；方向为 $t \to s$ 的弧称为后向弧，记为 μ^-；若该链条满足下列条件：

$$\begin{cases} \mu^+ : f_{ij} < c_{ij} \\ \mu^- : f_{ij} \geqslant 0 \end{cases}$$

则称该链为增广链；若容量网络中存在增广链，则该容量网络的流量 $v(f)$ 未达最大值，仍可增加。

记 $\theta = \text{Min} \begin{cases} (c_{ij} - f_{ij}), \mu \in \mu^+ \\ f_{ij} : \mu \in \mu^- \end{cases}$，则 $\theta > 0$，对于容量网络中的流量作如下调整：

令 $f'_{ij} = \text{Min} \begin{cases} f_{ij} + \theta, (v_i, v_j) \in \mu^+ \\ f_{ij} - \theta, (v_i, v_j) \in \mu^- \\ f_{ij} : (v_i, v_j) \notin \mu \end{cases}$，则容量网络仍是可行流，但 $v'(f) = v(f) + \theta$，

可见网络中的流量获得了值为 θ 的增加。

8.4.5 求网络最大流的标号算法

1. 给点 s 点标号 $[0, \varepsilon(s)]$

标号中第一个数字表示使该点得到标号的前一个点的代号；第二个数字表示自上一个标号点至该标号点的流量所允许的最大调整值。因为 s 点为发点，故 $\varepsilon(s) = +\infty$。

2. 列出与已标号的相邻的所有未标号的点

① 分析自标号 i 点出发的弧 (v_i, v_j)，若 $f_{ij} = c_{ij}$，则不给 j 点标号；若 $f_{ij} < c_{ij}$，则对 j 点标号，记为 $[v_i, \varepsilon(j)]$。其中，$\varepsilon(j) = \text{Min}\{\varepsilon(i), (c_{ij} - f_{ij})\}$。

② 分析所有指向标号点 i 的弧 (v_h, v_i)，若 $f_{hi} = 0$，不给 h 点标号；若 $f_{hi} > 0$，则对点 h 标号，记为 $[v_i, \varepsilon(h)]$。其中，$\varepsilon(h) = \text{Min}\{\varepsilon(i), f_{hi}\}$。

③ 若某未标号点 k 可以分别从两个以上相邻的已标号点获得标号，则按①、②两步所述分别计算出 $\varepsilon(k)$ 之值，并取最大的一个 $\varepsilon(k)$ 给 k 点标号。这个选择可以保证 $v(f)$ 获得最快的增长。

3. 重复步骤 2 可能出现的两种结果

① 标号过程中断，t 点未获得标号，说明该网络中不存在增广链，网络中的流量已为最大流。

② t 点获得标号,则可从 t 点出发,按其所获得标号的点反向追踪至 s 点,就可以得到一条增广链;将增广链用双线标出。

4. 调整流量

设网络原来各弧(v_i,v_j)的流量为 f_{ij},令:

$$f'_{ij} = \text{Min} \begin{cases} f_{ij} + \varepsilon(t), (v_i,v_j) \in \mu^+ \\ f_{ij} - \varepsilon(t), (v_i,v_j) \in \mu^- \\ f_{ij}, (v_i,v_j) \notin \mu \end{cases} \tag{8.1}$$

去掉图中所有标号,按式 8.1 调整网络图中各条弧的流量。

5. 再重新标号

直至网络图中找不出增广链,此时的流量即为最大流。记已标号点的集合为 V,未标号点的集合为 $\overline{V}$,则 $(V,\overline{V})$ 即为网络中的最小割。此时网络中的流即为最大流。

例 8.7 求出图 8.16 的最大流。

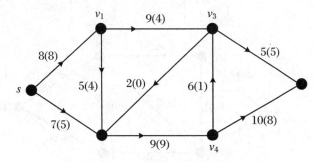

图 8.16 例 8.7 的初始图

第一次标号过程如图 8.17 所示:

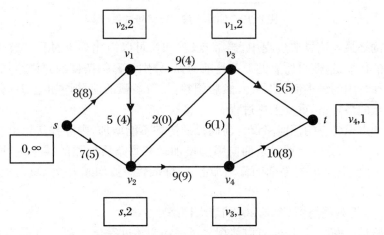

图 8.17 例 8.7 第一次标号过程

因为 t 点已获得标号,故网络中存在增广链,增广链如图 8.18 所示。

按式 8.1 对网络流量进行调整,并重新标号,如图 8.19 所示。因标号过程中断,t 点未获得标号,所以网络中已不存在增广链,故已得最大流。图中虚线所示即为最小割,

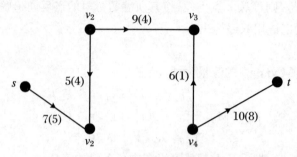

图 8.18 例 8.7 的增广链

$(V, \overline{V}) = \{(s, v_1, v_2), (v_2, v_4, t)\}$,$v^*(f) = 9 + 5 = 8 + 6 = 14$。最小割意味着网络中通行能力最弱的环节,即瓶颈处。如果能有效提高瓶颈处的输送能力,即可提高整个网络的输送能力。

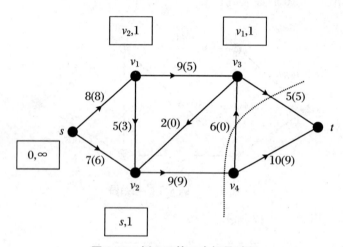

图 8.19 例 8.7 第二次标号过程

在实际网络最大流寻求过程中,当节点较少时,可以简化寻求过程。首先寻求一条始点至终点的最短链,使得所有的弧都是前向弧,分别计算每条弧的允许增加量,再计算所有允许增加量中的最小值,记为 θ;然后调整,使每条弧的流量均加上 θ。调整后再寻找始点至终点的最短路,重复上述过程。

如果从始点至终点的任何路仅含前向弧的链均不能增加,则寻找从始点至终点中含有后向弧的增广链,分别计算每条前向弧的增加量和每条后向弧的减少量,取所有允许调整量的最小值,记为 θ;每条前向弧均加上 θ,每条后向弧均减去 θ。重复上述过程,直到无法调整为止。

例 8.8 求下列网络图(图 8.20)的最大网络流。

解 按照最大网络流算法,可以将标号过程和调整过程合二为一,于是有:

首先找出从始点到终点的链,如:$s \to 1 \to 6 \to t$。每条弧均为前向弧,可增加量分别为 2、5 和 6,最小值为 2,于是每条弧上均增加 2。此时,$s \to 1$ 变成饱和弧。

接着,寻求链 $s \to 3 \to 4 \to t$,每条弧均为前向弧,可增加量分别为 2、3 和 13,最小值为 2,每条弧上均增加 2。此时,$s \to 3$ 变成饱和弧。

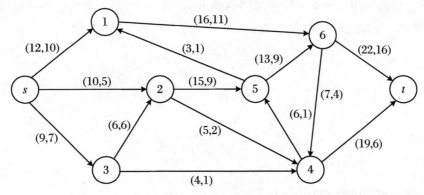

图 8.20 网络流图

再次,寻找 $s\to 2\to 5\to 6\to t$,每条弧均为前向弧,可增加量分别是 5、6、4 和 4,最小值为 4,于是每条弧的流量均增加 4。此时,$6\to t$ 变成饱和弧。

最后,可以寻求增广链 $s\to 2\to 3\to 4\to t$,其中仅 $3\to 2$ 为后向弧,于是其他前向弧的增加量分别为 1、1 和 11,后向弧的允许减少量为 6,取最小值 1,每条前向弧流量均加上 1,每条后向弧的流量减少 1,于是得到该问题的最大网络流的图(图 8.21)。

最大网络流量为 $v(f) = v_{s1} + v_{s2} + v_{s3} = 31$,最小割集为 $(V, \bar{V}) = \{(v_s), (v_1, v_2, \cdots, v_t)\}$。

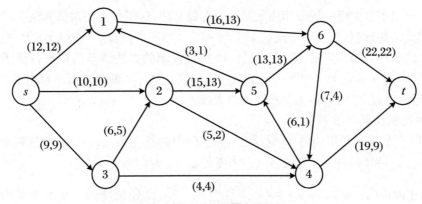

图 8.21 网络最大流图

8.5 最小费用最大流及中国邮递员问题

8.5.1 最小费用最大流问题及模型

在考虑最大流问题时,如果这个问题的已知条件还包括每条弧运送单位物资的费用,那么怎样运送才能在得到最大运输量的同时,使得输送总费用最少?这便是最小费用最大流问题。

在最大流的有关定义的基础上,每条弧的参数除了 c_{ij} 外,还有另外一个参数 b_{ij}(表示单位流量所需费用),如果已知该网络的最大流值为 $v^*(f)$,那么最小费用最大流问题,显然可用以下线性规划模型加以描述:

$$\text{Min } Z = \sum_{(i,j) \in G} b_{ij} f_{ij}$$

$$\text{s.t.:} \begin{cases} \sum_{i=1}^{m} f_{ij} - \sum_{j=1}^{n} f_{jk} = 0 (i \neq s, j \neq t) \\ 0 \leqslant f_{ij} \leqslant c_{ij} \\ \sum_{i} f_{si} = \sum_{j} f_{jt} = v^*(f) \end{cases} \quad (8.2)$$

8.5.2 最小费用最大流的计算

对于某个可行流 f,μ 为一条自发点 s 至收点 t 的增广链。令:

$d(\mu) = \sum_{(v_i,v_j) \in \mu^+} b_{ij} - \sum_{(v_i,v_j) \in \mu^-} b_{ij}$,若 μ^* 是 $d(\mu^*) = \text{Min}[d(\mu)]$ 所对应的增广链,则称 μ^* 为 f 的一条最小费用增广链。

定理 5 若对于某个可行流 f,若其为流量 $v(f)$ 的最小费用流,μ^* 为一条自发点 s 至收点 t 的最小费用增广链,则 f 经过 μ^* 调整后所得 f' 一定是流量为 $v'(f)$(其值为 $v(f)+\theta$)的最小费用流。

1. 对偶算法

求最小费用最大流一般采用原始算法或对偶算法,这里仅介绍对偶算法。

对偶算法的思想:先找一个流量 $v(f^{(0)}) < v^*(f)$ 的可行流 $f^{(0)}$,μ^* 为 $f^{(0)}$ 中自发点 s 至收点 t 的最小费用增广链,则 $f^{(0)}$ 经过 μ^* 按最大流的方法调整后得可行流 $f^{(1)}$,根据定理4,$f^{(1)}$ 一定是流量为 $v(f^{(0)}+\theta)$ 的最小费用流。这样不断寻找最小费用增广链予以调整,直至流量为 $v^*(f)$,得到最小费用最大流。

2. 构造赋权有向图 $W(f)$

图 $W(f)$ 的顶点是原网络 D 的顶点,而把 D 中的每一条弧 (v_i,v_j) 变成两个相反方向的边 (v_i,v_j) 和 (v_j,v_i)。定义 $W(f)$ 中弧的权 w_{ij} 为:

对于正向边 (v_i,v_j),其 $w_{ij} = \begin{cases} b_{ij} & (f_{ij} < c_{ij}) \\ +\infty & (f_{ij} = c_{ij}) \end{cases}$;此处长度为 $+\infty$ 的含义为弧中流量已为最大,不可能增加,增加的成本为 $+\infty$。

对于反向边 (v_j,v_i),其 $w_{ij} = \begin{cases} -b_{ij} & (f_{ij} > 0) \\ +\infty & (f_{ij} = 0) \end{cases}$,此处长度为 $+\infty$ 的含义弧中流量已减少为 0,不可能再减少,减少的成本为 $+\infty$。长度为 $+\infty$ 的弧可以从 $W(f)$ 中略去。

这样求原网络中的最小费用增广链转化为求 $W(f)$ 中自发点 s 至收点 t 的最短路。

3. 对偶问题步骤

① 若在第 $(k-1)$ 步得到最小费用流 $f^{(k-1)}$,其流量为 $v(f^{(k-1)})$,且小于 $v^*(f)$,则构造赋权有向图 $W(f^{(k-1)})$ 中。

② 在 $W(f^{(k-1)})$ 中,寻求从 v_s 到 v_t 的最短路。若不存在最短路(即最短路权是 $+\infty$),则 $f^{(k-1)}$ 就是最小费用最大流。若存在最短路,则在原网络 D 中可得到 $f^{(k-1)}$ 相

应的增广链 μ^*，在增广链 μ^* 上对 $f^{(k-1)}$ 进行调整，调整量为 $\theta = \underset{\mu^+}{\operatorname{Min}}\left[c_{ij} - f_{ij}^{(k-1)}\right]$，$\underset{\mu^-}{\operatorname{Min}}\left[f_{ij}^{(k-1)}\right]$。

令 $f_{ij}^{(k)} = \begin{cases} f_{ij}^{(k-1)} + \theta & (v_i, v_j) \in \mu^+ \\ f_{ij}^{(k-1)} - \theta & (v_i, v_j) \in \mu^- \\ f_{ij}^{(k-1)} & (v_i, v_j) \notin \mu \end{cases}$，得到新的可行流 $f^{(k)}$，再对 $f^{(k)}$ 重复上述步骤，直到不存在最短路为止。

例 8.9 求下图 8.22 所示网络中从 v_s 到 v_t 的最小费用最大流，弧旁的数字为 (b_{ij}, c_{ij})。

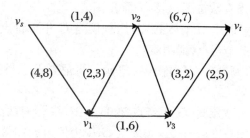

图 8.22 网络图

解 求起点到终点的最短路，为 $v_s \to v_2 \to v_3 \to v_t$ 或 $v_s \to v_2 \to v_1 \to v_3 \to v_t$。任意选择一条，如 $v_s \to v_2 \to v_3 \to v_t$，每段弧可以增加的流量为 4、2 和 5，于是分别在该三段弧上增加流量为 2，此时 $v_2 \to v_3$ 变成饱和弧。

余下的最短路为 $v_s \to v_2 \to v_1 \to v_3 \to v_t$，每段弧上可以增加的流量分别为 2、3、6 和 3，于是该四段弧上分别增加流量为最小值 2。此时 $v_s \to v_2$ 变成饱和弧。接着，余下最短路为 $v_s \to v_1 \to v_3 \to v_t$，可以增加的流量为 1，于是三段弧分别增加流量为 1。

余下的增广链为 $v_s \to v_1 \to v_2 \to v_t$，可以改变的量为 2，于是前向弧流量增加 2，后向弧流量减少 2。余下的增广链为 $v_s \to v_1 \to v_3 \to v_2 \to v_t$，可以改变的量为 2，于是前向弧流量增加 2，后向弧流量减少 2。

此时，已经不存在最短路，于是最大流量为 9，最小费用为：
$$4 \times 1 + 5 \times 4 + 5 \times 1 + 4 \times 6 + 5 \times 2 = 63$$

其最小费用最大网络流如图 8.23 所示。

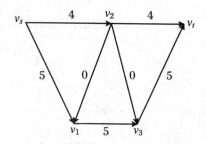

图 8.23 最小费用最大网络流图

8.5.3 中国邮递员问题

中国邮递员问题也称为一笔画问题,也是图论中最早研究出来的一个问题,是欧拉于 1736 年研究哥尼斯堡七桥问题时提出来的。解中国邮递员问题之前先介绍几个相关概念。

1. 欧拉链、欧拉圈、欧拉图、割边

欧拉链 给定一个连通多重图 G,若存在一条链,过每边一次,且仅一次,则称这条链为欧拉链。

欧拉圈 若存在一个简单圈,过每边一次,且仅一次,称这个圈为欧拉圈。

欧拉图 一个图如果有欧拉圈,则称为欧拉图。

定理 5 如果连通多重图 G 有欧拉圈,当且仅当 G 中无奇点。连通多重图 G 有欧拉链,当且仅当 G 恰有两个奇点(证明略)。

依据这种性质,可以判断一个图能否一笔画。哥尼斯堡七桥图不能一笔画,因为该图有四个奇点。

一笔画画图就是找出欧拉圈(G 无奇点)和欧拉链(G 恰有两个奇点)。

割边 设 e 是连通图 G 的一个边,如果从 G 中去掉边 e,图就不连通了,则称 e 是图 G 的割边。

设 $G = (V, E)$ 是无奇点的连通图,以 $\mu_k = \{v_{i0}, e_{i1}, v_{i1}, e_{i2}, v_{i2} \cdots v_{i,k-1}, e_{ik}, v_{ik}\}$, 记在第 k 步简单链,记 $E_k = \{e_{i1}, e_{i2} \cdots e_{ik}\}$,$\bar{E}_k = E/E_K$,$G_K = (V, \bar{E}_K)$。开始 $k = 0$ 时,令 $\mu_0 = (v_{i0})$,v_{i0} 是图 G 的任意一点,$E_0 = \emptyset$,$G_0 = G$。

第 $k+1$ 步:在 G_k 中选 v_{ik} 的一条关联边 $e_{i,k+1} = [v_{ik}, v_{i,k+1}]$,使 $e_{i,k+1}$ 不是 G_k 的割边(除非 v_{ik} 是 G_k 的悬挂点,v_{ik} 在 G_k 中的悬挂边选为 $e_{i,k+1}$)。

令 $\mu_{k+1} = \{v_{i0}, e_{i1}, v_{i1}, e_{i2}, v_{i2} \cdots v_{i,k-1}, e_{ik}, v_{ik}, e_{i,k+1}, v_{i,k+1}\}$,重复这个过程,直到选不到所要求的边为止。可以证明:这时的简单链必定终止于 v_{i0},就是图 G 的欧拉圈。

条件 A 如果没有奇点,邮递员就可以从邮局出发,走过每条街道一次且仅一次,最后回到邮局路程最短。

对有奇点的街道图(图 8.24),就必须在某些街道上重复走一次或多次。如:$v_1 \to v_2 \to v_4 \to v_3 \to v_2 \to v_4 \to v_6 \to v_5 \to v_4 \to v_6 \to v_5 \to v_3 \to v_1$,总权为 12。此时,边 $[v_2, v_4]$,$[v_4, v_6]$,$[v_6, v_5]$ 上各重复走了一次。

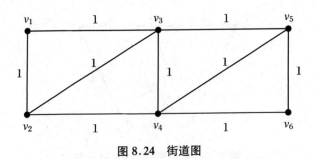

图 8.24 街道图

如果边 $[v_i, v_j]$ 上重复走了几次,可在图中 v_i, v_j 之间增加几条边,令每条边的权和原来的权相等,把新增加的边称为重复边。这条路线就是相应的新图中的欧拉圈。例如在图 8.25 中,两条投递路线分别是形成下图的欧拉圈。

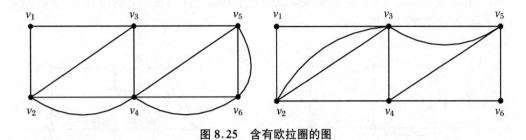

图 8.25　含有欧拉圈的图

于是,中国邮递员问题是在一个有奇点的图中,增加一些重复边,使新图不含奇点,并且重复边的总权为最小。

条件 B　在最优方案中,图的每一边上最多有一条重复边。

新图中不含奇点而增加的重复边称为可行(重复边)方案,总权最小的可行方案称为最优方案。

2. 奇、偶点作业法

解决中国邮递员问题的方法主要是奇偶点作业法,包括以下步骤:

(1) 确定初始可行方案

如果图中有奇点,就可以把它们配成对。因为图是连通的,故每一对奇点之间必有一条链,把这条链的所有边作为重复边加到图中去,新图中必无奇点,即给出了第一个可行方案。

(2) 调整可行方案,使重复边总权下降

图 8.26 中在边 $[v_i, v_j]$ 上有两条重复边,去掉重复边图仍无奇点,剩下的重复边也是一个可行方案,而总长度却有所下降。同样 $[v_1, v_8]$,$[v_4, v_5]$,$[v_5, v_5]$ 上的重复边也是如此。

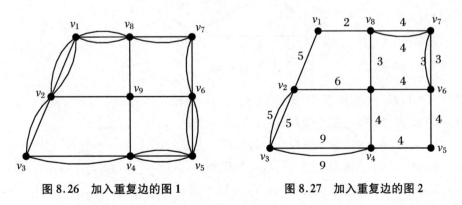

图 8.26　加入重复边的图 1　　　　图 8.27　加入重复边的图 2

若 $[v_i, v_j]$ 上有两条或以上的重复边,去掉偶数条,就得到一个总权较小的可行方案。

图 8.26 可以调整为图 8.27,重复边总权下降为 21。把图中某个圈上的重复边去掉,而给没有重复边的边加上重复边,图中仍没有奇点。如果在某个圈上重复边的总权大于

这个圈的总权的一半,将得到一个总权下降的可行方案。

在图 8.26 中,圈(v_2,v_3,v_4,v_9,v_2)的总权为 24,重复边总权为 14,大于该圈总权的一半。因此以$[v_2,v_9]$,$[v_9,v_4]$上的重复边代替$[v_2,v_3]$,$[v_3,v_4]$上的重复边,使重复边总权下降为 17,如图 8.28。

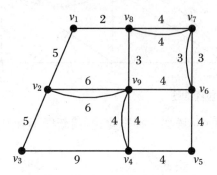

图 8.28 加入重复边的图 3

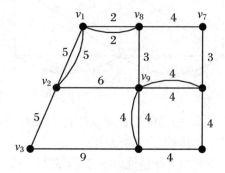

图 8.29 加入重复边的图 4

3. 判断最优方案的标准

一个最优方案是满足 A 和 B 的可行方案。若满足,所得方案即为最优方案;若不满足则调整方案直至条件 A 和 B 均得到满足时为止。图 8.28 中的圈$(v_1,v_2,v_9,v_6,v_7,v_8,v_1)$,重复边的总权为 13,而圈的总权为 24,不满足条件(2),经调整得图 8.29。重复边的总权将下降为 15。检查图 8.29,条件 A 和 B 均满足,于是得最优方案。

例 8.10 用避圈法求图 8.30 的最小支撑树。

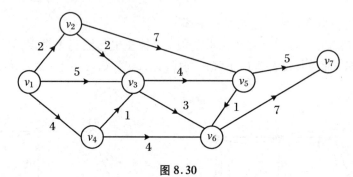

图 8.30

解 $i=1, E_0=\emptyset$,从 E 中选最小权边$[v_3,v_4]$,$E_1=\{[v_3,v_4]\}$;

$i=2$,从 E/E_1 中选最小边权$[v_5,v_6]$,$E_2=\{[v_3,v_4],[v_5,v_6]\}$;

$i=3$,从 E/E_2 中选最小边权$[v_1,v_2]$,$E_3=\{[v_3,v_4],[v_5,v_6],[v_1,v_2]\}$;

$i=4$,从 E/E_3 中选最小边权$[v_2,v_3]$,$E_4=\{[v_3,v_4],[v_5,v_6],[v_1,v_2],[v_2,v_3]\}$;

$i=5$,从 E/E_4 中选最小边权$[v_3,v_6]$,$E_5=\{[v_3,v_4],[v_5,v_6],[v_1,v_2],[v_2,v_3],[v_3,v_6]\}$;

$i=6$,从 E/E_5 中选最小边权$[v_5,v_7]$,$E_6=\{[v_3,v_4],[v_5,v_6],[v_1,v_2],[v_2,v_3],[v_3,v_6],[v_5,v_7]\}$;

$i=7$,这时,任一条未选的边都与已选的边构成圈,所以算法终止。

(V, E_6) 就是要求的最小树,树枝总长为 14 单位。

例 8.11　采用标号算法求图 8.31 的最大流。

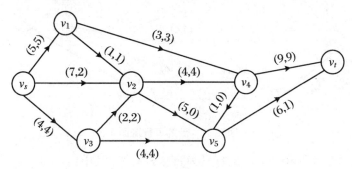

图 8.31

解　(1) 标号过程

首先给 v_s 标上 $[0, +\infty]$,检查 v_s:

在弧 (v_s, v_1) 上,$f_{s1} = 3, c_{s1} = 5, f_{s1} < c_{s1}$,则 v_1 的标号为 $[v_s, \varepsilon(v_1)]$,其中:

$$\varepsilon(v_1) = \text{Min}\,[\varepsilon(v_s), (c_{s1} - f_{s1})] = \text{Min}\,[+\infty, (5-3)] = 2$$

在弧 (v_s, v_2) 上,$f_{s2} = 4, c_{s2} = 7, f_{s2} < c_{s2}$,则 v_2 的标号为 $[v_s, \varepsilon(v_2)]$,其中:

$$\varepsilon(v_2) = \text{Min}\,[\varepsilon(v_s), (c_{s2} - f_{s2})] = \text{Min}\,[+\infty, (7-4)] = 3$$

在弧 (v_s, v_3) 上,$f_{s3} = c_{s3} = 4$,不满足标号过程:

v_1, v_2 中任选一个检查,如检查 v_2:在弧 (v_2, v_3) 上,$f_{23} = 2 > 0$,则 v_3 的标号为 $[v_2, \varepsilon(v_3)]$,其中:

$$\varepsilon(v_3) = \text{Min}\,[\varepsilon(v_2), f_{23}] = \text{Min}\,[3, 2] = 2$$

在弧 (v_2, v_4) 上,$f_{24} = c_{24} = 4$,不满足标号过程;在弧 (v_2, v_5) 上,$f_{25} = 2, c_{25} = 5$,$f_{25} < c_{25}$,则 v_5 的标号为 $[v_2, \varepsilon(v_5)]$,其中:

$$\varepsilon(v_5) = \text{Min}\,[\varepsilon(v_2), (c_{25} - f_{25})] = \text{Min}\,[3, (5-2)] = 3$$

v_1, v_5 中任选一个检查,如检查 v_5:在弧 (v_5, v_4) 上,$f_{54} = 0$,不满足标号过程;在弧 (v_5, v_t) 上,$f_{5t} = 4, c_{5t} = 6, f_{5t} < c_{5t}$,则 v_t 的标号为 $[v_5, \varepsilon(v_t)]$,其中:

$$\varepsilon(v_t) = \text{Min}\,[\varepsilon(v_5), (c_{5t} - f_{5t})] = \text{Min}\,[3, (6-4)] = 2$$

因 v_t 有了标号,故转入调整过程。

(2) 调整过程

按点的第一个标号找到一条增广链:$v_s \rightarrow v_2 \rightarrow v_5 \rightarrow v_t$。

易见 $\mu^+ = \{(v_s, v_2), (v_2, v_5), (v_5, v_t)\}$,按 $\theta = \varepsilon(v_t) = 2$ 在 μ 上调整 f。

$f_{s2} + \theta = 4 + 2 = 6, f_{25} + \theta = 2 + 2 = 4, f_{5t} + \theta = 4 + 2 = 6$,其余的 f_{ij} 不变。

调整后得如图 8.32 所示的新可行流,对这个新可行流重新进行标号过程。

在弧 (v_s, v_1) 上,$f_{s1} = 3, c_{s1} = 5, f_{s1} < c_{s1}$,则 v_1 的标号为 $[v_s, \varepsilon(v_1)]$,其中:

$$\varepsilon(v_1) = \text{Min}\,[\varepsilon(v_s), (c_{s1} - f_{s1})] = \text{Min}\,[+\infty, (5-3)] = 2$$

在弧 (v_s, v_2) 上,$f_{s2} = 6, c_{s2} = 7, f_{s2} < c_{s2}$,则 v_2 的标号为 $[v_s, \varepsilon(v_2)]$,其中:

$$\varepsilon(v_2) = \text{Min}\,[\varepsilon(v_s), (c_{s2} - f_{s2})] = \text{Min}\,[+\infty, (7-6)] = 1$$

在弧 (v_s, v_3) 上,$f_{14} = c_{14} = 3$,不满足标号过程。v_1, v_2 中任选一个检查,如检查 v_2:

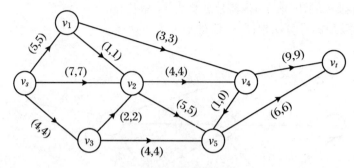

图 8.32 新的可行流图

在弧 (v_2, v_3) 上,$f_{23} = 2 > 0$,则 v_3 的标号为 $[v_2, \varepsilon(v_3)]$,其中:

$$\varepsilon(v_3) = \text{Min}\,[\varepsilon(v_2), f_{23}] = \text{Min}\,[3, 2] = 2$$

在弧 (v_2, v_4) 上,$f_{23} = c_{23} = 4$,不满足标号过程;在弧 (v_2, v_5) 上,$f_{25} = 4$,$c_{25} = 5$,$f_{25} < c_{25}$,则 v_5 的标号为 $[v_2, \varepsilon(v_5)]$,其中:

$$\varepsilon(v_5) = \text{Min}\,[\varepsilon(v_2), (c_{25} - f_{25})] = \text{Min}\,[5, (5-4)] = 1$$

v_1, v_5 中任选一个检查,如检查 v_5:在弧 (v_5, v_4) 上,$f_{54} = 0$;在弧 (v_5, v_t) 上,$f_{5t} = c_{5t} = 6$,均不满足标号条件;在弧 (v_1, v_4) 上,$f_{14} = c_{14} = 3$,不满足标号过程;标号过程无法继续下去,算法结束。这时的可行流即为所求最大流。最大流量为:

$$v^*(f) = f_{s1} + f_{s2} + f_{s3} = f_{4t} + f_{5t} = 13$$

习　题

1. 分别用破圈法和避圈法找出图 8.33 中各图的最小树。

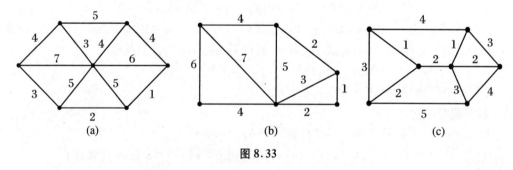

图 8.33

2. 用 Dijkstra 方法求图 8.34 各图中从 v_1 到各点的最短路。

3. 如图 8.35 所示,弧旁的数字是 (c_{ij}, f_{ij}),试确定所有的截集,并求最小截集的容量。

4. 求图 8.36 所示网络的最大流(弧旁的数字是 (c_{ij}, f_{ij}))。

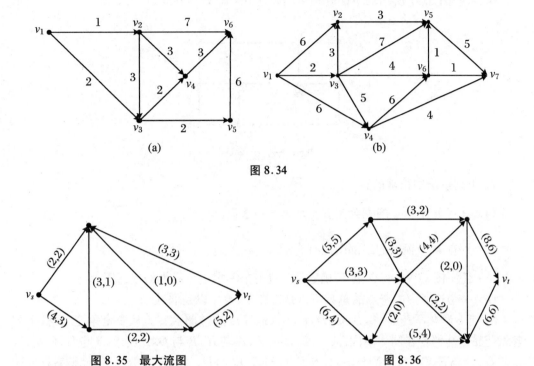

图 8.34

图 8.35 最大流图

图 8.36

5. 现有 6 项不同的工作任务 $A_i(i=1,\cdots,6)$ 共 10 件,安排甲、乙、丙、丁 4 人去完成,每种性质的工作每人最多做一件。每人需完成的工作件数及对各种性质工作的喜爱程度如表 8.3 所示,表中用分数 1、2、3、4、5、6 来衡量每人对各种性质工作的喜爱程度,分数越低的工作越喜欢做。现要求安排这些人的工作,使得分数的总和最小,以尽量满足他们对工作的喜爱要求。试将该问题表示成一个最小费用最大流问题。

表 8.3 工作数据表

喜爱程度 \ 工作	人员				该工作件数
	甲	乙	丙	丁	
A_1	1	4	5	2	3
A_2	4	2	6	4	2
A_3	3	6	1	6	2
A_4	2	1	4	3	1
A_5	6	5	3	1	1
A_6	5	3	2	5	1
该工人需要完成的工作件数	2	2	3	4	

6. 求解图 8.37 所示的中国邮递员问题,图中 v_7 处为邮局。

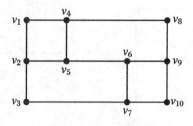

图 8.37 街道图

7. 下列说法中正确的有:

(1) 具有 n 个顶点的完全图有 $\frac{1}{2}n(n-1)$ 条边。

(2) 具有 n 个顶点的二部图恒有 $\frac{1}{2}n(n-1)$ 条边。

(3) 任一图 G 中,当点集 V 确定后,树图是 G 中边数最少的连通图。

(4) 一个连通图中奇点的总数可以是奇数个,也可以是偶数个。

8. 有 8 种化学药品 A,B,C,D,E,F,G,H 要放进储藏室。从安全角度考虑,下列各组药品不能储存在同一室内:A 与 C,A 与 F,A 与 H,B 与 D,B 与 F,B 与 H,C 与 D,C 与 G,D 与 E,D 与 G,E 与 G,E 与 F,F 与 G,G 与 H。问至少需要几间储藏室存放这些药品?

9. 某单位招收懂俄、英、日、德、法文翻译各 1 人,有 5 人应聘。已知:乙懂俄文,丙懂英文,甲、丙、丁懂日文,乙、戊懂德文,戊懂法文,问这 5 个人是否都能得到聘书?最多几人能得到招聘,分别从事哪一方面的翻译任务?

10. 某种货物由 2 个仓库 A_1,A_2 运送到 3 个配货中心 B_1,B_2,B_3。A_1,A_2 的库存量分别为每天 13 t、9 t;B_1,B_2,B_3 每天需求分别为 9 t、5 t 和 6 t。各仓库到配货中心的运输能力、单位运费如表 8.4 所示,求运费最省的运输方案。

表 8.4 各仓库到配货中心的运输能力、单位运费

运程	运量限制(t/天)	运费(百元/t)
$A_1 \to B_1$	8	3
$A_1 \to B_2$	7	11
$A_1 \to B_3$	5	10
$A_2 \to B_1$	6	8
$A_2 \to B_2$	3	7
$A_2 \to B_3$	5	4

11. 表 8.5 给出某运输问题的产销平衡和单位运价表,要求将此问题转化为最小费用最大流问题,并画出网络图。

表 8.5 产销平衡和单位运价表

销地 产地	B_1	B_2	B_3	产量
A_1	20	24	5	8
A_2	30	22	20	7
销量	4	5	6	

第9章 网络计划评审技术

随着科学技术和生产的迅速发展,出现了许多庞大而复杂的科研和工程项目,它们工序繁多,协作面广,常常需要动用大量人力、物力、财力。因此,如何合理而有效地把它们组织起来,使之相互协调,在有限资源下,以最短的时间和最低的费用,最好地完成整个项目就成为一个突出的重要问题。

关键路线法(critical path method,CPM)和计划评审技术(program evaluation and review technique,PERT)就是在这种背景下出现的。这两种计划方法是分别独立发展起来的,但其基本原理是一致的,都是使用网络图来表达项目中各项活动的进度和它们之间的相互关系,并在此基础上,进行网络分析,以求得最短周期。同时还可将成本与资源问题考虑进去,以求得综合优化的项目计划方案。因为这两种方法都是通过网络图和相应的计算来反映整个项目的全貌,所以又叫作网络计划技术。后来在此基础之上还陆续发展了一些新的网络技术,如图示评审技术(graphical evaluation and review technique,GERT)、风险评审技术(venture evaluation and review technique,VERT)等。

PERT 最早是由美国海军在计划和控制北极星导弹的研制时发展起来的。PERT 技术使北极星导弹的研制时间缩短了两年。PERT 也是广泛使用的时间管理及计划编制的重要手段、方法。

PERT 通过网络图来表达项目中各项活动的进度和它们之间的相互关系,以时间为中心,找出从开工到完工的关键路线,并围绕关键路线对系统进行统筹规划,合理安排各项工作的完成进度,以达到用最少的时间和资源消耗来完成系统预定目标。

借助 PERT 可以辨认出潜在的可能出问题的环节,还可以方便地比较不同行动方案在进度和成本方面的效果。

CPM 与 PERT 区别很小,仅前者的时间参数是确定型的,而后者的时间参数是不确定型的。这里统一给出专用的术语和符号。

9.1 网络图介绍

网络图由箭头和线组成,又称箭头图。

9.1.1 相关概念

1. 节点和箭线

箭线是一线段带箭头的实射线(用"→"表示)和虚射线(用"--→"表示),节点是箭线

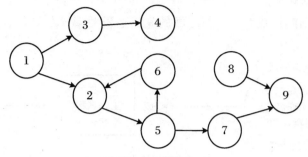

图 9.1　网络图

两端的连接点(用"○"或"□"表示)，如图 9.1 所示。

2. 工作

也称工序、活动、作业，将整个项目按需要粗细程度分解成若干需要耗费时间或需要耗费其他资源的子项目或单元。

描述工程项目网络计划图有两种表达的方式：双代号网络计划图和单代号网络计划图。双代号网络计划图在计算时间参数时，又可分为工作计算法和节点计算法。

3. 双代号网络计划图

该类型网路图用箭线表示工作，节点表示事项。事项是各项工作的开始或结束，本身不需要时间或时间可以忽略不计。圆圈及其里面的数字表示事项，箭尾表示工作的开始点，箭头表示工作的完成点。箭杆上的数字表示完成该工作所需时间。工作用开始事项和结束事项表示，故称之为双代号。如图 9.2 中某项工作可用事项 (i,j) 表示。

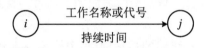

图 9.2　双代号工作表示

图 9.2 就是一个双代号图。

4. 虚工作

虚工作表示工时为零，不消耗任何资源的虚拟工作，其作用是为了正确表示各项工作在时间上的先后关系。虚工作用虚射线表示。双代号网路图中因经常加入虚工作，显得较复杂，故单代号网络图应运而生。

图 9.3 的事件 1 至事件 2 就是一个虚工作。

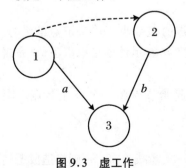

图 9.3　虚工作

5. 单代号网络计划图

用节点表示工作,箭线表示工作之间的先后逻辑关系。在节点中标记必需的信息,如图9.4所示。

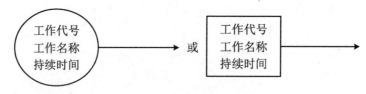

图9.4 单代号工作表示

6. 起始节点和终止节点

起始节点表示整个项目的开始,终止节点表示整个项目的完成。

7. 紧前工作和紧后工作

紧前工作是指紧排在本工作之前的工作,且必须在其完成后,才能开始本工作。紧后工作是指紧排在本工作之后的工作,且必须本工作完成后,才能开始的工作。

从起始节点至本工作之前在同一线路的所有工作,称为先行工作;自本工作到终点节点在同一线路的所有工作,称为后继工作。

8. 平行工作与交叉工作

可与本工作同时进行的工作,称作平行工作;两件或以上工作交叉进行,称为交叉工作。

9. 线路

线路是指网络图中从起点节点沿箭线方向顺序通过一系列箭线与节点,最终到达终点节点的通路。

从网络图中可以计算出各线路的持续时间,其中有一条线路的持续时间最长,该线路是关键路线,或称为主要矛盾线。关键路线上的各工作为关键工作,它的持续时间就决定了整个项目的工期。

9.1.2 网络图的绘制规则

为了正确表述各个工作的相互连接关系,准确绘制网络计划图,应遵循以下规则:

1. 网络计划图的方向、时序和节点编号

网络计划图是有向、有序的赋权图,按项目的工作流程自左向右地绘制,在时序上反映完成各项工作的先后顺序。

节点编号必须按箭尾节点的编号小于箭头节点的编号来标记,即对任一工作(i,j)而言,$j>i$;网络图中最大数字 n 表示计划结束事项(总完成事项)。

2. 起始节点和终止节点

在网络图中只能有一个起始节点和一个终止节点。图9.1中有1和8两个起点,4和9两个终点,不符合规则。

3. 相邻两节点

相邻两节点之间只能有一条箭线连接,否则将造成逻辑上的混乱。

4. 先后顺序的逻辑
必须准确表示各工作之间的先后顺序的逻辑。

5. 网络计划图中不能有缺口和回路
在网络计划图中严禁出现从一个节点出发,顺箭线方向又回到原出发节点,形成回路。回路将表示这工作永远不能完成。如图9.1中2、5、6三个节点间存在回路。

网络计划图中出现缺口,表示这些工作永远达不到终点,项目无法完成。

6. 虚工作的使用
在图9.3中,以2事件作为起点的工作必须在 a 和 b 工作完成后才能开始,但不能将1和2之间用实箭线直接连接,否则1与2之间存在工作。

当工程开始或完成时存在几个平行工作时,可以用虚工作将它们与起始节点或终点节点连接起来。

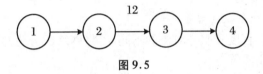

图 9.5

如图9.5所示,为提高工作(2,3)的效率,增加2组人,将工作(2,3)分成3组,分别为(2,3)(2,4)(2,5),每组4小时,3组同时平行工作,其中2组就必须使用虚工作与事件5连接,如图9.6所示。

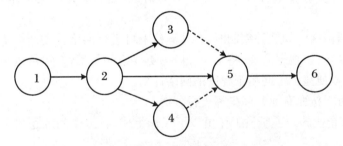

图 9.6 用虚工序表示的平行工作

当出现交叉工作时可以使用虚工作连接。如工作 A 与 B 分别为下料和冲压,可以下料一部分就开始冲压,可以节约时间。可以将 A,B 两项工作分别分为三段,$A = a_1 + a_2 + a_3, B = b_1 + b_2 + b_3$,用下图9.7表示。

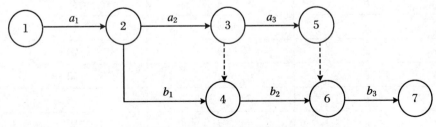

图 9.7 用虚工序表示的交叉工作

7. 网络计划图的布局

尽可能将关键路线布置在网络计划图的中心位置,按工作的先后顺序将联系紧密的工作布置在邻近的位置。为了便于在网络计划图上标注时间等数据,箭线应是水平线或具有一段水平线的折线。避免箭线产生交叉,合理布局;使得整个网络图层次分明,结构清晰。

9.1.3 网络图的类型

根据不同的指标,可以对网络图进行各种分类。

1. 确定型与概率型网络图

现实中每项工作的工时是一个估计值,若这个估计的概率近似为1,则视为确定型网络图;若工时通过三个特定工时(最快可能完成工时、最可能工时、最慢可能完成工时)来计算,则视为概率型网络图。

2. 总网络计划图及多级网络图

按照网络图的综合程度和服务对象的不同,可将网络图分为总网络图、一级网络图、二级网络图和局部网络图等。

① 总网络计划图,以整个项目为计划对象,编制网络计划图,供决策领导层使用。

② 分级网络计划图,按不同管理层次的需要,编制的范围大小不同、详细程度不同的网络计划图,供不同层级的管理部门使用。

③ 局部网络计划图,将整个项目某部分为对象,编制更详细的网络图,供专业部门使用。

当用计算机网络计划软件编制时,在计算机上可进行网络计划图分解与合并。网络计划图详细程度,可以根据需要,将工作分解为更详细的子工作,也可以将几项工作合并为综合的工作,以便显示不同粗细程度的网络计划。

网络图还可以按照有无时间坐标进行分类。

例 9.1 某企业的一项研发工作由以下工作组成,各工作间的逻辑关系及所用时间见表 9.1。

表 9.1 例 9.1 的数据

工作	紧前工作	工时(周)
a	——	60
b	a	45
c	a	10
d	a	20
e	a	40
f	c	18
g	d	30
h	d,e	15

续表

工作	紧前工作	工时（周）
k	g	25
l	b,f,k,h	35

(1) 任务的分解

根据实际状况可将该任务分解为相对独立的多项工作，但必须明确各项工作上的逻辑关系以及各自所需时间，如表9.1所示。

(2) 绘制网络图

按照前述编制原则编织网络图，在箭线上标明工时及工作名或代号，如图9.8所示。

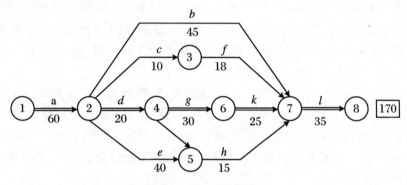

图 9.8　例 9.1 的网络图

(3) 节点编号

节点编号从左向右、由小及大，并保证箭尾编号小于箭头编号。标号可以不连续，以便于插入编号进行修改。

9.2　时间参数的计算

计算网络图中有关的时间参数，主要目的是找出关键路线，为网络计划的优化、调整和执行提供明确的时间概念。

在例 9.1 中可以看出从起点至终点共有 4 条线路，线路及所需时间如下：

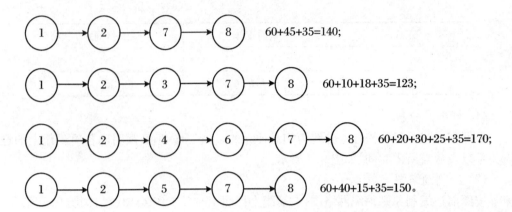

因为第三条线路所需时间为170最长,所以总工期为170周。很显然,在这条线路上,工期延长,则任务完成总时间就会延长;而不在这条线路上的工作时间延长,则不会有这么显著的影响。因此第三条线路就是整个任务的关键线路,在网络图上一般用双线标出,关键线路上的工作称为关键工作。

对整个任务进行时间管理,首要是找到关键线路,确保关键工作顺利展开;并在此基础之上考虑缩短工期或降低成本等各项管理。关键线路可以通过时间参数的计算获得。

网络图中工作的时间参数主要有:工作持续时间(D);工作最早开始时间(ES),工作最早完成时间(EF);工作最迟开始时间(LS),工作最迟完成时间(LF);工作总时差(TF)和工作自由时差(FF)。

9.2.1 工作持续时间 D

指完成某一项工作所需要的时间,其确定方法有以下两种。

1. 单时估计法(定额法)

这是一种确定型的工作时间,每项工作只估计或规定一个确定的持续时间值。一般已知现有任务的总工作量、劳动定额资料以及投入人力量等数据等。工作的持续时间为 $D = \dfrac{Q}{R \times S \times n}$,其中 Q 为任务的总工作量,通常以小时、体积、质量、长度等单位表示;R 为可投入人力和设备的数量;S 是每个人或每台设备单班的工作能力;n 是每天正常工作班数。

当具有类似工作的持续时间的历史资料时,可以根据这些资料,采用分析对比的方法确定所需工作的持续时间。

2. 三时估计法

在不具备有关工作的持续时间的历史资料时,在较难估计出工作持续时间时,可对工作进行估计三种时间值,然后计算其平均值。这三种时间值是:

乐观时间:在一切都顺利时,完成工作需要的最少时间,记作 a。

最可能时间:在正常条件下,完成工作所需要的时间,记作 m。

悲观时间:在不顺利条件下,完成工作需要最多的时间,记作 b。

上述三种时间发生都具有一定的概率,这些时间的概率分布通常被认为是正态分布。一般情况下,通过专家估计法给出三时数据。

工作时间可用数学期望代替:

$$D = \frac{a + 4m + b}{6} \quad (9.1)$$

方差为:

$$\sigma^2 = \left(\frac{b - a}{6}\right)^2 \quad (9.2)$$

关于式 9.1、式 9.2,数学家华罗庚曾予以说明:通常假定最可能时间是乐观时间及悲观时间的 2 倍,利用加权平均法计算 D 的数学期望与方差。

在 (a, m) 之间的均值为 $\frac{a + 2m}{3}$;在 (m, b) 之间的均值为 $\frac{2m + b}{3}$;

在 (a, m) 与 (m, b) 内的概率分别为 $\frac{1}{2}$,所以数学期望的计算如下:

$$D = \frac{1}{2}\left(\frac{a + 2m}{3} + \frac{2m + b}{3}\right) = \frac{a + 4m + b}{6}$$

方差的计算如下:

$$\sigma^2 = \frac{1}{2}\left[\left(\frac{a + 2m}{3} - \frac{a + 4m + b}{6}\right)^2 + \left(\frac{2m + b}{3} - \frac{a + 4m + b}{6}\right)^2\right] = \left(\frac{b - a}{6}\right)^2$$

单时估算法与三时估算法在确定工时 D 之后,随后的其他时间计算方法是相同的,没有根本区别。

9.2.2 工作的时间参数

1. 工作最早开始时间 ES 和工作最早完成时间 EF

从网络计划图的起始点开始,沿箭线方向依次逐项计算。第一项工作最早开始时间为 0,记作 $ES_{1-j} = 0$(起始点 $i = 1$)。第一件工作的最早完成时间 $EF_{1-j} = ES_{1-j} + D_{1-j}$。第一件工作完成后,其紧后工作才能开始。它的工作最早完成时间 EF 就是其紧后工作最早开始时间 ES,于是 $ES_{j-k} = ES_{i-j} + D_{i-j}$。

计算工作的 ES 时,当有多项紧前工作情况下时,只能在这些紧前工作中都完成后才能开始。因此本工作的最早开始时间是:$ES = \text{Max}$(紧前工作的 EF),其中 $EF = ES + $ 工作持续时间 D,表示为 $ES_{j-k} = \underset{i}{\text{Max}} EF_{i-j} = \underset{i}{\text{Max}}(ES_{i-j} - D_{i-j})$。

2. 工作最迟开始时间 LS 和工作最迟完成时间 LF

从网络图的终点节点开始,采用逆序法逐项计算。按逆箭线方向,依次计算各工作的最迟完成时间 LF 和最迟开始时间 LS,直到第一项工作为止。在网络图中,最后一项工作 $(i - n)(j = n)$ 的最迟完成时间应由工程的计划工期确定。在未给定时,可令其等于其最早完成时间,即 $LF_{i-n} = EF_{i-n}$。$LF = \text{Min}$(紧后工作的 LS),$LS = LF - $ 工作持续时间 D。

其他工作的最迟开始时间 $LS_{i-j} = LF_{i-j} + D_{i-j}$;当有多个紧后工作时,最迟完成时间 $LF = \text{Min}$(紧后工作的 LS),或表示为 $LF_{i-j} = \underset{k}{\text{Min}}(LF_{j-k} - D_{j-k})$。

9.2.3 工作时差

工作时差是指工作有机动时间。常用的有两种时差,即工作总时差和工作自由时差。

1. 工作总时差 TF_{i-j}

指在不影响任务总工期的前提下某项工作所具有的最大延迟开工时间,计算公式如下:

$$TF_{i-j} = LF_{i-j} - ES_{i-j} - D_{i-j} = LS_{i-j} - ES_{i-j}$$
$$或 TF_{i-j} = LF_{i-j} - EF_{i-j} \tag{9.3}$$

2. 工作自由时差 FF_{i-j}

指在不影响其紧后工作最早开始的前提下,工作所具有的机动时间。计算公式如下:

$$FF_{i-j} = ES_{j-k} - EF_{i-j} \tag{9.4}$$

9.2.4 寻找关键线路

网络计划图中时间参数确定后,接着就是找出网络计划中的关键工作和关键线路。一般关键路线有如下特征:

① 在线路上从起点到终点都由关键工作组成,在确定型网络计划中是指线路中工作总持续时间最长的线路。

② 在关键线路上无机动时间,工作总时差为零。

③ 在非确定型网络计划中是指估计工期完成可能性最小的线路。

1. 确定型网络

对于确定型网络,可以用列表的方式通过式 9.3、式 9.4 分别计算每项工作的总时差、自由时差之值,总时差为 0 的工作即为关键工作,关键工作构成的线路就是关键线路。

2. 概率型网络

对于概率型网络,则通过计算得到估计工期完成可能性最小的线路的方式得到关键线路,具体如下。

如果一条关键线路上有 n 项关键工作,第 i 项工作的最乐观完成时间为 a_i,最悲观完成时间为 b_i,最可能完成时间为 m_i,平均完成时间为 t_i,则第 i 项工作以均值为作业时间的方差为 $\sigma_i^2 = \left(\dfrac{b_i - a_i}{6}\right)^2$。整个网络计划的总完工期是一个期望工期。

关键路线上各道工作的平均工时之和 $T_e = \sum\limits_{i=1}^{n} t_i$,总完工期的方差就是关键线路上所有工序的方差之和 $\sum\limits_{i=1}^{n} \sigma_i^2$。若工作足够多,每一工作的工时对整个任务的完工期影响不大时,由中心极限定理可知,总完工期服从以 T_e 为均值,以 $\sum\limits_{i=1}^{n} \sigma_i^2$ 为方差的正态分布。

为了确保任务在计划期内完成,可以计算在某一给定期限 T_s 前完工的概率。通过指定多个完工期 T_s,直到求得有足够可靠性保证的计划完工期 T_s,将其作为总工期。

$$P(T \leqslant T_s) = \int_{-\infty}^{T_s} N(T_e, \sqrt{\sum \sigma_i^2}) dt = \int_{-\infty}^{\frac{T_s \leqslant T_e}{\sqrt{\sum \sigma_i^2}}} N(0,1) dt = \varphi\left(\frac{T_s \leqslant T_e}{\sqrt{\sum \sigma_i^2}}\right)$$

上式中，$N(T_e, \sqrt{\sum \sigma_i^2})$ 表示以 T_e 为均值，以 $\sqrt{\sum \sigma_i^2}$ 为方差的正态分布；$N(0,1)$ 表示标准正态分布。

例 9.2 已知某一网络计划中各工作的 a, m, b 值（单位为月），见表 9.2 的第 2、3、4 列。求出每件工作平均工时 t 及均方差；画出网络图，确定关键路线；并计算在 25 个月内完工的概率。

解 根据公式计算出各项工作的平均工时 t 和 σ，填入表 9.2 的第 5、6 列中。

表 9.2 网络计划参数表

工作	a	m	b	t	σ
①→②	7	8	9	8	0.333
①→③	5	7	8	6.833	0.5
②→⑥	6	9	12	9	1
③→④	4	4	4	4	0
③→⑤	7	8	10	8.167	0.5
③→⑥	10	13	19	13.5	1.5
④→⑤	3	4	6	4.167	0.5
⑤→⑥	4	5	7	5.167	0.5
⑤→⑦	7	9	11	9	0.667
⑥→⑦	3	4	8	4.5	0.833

按 t 值计算出各工作的最早开工时间 ES 和最迟开工时间 LS，总时差 TF，见表 9.3。

表 9.3 时间参数表

工作	ES	LS	TF
①→②	0	3.333	3.333
①→③	0	0	0
②→⑥	8	11.333	3.333
③→④	6.833	6.999	0.166
③→⑤	6.833	6.999	0.166
③→⑥	6.833	6.833	0
④→⑤	10.833	10.999	0.166
⑤→⑥	15	15.166	0.166
⑤→⑦	15	15.833	0.833
⑥→⑦	20.333	20.833	0

从表中可知,时差为零的工作为①→③、③→⑥、⑥→⑦,所以关键路线为①→③→⑥→⑦,如图 9.9 中的双线,总完工期为 24.833 月。

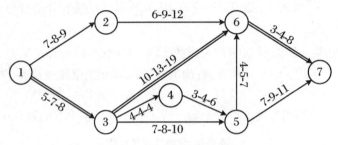

图 9.9 例 9.2 关键路线路图

由于关键工作为①→③、③→⑥、⑥→⑦,所以:

$$\sqrt{\sum \sigma^2} = \sqrt{\sigma_{1,3}^2 + \sigma_{3,6}^2 + \sigma_{6,7}^2} + \sqrt{0.5^2 + 1.5^2 + 0.833^2} \approx 1.787$$

在 25 个月前完工概率为:$P(T \leqslant 25) = \int_{-\infty}^{\frac{25-24.833}{1.787}} N(0,1) \mathrm{d}t = \varphi(0.099) = 53.98\%$。

9.3 网络图的优化

经过绘制网络计划图及计算时间参数,最终确定关键线路,此时就得到一个初始计划方案。网络计划的重点是根据工期要求、成本要求、资源供给管理等的实际状况,对初始方案进行进一步的调整和完善,这一过程就是网络计划优化。

网络计划的评价一般应综合考虑成本、时间、资源等方面的指标,目前还没有一个被广泛认可的综合评价模型。目前的优化主要集中在以下三个方面:

9.3.1 工期优化

工期优化一般是缩短工期。当环境发生某种变化而要求缩短工期时,则必须根据新的工期要求改进各项工作的计划进度,以达到缩短整个项目总工期的目标。缩短工期的核心在于缩短关键线路上关键工作的工期,通常采用的方法有以下几类。

1. 优化工作管理

将关键线路上部分串联的工作改为平行作业或平行顺序作业,以达到缩短关键工作工期的目标。如图 9.7 中 A 与 B 工作串联,通过拆分改为平行顺序作业,可有效缩短工期。

2. 改变资源投入方式

将总时差较大的非关键线路工作中的人力、物力等资源抽调一部分投入到关键线路上,加大关键工作上的资源投入,使得关键工作的工期得以缩短;必要的时候,甚至暂停部分非关键工作以支援关键工作的完成。

需要指出的是,在不断优化关键工作的时候,很可能使得关键线路发生变化,这样原来不是关键工作的变为关键工作。因此,在优化关键工作的时候,必须明确关键线路与次关键线路间的时差,避免做无效优化。

9.3.2 资源使用的优化

在实际完成任务的过程中,需要投入各种资源。正常情况下,组织内资源的供给都是有限的,如何优化安排紧缺资源的使用,使得既满足供给限度又不影响任务工期。资源投入或使用的优化一般需遵循下列原则:

① 优先满足关键工作每周期(通常是每日)所需要的资源。

② 利用非关键工作的总时差,错开各工作对紧缺资源的使用时间,避开在同一时间内集中使用同一紧缺资源,以免出现高峰。

③ 在工艺技术条件允许的条件下,可以适当地延长时差大的工作的工时,甚至暂停某些非关键工作,以达到减少关键资源消耗的目的。

常用的方法是将每日所需资源按时段列表,对每个时段内的工作按总时差由小到大进行编号。从始点处的时段开始优化,优先保证本时段内编号小的工作的资源需求,当本时段的资源供给不能满足时,剩余的工作顺延至下一时段。

需要注意的是:时段内的某项工作若一旦开始就不能中断的,则在编号时应优先考虑。

9.3.3 时间—费用优化

编制网络计划时,经常考虑如何兼顾工期与成本的优化。经常要解决问题包括:

① 如何使任务的工期尽可能缩短,费用尽可能少。

② 在保证规定时间内完成任务的同时,所花费用最少。

③ 在总费用限制的条件下,如何使任务完成的时间最短。

这就是时间—费用优化要解决的问题。费用可以分为两大类:

1. 直接费用

是指与项目规模有关的费用,包括材料费用、直接生产工人工资等。同时为了缩短工期,就需要增加各种资源的投入,即增加直接费用。所以在技术条件不变的情况下,直接费用与工期正相关。

2. 间接费用

包括管理费、办公费等。一般按项目工期长度进行分摊,工期愈短,分摊的间接费用就愈多。一般项目的总费用与直接费用、间接费用、项目工期之间的关系用图 9.10 表示。

图中:T_1 表示最短工期,项目总费用最高;T_2 表示最佳工期;T_3 表示正常的工期。

当总费用最少工期短于要求工期时,这就是最佳工期。通过计算不同工期下的总费用,从而找出总费用最低且工期符合要求的网络计划,这就是费用—成本优化。

进行时间—费用优化时,首先要计算出不同工期下最低直接费用率,然后考虑相应的间接费用。费用优化的步骤如下:

① 计算工作费用增加率(简称费用率)c_{ij}。费用增加率是指缩短工作工时每一单位时间(如一天)所需要增加的费用。按工作的正常工时计算各关键工作的费用增加率,通常可表示为:

$$c_{ij} = \frac{m_{ij} - M_{ij}}{D_{ij} - d_{ij}} \tag{9.5}$$

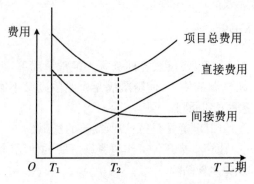

图 9.10 工期与总费用的关系曲线

c_{ij}——工作$(i-j)$单位的费用增加率；

m_{ij}——将工作$(i-j)$工时缩短为最短工时所需增加的直接费用；

M_{ij}——按正常工时完成工作$(i-j)$所需要的直接费用；

D_{ij}——工作$(i-j)$正常工时；

d_{ij}——工作$(i-j)$最短工时。

② 在网络计划图找出费用率最低的一项关键工作或一组关键工作作为缩短工时的对象,计算可以缩短的天数。注意:某项工作工时其缩短后的值不能小于最短工时。

③ 按照缩短后的新工时,重新计算关键线路及关键工作,计算缩短工时所增加的直接费用。

重复以上步骤,直至得到费用最低的满意工期。

例 9.3 已知图 9.11 中各道工作的正常作业时间(在各条弧线的下面)和最短作业时间,以及对应于正常作业时间、最短作业时间、各工作所需要的直接费和每缩短一天工期需要增加的直接费如表 9.4 所示；又已知工程项目每天的间接费为 400 元,求该工程项目的最低成本。

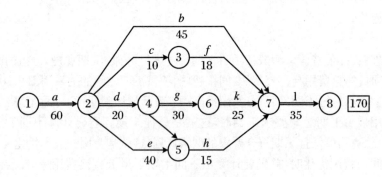

图 9.11 工序作业时间图

表9.4 相关费用表

工作	正常情况下		采取措施后		费用增加率 (元/天)
	正常工时(天)	直接费(元)	最短工时(天)	直接费(元)	
a	60	10 000	60	10 000	
b	45	4 500	30	6 300	120
c	10	2 800	5	4 300	300
d	20	7 000	10	11 000	400
e	40	10 000	35	12 500	500
f	18	3 600	10	5 440	230
g	30	9 000	20	12 500	350
h	15	3 750	10	5 750	400
k	25	6 250	15	9 150	290
l	35	12 000	35	12 000	

解 若按图9.11进行安排,工程工期为170天,则直接费为:

10 000 + 4 500 + 2 800 + 7 000 + 10 000 + 3 600 + 9 000 + 3 750 + 6 250 + 12 000 = 68 900(元),工程的间接费为$(\alpha_{i2}, \beta_{j1})$元,故总费用为$(\alpha_{i2}, \beta_{j1})$元。

如果缩短图9.11所示网络计划的完工时间,必须要缩短关键线路上直接费用率最低的工作的作业时间,而关键线路为①→②→④→⑥→⑦→⑧,时长为170天,次关键线路的时长为140天,关键线路上工作$(\alpha_{i2}, \beta_{j1})$的直接费用率为290,为最低,且低于间接费用。

故将工作k的时间缩短,最多可缩短10天,工作k缩短到极限时间后,关键线路仍为上述的一条,但此时的直接费用率最低的关键工作为g,g的直接费用率为350,低于间接费率,故继续缩短g到极限时间,即把g工作缩短10天,总工期为150天,总费用降低:

$$[(400-290)+(400-350)] \times 10 = 1\,600(元)$$

如果再缩短工期,工作的直接费用将大幅度增加,总费用将比150天时高。

网络计划是一种行之有效的任务管理技术,但在任务的实施过程中,由于主客观环境是不断变化的,可能造成原本最理想的网络计划变成了不理想的计划。因此,必须在任务实施过程中,对网络计划进行经常性的检查、分析和完善,使之能更好地符合实际环境,从而取得更理想的管理效果。

习　题

1. 已知表 9.5 的资料如下。

表 9.5　项目工序数据

工序	紧前工序	工序时间	工序	紧前工序	工序时间
A		10	H	F	10
B		8	I	F	4
C	A, B	6	J	G	12
D	B	10	K	H, I, G	16
E	C	24	L	C	8
F	D, E	4	M	L	24
G	F	4	N	K, M	4

(1) 绘制网络图，并求出该工程从施工开始到全部结束的最短周期。
(2) 若工序 L 拖期 10 天，对整个工程进度有何影响？
(3) 若工序 J 的工序时间由 12 天缩短到 8 天，对整个工程进度有何影响？
(4) 为保证整个工程进度在最短周期内完成，工序 I 最迟必须在哪一天开工？

2. 某工程资料如表 9.6 所示。
(1) 画出网络图。
(2) 求出每件工作工时的期望值和方差。

表 9.6　某工程资料

工作	紧前工作	乐观时间 a	最可能时间 m	悲观时间 b
A	——	2	5	8
B	A	6	9	12
C	A	5	14	17
D	B	5	8	11
E	C, D	3	6	9
F	——	3	12	21
G	E, F	1	4	7

3. 判断下列说法中哪些是正确的。
(1) 网络关键路线上的作业，其总时差与单时差均为零。
(2) 若一项作业的总时差为 10 h，说明该作业安排时有 10 h 的机动时间。
(3) 任何非关键路线上的作业，其总时差与单时差均不为零。

(4) 当作业时间用 a、m、b 三点估计时，m 等于完成该作业的期望时间。

4. 用表上计算法计算图 9.12 中事项的时间参数，并指出关键线路。

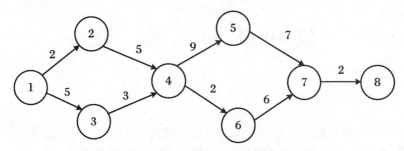

图 9.12　事项的时间参数图

5. 绘制如表 9.7 中所示条件的工作的网络图，并用表上计算法计算每项工作的各时间参数，最后确定关键路线。

表 9.7　逻辑关系及时间参数

工作	工时(天)	紧前工作	工作	工时(天)	紧前工作
A	5	——	F	4	B,C
B	8	A,C	G	8	C
C	3	A	H	2	F,G
D	6	C	I	4	E,H
E	10	B,C	J	5	F,G

第 10 章 存 储 论

早在 1915 年,哈里斯针对银行货币的储备问题进行了详细的研究,建立了一个确定性的存贮费用模型,并求得了最佳批量公式;1934 年威尔逊重新得出了这个公式,后来人们称这个公式为经济订购批量公式,这是属于存贮论的早期工作。1958 年威汀撰写了《存贮管理的理论》一书,随后阿罗等撰写了《存贮和生产的数学理论研究》,毛恩在 1959 年撰写了《存贮理论》。此后存贮论(inventory)成了运筹学中的一个独立的分支,后续学者相继对随机或非平稳需求的存贮模型进行了广泛深入的研究。

人们对存储的认识大概经历了五个代表性的时期。

(1)"库存是企业的财产"时期

这个时期是从手工业时代开始到 19 世纪的后半期止。当时以"有物"或"有库"为富有,库存被看作财产。个人和国家以家畜的数量或仓库的大小来衡量财产的水准。

(2)"库存是企业的坟墓"时期

第一次世界大战后,美国因经济危机而经济萧条,许多企业因为货物销售不出,资金积压而破产。企业经营者的政策发生了根本性的变化,经营者们将库存视作企业的坟墓,一改原来的方针,代之而起的是"现吃现卖"的政策。

(3)"科学管理取得适当库存量效益"时期

1912 年由库存恐慌带来的痛苦教训,使经营者对库存品的看法有所转变,开始认识科学管理库存的必要性,研究开发了诸多对"经济采购量"的决策方法。一般,随库存增加保管费和贮藏费增大的同时,又有订货费用减少的另一面,最佳的方法就是确定能使两项费用之和最小的订货量,称为最佳订货批量。在这个时代已经把库存问题的意识提高到某一个程度,从而产生了各种具体的科学处理的方式。

(4)"数学计算最佳库存量发展"时期

在二次世界大战前后首先集中表现在军事库存的管理问题上,美英两国的作战研究小组成员开始着手这方面的研究和开发。他们要搞清楚的是:在战争中"军舰、飞机应该保存多少炮弹?必须贮备的军需粮食是多少?步兵应该携带多少子弹?"等这样一些军事库存管理问题。结论是以平均损失最小为目标,积极探索库存量的最佳值。

这个时期大多利用概率统计理论对库存管理的开发研究,得到了较多的库存管理的方法。其中有赛蒙教授开发的利用自控理论进行库存管理的方法,谢基研究出的最大、最小法,以及利用线型计划作生产库存计划,用时间处理程序进行库存管理,用排队进行库存管理,用模拟方法等等。

(5)"用计算机作综合库存管理"时期

在第四时期中开发了许多数学性的理论方法用作库存管理,但因其数学上计算太过复杂的缘故,未能在实际库存管理中获得很好的应用。随着计算机技术的显著发展和计算机普及,越来越多的企业开始使用计算机来管理库存;由于计算机强大的计算能力,能快速处理与库存相关的企业经营决策问题,使得库存管理成为经营管理的重要环节,企业管理朝着系统管理方向迈进了一大步。

10.1 存储问题的相关概念

10.1.1 存储问题的描述

企业为保证生产和销售活动的顺利进行,势必存储一定数量的原材料和成品。一方面存储数量过少,会导致企业经营行为的中断而产生各种经济损失;另一方面,存储数量过大,又会增加保管费用,增加资金占用成本,同时也会增加经营风险。

因此,如何选择合适的订货量或投产量,使得平均库存维持一个较低的综合库存成本,是企业在经营决策时必须考虑的,这就是一般意义上的存储问题。

10.1.2 存储问题的相关概念

建立存储问题的数学模型之前,必须引入相关的概念。

1. 需求

存储就是为了满足生产和销售的需求,需求的种类很多。按照不同的特征,可予以分类。按照需求的时间特征可分为:

① 连续型需求。需求随时间连续发生,存储不断较少。

② 间断型需求。需求突然发生,时间极短,存储跳跃性较少。

按照需求的数量特征可分为:

① 确定型需求。其发生的时间和数量是确定的,如生产中按计划进行发生的需求,销售中按合同进行的需求。

② 随机性的需求。需求发生的时间或数量是随机的,对于随机性的需求,可以通过统计来寻求其规律。

2. 补货

随着需求不断发生,需要不断补充库存。补货是指从开始订货(发出订货指令)到物品进库待用这一完整过程。

3. 存储策略

是指确定什么时间进行补货以及补货多少的策略,常见的存储策略有以下这些。

① t-循环策略:每隔一个固定时间 t 补充一次,补充数量为固定值 Q。

② (s,S) 策略:每当存储量余额 $x>s$ 时不补充;当 $x \leqslant s$ 时补充存储,补充量 $Q = S - x$(即将存储量补充到 S)。很多实际执行该策略时,必须先盘点才知道余额 x。若每隔一个固定时间 t 检查存储量 x,再根据 x 的值进行补货决策,称为 (t,s,S) 策略。

③ (t,S) 策略:每隔一个固定时间 t 补货一次,直接补充到最大存储数量 S。所以补充数量不定,补充量 $Q = S - x$。

4. 费用

存储决策大多是在满足需求的前提下,以追求存储的单位费用最低为目标。在存储论中,通常涉及以下费用。

(1) 存储费

包括货物占用资金应付的利息及使用仓库、保管货物、货物损坏变质等支出的费用。常用单位时间单位货物的存储费用 C_1 来表示。

(2) 订货费

共有两类:一为订购费用(固定费用),订购费用如手续费、电信往来、采购人员差旅费用等,与订货次数有关而与订货数量无关;二为货物的成本费用,如货物采购费和运费等,成本费用与订货数量有关(可变费用),如货物单价为 K 元,订购费用为 C_3 元,订货数量为 Q,则订货费用为 $C_3 + KQ$。

(3) 生产费

补充存储时,如果是由本厂自行生产,仍需要支出两项费用。一为装备费用(或称准备、结束费用,它们是固定费用),如更换模、夹具需要工时,或添置某些专用设备等属于这项费用,用 C_3 表示;二是与生产产品的数量有关的费用如材料费、加工费等(可变费用)。

(4) 缺货费

物料供不应求时所引起的损失,如失去销售机会的损失、停工待料的损失、紧急补货或生产的费用以及不能履行合同而缴纳罚款等。单位时间短缺一个单位货物所发生的缺货费用 C_2 表示。在不允许缺货的情况下,令缺货费为无穷大。

实际运行的存储系统中,存储量随时间因需求而不断变化。在进行量化分析时,通常以时间 T 为横轴,以存储量 S 为纵轴来描述二者之间的变化关系,称为存储状态图。

10.1.3 存储模型介绍

存储模型主要是以订货量为变量,以单位平均存储成本最小为目标的数学模型。根据需求的不同存储模型类型主要划分为两类:确定型模型和随机型模型。

确定型模型是模型中的需求量、时间均为确定值;随机型模型中需求量是以概率形式出现的。

10.2 确定型存储模型

10.2.1 不允许缺货,补货时间极短(模型一)

该模型的假设条件通常如下:

① 不允许缺货,即缺货费用无穷大。

② 补货可以立即实现,及补货时间近似地看作零。

③ 需求是连续和均匀的,即需求速度 R(单位时间的需求量)为常数,t 时间的需求量为 Rt。

④ 每次订货量不变,订购费不变,单位存储费不变。

确定型存储采用 t—循环策略,每隔一个固定时间 t 补货一次,补充数量为 Q;一次补足其存储动态图如图 10.1 所示。

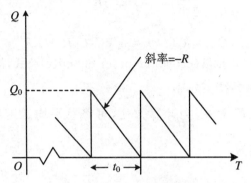

图 10.1 模型一的存储动态图

单位存储费为 C_1,每次订货费为 C_3,货物单价为 K。根据上述假设,可得以下关系:订货量为 $Q = Rt$;订货费为 $C_3 + KRt$;t 时间内平均订货费为 $\frac{C_3}{t} + KR$;t 时间内平均存储量为 $\frac{1}{2}Rt$;t 时间内平均存费用为 $\frac{1}{2}C_1Rt$;所以 t 时间内平均总费用为:

$$C(t) = \frac{C_3}{t} + \frac{1}{2}C_1Rt + KR \tag{10.1}$$

$C(t)$ 随时间 t 变化而变化,其关系如图 10.2 所示。当 $t = t^*$ 时,$C(t) = C^*(t)$,为 $C(t)$ 的最小值,此时订货量为 Q^*,称为最经济订货批量。

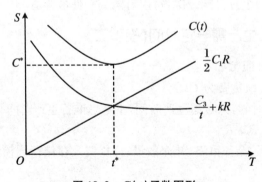

图 10.2 $C(t)$ 函数图形

为求得 t^* 及 Q^*,可对上式 10.1 进行求导,有:

$$\frac{dC(t)}{dt} = -\frac{C_3}{t^2} + \frac{1}{2}C_1R = 0$$

于是得

$$t^* = \sqrt{\frac{2C_3}{C_1R}} \tag{10.2}$$

因 $\dfrac{d^2C(t)}{dt^2} > 0$,即每隔 t^* 时间订货一次可使 $C(t)$ 最小。所以最佳订货批量及最小成本分别为:

$$Q^* = Rt^* = \sqrt{\dfrac{2C_3 R}{C_1}} \tag{10.3}$$

$$C^* = C(t^*) = \sqrt{2C_1 C_3 R} + KR \tag{10.4}$$

式 10.3 称为经济订购批量(economic order quantity)公式,简称为 EOQ 公式,也称经济批量(economic lot size)公式。

由于 t^* 及 Q^* 与 K 无关,为计算方便,可将总平均费用简化为 $C(t) = \dfrac{C_3}{t} + \dfrac{1}{2}C_1 Rt$;于是最小费用为:

$$C^* = C(t^*) = \sqrt{2C_1 C_3 R} \tag{10.5}$$

例 10.1 某汽车制造厂每月需要某种零部件 100 件,不允许缺货。已知该厂向其上游供货商订购这种零部件,每次订购的开支为 400 元。若这种零部件在厂内仓库存放时,每月单位产品需要付出的存储量为 2 元,求汽车制造厂的最佳订货批量及订货周期。

解 这是一个不允许缺货的批量订货问题,其中 $R = 100$ 件/月,$C_3 = 400$ 元/次,$C_1 = 2$ 元/件/月。将数据代入到式 10.2、式 10.3 得:

$$t^* = \sqrt{\dfrac{2C_3}{C_1 R}} = \sqrt{\dfrac{2 \times 400}{2 \times 100}} = 2(月)$$

$$Q^* = \sqrt{\dfrac{2C_3 R}{C_1}} = \sqrt{\dfrac{2 \times 400 \times 100}{2}} = 200(件)$$

所以该厂应每隔两个月订购一次,每次订购 200 件最合适。

10.2.2 允许缺货,生产需一定时间(模型二)

该模型的假设条件通常如下:

① 允许缺货,单位缺货费为 C_2。

② 补货需要一定时间,只考虑生产时间,不考虑准备生产时间。生产是连续均匀的,生产速度为常数 P,且 $P > R$。

其他包括需求情况、循环策略、补充数量、订货费及存储费同模型一。模型二的存储状态图如图 10.3 所示。

$[0, t]$ 为一个存储周期,t_1 时刻开始生产,t_3 时刻结束生产;

$[0, t_2]$ 时段内,存储量为 0,t_1 时刻达到最大缺货量 B;

$[t_1, t_2]$ 时段内的产量一边以速度 R 满足需求,一边以速度 $(P-R)$ 补充 $[0, t_1]$ 时段内的缺货,至 t_2 时刻缺货补足;

$[t_2, t_3]$ 时段内的产量一边以速度 R 满足需求,一边以速度 $(P-R)$ 增加存储,至 t_3 时刻达到最大存储量 A,停止生产;

$[t_3, t]$ 时段内以存储满足需求,存储以速度 R 下降,至 t 时刻存储降为 0,进入下一存储周期。

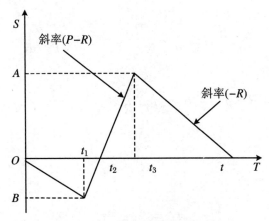

图 10.3 模型二的存储动态图

根据上述分析,首先推导$[0,t]$内的平均总费用,也即费用函数,再确定最优存储策略。

因最大缺货量B在$[0,t_1]$和$[t_1,t_2]$相等,得$B=Rt_1=(P-R)(t_2-t_1)$,解得:

$$t_1 = \frac{(P-R)}{P}t_2 \tag{10.6}$$

因最大存储量A在$[t_3,t]$和$[t_2,t_3]$相等,得$A=R(t-t_3)=(P-R)(t_3-t_2)$,解得:

$$t_3 - t_2 = \frac{R}{P}(t-t_2) \tag{10.7}$$

所以在$[0,t]$时间内:

存储费为$\frac{1}{2}C_1(P-R)(t_3-t_2)(t-t_2)$;缺货费为$\frac{1}{2}C_2Rt_1t_2$;订购费(生产准备费)为$C_3$。所以所以在$[0,t]$时间内的平均总费用为:

$$C(t) = \frac{1}{t}\left[\frac{1}{2}C_1(P-R)(t_3-t_2)(t-t_2) + \frac{1}{2}C_2Rt_1t_2 + C_3\right]$$,将式10.6、式10.7分别代入并整理得:

$$C(t,t_2) = \frac{(P-R)R}{2P}\left[C_1 t - 2C_2 t_2 + (C_1+C_2)\frac{t_2^2}{t}\right] + \frac{C_3}{t} \tag{10.8}$$

对式10.8求偏导得:
$$\begin{cases} \frac{\partial C(t_1,t_2)}{\partial t} = 0 \\ \frac{\partial C(t_1,t_2)}{\partial t_2} = 0 \end{cases}$$

解方程组得:
$$\begin{cases} t^* = \sqrt{\frac{2C_3}{C_1 R}} \times \sqrt{\frac{C_1+C_2}{C_2}} \times \sqrt{\frac{P}{P-R}} \\ t_2^* = \frac{C_1}{C_1+C_2}t^* \end{cases}$$

易知此时费用$C(t^*,t_2^*)$是费用函数$C(t,t_2)$的最小值。相应地得到下列各最优参数值。

最优存储周期：
$$t^* = \sqrt{\frac{2C_3}{C_1R}} \times \sqrt{\frac{C_1+C_2}{C_2}} \times \sqrt{\frac{P}{P-R}} \quad (10.9)$$

经济生产批量：
$$Q^* = R \times t^* = R \times \sqrt{\frac{2C_3}{C_1R}} \times \sqrt{\frac{C_1+C_2}{C_2}} \times \sqrt{\frac{P}{P-R}} \quad (10.10)$$

缺货补足时间：
$$t_2^* = \frac{C_1}{C_1+C_2}t^* \quad (10.11)$$

开始生产时间：
$$t_1^* = \frac{P-R}{P}t_2^* \quad (10.12)$$

结束生产时间：
$$t_3^* = \frac{R}{P}t^* + \frac{P-R}{P}t_2^* \quad (10.13)$$

例 10.2 企业生产某种产品，正常条件下每天可生产 10 件。根据供货合同，需按每天 7 件供货。存储费每件每天 0.13 元，缺货费每件每天 0.5 元，每次生产准备费为 80 元，求最优存储策略。

解 $R=7$ 件/天，$P=10$ 件/天，$C_1=0.13$ 元，$C_2=0.5$ 元/个，$C_3=80$ 元，将上述条件代入式 10.9 及式 10.10 得：

$$t^* = \sqrt{\frac{2C_3}{C_1R}} \times \sqrt{\frac{C_1+C_2}{C_2}} \times \sqrt{\frac{P}{P-R}} = \sqrt{\frac{2\times 80}{0.13\times 7}} \times \sqrt{\frac{0.13+0.5}{0.5}} \times \sqrt{\frac{10}{10-7}} \approx 27.2$$

$$Q^* = R \times t^* = 7 \times 27.2 = 190.4(件/次)$$

所以，该企业应每隔约 27 天生产批量 190 件。

10.2.3 允许缺货，补货时间很短（模型三）

取消模型二中补货时间要求，即是模型三，其存储状态图如图 10.4 所示。

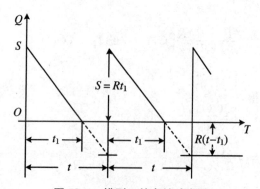

图 10.4 模型三的存储动态图

设单位时间单位物品存储费用为 C_1，每次订购费为 C_3，缺货费为 C_2，R 为需求速度。

假设最初存储量为 S，可满足 t_1 时间的需求。t_1 时间的平均存储量为 $\frac{1}{2}S$，在 $(t-t_1)$ 时间的存储为零，平均缺货量为 $\frac{1}{2}R(t-t_1)$。由于 S 仅能满足 t_1 时间的需求 $S=Rt_1$，有 $t_1=\frac{S}{R}$。

在 t 时间内所需存储费：$C_1\times\frac{1}{2}St_1=\frac{1}{2}C_1\frac{S^2}{R}$；

在 t 时间内的缺货费：$C_2\times\frac{1}{2}R(t-t_1)^2=\frac{1}{2}C_2\frac{(Rt-S)^2}{R}$；

订购费：C_3；

平均总费用：$C(t,S)=\frac{1}{t}[C_1\frac{S^2}{2R}+C_2\frac{(Rt-S)^2}{2R}+C_3]$。

对上式求偏导数可得并令之为 0，有：

$\frac{\partial C}{\partial S}=\frac{1}{t}[C_1\frac{S}{R}-C_2\frac{(Rt-S)}{R}]=0, R\neq 0, t\neq 0, C_1S-C_2(Rt-S)=0$；

$S=\frac{C_2Rt}{C_1+C_2}$；

$\frac{\partial C}{\partial t}=-\frac{1}{t^2}[C_1\frac{S^2}{2R}+C_2\frac{(Rt-S)^2}{2R}+C_3]+\frac{1}{t}[C_2(Rt-S)]=0, R\neq 0, t\neq 0$，

$-C_1\frac{S^2}{2}-C_2\frac{(Rt-S)^2}{2}-C_3R+tR[C_2(Rt-S)]=0$。

将 S 值代入上式，消去 S，有：

最优存储周期：

$$t^*=\sqrt{\frac{2C_3(C_1+C_2)}{C_1C_2R}} \qquad (10.14)$$

经济生产批量：

$$Q^*=R\times t^*=\sqrt{\frac{2RC_3(C_1+C_2)}{C_1C_2}} \qquad (10.15)$$

最大存储量：

$$S^*=\sqrt{\frac{2C_2C_3R}{C_1(C_1+C_2)}} \qquad (10.16)$$

最小平均总费用：

$$C^*=C(t^*,s^*)=\sqrt{\frac{2C_1C_2C_3R}{C_1+C_2}} \qquad (10.17)$$

由于允许缺货最佳周期为不允许缺货周期的 $\sqrt{\frac{C_1+C_2}{C_2}}$ 倍，且 $\sqrt{\frac{C_1+C_2}{C_2}}>1$，所以两次订货间隔时间延长了。

如果不允许缺货，订货量 $Q^*=R\times t^*=\sqrt{\frac{2RC_3}{C_1}}$；可见如果允许缺货，由于订货周期

延长,订货量也增大了 $\sqrt{\frac{C_1+C_2}{C_2}}$ 倍,订货量的一部分补足所缺货物,剩余部分进入存储。

例 10.3 某商店订购一批货物,每次订购费为 40 元,由缺货造成的损失为 0.5 元/个。若货物需求均匀连续,且需求率为 100 个/月,月单位库存存储费为 1 元,求该厂的最优订货量,最优订货周期以及总费用。

解 由条件可知,$R=100$ 个/月,$C_1=1$ 元,$C_2=0.5$ 元/个,$C_3=40$ 元,于是:

$$t^* = \sqrt{\frac{2C_3(C_1+C_2)}{C_1C_2R}} = \sqrt{\frac{2\times40\times(1+0.5)}{1\times100\times0.5}} \approx 1.5(月)$$

$$Q^* = R\times t^* = \sqrt{\frac{2RC_3(C_1+C_2)}{C_1C_2}} = \sqrt{\frac{2\times100\times(1+0.5)}{1\times0.5}} \approx 155(个)$$

$$C^* = C(t^*,s^*) = \sqrt{\frac{2C_1C_2C_3R}{C_1+C_2}} = \sqrt{\frac{2\times40\times100\times1\times0.5}{(1+0.5)}} \approx 51.6(元)$$

所以该厂的最优订货量为 155 个,最优订货周期为 1.5 个月,总费用为 51.6 元。

10.2.4 不允许缺货,补货时间较长(模型四)

设生产批量为 Q,生产时间为 t,则生产速度 $P=\dfrac{Q}{T}$。已知需求速度为 $R(R<P)$,生产的产品一部分满足需求,剩余部分才作为存储,这时存储变化如图 10.5 所示。

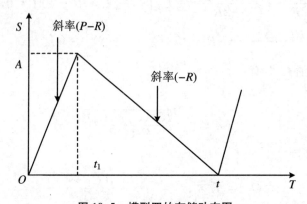

图 10.5 模型四的存储动态图

在模型二中,改为不允许缺货,就成为模型四;此时 $C_2 \to +\infty$,$t_2=0$。所以模型四的相关最优策略可以从模型三直接导出。

最优存储周期:

$$t^* = \sqrt{\frac{2C_3P}{C_1R(P-R)}} \tag{10.18}$$

经济生产批量:

$$Q^* = R\times t^* = \sqrt{\frac{2C_3RP}{C_1(P-R)}} \tag{10.19}$$

缺货补足时间:

$$t_3^* = \frac{R}{P}t^* \tag{10.20}$$

最大存储量：

$$A^* = R(t^* - t_3^*) = \frac{R(P-R)}{P}t^* \tag{10.21}$$

最小平均总费用：

$$C^* = \frac{2C_3}{t^*} \tag{10.22}$$

例 10.4 某厂生产一种产品，生产率为 200 个/月，且装配费为 50 元。若产品需求均匀连续，且需求率为 100 个/月，月单位库存存储费用为 2 元，求该厂的最优生产量，最优生产周期以及最小平均总费用。

解 已知 $P = 200$ 个/月，$R = 100$ 个/月，$C_3 = 50$ 元，$C_1 = 2$ 元，将各值代入上式，可得：

$$Q^* = R \times t^* = \sqrt{\frac{2C_3RP}{C_1(P-R)}} = \sqrt{\frac{2 \times 50 \times 100 \times 200}{2 \times (200-100)}} = 100(\text{个})$$

$$t^* = \sqrt{\frac{2C_3P}{C_1R(P-R)}} = \sqrt{\frac{2 \times 50 \times 200}{2 \times 100 \times 100}} = 1(\text{月})$$

$$C^* = \frac{2C_3}{t^*} = \frac{2 \times 50}{1} = 100 \text{ (元)}$$

所以该厂的最优生产量为 100 个，每月生产一次，平均总费用为 100 元。

10.2.5 价格有折扣的存储问题（模型五）

一种商品常常有零售价、批发价和出厂价。购买同一种商品的数量不同，单价也不同。一般情况下，购买数量越多，商品单价越低。在少数情况下，某种商品限额供应，超过限额部分的商品单价要提高。这涉及货物单价随订购（或生产）数量而变化的存储策略。除去货物单价随订购数量而变化外，本模型其他条件皆与模型一的假设相同。

记货物单价为 $K(Q)$，设 $K(Q)$ 按三个数量等级变化，如图 10.6 所示。

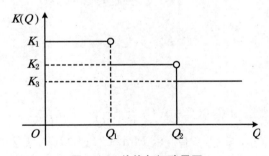

图 10.6 价格与订购量图

$$K(Q) = \begin{cases} K_1 & (0 \leqslant Q < Q_1) \\ K_2 & (Q_1 \leqslant Q < Q_2) \\ K_3 & (Q_2 \leqslant Q) \end{cases}$$

当订购量为 Q 时,一个周期内所需费用 $C(Q)$ 为 $\frac{1}{2}C_1(Q)\frac{Q}{R}+C_3+K(Q)Q$。平均费用为 $\frac{1}{2}\frac{C_1(Q)}{R}+\frac{C_3}{Q}+K(Q)$。当订购数量在不同的区间内时,计算一个周期内所需费用和平均费用,只需将 $K(Q)$ 换成 K_1,K_2,K_3 即可。$C(Q)$ 和平均费用如图 10.7 所示。

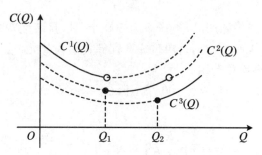

图 10.7 费用和平均费用图

由于平均费用 $C^1(Q),C^2(Q),C^3(Q)$ 之间只差一个常数 $K(Q)$,因此导函数相同。令导数为零,可解 Q_0,但难以预计 Q_0 所在区间。

如果 $Q_0<Q_1$,计算 $C^1(Q_0)\frac{1}{2}C_1\frac{Q_0}{R}+\frac{C_3}{Q_0}+K_1$,$C^2(Q_1)\frac{1}{2}C_1\frac{Q_1}{R}+\frac{C_3}{Q_1}+K_2$,$C^3(Q_2)\frac{1}{2}C_1\frac{Q_2}{R}+\frac{C_3}{Q_2}+K_3$。由 $\mathrm{Min}\{C^1(Q_0),C^2(Q_1),C^3(Q_2)\}$ 得到单位最小费用的订购批量 Q^*。如 $\mathrm{Min}\{C^1(Q_0),C^2(Q_1),C^3(Q_2)\}=C^2(Q_1)$,则 $Q^*=Q_1$。

如果 $Q_1\leqslant Q_0<Q_2$,计算 $C^2(Q_0),C^3(Q_2)$,由 $\mathrm{Min}\{C^2(Q_0),C^3(Q_2)\}$ 决定 Q^*。

如果 $Q_2\leqslant Q_0$,则取 $Q^*=Q_0$。

如果单价折扣分 m 个等级,则在订购量为 Q 的情况下,其单价 $K(Q)$ 可以表示为:

$$K(Q)=\begin{cases}K_1 & (0\leqslant Q<Q_1)\\ K_2 & (Q_1\leqslant Q<Q_2)\\ \vdots\\ K_j & (Q_{j-1}\leqslant Q<Q_j)\\ \vdots\\ K_m & (Q_{m-1}\leqslant Q)\end{cases}$$

平均单位货物所需费用为 $C^j(Q)=\frac{1}{2}C_1\frac{Q}{R}+\frac{C_3}{Q}+K_j(j=1,2,\cdots,m)$。对 $C^j(Q)$ 求导得极值点为 Q_0,若 $Q_{j-1}\leqslant Q_0<Q_j$,求 $\mathrm{Min}\{C^j(Q_0),C^{j+1}(Q_1),\cdots,C^m(Q_{m-1})\}$,假设从中得到的最小值为 $C^l(Q_{l-1})$,则取 $Q^*=Q_{l-1}$。

例 10.5 设 $C_3=50$ 元/次,$C_1=3$ 元/年/件,$R=18\,000$ 件/年,不同订购数量下的价格为 $K(Q)=\begin{cases}3 & (0\leqslant Q<1\,500)\\ 2.9 & (1\,500\leqslant Q<3\,000)\\ 2.8 & (Q\geqslant 3\,000)\end{cases}$,试求最优订货批量。

解 由于 $Q^*=\sqrt{\dfrac{2C_3R}{C_1}}=\sqrt{\dfrac{2\times 50\times 18\,000}{3}}\approx 775<1\,500$,故需要比较三种情况下

的总费用：

$$C(Q^*) = \frac{1}{2} \times 3 \times 775 + 3 \times 18\ 000 + \frac{50 \times 18\ 000}{775} \approx 56\ 324$$

$$C(1\ 500) = \frac{1}{2} \times 3 \times 1\ 500 + 2.9 \times 18\ 000 + \frac{50 \times 18\ 000}{1\ 500} \approx 55\ 050$$

$$C(3\ 000) = \frac{1}{2} \times 3 \times 3\ 000 + 2.8 \times 18\ 000 + \frac{50 \times 18\ 000}{3\ 000} \approx 55\ 200$$

所以，最优订货批量 $R = 1\ 500$，最小总费用为 $C(1\ 500) = 55\ 050$ 元/年。

10.3 随机型存储模型

随机型存储模型(stochastic inventory model)一种假定指需求是随机的存储模型。因为通常假定两次订货之间没有联系，都视作各自独立的一次订货，所以随机型模型通常只求解一个周期内一次订货量，也称为单周期的随机型存贮模型。代表性的问题为报童问题。这种模型也可推广到批量订货有折扣的情形。

随机型存储模型根据订货条件的不同可分为：订购点订货法、定期订货法。

随机型存储模型按订货量的不同可分为：定量订货法、补充订货法。实际决策时，可将上述订货方法组合起来，形成存储决策。优选策略的准则通常是期望损失最小或期望利润最大。

10.3.1 需求是随机离散的（模型六）

(报童问题) 报童每日售报数量是一个随机变量，每售出一份报纸赚 k 元，未能售出的报纸每份赔 h 元。假定每日售出报纸份数 r 的概率 $P(r)$ 已知的，问报童每日最好准备多少份报纸？

上述问题实际上是确定每日报纸订货量 Q 为何值时，赚钱的期望值最大？即因不能售出报纸的损失及因缺货失去销售机会的损失，两者期望值之和最小。

设售出报纸数量为 r，概率 $P(r)$ 为已知 $\left(\sum_{r=0}^{+\infty} P(r) = 1\right)$，设报童订购报纸数量为 Q。当供过于求时 $(r \leqslant Q)$，因不能售出而承担的损失期望值为：

$$\sum_{r=0}^{Q} h(Q-r)P(r)$$

当供不应求时 $(r > Q)$，因缺货而少赚钱的损失期望值为：

$$\sum_{r=Q+1}^{+\infty} k(r-Q)P(r)$$

两者的期望值之和为：

$$C(Q) = h\sum_{r=0}^{Q}(Q-r)P(r) + k\sum_{r=Q+1}^{+\infty}(r-Q)P(r)$$

报童订购报纸的份数 r 是离散变量且为整数，不能用求导数的方法求极值。订购报纸份数最佳数量 Q 应该满足：

条件(1)：$C(Q) \leqslant C(Q+1)$

条件(2)：$C(Q) \leqslant C(Q-1)$

基于条件(1)，可以推导如下：

$$h\sum_{r=0}^{Q}(Q-r)P(r) + k\sum_{r=Q+1}^{+\infty}(r-Q)P(r) \leqslant$$

$$h\sum_{r=0}^{Q+1}(Q+1-r)P(r) + k\sum_{r=Q+2}^{+\infty}(r-Q-1)P(r)$$

简化得：$(k+h)\sum_{r=0}^{Q}P(r) - k \geqslant 0$，即，$\sum_{r=0}^{Q}P(r) \geqslant \dfrac{k}{k+h}$。

基于条件(2)，可以推导如下：

$$h\sum_{r=0}^{Q}(Q-r)P(r) + k\sum_{r=Q+1}^{+\infty}(r-Q)P(r) \leqslant$$

$$h\sum_{r=0}^{Q-1}(Q-1-r)P(r) + k\sum_{r=Q}^{+\infty}(r-Q+1)P(r)$$

简化得：$(k+h)\sum_{r=0}^{Q-1}P(r) - k \leqslant 0$，即，$\sum_{r=0}^{Q-1}P(r) \leqslant \dfrac{k}{k+h}$。所以最佳数量 Q^* 为：

$$\sum_{r=0}^{Q-1}P(r) \leqslant \frac{k}{k+h} \leqslant \sum_{r=0}^{Q}P(r) \tag{10.23}$$

例 10.6 某商店拟在新年期间出售一批日历画片，每售出 1 000 张可赢利 700 元。如果在新年期间不能售出，必须削价处理。假定削价下一定可以售完，此时每 1 000 张赔损 400 元。根据以往的经验，市场需求的概率如表 10.1 所示。

表 10.1 市场需求概率表

需求量 r(千张)	0	1	2	3	4	5
概率 $P(r)$	0.05	0.10	0.25	0.35	0.15	0.10

每年只能订货一次，问应订购日历画片几千张才能使获利的期望值最大？

解 据题意有：$k=7, h=4, \dfrac{k}{k+h} \approx 0.637$，于是：

$$P(0) = 0.05, P(1) = 0.10, P(2) = 0.25, P(3) = 0.35$$

$$\sum_{r=0}^{2}P(r) = 0.40 < 0.637 < \sum_{r=0}^{3}P(r) = 0.75$$

即该店应订购日历画片 3 千张。

10.3.2 需求是连续的随机变量(模型七)

设某货物的需求 r 是连续的随机变量，密度函数为 $\varphi(r)$，$\varphi(r)\mathrm{d}r$ 表示随机变量在 r 与 $r+\mathrm{d}r$ 之间的概率，分布函数 $F(a) = \int_{0}^{a}\varphi(r)\mathrm{d}r (a>0)$。令货物单位成本为 K，单位售价为 P，单位存储费为 C_1，当生产或订购的数量 Q 为多少时，赢利期望值最大？

当订购数量为 Q 时，实际销售量应该是需求量 r 和订购量 Q 的最小值 $\mathrm{Min}[r, Q]$，此时需支付的存储费用 $C_1(Q) = \begin{cases} C_1(Q-r) & (r \leqslant Q) \\ 0 & (r > Q) \end{cases}$。货物的成本为 KQ，订购量为 Q 时赢利为 $W(Q)$，$W(Q) = P \operatorname{Min}[r, Q] - KQ - C_1(Q)$，进一步：

$$E[W(Q)] = \int_0^Q Pr\varphi(r)dr + \int_Q^{+\infty} PQ\varphi(r)dr - KQ - \int_0^Q C_1(Q-r)\varphi(r)dr$$

$$= \int_0^{+\infty} Pr\varphi(r)dr - \int_Q^{+\infty} Pr\varphi(r)dr + \int_Q^{+\infty} PQ\varphi(r)dr - KQ$$

$$- \int_0^Q C_1(Q-r)\varphi(r)dr$$

$$= \underbrace{PE(r)}_{(1)} - \left\{ \underbrace{P\int_Q^{+\infty}(r-Q)\varphi(r)de}_{(2)} + \underbrace{\int_0^Q C_1(Q-r)\varphi(r)dr}_{(3)} + \underbrace{KQ}_{(4)} \right\}$$

其中：

① $P \times E(r)$ 是常量或为平均盈利。

② $P \times \int_Q^{+\infty}(r-Q)\varphi(r)dr$ 是因缺货失去销售机会损失的期望值。

③ $\int_0^Q C_1(Q-r)\varphi(r)dr$ 是因滞销受到损失的期望值（此处只考虑存储费）。

④ KQ 是货物成本，为常量。

令 $E[C(Q)] = P\int_Q^{+\infty}(r-Q)\varphi(r)dr + C_1\int_0^Q(Q-r)\varphi(r)dr + KQ$

有 $\operatorname{Max} E[W(Q)] = PE(r) - \operatorname{Min} E[C(Q)]$，当 Q 可以连续取值时，$E[C(Q)]$ 是 Q 的连续函数，可利用微分法求最小。

$$\frac{dE[C(Q)]}{dQ} = \frac{d}{dQ}\left[P\int_Q^{+\infty}(r-Q)\varphi(r)dr + C_1\int_0^Q(Q-r)\varphi(r)dr + KQ\right]$$

$$= C_1\int_0^Q \varphi(r)dr - P\int_Q^{+\infty}\varphi(r)dr + K$$

令 $\dfrac{dE[C(Q)]}{dQ} = 0$，令 $F(Q) = \int_0^Q \varphi(r)dr$，有 $C_1 F(Q) - P[1 - F(Q)] + K = 0$。

所以 $F(Q) = \dfrac{P-K}{C_1+P}$，解出最优解 Q^*，Q^* 为 $E[C(Q)]$ 的驻点。

由于 $\dfrac{d^2 E[C(Q)]}{dQ^2} = C_1\varphi(Q) + P\varphi(Q) > 0$，故 Q^* 为 $E[C(Q)]$ 的极小值点。

如果上一个阶段未售出的货物可以在第二阶段继续出售，存储策略也将有所不同。假设上一阶段未能售出的货物数量为 I，作为本阶段初的存储，得：

$$\operatorname{Min} E[C(Q)] = K(Q-I) + C_2\int_Q^{+\infty}(r-Q)\varphi(r)dr + C_1\int_0^Q(Q-r)\varphi(r)dr$$

$$= -KI + \operatorname{Min}\left\{C_2\int_Q^{+\infty}(r-Q)\varphi(r)dr + C_1\int_0^Q(Q-r)\varphi(r)dr + KQ\right\}$$

可得：

$$F(Q) = \int_0^Q \varphi(r)dr = \frac{C_2 - K}{C_1 + C_2} \tag{10.24}$$

利用式 10.24 求出 Q^* 值，则 Q^* 为最佳订货量；相应的存储策略为：

当 $I \geqslant Q^*$ 时，本阶段不订货；

当 $I<Q^*$ 时,本阶段应订货,订货量为 $Q=Q^*-1$,使本阶段的存储达到 Q^*,这时赢利期望值最大。

这种策略也可以称作定期订货,订货量不定的存储策略。

例 10.7 某商店计划订购一批夏季时装,进价是 500 元,预计售价为 1 000 元。夏季未售完的要在季末进行削价处理,处理价为 200 元。根据以往的经验,该时装的销量服从 [50,100] 上的均匀分布,求最佳订货量。

解 由于 $C_0 = 500 - 200 = 300, C_\mu = 1\,000 - 500 = 500$,最优订货批量 Q^* 应满足

$$F(Q) = \frac{C_\mu}{C_\mu + C_0} = \frac{500}{500 + 300} = 0.625$$

又因为服装的销量服从 [50,100] 上的均匀分布,所以有:

$$F(Q) = P(x \leqslant Q) = \sum_{50}^{Q} \frac{1}{50} dx = \frac{Q-50}{50} = 0.625$$

得到 $Q = 81.25$,即订购 81 件最合算。

10.3.3 需求为连续随机变量的 (s,S) 型存储策略(模型八)

问题描述 当需求是连续的随机变量时,设货物单位成本为 K,单位存储费为 C_1,单位缺货费为 C_2,每次订购费为 C_3,需求 r 是连续的随机变量,密度函数为 $\varphi(r)$,$\int_0^{+\infty} \varphi(r) = 1$,分布函数 $F(a) = \int_0^a \varphi(r) dr (a > 0)$,期初存储为 I(常量),订货量为 Q,此时期初存储达到 $S = I + Q$。问如何确定 Q 的值,使损失的期望值最小(赢利的期望值最大)?

分析 由于本阶段需订货费 $C_3 + KQ$,需付存储费用的期望值为 $\int_0^{I+Q=S} C_1 (S-r)\varphi(r)dr$,需付缺货费用的期望值为 $\int_{S=I+Q}^{+\infty} C_2(r-S)\varphi(r)dr$。于是:

$$C(I+Q) = C(S) = C_3 + KQ + \int_0^S C_1(S-r)\varphi(r)dr + \int_S^{+\infty} C_2(r-S)\varphi(r)dr$$

$$= C_3 + K(S-I) + \int_0^S C_1(S-r)\varphi(r)dr + \int_S^{+\infty} C_2(r-S)\varphi(r)dr$$

Q 可以连续取值,$C(S)$ 是 S 的连续函数。于是

$$\frac{dC(S)}{dS} = K + C_1 \int_0^S \varphi(r)dr - C_2 \int_S^{+\infty} \varphi(r)dr = 0$$

可得:

$$F(S) = \int_0^S \varphi(r)dr = \frac{C_2 - K}{C_1 + C_2} \tag{10.25}$$

$\dfrac{C_2 - K}{C_1 + C_2}$ 严格小于 1,称为临界值,以 N 表示。

因此可按如下步骤制定本阶段存储策略:

① 根据式 $F(S) = \int_0^S \varphi(r)dr = N$,确定 S 的值,并根据 $Q = S - I$ 确定 Q 的值,即订货量;若本阶段不订货可以节省订购费 C_3。

② 计算 s 之值。如果存在一个数值 $s(s \leqslant S)$，使下面不等式能成立：

$$Ks + C_1 \int_0^s (s-r)\varphi(r)\mathrm{d}r + \int_s^{+\infty} C_2(r-s)\varphi(r)\mathrm{d}r$$

$$\leqslant C_3 + KS + \int_0^S C_1(S-r)\varphi(r)\mathrm{d}r + \int_S^{+\infty} C_2(r-S)\varphi(r)\mathrm{d}r$$

当 $s = S$ 时，不等式显然成立。当 $s < S$ 时，如果不止一个 s 的值使下列不等式成立，则选其中最小者作为本模型 (s,S) 存储策略的 s^*。并且有：

$$C_3 + K(S-s) + C_1\left[\int_0^S (S-r)\varphi(r)\mathrm{d}r - \int_0^s (s-r)\varphi(r)\mathrm{d}r\right] +$$

$$C_2\left[\int_S^{+\infty} (r-S)\varphi(r)\mathrm{d}r - \int_s^{+\infty} (r-s)\varphi(r)\mathrm{d}r\right] \geqslant 0$$

③ 存储策略。每阶段初期检查存储 I，当库存 $I < s$ 时，需订货，订货的数量为 Q，$Q = S - I$；当库存 $I \geqslant s$ 时，本阶段不订货。

这种存储策略是定期订货，但订货数量的多少受到期末库存 I 的影响，即 $Q = S - I$。为便于清点库存，常用双堆法堆放物品。即将物品分两堆存放，一堆数量为 s，其余的另放一堆。平时从另一堆中取出，当动用数量为 s 的一堆时，期末需订货；如未动用 s 的一堆时，可不订货。

例 10.8 某产品的单位成本为 $K = 3.0$ 元，单位存贮费为 $C_1 = 1.0$ 元，单位缺货损失为 $C_2 = 5.0$ 元，每次订购费 $C_3 = 5.0$ 元，需求量 x 的概率密度函数为：

$$f(x) = \begin{cases} \dfrac{1}{5} & (5 \leqslant x \leqslant 10) \\ 0 & (x < 5 \text{ 或 } x > 10) \end{cases}$$

当用 (s,S) 型策略时，试求 s 和 S 之值。

解 临界值 $N = \dfrac{C_2 - K}{C_1 + C_2} = \dfrac{5.0 - 3.0}{1.0 + 5.0} = \dfrac{1}{3}$，于是 $F(s) = \dfrac{1}{3}$，即 $\int_0^s f(x)\mathrm{d}r = \dfrac{1}{3}$，即 $\dfrac{S-5}{5} = \dfrac{1}{3}$，于是得出 $S = 5 + \dfrac{5}{3} \approx 6.7$。

求 s 只需把相应的求和部分利用积分计算即可。于是：

$$C_3 + Ks + C_1 \int_0^s (s-x)\varphi(r)\mathrm{d}r + C_2 \int_s^{10} (x-s)\varphi(r)\mathrm{d}r$$

$$\leqslant 5 + 3 \times \frac{20}{3} + \frac{1}{5}\int_0^{\frac{20}{3}}\left(\frac{20}{3} - x\right)\mathrm{d}x + 5\int_{\frac{20}{3}}^{10}\left(x - \frac{20}{3}\right)\mathrm{d}x$$

简化得 $0.6s^2 - 8s + \dfrac{65}{3} = 0$，有 $s = 3.78$ 或 9.55，9.55 超过 S 的值 6.7，不合理，且 3.78 不落在 $[5, 10]$ 内，也不符合。s 的值只能小于 5，但是不能是 3.78，因为 $s < 5$ 时有 $2s = \dfrac{20}{3}$，得 $s = \dfrac{10}{3} \approx 3.3$，即最低存储量 s 应为 3.3，最高存储量 S 应为 6.7。

10.3.4 需求为离散的随机变量的 (s,S) 型存储策略（模型九）

当需求是离散的随机变量时。通常记需求 r 取值分别为 $r_0, r_1, \cdots, r_m (r_i < r_{i+1})$，相应的概率为 $P(r_0), P(r_1), \cdots, P(r_m)$，$\sum_{i=0}^{m} P(r_i) = 1$。原有存储量为 I（在本阶段内

为常量),当本阶段开始时订货量为 Q,存储量达到 $I+Q$。

所以本阶段所需订货费为 C_3+KQ。

当需求 $r<I+Q$ 时,未能售出的存储部分需付存储费;当需求 $r\geq I+Q$ 时,不需要付存储费。故所需存储费的期望值为 $\sum_{r\leq I+Q}C_1(I+Q-r)P(r)$。

当需求 $r>I+Q$ 时,$(r-I-Q)$ 部分需付缺货费。所以缺货费用的期望值为 $\sum_{r>I+Q}C_2(r-I-Q)P(r)$。

费用之和为 $C(I+Q)=C_3+KQ+\sum_{r\leq I+Q}C_1(I+Q-r)P(r)+\sum_{r>I+Q}C_2(r-I-Q)P(r)$。

$I+Q$ 表示存储所达到的水平,记 $S=I+Q$,上式可写为:

$$C(S)=C_3+K(S-I)+\sum_{r\leq S}C_1(S-r)P(r)+\sum_{r>S}C_2(r-S)P(r)$$

为求出 S,使 $C(S)$ 最小,其求解过程具体如下:

① 将需求 r 的随机值按大小顺序排列为

$r_0,r_1,\cdots,r_i,r_{i+1},\cdots,r_m,r_i<r_{i+1},r_{i+1}-r_i=\Delta r_i\neq 0(i=0,1,\cdots,m-1)$

② S 只从 $r_0,r_1\cdots r_m$ 中取值。当 S 取值为 r_i 时,记为 S_i,且

$$\Delta S_i=S_{i+1}-S_i=r_{i+1}-r_i=\Delta r_i\neq 0(i=0,1,\cdots,m-1)$$

③ 求 S 使 $C(S)$ 最小。因为

$$C(S_{i+1})=C_3+K(S_{i+1}-I)+\sum_{r\leq S_{i+1}}C_1(S_{i+1}-r)P(r)+\sum_{r>S_{i+1}}C_2(r-S_{i+1})P(r)$$

$$C(S_i)=C_3+K(S_i-I)+\sum_{r\leq S_i}C_1(S_i-r)P(r)+\sum_{r>S_i}C_2(r-S_i)P(r)$$

$$C(S_{i-1})=C_3+K(S_{i-1}-I)+\sum_{r\leq S_{i-1}}C_1(S_{i-1}-r)P(r)+\sum_{r>S_{i-1}}C_2(r-S_{i-1})P(r)$$

为选出使 $C(S_i)$ 最小的 S 值,S_i 应满足:

条件(1):$C(S_i)-C(S_{i+1})\leq 0$

条件(2):$C(S_i)-C(S_{i-1})\leq 0$

定义:$\Delta C(S_i)=C(S_{i+1})-C(S_i)$

$\Delta C(S_{i-1})=C(S_i)-C(S_{i-1})$,由条件(1)有:

$$\Delta C(S_i)=K\Delta S_i+C_1\Delta S_i\sum_{r\leq S_i}P(r)+C_2\Delta S_i\sum_{r>S_i}P(r)$$

$$=K\Delta S_i+C_1\Delta S_i\sum_{r\leq S_i}P(r)-C_2\Delta S_i[1-\sum_{r\leq S_i}P(r)]$$

$$=K\Delta S_i+(C_1+C_2)\Delta S_i\sum_{r\leq S_i}P(r)-C_2\Delta S_i\geq 0$$

因 $\Delta S_i\neq 0$,即 $K+(C_1+C_2)\sum_{r\leq S_i}P(r)-C_2\geq 0$,有 $\sum_{r\leq S_i}P(r)\geq \dfrac{C_2-K}{C_1+C_2}=N$。

由条件(2)有:$\sum_{r\leq S_{i-1}}P(r)<\dfrac{C_2-K}{C_1+C_2}=N$。综合以上两式,得到确定 S_i 的不等式如下:

$$\sum_{r\leqslant S_{i-1}} P(r) < \frac{C_2 - K}{C_1 + C_2} = N \leqslant \sum_{r\leqslant S_i} P(r) \qquad (10.26)$$

满足该式的 S_i 即为 $C(S)$，即可得本阶段订货量 Q。同理得下式 10.27：

$$Ks + C_1 \sum_{r\leqslant s}(s-r)P(r) + C_2 \sum_{r>s} P(r) \leqslant$$

$$C_3 + KS + C_1 \sum_{r\leqslant S}(S-r)P(r) + C_2 \sum_{r>S}(r-S)P(r) \qquad (10.27)$$

使式 10.27 成立的 r 的值中最小者为 s。

例 10.9 某厂对原料需求量的概率如表 10.2 所示。

表 10.2 需求概率表

需求量 r	80	90	100	110	120
概率 $P(r)$	0.1	0.2	0.3	0.3	0.1

已知每次订货的订购费为 2 825 元，货物价格为 850 元，存储费为 45 元，缺货费为 1 250 元，求该厂的 (s,S) 存储策略。

解 计算临界值 $N = \frac{C_2 - K}{C_1 + C_2} = \frac{1\,250 - 850}{1\,250 + 45} = 0.309$，由于 $P(x=80) + P(x=90) = 0.3 < 0.309$，$P(x=80) + P(x=90) + P(x=100) = 0.6 > 0.309$，因此取 $s = 80$。

当 $s = 80$ 时，上述不等式左端为 94 250，右端为 94 255，所以 $s = 80$。

该厂存储策略每当存储小于等于 80 时补充存储使存储量达到 100，当存储量大于 80 时不需要补充。

习 题

1. 某公司需从外部购置一种零件，年需要量为 10 000 件，单价 100 元，不允许缺货。每采购一次需要 1 500 元，每件每年的存储费为该件单价的 20%，试求经济订货批量及年最小总费用。

2. 某工厂生产某种零件，每年需要量为 16 000 个，每月可生产 2 000 个，每次生产的装配费为 4 000 元，每个零件的存储费为 2 元，求每次生产的最佳批量。

3. 判断下列说法，其中正确的有：
(1) 在其他费用不变条件下，最优订货批量随单位存储费用的增加而增大。
(2) 在其他费用不变条件下，最优订货批量随单位缺货费用的增大而减小。
(3) 在同一存储模型中，可能既发生存储费用，又发生短缺费用。
(4) 在单时期的存储模型中，计算时都不包括订货费这一项，理由是该项费用通常很小可以忽略不计。

4. 某工厂每年需要某种原料 600 kg，每次订货费为 800 元，每月每千克存储费 5 元，若允许缺货，且每年每千克缺货费为 150 元，求最优订货量。

5. 某商店每年可卖出某种商品 1 000 件，每次订购费为 8 元，每件商品每年存储费

为1元,每件单价5元。批发商提出的价格折扣条件为:

(1) 订购200瓶及以上时,价格折扣为5%。

(2) 订购500瓶及以上时,价格折扣为10%。

问该商店一次应订购多少件该商品?

6. 某商店销售鲜牛奶,每瓶成本为2元,售价为2.5元。如当日不能售出,则全部变质损坏,已知该店鲜牛奶的销售量 $P(r) = \dfrac{e^{-\lambda}\lambda^r}{r!}$ 服从泊松分布 $P(r) = \dfrac{e^{-\lambda}\lambda^r}{r!}$,平均售出量为80瓶,问该店每天应该进鲜牛奶多少瓶?

7. 某厂对原材料需求概率如表10.3所示。

表10.3 需求分布表

需求量 r	20	30	40	50	60
概率 $P(r)$	0.2	0.1	0.3	0.3	0.1

每次订购费为300元,原料每吨价格为400元,每吨原料存储费为60元,缺货费为每吨500元,该厂希望制定(s,S)型存储策略,试求s和S值。

8. 某建筑工地每月需用水泥800 t,每吨定价2 000元,不可缺货。设每吨每月保管费率为0.2%,每次订购费为300元,求最佳订购批量。

9. 一汽车公司每年使用某种零件150 000件,每件每年保管费0.2元,不允许缺货,试比较每次订购费为1 000元和100元两种情况下的经济订购批量。

10. 某拖拉机厂生产一种小型拖拉机,每月可生产1 000台,但对该拖拉机的市场需要量为每年4 000台。已知每次生产的准备费用为15 000元,每台拖拉机每月的存储费为10元,如不允许供应短缺,求经济生产批量。

11. 某产品每月需求量为8件,生产准备费用为100元,存储费为5元/(月·件)。在不允许缺货条件下,比较生产速度分别为每月20件和40件两种情况下的经济生产批量和最小费用。

12. 对某种电子元件每月需求量为4 000件,每件成本为150元,每年的存储费为成本的10%,每次订购费为500元。求:

(1) 不允许缺货条件下的最优存储策略;

(2) 允许缺货(缺货费为100元/(件·年))条件下的最优存储策略。

13. 某农机维修站需购一种农机配件,其每月需要量为150件,订购费为每次400元,存储费为0.96元/(月·件),并不允许缺货。求经济订购批量(EOQ)。

14. 该厂为少占用流动资金,希望进一步降低存储量。因此,决定使订购和存储总费用可以超过原最低费用的10%,求这时的最优存储策略。

15. 某公司每年需电容器15 000个,每次订购费80元,保管费1元/(个·年),不允许缺货。若采购量少于1 000时每个单价为5元,当一次采购1 000个以上时每个单价降为4.9元。求该公司的最优采购策略。

16. 某工厂对某种物料的年需要量为10 000单位,每次订货费为2 000元,存储费率为20%。该物料采购单价和采购数量有关,当采购数量在2 000单位以下时,单价为100元;

当采购数量在 2 000 单位及以上时,单价为 80 元。求最优采购策略。

17. 某制造厂在装配作业中需用一种外购件,需求率为常数,全年需要量为 300 万件,不允许缺货,一次订购费为 100 元,存储费为 0.1 元/(件·月)。库存占用资金每年利息保险等费用为年平均库存金额的 20%。该外购件进货单价和订购批量 Q 有关,具体关系如表 10.4 所示,试求经济订购批量。

表 10.4 制造厂供应参数

批量(件)	$0 \leqslant Q < 10\,000$	$10\,000 \leqslant Q < 30\,000$	$30\,000 \leqslant Q < 50\,000$	$Q \geqslant 50\,000$
单价(元)	1.00	0.98	0.96	0.94

18. 一个允许缺货的 EOQ 模型的费用,绝不会超过一个具有相同存储费、订购费,但又不允许缺货的 EOQ 模型的费用,请加以说明。

19. 已知某产品的单位成本 $K=3.0$ 元,单位存储费 $C_1=1.0$ 元,单位缺货损失 $C_2=2.0$ 元,每次订购货 $C_3=50x$ 元。需求量 x 的概率密度函数为:

$$f(x) = \begin{cases} \dfrac{1}{5} & (5 \leqslant x \leqslant 10) \\ 0 & (x \text{ 为其他值}) \end{cases}$$

设期初库存为零,试依据 (s, S) 型存储策略的模型确定 s 和 S 的值。

20. 试根据下列条件推导并建立一个经济订货批量的公式:① 订货必须在每月的第一天提出;② 订货提前期为零;③ 每月需求量为 R,均在各月中的第 15 日一天发生;④ 不允许发生供货短缺;⑤ 存储费为每件每月 C 元;⑥ 每次订购的费用为 V 元。

21. 在单周期随机存储模型中,对报童问题若采用获利期望值最大的准则,

(1) 证明其最佳订购量 Q^*,式 $\sum_{r=0}^{Q-1} P(r) < \dfrac{k}{k+h} \leqslant \sum_{r=0}^{Q} P(r)$ 同样成立。

(2) 简要说明两种准则下结果相同的原因。

第 11 章 对 策 论

(1) 对策论简史

对策论,又称为博弈论(game theory)或赛局理论等,既是现代数学的一个新分支,也是运筹学的一个重要学科。博弈论主要研究公式化了的激励结构间的相互作用,是研究具有斗争或竞争性质现象的数学理论和方法。博弈论考虑游戏中的个体的预测行为和实际行为,并研究它们的优化策略。

博弈论的发展历史并不长,1928 年冯·诺依曼证明了博弈论的基本原理,从而宣告了博弈论的正式诞生。1944 年冯·诺依曼和摩根斯坦共著的划时代巨著《博弈论与经济行为》将二人博弈推广到 n 人博弈结构并将博弈论系统地应用于经济领域,从而奠定了这一学科的基础和理论体系。1950 年至 1951 年,约翰·福布斯·纳什(John Forbes Nash Jr)利用不动点定理证明了均衡点的存在,为博弈论的一般化奠定了坚实的基础。纳什的开创性论文《n 人博弈的均衡点》(1950),《非合作博弈》(1951)等等,给出了纳什均衡的概念和均衡存在定理。此外,莱因哈德·泽尔腾、约翰·海萨尼的研究也对博弈论发展起到推动作用。今天博弈论已发展成一门较完善的学科。

博弈论已经成为经济学的标准分析工具之一。在金融学、证券学、生物学、经济学、国际关系、计算机科学、政治学、军事战略和其他很多学科都有广泛的应用。

(2) 对策行为和对策论

在日常生活中,经常会看到一些相互之间具有斗争或竞争性质的行为,如下棋、打牌、体育比赛等。在经济活动中,各国之间、各公司企业之间的经济谈判,企业之间为争夺市场而进行的竞争等无一不具有斗争的性质。

对策行为是指具有竞争或对抗性质的行为。

参加斗争或竞争的各方各自具有不同的目标和利益。为了达到各自的目标和利益,各方必须考虑对手的各种可能的行动方案,并力图选取对自己最有利或最合理的方案。

对策论就是研究对此行为中的各方是否存在最合理的行动方案,以及如何找到最合理的行动方案。

战国时期,齐国的大将田忌很喜欢赛马,有一回,他和齐威王约定,要进行一场比赛。他们商量好,把各自的马分成上、中、下三等,要上马对上马,中马对中马,下马对下马。由于齐威王每个等级的马都比田忌的马强一些,所以比赛了几次,田忌都失败了。

有一次,田忌又失败了,觉得很扫兴,比赛还没有结束,就垂头丧气地准备离开赛马场,这时田忌的好朋友孙膑给他出了一个主意,让他再跟齐威王比赛一次,并约定从各自的上、中、下三个等级的马中各选一匹参赛,每匹马均只能参赛一次,每一次比赛双方各出一匹马,负者要付给胜者千金。虽然在同等级的马中,田忌的马不如齐王的马,但如果田忌的马比齐王的马高一等级,则田忌的马可取胜。孙膑的主意是:每次比赛时先让齐王牵出他要参赛的马,然后来用下马对齐王的上马,用中马对齐王的下马,用上马对齐王的中马。比赛结果,田忌二胜一负,夺得千金。

还是同样的马,只是调换了一下比赛的出场顺序,就得到转败为胜的结果。由此看来,两个人各采取什么样的出马次序对胜负是至关重要的。

11.1 对策论的相关概念及分类

11.1.1 对策现象的基本要素

为了能有效对对策问题进行数学分析,必须建立针对对策问题的数学模型,称为对策模型。对策模型因所面对的问题及环境的不同,形式上具有多样性。但所有对策模型都必须包含一些基本的要素。

对策模型必须包括以下三个基本要素:

(1) 局中人(players)

是指有权决定自己行动方案的对策参加者。通常用 I 表示局中人的集合,如果有 n 个局中人,则 $I=(1,2,\cdots,n)$。一个对策中一般至少要有两个局中人。局中人可理解为个人或集体,利益完全一致的参加者是一个局中人。对策论研究通常作如下假设:

① 局中人是理性的,可最大化自己的利益。

② 局中人具有完全理性,有共同的知识。

③ 每个局中人都被假定为对所处环境及其他参与者的行为形成正确信念与预期。

(2) 策略集(strategies)

局中人选择的一个实际可行的完整的行动方案。每一个局中人 i 都有自己的策略集 S_i,S_i 至少应包括两个策略。如"齐王田忌赛马"中,(上、中、下)、(上、下、中)就是田忌的两个策略。

(3) 赢得函数(支付函数,payoff function)

各局中人选定的策略形成的策略组称为一个局势,即若 s_i 是第 i 个局中人的一个策略,则 n 个局中人的策略组为 $s=(s_1,\cdots,s_n)$,也是一个局势。全体局势的集合 S 可用各局中人策略集的笛卡儿积表示,即 $S=S_1\times\cdots\times S_n$。对任意 $s\in S$,局中人 i 可得到一个赢得值(或损失值)$H_i(s)$;很显然 $H_i(s)$ 是定义 S 上的函数,称为局中人 i 的赢得函数。

如"齐王田忌赛马"中,局中人集合为 $I=\{1,2\}$,齐王和田忌的策略集分别用 $S_1=\{\alpha_1,\alpha_2,\alpha_3,\alpha_4,\alpha_5,\alpha_6\}$ 和 $S_2=\{\beta_1,\beta_2,\beta_3,\beta_4,\beta_5,\beta_6\}$ 表示。齐王任一策略 α_i 与田忌的任一策略 β_j 就构成了一个局势 s_{ij}。若记 $\alpha_1=\{上,中,下\}$,$\beta_1=\{上,中,下\}$,则在局势 s_{11} 势中,齐王的赢得值 $H_1(s_{11})=3$,田忌的赢得值 $H_2(s_{11})=-3$。

通常认为,局中人、策略集和赢得函数这三个要素确定后,这个对策模型就可以确定了。

例 11.1 (市场购买力问题) 据预测某乡镇下一年的饮食品购买力将有 4 000 万元。

乡镇企业和中心城市企业饮食品的生产情况是乡镇企业有特色饮食品和低档饮食品两类,中心城市企业有高档饮食品和低档饮食品两类产品。它们争夺购买力的结局如表11.1 所示(表中数字的单位是万元),乡镇企业和中心城市企业应如何选择对自己最有利的产品策略。

表 11.1 乡镇企业所得表

乡镇企业策略	中心城市企业的策略	
	出售高档饮食品	出售低档饮食品
出售特色饮食品	2 000	3 000
出售一般饮食品	1 000	3 000

例 11.2(销售竞争问题) 假定企业Ⅰ,Ⅱ均能向市场出售某产品,在时间区间 $[0,1]$ 内任一时点出售。企业Ⅰ在时刻 x 出售,企业Ⅱ在时刻 y 出售,则企业Ⅰ的收益(赢得)函数为:

$$H(x,y) = \begin{cases} c(y-x) & x<y \\ 0.5c(1-x) & x=y \\ c(1-x) & x>y \end{cases}$$

问两个企业各选择什么策略对自己最有利?本例中,企业Ⅰ,Ⅱ可选择的策略均有无穷多个。

例 11.3(费用分摊问题) 沿某一河流有相邻的 3 个城市 A,B,C,各城市可单独建立水厂,也可合作兴建一个大水厂。合建一个大水厂加上铺设管道的费用要比单独建 3 个小水厂的总费用少。合建大厂的方案能否实施,要看总的建设费用分摊得是否合理。如果某个城市分摊到的费用比它单独建设水厂的费用还多,则不会接受合作的方案。如何合理地分摊费用,使合作兴建大水厂的方案得以实现?

例 11.4(拍卖问题) 最常见的一种拍卖形式是先由拍卖商把拍卖品描述一番,然后提出第一个报价。接下来由买者报价,每一次报价都要比前一次高,最后谁出的价最高拍卖品即归谁所有。假设有 n 个买主报价分别为 $p_1,\cdots,p_n$,设 $p_n>p_{n-1}>\cdots>p_1$,则买主 n 只要报价略高于 p_{n-1},就能买到拍卖品,即拍卖品实际上是在次高价格上卖出的。各买主之间可能知道他人的估价,每人应如何报价才能以较低的价格得到拍卖品?

11.1.2 对策论的分类

从上述例题中可知,实际对策模型的种类很多。为了更有针对性地研究和求解,有必要对对策问题进行分类。

(1) 合作对策和非合作对策

根据相互发生作用的局中人之间有没有一个具有约束力的协议,可将对策分为合作对策和非合作对策。如果有这个协议,就是合作对策,如果没有,就是非合作对策。

(2) 静态对策和动态对策

根据对策的时间序列性上的区别,可将对策论分为静态对策、动态对策。静态博弈是指在对策中,参与人同时选择或虽非同时选择但后行动者并不知道先行动者采取了什么具体行动；动态对策是指在博弈中，参与人的行动有先后顺序，且后行动者能够观察到先行动者所选择的行动。例如"囚徒困境"就是同时决策的，属于静态对策；而棋牌类游戏等决策或行动有先后次序的，属于动态对策。

(3) 完全信息对策和不完全信息对策

按照参与人对其他参与人的了解程度分为完全信息对策和不完全信息对策。完全对策是指在对策过程中，每一位参与人对其他参与人的特征、策略空间及收益函数有准确的信息。不完全信息对策是指如果参与人对其他参与人的特征、策略空间及收益函数信息了解得不够准确、或者不是对所有参与人的特征、策略空间及收益函数都有准确的信息，在这种情况下进行的对策就是不完全信息对策。

(4) 矩阵对策、微分对策、阵地对策、凸对策、随机对策

根据对策模型的数学特征可分为矩阵对策、微分对策、阵地对策、凸对策、随机对策等。

在众多对策模型中，占有重要地位的是二人有限零和对策，也称为矩阵对策。矩阵对策是一类最简单的对策模型，其研究思想和方法十分具有代表性，是研究其他对策模型的基础。

对策论还有很多分类，比如：根据对策进行的次数或者持续长短可以分为有限对策和无限对策；根据表现形式也可以分为一般型（战略型）或者展开型；根据对策的逻辑基础不同又可以分为传统博弈和演化博弈。

11.2 矩阵对策概述

矩阵对策也称二人有限零和对策。是指只有两个参加对策的局中人，每个局中人都只有有限个策略可供选择。在任一局势下，两个局中人的赢得之和总是等于零；一人之所得即为另一人之所失。

11.2.1 矩阵策略的纯策略

在矩阵对策中，一般用 I 和 II 表示两个局中人，局中人 I 有 m 个纯策略（与后面的混合策略区别），策略集 $S_1 = \{\alpha_1, \cdots, \alpha_m\}$；局中人 II 有 n 个纯策略，策略集 $S_2 = \{\beta_1, \cdots, \beta_m\}$。

当两个局中人分别选定纯策略 α_i 和 β_j 后，则可形成一个纯局势 (α_i, β_j)。此时，局中人 I 的赢得值为 α_{ij}，赢得矩阵（或为局中人 II 的支付矩阵）为 $A = (\alpha_{ij})_{m \times n}$。

$$A = \begin{Bmatrix} \alpha_{11} & \alpha_{12} & \cdots & \alpha_{1n} \\ \alpha_{21} & \alpha_{22} & \cdots & \alpha_{2n} \\ \vdots & & & \\ \alpha_{m1} & \alpha_{m2} & \cdots & \alpha_{mn} \end{Bmatrix} \tag{11.1}$$

由于是零和的，故局中人 II 的赢得矩阵就是 $-A$。于是，矩阵对策模型可记为 $G = \{S_1, S_2, A\}$。各局中人需要选取对自己最有利的纯策略，以谋取最大的赢得（或最少

损失)。

例 11.5 设某矩阵对策 $G = \{S_1, S_2, A\}$,$S_1 = \{\alpha_1, \alpha_2, \alpha_3, \alpha_4\}$,$S_2 = \{\beta_1, \beta_2, \beta_3\}$,

$$A = \begin{bmatrix} -6 & 1 & -8 \\ 3 & 2 & 4 \\ 9 & -1 & -10 \\ -3 & 0 & 6 \end{bmatrix}$$

解 局中人 I 的最大赢得是 9(α_3)。假定局中人 II 考虑到局中人 I 选择 α_3 的心理,选择 β_3,局中人 I 于是选择 α_4。若决策双方都不想冒险,即不抱侥幸心理,必然考虑到对方必然会选择使自己赢得值最少的这一点,于是最佳的决策应该是各个局中人应该从各自可能出现的最不利的情形中选择一种最有利的决策方案;这就是"理性"决策,即实际上决策双方都可以接受的并采取的一种最稳妥的方法。

局中人 I 的各个纯策略带来的最少赢得(α_2 中每行的最小元素)分别为:-8,2,-10,-3,最小赢得为 2。无论局中人 II 选取何种纯策略,只要局中人 I 选择 α_2,其收益均不会少于 2。对局中人 II,各纯策略可能带来最不利的结果(矩阵 A 中每列中最大元素)分别为 9,2,6,最好的结果(输得最少)也是 2,无论局中人 I 选取何种纯策略,只要局中人 II 选择 β_2,其支付均不会多于 2。于是,两个局中人的理智策略是 α_2 和 β_2,局中人 I 的赢得和局中人 II 的所失绝对值相等。对举证决策一般有如下定义。

定义 1 设 $G = \{S_1, S_2, A\}$,$S_1 = \{\alpha_1, \alpha_2, \cdots, \alpha_m\}$,$S_2 = \{\beta_1, \beta_2, \cdots, \beta_n\}$,$A = (\alpha_{ij})_{m \times n}$。若

$$\underset{i}{\text{Max}} \underset{j}{\text{Min}} \alpha_{ij} = \underset{j}{\text{Min}} \underset{i}{\text{Max}} \alpha_{ij} = \alpha_{i^* j^*} \tag{11.2}$$

成立,记 $V_G = \alpha_{i^* j^*}$,则称 V_G 为对策 G 的值,纯局势($\alpha_{i^*}, \beta_{j^*}$)为 G 在纯策略下的解(或平衡局势),α_{i^*} 与 β_{j^*} 分别是局中人 I、II 的最优纯策略。

定理 1 矩阵决策 $G = \{S_1, S_2, A\}$ 在纯策略意义下有解的充要条件是:存在纯局势($\alpha_{i^*}, \beta_{j^*}$),使得对于任意 i 和 j 有:

$$\alpha_{ij^*} \leq \alpha_{i^* j^*} \leq \alpha_{i^* j} \tag{11.3}$$

证明略。

定义 2 设 $f(x, y)$ 是在 $x \in A$ 及 $y \in B$ 上的实值函数,如果存在 $x^* \in A$,$y^* \in B$,对一切 $x \in A$ 及 $y \in B$,有 $f(x, y^*) \leq f(x^*, y^*) \leq f(x^*, y)$,则称($x^*, y^*$)为函数 G 的一个鞍点。

矩阵对策 G 在纯策略意义下有解,且 $V_G = \alpha_{i^* j^*}$ 的充要条件是 $\alpha_{i^* j^*}$ 是矩阵 A 的一个鞍点。同时,矩阵对策的解可能不唯一。

定理 1 中式 11.3 的对策意义是:一个平衡局势($\alpha_{i^*}, \beta_{j^*}$)应具有这样的性质:当局中人 I 选择了纯策略 α_{i^*} 后,局中人 II 为例其所失最少,只能选择纯策略 β_{j^*},都在就会损失更多,局中人 I 为了赢得最大,也只能选择纯策略 α_{i^*},否则就会赢得更少,双方的竞争在($\alpha_{i^*}, \beta_{j^*}$)下得到平衡。

例 11.6 求解矩阵对策 $G = \{S_1, S_2, A\}$,其中 $A = \begin{bmatrix} -7 & 1 & -8 \\ 3 & 2 & 4 \\ 16 & -1 & -3 \\ -3 & 0 & 5 \end{bmatrix}$。

解 由于 $\underset{i}{\text{Max}}\underset{j}{\text{Min}}\alpha_{ij} = \underset{j}{\text{Min}}\underset{i}{\text{Max}}\alpha_{ij} = \alpha_{22} = 2$，于是 $V_G = 2$，G 的解为 (α_2, β_2)，α_2 与 β_2 分别是局中人 I 和 II 的最优纯策略。

例 11.7 设矩阵对策 $G = \{S_1, S_2, A\}$，$S_1 = \{\alpha_1, \alpha_2, \alpha_3, \alpha_4\}$，$S_2 = \{\beta_1, \beta_2, \beta_3, \beta_4\}$，赢得矩阵为：

$$A = \begin{bmatrix} 9 & 8 & 11 & 8 \\ 2 & 4 & 6 & 3 \\ 5 & 8 & 7 & 8 \\ 10 & 7 & 9 & 6 \end{bmatrix}$$

解 直接在赢得表上计算，有 $\underset{i}{\text{Max}}\underset{j}{\text{Min}}\alpha_{ij} = \underset{j}{\text{Min}}\underset{i}{\text{Max}}\alpha_{ij} = 8$，$V_G = 8$，其中，$i^* = 1, 3$ 和 $j^* = 2, 4$。故 (α_1, β_2)，(α_1, β_4)，(α_3, β_2)，(α_3, β_4) 四个局势都是对策的解。

性质 1(无差别性) 若 $(\alpha_{i_1}, \beta_{i_1})$ 和 $(\alpha_{i_2}, \beta_{i_2})$ 是对策 $\alpha_{i_1, j_1} = \alpha_{i_2, j_2}$ 的两个解，则 $\alpha_{i_1, j_1} = \alpha_{i_2, j_2}$。

性质 2(可交换性) 若 $(\alpha_{i_1}, \beta_{i_1})$ 和 $(\alpha_{i_2}, \beta_{i_2})$ 是对策 G 的两个解，则 $(\alpha_{i_1}, \beta_{j_2})$ 和 $(\alpha_{i_2}, \beta_{j_1})$ 也是解。

11.2.2 矩阵对策的混合策略

对矩阵对策 $G = \{S_1, S_2, A\}$，局中人 I 的赢得至少是 $\nu_1 = \underset{i}{\text{Max}}\underset{j}{\text{Min}}\alpha_{ij}$，局中人 II 的损失至多是 $\nu_2 = \underset{j}{\text{Min}}\underset{i}{\text{Max}}\alpha_{ij}$，一般总有 $\nu_1 \leqslant \nu_2$。当 $\nu_1 = \nu_2$ 时，矩阵对策 G 存在纯策略意义下的解，且 $V_G = \nu_1 = \nu_2$。

但实际中出现的更多的情况是 $\nu_1 < \nu_2$，此时，根据定义 1，对策不存在纯策略意义下的解。例如对赢得矩阵 $A = \begin{bmatrix} 3 & 6 \\ 5 & 4 \end{bmatrix}$，有：

$$\nu_1 = \underset{i}{\text{Max}}\underset{j}{\text{Min}}\alpha_{ij} = 4, i^* = 2; \nu_2 = \underset{j}{\text{Min}}\underset{i}{\text{Max}}\alpha_{ij} = 5, j^* = 1$$

于是 $\nu_2 = \alpha_{21} = 5 > 4 = \nu_1$。对局势 (α_2, β_1)，局中人 I 将赢得 5，多于 $\nu_1 = 4$。故局中人 II 会考虑选择 β_2，局中人 I 会选择 α_1 使赢得为 6，局中人 II 可能仍采取 β_1 来对付局中人 I 的策略 α_1，局中人 I 选择 α_1 或 α_2 的可能性以及局中人 II 选择 β_1 和 β_2 可能性都不能排除。对两个局中人来说，不存在一个双方均可接受的平衡局势，即不存在纯策略意义下的解。

在此情况下，合乎逻辑的想法就是：虽然没有最优策略，但可以考虑计算出选择不同策略的概率分步。如局中人 I 可以制定这样一个策略，即分别以概率 α_1 和 α_1 选择纯策略 α_1 或 α_2，这种选择所得策略称为一个混合策略。类似的，局中人 II 可以制定这样一个策略，即分别以概率 β_1 和 β_1 选择纯策 β_1 和 β_2。现在给出矩阵对策中混合策略及其在混合策略下解的定义。

定义 3 设矩阵对策 $G = \{S_1, S_2, A\}$，$S_1 = \{\alpha_1, \alpha_2, \cdots, \alpha_m\}$，$S_2 = \{\beta_1, \beta_2, \cdots, \beta_n\}$，$A = (\alpha_{ij})_{m \times n}$，记：

$$S_1^* = \left\{ x \in E^m \mid x_i \geqslant 0, i = 1, \cdots, m, \sum_{i=1}^m x_i = 1 \right\}$$

$$S_2^* = \left\{y \in E^m \,\middle|\, y_j \geq 0, j = 1, \cdots, n, \sum_{i=1}^{n} y_j = 1\right\}$$

则 S_1^* 和 S_2^* 分别称为局中人 I 和 II 的混合策略集，$x \in S_1^*$ 和 $y \in S_2^*$ 分别称为局中人 I 和 II 的混合策略，(x, y) 为一个混合局势，局中人 I 的赢得函数记为：

$$E(x, y) = x^T A y = \sum_i \sum_j a_{ij} x_i y_j \tag{11.4}$$

于是得到一个新的对策 $G^* = \{S_1^*, S_2^*, E\}$，则称 G^* 为对策 G 的混合扩充。

于是，纯策略是混合策略的特例。α_k 等价于混合策略 $x = (x_1, x_2 \cdots x_m)^T \in S_1^*$，其中 $\begin{cases} x_i = 1, i = k \\ x_i = 0, i \neq k \end{cases}$。混合策略 $x = (x_1, x_2, \cdots, x_m)^T$ 可理解为当两个局中人多次重复进行对策 G 时，局中人 I 分别采取纯策略 $\alpha_1, \alpha_2, \cdots, \alpha_m$ 的频率；若仅进行一次对策，则反映了局中人 I 对各种纯策略的偏爱程度。

现在讨论矩阵对策在混合策略意义下解的概念。在混合策略中，局中人 I 选择混合策略 x 时，他的预期所得（最不利的情况）是 $\underset{y \in S_2^*}{\mathrm{Min}} E(x, y)$，因此，局中人 I 应选择 $x \in S_1^*$，使得：

$$v_1 = \underset{x \in S_1^*}{\mathrm{Max}} \underset{y \in S_2^*}{\mathrm{Min}} E(x, y) \tag{11.5}$$

同理，局中人 II 可保证自己的所失期望值至多是

$$v_2 = \underset{x \in S_1^*}{\mathrm{Min}} \underset{y \in S_2^*}{\mathrm{Max}} E(x, y) \tag{11.6}$$

$E(x, y)$ 是欧氏空间 E^{m+n} 内有界闭集 D 上的连续函数，其中：

$$D = \left\{(x, y) \,\middle|\, x_i \geq 0, y_j \geq 0, i = 1, \cdots, m; j = 1, \cdots, n; \sum_{i=1}^{m} x_i = 1, \sum_{j=1}^{n} y_j = 1\right\}$$

对固定的 x，$E(x, y)$ 是 S_2^* 上的连续函数，故 $\underset{y \in S_2^*}{\mathrm{Min}} E(x, y)$ 存在，而且也是 S_1^* 上的连续函数，故 $\underset{x \in S_1^*}{\mathrm{Max}} \underset{y \in S_2^*}{\mathrm{Min}} E(x, y)$ 存在。同样可说明 $\underset{y \in S_2^*}{\mathrm{Min}} \underset{x \in S_1^*}{\mathrm{Max}} E(x, y)$ 存在。

令 $\begin{cases} \underset{x \in S_1^*}{\mathrm{Max}} \underset{y \in S_2^*}{\mathrm{Min}} E(x, y) = \underset{y}{\mathrm{Min}} E(x^*, y) \\ \underset{y \in S_2^*}{\mathrm{Min}} \underset{x \in S_1^*}{\mathrm{Max}} E(x, y) = \underset{x}{\mathrm{Max}} E(x, y^*) \end{cases}$；可得：

$$v_1 = \underset{y \in S_2^*}{\mathrm{Min}} E(x^*, y) \leq E(x^*, y^*) \leq \underset{x \in S_1^*}{\mathrm{Max}} E(x, y^*) = v_2$$

定义 4 设 $G^* = \{S_1, S_2, E\}$ 是矩阵对策 $G = \{S_1, S_2, A\}$ 的混合扩充，如果 $\underset{x \in S_1^*}{\mathrm{Max}} \underset{y \in S_2^*}{\mathrm{Min}} E(x, y) = \underset{y \in S_2^*}{\mathrm{Min}} \underset{x \in S_1^*}{\mathrm{Max}} E(x, y)$，记其值为 V_G，称 V_G 为对策 G^* 的值，称混合局势 (x^*, y^*) 中 x^* 和 y^* 分别称为局中人 I 和 II 的最优混合策略（或简称最优策略）。

现在规定矩阵对策 $G = \{S_1, S_2, A\}$ 及其混合扩充 $G^* = \{S_1, S_2, E\}$ 一般不加以区分，都用 $G = \{S_1, S_2, A\}$ 表示。因为当 G 在纯策略下的解不存在时，自然认为是求混合策略意义下的解。

定理 2 矩阵对策 $G = \{S_1, S_2, A\}$ 在混合策略意义下有解的充要条件是：存在 $x^* \in$

S_1^*, $y^* \in S_2^*$, 使(x^*, y^*)为函数$E(x, y)$的一个鞍点, 即对一切$x^* \in S_1^*, y^* \in S_2^*$, 有:

$$E(x, y^*) \leqslant E(x^*, y^*) \leqslant E(x^*, y) \tag{11.7}$$

例 11.8 考虑矩阵对策 $G = \{S_1, S_2, A\}$, 其中 $A = \begin{bmatrix} 3 & 6 \\ 5 & 4 \end{bmatrix}$。

解 设 $x = (x_1, x_2)$为局中人 I 的混合策略, $y = (y_1, y_2)$为局中人 II 的混合策略, 则:

$$S_1^* = \{(x_1, x_2) | x_1, x_2 \geqslant 0, x_1 + x_2 = 1\}$$
$$S_2^* = \{(y_1, y_2) | y_1, y_2 \geqslant 0, y_1 + y_2 = 1\}$$

局中人 I 的赢得期望值为:

$$E(x, y) = 3x_1 y_1 + 6x_1 y_2 + 5x_2 y_1 + 4x_2 y_2 = -4\left(x_1 - \frac{1}{4}\right)\left(y_1 - \frac{1}{2}\right) + \frac{9}{2}$$

当 $x^* \left(\frac{1}{4}, \frac{3}{4}\right), y^* \left(\frac{1}{2}, \frac{1}{2}\right)$时, $E(x^*, y^*) = \frac{9}{2}$, $E(x^*, y) = E(x^*, y^*) = \frac{9}{2}$, 满足式(10.7), 于是 $x^* = \left(\frac{1}{4}, \frac{3}{4}\right)$和 $y^* = \left(\frac{1}{2}, \frac{1}{2}\right)$分别为局中人 I 和 II 的最优策略, $V_G = \frac{9}{2}$。

11.2.3 矩阵对策的性质

此节主要讨论矩阵对策解的存在性及其性质, 进行矩阵对策在混合策略意义下解的存在性的构造性证明, 并给出求解矩阵对策的基本方法——线性规划方法。

当局中人 I 选取纯策略 α_i 时, 赢得函数为 $E(i, y) = \sum_j \alpha_{ij} y_j$。当局中人 II 选取纯策略 β_j 时, 赢得函数为 $E(x, j) = \sum_i \alpha_{ij} x_i$, 于是:

$$E(x, y) = \sum_i \sum_j \alpha_{ij} x_i y_j = \sum_i \left(\sum_j \alpha_{ij} y_j\right) x_i = \sum_i E(i, y) x_i = \sum_j E(x, j) y_j$$

定理 3 设 $x \in S_1^*$ 及 $y \in S_2^*$, 则 (x^*, y^*)是 G 的解的充要条件是: 对任意 $i = 1, \cdots, m; j = 1, \cdots, n$, 有 $E(i, y^*) \leqslant E(x^*, y^*) \leqslant E(x^*, j)$。

证明 ① 充分性: 设 (x^*, y^*)是 G 的解, $E(x, y^*) \leqslant E(x^*, y^*) \leqslant E(x^*, y)$, 由于纯策略是混合策略的特例, 所以成立。

② 必要性: 由于

$$E(x, y^*) = \sum_i E(i, y^*) x_i \leqslant E(x^*, y^*) \sum_i x_i = E(x^*, y^*)$$

$$E(x^*, y) = \sum_j E(x^*, j) y_j \geqslant E(x^*, y^*) \sum_j y_j = E(x^*, y^*)$$

可得 $E(x, y^*) \leqslant E(x^*, y^*) \leqslant E(x^*, y)$。

定理 4 设 $x \in S_1^*$ 及 $y \in S_2^*$, 则(x^*, y^*)是 G 的解的充要条件是: 存在数 v, 使得 x^* 和 y^* 分别是不等式组(1)和(2)的解, 且 $v = V_G$。

$$(1) \begin{cases} \sum_i \alpha_{ij} x_i \geqslant v \, (j=1, \cdots, n) \\ \sum_i x_i = 1 \\ x_i \geqslant 0 \, (i=1, \cdots, m) \end{cases} \qquad (2) \begin{cases} \sum_j \alpha_{ij} y_j \leqslant v \, (i=1, \cdots, m) \\ \sum_j y_j = 1 \\ y_j \geqslant 0 \, (j=1, \cdots, n) \end{cases}$$

定理 5 对任一矩阵对策 $G=\{S_1,S_2,A\}$，一定存在混合策略意义下的解。

证明 由定理 3，只要证明 $x\in S_1^*$ 及 $y\in S_2^*$，使得 $E(i,y^*)\leqslant E(x^*,y^*)\leqslant E(x^*,j)$ 成立。因此，分析下列两个线性规划：

$$(A):\begin{cases}\text{Max } \omega\\ \sum_i\alpha_{ij}x_i\leqslant v(j=1,\cdots,n)\\ \sum_i x_i=1\\ x_i\geqslant 0(i=1,\cdots,m)\end{cases}\quad \text{及}(B):\begin{cases}\text{Min } v\\ \sum_j\alpha_{ij}y_j\geqslant \omega(i=1,\cdots,m)\\ \sum_j y_j=1\\ y_j\geqslant 0(j=1,\cdots,n)\end{cases}$$

易证明 A 和 B 是互为对偶的线性规划，且：$x=(1,0,\cdots,0)^T\in E^m$，$\omega=\underset{j}{\text{Min}}\,\alpha_{1j}$ 是问题 A 的一个可行解；$y=(1,0,\cdots,0)^T\in E^n$，$v=\underset{i}{\text{Min}}\,\alpha_{i1}$ 是问题 B 的一个可行解。由对偶问题的性质定理可知，线性规划 A 和 B 分别存在最优解 (x^*,ω^*) 和 (y^*,v^*)。即存在 $x^*\in S_1^*$ 与 $y^*\in S_2^*$ 和数 v^*，使得对于任意 $(i=1,\cdots,m)$ 及 $(j=1,\cdots,n)$，有：

$$\sum_j\alpha_{ij}y_j^*\leqslant v^*\leqslant\sum_i\alpha_{ij}x_i^* \tag{11.8}$$

$$E(i,y^*)\leqslant v^*\leqslant E(x^*,j) \tag{11.9}$$

又由：$E(x^*,y^*)=\sum_i E(i,y^*)x_i^*\leqslant v^*\sum_i x_i^*=v^*$，$E(x^*,y^*)=\sum_j E(x^*,j)y_j^*\geqslant v^*\sum_j y_j^*=v^*$；所以 $E(x^*,y^*)=v^*$，$E(i,y^*)\leqslant E(x^*,y^*)\leqslant E(x^*,j)$，故由式(11.9) 知式 $E(i,y^*)\leqslant E(x^*,y^*)\leqslant E(x^*,j)$ 成立，证毕。

定理 6 设 (x^*,y^*) 是矩阵对策 G 的解，$v=V_G$，则

① 若 $x_i^*>0$，则 $\sum_j\alpha_{ij}y_j^*=v$。

② 若 $y_j^*>0$，则 $\sum_i\alpha_{ij}x_i^*=v$。

③ 若 $\sum_j\alpha_{ij}y_j^*<v$，则 $x_i^*=0$。

④ 若 $\sum_i\alpha_{ij}x_i^*>v$，则 $y_j^*=0$。

证明 按定义有 $v=\underset{x\in S_1^*}{\text{Max}}\,E(x,y^*)$，故 $v-\sum_j\alpha_{ij}y_j^*=\underset{x\in S_1^*}{\text{Max}}\,E(x,y^*)-E(i,y^*)\geqslant 0$。又因 $\sum_i x_i^*(v-\sum_j\alpha_{ij}y_j^*)=v-\sum_i\sum_j\alpha_{ij}x_i^*y_j^*=0$，$x_i^*\geqslant 0(i=1,\cdots,m)$，$x^*>0$，所以，当 $x^*>0$ 时，必有 $\sum_j\alpha_{ij}y_j^*=v$；当 $\sum_j\alpha_{ij}y_j^*<v$ 时，$x^*=0$；所以①、③ 得证，同理，②、④ 得证。

定理 7 设 $G_1=\{S_1,S_2,A_1\}$ 和 $G_2=\{S_1,S_2,A_2\}$，$A_1=(\alpha_{ij})$，$A_2=(\alpha_{ij}+L)$，L 为任意常数，则有 $V_{G_2}=V_{G_1}+L$ 和 $T(G_2)=T(G_1)$。

定理 8 设 $G_1=\{S_1,S_2,A\}$ 和 $G_2=\{S_1,S_2,\alpha A\}$，其中 $\alpha>0$ 为任一常数，则 $V_{G_2}=\alpha V_{G_1}$，$T(G_2)=T(G_1)$。

定理 9 设 $G=\{S_1,S_2,A\}$ 为一矩阵对策，且 $A=-A^T$ 为斜对称矩阵(对称对策)。

则 $V_G = 0, T_1(G) = T_2(G)$；其中 $T_1(G)$ 和 $T_2(G)$ 分别为局中人 I 和 II 的最优策略集。

定义 5 设 $G = \{S_1, S_2, A\}, S_1 = \{\alpha_1, \alpha_2 \cdots \alpha_m\}, S_2 = \{\beta_1, \beta_2 \cdots \beta_n\}, A = (\alpha_{ij})_{m \times n}$。

如果对一切 $j = 1, 2, \cdots, n$ 都有 $\alpha_{i^0 j} \geqslant \alpha_{k^0 j}$，即矩阵 A 的第 i^0 行元素均不小于第 k^0 行的对应元素，则称局中人 I 的纯策略 α_{i^0} 优超于 α_{k^0}。

同样，若对一切 $i = 1, 2, \cdots, m$，都有 $\alpha_{ij^0} \leqslant \alpha_{il^0}$ 即矩阵 A 的第 l^0 列元素均不小于第 j^0 列的对应元素，则称局中人 II 的纯策略 β_{j^0} 优超于 β_{l^0}。

定理 10 对 $G = \{S_1, S_2, A\}, S_1 = \{\alpha_1, \alpha_2, \cdots, \alpha_m\}, S_2 = \{\beta_1, \beta_2, \cdots, \beta_n\}, A = (\alpha_{ij})_{m \times n}$，如果纯策略 α_1 被其余纯策略 $\alpha_2 \cdots \alpha_m$ 中之一所优超，由 G 可得到一个新的矩阵策略 $G', G' = \{S'_1, S_2, A'\}, S'_1 = \{\alpha_2, \cdots, \alpha_m\}, A' = (\alpha'_{ij})_{(m-1) \times n}$。$\alpha_{ij} = \alpha_{1j}(i = 1, \cdots, m, j = 1, \cdots, n)$。

则有 $V_{G'} = V_G$；G' 中局中人 II 的最优策略就是其在 G 中的最优策略；若 $(x_2^*, x_3^*, \cdots, x_m^*)^T$ 是 G' 中局中人 I 的最优策略，则 $x^* = (0, x_2^*, x_3^*, \cdots, x_m^*)^T$ 便是其在 G 中的最优策略。

证明 假设 α_2 优超于 α_1，即 $\alpha_{2j} \geqslant \alpha_{1j}(j = 1, \cdots, n)$。因为 $x'^* = (x_2^*, x_3^*, \cdots, x_m^*)^T$ 和 $y^* = (y_1^*, y_2^*, \cdots, x_n^*)^T$ 是 G' 的解，故 $\sum_{j=1}^{n} \alpha_{ij} y_j^* \leqslant V_G \leqslant \sum_{i=2}^{m} \alpha_{ij} x_i^* (i = 2, \cdots, m; j = 1, \cdots, n)$。因 α_2 优超于 α_1，有 $\sum_{j=1}^{n} \alpha_{1j} y_j^* \leqslant \sum_{j=1}^{n} \alpha_{ij} y_j^* \leqslant V_{G'}$，于是：

$$\sum_{j=1}^{n} \alpha_{ij} y_j^* \leqslant V_{G'} \leqslant \sum_{i=2}^{m} \alpha_{ij} x_i^* + \alpha_{1j} \times 0 (i = 2, \cdots, m; j = 1, \cdots, n)$$

或 $E(i, y^*) \leqslant V_{G'} \leqslant E(x^*, j)(i = 2, \cdots, m; j = 1, \cdots, n)$。由定理 4, (x^*, y^*) 是 G 的解，其中 $x^* = (0, x_2^*, x_3^*, \cdots, x_m^*)^T$，且 $V_{G'} = V_G$。

在定理 10 中，若 α_1 不是为纯策略 $\alpha_2, \cdots, \alpha_m$ 中之一所优超，而是为 $\alpha_2, \cdots, \alpha_m$ 的某个凸线性组合所优超，定理的结论仍然成立。

当局中人 I 的某纯策略 α_i 被其他纯策略或其凸线性组合所优超时，可在矩阵 A 中划去第 i 行，得到一个与原对策 G 等价但赢得矩阵阶数小的对策 G'，通过求解 G' 而得到 G 的解。对局中人 II 来说，也可以在赢得矩阵 A 中划去被其他列或其凸线性组合所优超的那些列。

例 11.9 设赢得矩阵为 A，求解这个矩阵对策。

$$A = \begin{bmatrix} 3 & 2 & 0 & 3 & 0 \\ 5 & 0 & 2 & 5 & 9 \\ 7 & 3 & 9 & 5 & 9 \\ 4 & 6 & 8 & 7 & 5.5 \\ 6 & 0 & 8 & 8 & 3 \end{bmatrix}$$

解 第 4 行优超于第 1 行，第 3 行优超于第 2 行，划去第 1 行和第 2 行，得到：

$$A_1 = \begin{bmatrix} 7 & 3 & 9 & 5 & 9 \\ 4 & 6 & 8 & 7 & 5.5 \\ 6 & 0 & 8 & 8 & 3 \end{bmatrix}$$

分析 A_1，第 1 列优超于第 3 列，第 2 列优超于第 4 列，则删除第 3 和 4 列。

由于第 1 和 2 列的线性组合,即 $1/3\times$(第 1 列) $+ 2/3\times$(第 2 列)优超于第 5 列,故删除第 5 列,得到 $A_2 = \begin{bmatrix} 7 & 3 \\ 4 & 6 \\ 6 & 0 \end{bmatrix}$。分析 A_2,第 1 行优超于第 3 行,故划去第 3 行,得到 $A_3 = \begin{bmatrix} 7 & 3 \\ 4 & 6 \end{bmatrix}$。

应用定理 4,求解不等式组:(1) $\begin{cases} 7x_3 + 4x_4 \geqslant v \\ 3x_3 + 6x_4 \geqslant v \\ x_3 + x_4 = 1 \\ x_3, x_4 \geqslant 0 \end{cases}$ 和 (2) $\begin{cases} 7y_1 + 3y_2 \leqslant v \\ 4y_1 + 6y_2 \leqslant v \\ y_1 + y_2 = 1 \\ y_1, y_2 \geqslant 0 \end{cases}$

首先考虑满足 $\begin{cases} 7x_3 + 4x_4 = v \\ 3x_3 + 6x_4 = v \\ x_3 + x_4 = 1 \end{cases}$ 和 $\begin{cases} 7y_1 + 3y_2 = v \\ 4y_1 + 6y_2 = v \\ y_1 + y_2 = 1 \end{cases}$ 的非负解。求得解为:

$$\begin{cases} x_3^* = \dfrac{1}{3}, x_4^* = \dfrac{2}{3} \\ y_1^* = \dfrac{1}{2}, y_2^* = \dfrac{1}{2} \end{cases}, v = 5$$

11.3 矩阵对策的解法

矩阵对策问题的求解有很多种解法,本节将重点阐述以下方法。

11.3.1 公式法

对于赢得矩阵 A,如果有鞍点,则可求出最优纯策略。如果没有鞍点,则可证明各局中人最优混合策略中的 x_i^*, y_j^* 均大于零。针对赢得矩阵 $A = \begin{bmatrix} a_{11} & a_{12} \\ a_{21} & a_{22} \end{bmatrix}$,需要求下列等式组:

(1) $\begin{cases} a_{11}x_1 + a_{21}x_2 = v \\ a_{12}x_1 + a_{22}x_2 = v \\ x_1 + x_2 = 1 \end{cases}$, (2) $\begin{cases} a_{11}y_1 + a_{12}y_2 = v \\ a_{21}y_1 + a_{22}y_2 = v \\ y_1 + y_2 = 1 \end{cases}$

如 $x^* = (x_1^*, x_2^*)$ 没有鞍点,可以证明上面等式组一定有严格非负解 $x^* = (x_1^*, x_2^*)$ 和 $y^* = (y_1^*, y_2^*)$,

$$x_1^* = \frac{a_{22} - a_{11}}{(a_{11} + a_{22}) - (a_{12} + a_{21})}, \quad x_2^* = \frac{a_{11} - a_{12}}{(a_{11} + a_{22}) - (a_{12} + a_{21})}$$

$$y_1^* = \frac{a_{22} - a_{12}}{(a_{11} + a_{22}) - (a_{12} + a_{21})}, \quad y_2^* = \frac{a_{11} - a_{21}}{(a_{11} + a_{22})(a_{12} + a_{21})}$$

$$V_G = \frac{a_{11}a_{22} - a_{12}a_{21}}{(a_{11} + a_{22}) - (a_{12} + a_{21})}$$

例 11.10 求解矩阵对策 $G = \{S_1, S_2, A\}$，其中 $A = \begin{bmatrix} 1 & 3 \\ 4 & 2 \end{bmatrix}$。

解 由于 A 没有鞍点，其具有混合策略解，于是：

$$x_1^* = \frac{2-4}{(1+2)-(3+4)} = \frac{1}{2}; x_2^* = \frac{1-3}{(1+2)-(3+4)} = \frac{1}{2}$$

$$y_1^* = \frac{2-3}{(1+2)-(3+4)} = \frac{1}{4}; y_2^* = \frac{1-4}{(1+2)-(3+4)} = \frac{3}{4}$$

$$V_G = \frac{1 \times 2 - 3 \times 4}{(1+2)-(3+4)} = \frac{5}{2}$$

最优解为 $\begin{cases} x^* = \left(\frac{1}{2}, \frac{1}{2}\right)^T \\ y^* = \left(\frac{1}{4}, \frac{3}{4}\right)^T \end{cases}$，对策值为 $V_G = \frac{5}{2}$。

11.3.2 图解法

图解法主要应用在赢得矩阵为 $2 \times n$、$m \times 2$、$3 \times n$ 或 $m \times 3$ 阶的对策上，不适用于 m 和 n 均大于 3 的对策。图解法主要的求解思路是：

步骤 1：假设局中人 I 的混合策略为 $(x, 1-x)^T, x \in [0,1]$，在数轴上坐标为 O 和 $(1,0)$ 的两点分别做两条垂线 I-I 和 II-II，垂线上点的纵坐标值分别表示局中人 I 采取纯策略 α_1 和 α_2 时，局中人 II 选择各纯策略时的赢得值。当局中人 I 选择每一策略 $(x, 1-x)^T$ 时，他的最少可能的收入为由局中人 II 选择各种策略时所确定的直线。

步骤 2：连接三条直线，形成一个交集区域。

步骤 3：找出最高的交点，以该交点的直线建立方程并求解，即可得到最优混合策略。

例 11.11 对 $G = \{S_1, S_2, A\}$，其中 $S_1 = \{\alpha_1, \alpha_2\}, S_2 = \{\beta_1, \beta_2, \beta_3\}; A = \begin{bmatrix} 1 & 3 & 5 \\ 4 & 2 & 1 \end{bmatrix}$。

解 按照步骤 1 的思想，可以构建图 11.1。

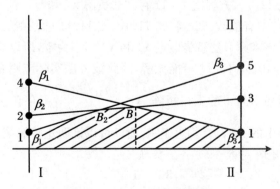

图 11.1 $2 \times n$ 对策的图解图

当局中人 I 选择每一策略 $(x, 1-x)^T$ 时，最少可能的收入为由局中人 II 选择 $\beta_1, \beta_2, \beta_3$ 时所确定的三条直线 $x + 4(1-x) = V; 3x + 2(1-x) = V; 5x + (1-x) = V$。

在 x 处的纵坐标中的最小者，即如折线 $B_1 B_2 B B_3$ 所示。按最小最大原则应选取 $x = OA$，而 AB 即为对策值。为了求出点 x 和对策值 V_G，可联立过 B 点的 β_1 和 β_2 所确定的方程：
$$\begin{cases} x + 4(1-x) = V_G \\ 3x + 2(1-x) = V_G \end{cases}$$

解得 $x = \frac{1}{2}, V_G = \frac{5}{2}$，所以 $x^* = \left(\frac{1}{2}, \frac{1}{2}\right)^T$，局中人 II 的最优混合策略只由 β_1 和 β_2 组成。

$$\begin{cases} y_1 + 3y_2 = \frac{5}{2} \\ 4y_1 + 2y_2 = \frac{5}{2} \\ y_1 + y_2 = 1 \end{cases}$$

解得 $y^* = \left(\frac{1}{4}, \frac{3}{4}\right)^T$。所以局中人 II 的最优混合策略为 $y^* = \left(\frac{1}{4}, \frac{3}{4}\right)^T$。

11.3.3 线性方程组法

由前述定理 4 可知，求解矩阵对策问题的解 (x^*, y^*) 等价于求解两个不等式组。

① 假设最优策略中的 x_i^*, y_j^* 均不为零，即可将上述两个不等式组的求解问题转化成求解下面两个方程组的问题。

$$\begin{cases} \sum_i a_{ij} x_i = v \quad (j = 1, \cdots, n) \\ \sum_i x_i = 1 \end{cases} \tag{11.10}$$

$$\begin{cases} \sum_j a_{ij} y_j = v \quad (i = 1, \cdots, m) \\ \sum_j y_j = 1 \end{cases} \tag{11.11}$$

如果上述方程组 11.10、方程组 11.11 存在非负解 x^* 和 y^*，便获得解 (x^*, y^*)。

② 如果 x^* 和 y^* 中有负数，则可将式 11.10、式 11.11 的某些等式改成不等式，直至求出对策的解。由于该求解方法事先假定 x^* 和 y^* 均不为零，所以当最优策略中某些分量实际为零时，式 11.10、式 11.11 可能无解，因此该方法实际应用有一定的局限性。但对于 2×2 的矩阵，当局中人 I 的赢得矩阵 $A = \begin{bmatrix} a_{11} & a_{12} \\ a_{21} & a_{22} \end{bmatrix}$ 不存在鞍点时，易证明：各局中人的最优混合策略中的 x_i^*, y_j^* 均大于零，所以可以证明矩阵对策一定有解。

例 11.12 求解矩阵对策——"齐王赛马"。

解 已知齐王的赢得矩阵为 $A = \begin{bmatrix} 3 & 1 & 1 & 1 & 1 & -1 \\ 1 & 3 & 1 & 1 & -1 & 1 \\ 1 & -1 & 3 & 1 & 1 & 1 \\ -1 & 1 & 1 & 3 & 1 & 1 \\ 1 & 1 & -1 & 1 & 3 & 1 \\ 1 & 1 & 1 & -1 & 1 & 3 \end{bmatrix}$，没有鞍点。齐

王和田忌最优策略为 $x^* = (x_1^*, x_2^*, x_3^*, x_4^*, x_5^*, x_6^*)^T$ 和 $y^* = (y_1^*, y_2^*, y_3^*, y_4^*, y_5^*, y_6^*)^T$。

假定 $\begin{cases} x_i^* > 0 (i = 1, \cdots, 6) \\ y_j^* > 0 (j = 1, \cdots, 6) \end{cases}$,于是求解线性方程

$$\begin{cases} 3x_1 + x_2 + x_3 - x_4 + x_5 + x_6 = v \\ x_1 + 3x_2 - x_3 + x_4 + x_5 + x_6 = v \\ x_1 + x_2 + 3x_3 + x_4 - x_5 + x_6 = v \\ x_1 + x_2 + x_3 + 3x_4 + x_5 - x_6 = v \\ x_1 - x_2 + x_3 + x_4 + 3x_5 + x_6 = v \\ -x_1 + x_2 + x_3 + x_4 + x_5 + 3x_6 = v \\ x_1 + x_2 + x_3 - x_4 + x_5 + x_6 = 1 \end{cases} \text{和} \begin{cases} 3y_1 + y_2 + y_3 + y_4 + y_5 - y_6 = v \\ y_1 + 3y_2 + y_3 + y_4 - y_5 + y_6 = v \\ y_1 - y_2 + 3y_3 + y_4 + y_5 + y_6 = v \\ -y_1 + y_2 + y_3 + 3y_4 + y_5 + y_6 = v \\ y_1 + y_2 - y_3 + y_4 + 3y_5 + y_6 = v \\ y_1 + y_2 + y_3 - y_4 + y_5 + 3y_6 = v \\ y_1 + y_2 + y_3 + y_4 + y_5 + y_6 = 1 \end{cases}$$

有: $x^* = \left(\dfrac{1}{6}, \dfrac{1}{6}, \dfrac{1}{6}, \dfrac{1}{6}, \dfrac{1}{6}, \dfrac{1}{6}\right)^T$ 和 $y^* = \left(\dfrac{1}{6}, \dfrac{1}{6}, \dfrac{1}{6}, \dfrac{1}{6}, \dfrac{1}{6}, \dfrac{1}{6}\right)^T$。

11.3.4 线性规划法

任一矩阵对策 $G = \{S_1, S_2, A\}$ 的求解均等价于一对互为对偶的线性规划问题,对策问题的解 x^* 和 y^* 等价于下面两个不等式组(1)及(2)的解。

$$(1) \begin{cases} \sum_i \alpha_{ij} x_i \geqslant v (j = 1, \cdots, n) \\ \sum_i x_i = 1 \\ x_i \geqslant 0 (i = 1, \cdots, m) \end{cases}, \quad (2) \begin{cases} \sum_j \alpha_{ij} y_j \leqslant v (i = 1, \cdots, m) \\ \sum_j y_j = 1 \\ y_j \geqslant 0 (j = 1, \cdots, n) \end{cases}$$

对策值 $v = \underset{x \in s_1^*}{\text{Max}} \underset{y \in s_2^*}{\text{Min}} E(x, y) = \underset{y \in s_2^*}{\text{Min}} \underset{x \in s_1^*}{\text{Max}} E(x, y)$。

定理 11 设 $G = \{S_1, S_2, A\}$ 的值为 V_G,则 $V_G = \underset{x \in s_1^*}{\text{Max}} \underset{1 \leqslant j \leqslant n}{\text{Min}} E(x, j) = \underset{y \in s_2^*}{\text{Min}} \underset{1 \leqslant i \leqslant m}{\text{Max}} E(i, y)$。

令 $x' = \dfrac{x_i}{v} (i = 1, \cdots, m)$,(1)式可变为 $\begin{cases} \sum_i \alpha_{ij} x_i' \geqslant 1 (j = 1, \cdots, n) \\ \sum_i x_i' = \dfrac{1}{v} \\ x_i' \geqslant 0 (i = 1, \cdots, m) \end{cases}$

令 $v = \underset{x \in s_1^*}{\text{Max}} \underset{1 \leqslant j \leqslant n}{\text{Min}} \sum_i a_{ij} x_i$,于是(1)式可变为(P) $\begin{cases} \text{Min} Z = \sum_i x_i' \\ \sum_i \alpha_{ij} x_i' \geqslant 1 (j = 1, \cdots, n) \\ x_i' \geqslant 0 (i = 1, \cdots, m) \end{cases}$

同理,令 $y' = \dfrac{y_j}{v} (i = 1 \cdots n)$,(2)式可变为(2) $\begin{cases} \sum_j \alpha_{ij} y_j' \leqslant 1 (i = 1, \cdots, m) \\ \sum_j y_j' = \dfrac{1}{v} \\ y_j' \geqslant 0 (j = 1, \cdots, n) \end{cases}$

令 $v = \underset{y \in s_2^*}{\text{Min}} \underset{1 \leq i \leq m}{\text{Max}} \sum_j a_{ij} y_j$，(2) 式可变为(D) $\begin{cases} \text{Max } w = \sum_j y'_j \\ \sum_j a_{ij} y'_j \leq 1 (i = 1, \cdots, m) \\ y'_j \geq 0 (j = 1, \cdots, n) \end{cases}$

当求得问题(P)和(D)的解后，再利用变换即可求出原对策问题的解及对策的值。

例 11.13 某地有两家商店，商店 A 和 B 均有三个广告策略，双方采取不同的广告策略时，A 商店的赢得矩阵为 $A_1 = \begin{bmatrix} 3 & 0 & 2 \\ 0 & 2 & 0 \\ 2 & -1 & 4 \end{bmatrix}$，求出此对策。

解 求解问题可化成两个互为对偶的线性规划问题。

$$\text{Min}(x_1 + x_2 + x_3) \qquad \text{Max}(y_1 + y_2 + y_3)$$
$$\begin{cases} 3x_1 + 2x_3 \geq 1 \\ 2x_2 - x_3 \geq 1 \\ 2x_1 + 4x_3 \geq 1 \\ x_1, x_2, x_3 \geq 0 \end{cases} \qquad \begin{cases} 3y_1 + 2y_3 \leq 1 \\ 2y_2 \leq 1 \\ 2y_1 - y_2 + 4y_3 \leq 1 \\ y_1, y_2, y_3 \geq 0 \end{cases}$$

利用单纯形方法求解问题，迭代过程如表 11.2 所示。

表 11.2 单纯形表

C_B	X_B	b	c_j						w
			1	1	1	0	0	0	
			y_1	y_2	y_3	μ_1	μ_2	μ_3	θ_i
0	μ_1	1	[3]	0	2	1	0	0	
0	μ_2	1	0	2	0	0	1	0	
0	μ_3	1	2	−1	4	0	0	1	
	σ_j		−1	−1	1	0	0	0	0
1	y_1	1/3	1	0	2/3	1/3	0	0	
0	μ_2	1	0	[2]	0	0	1	0	
0	μ_3	1/3	0	−1	8/3	2/3	0	1	
	σ_j		0	−1	1/3	1/3	0	0	1/3
1	y_1	1/3	1	0	2/3	1/3	0	0	
1	y_2	1/2	0	1	0	0	1/2	0	
0	μ_3	5/6	0	0	[8/3]	−2/3	1/2	1	

续表

	c_j		1	1	1	0	0	0	w
	σ_j		0	0	$-1/3$	$1/3$	$1/2$	0	$5/6$
1	y_1	$1/8$	1	0	0	$1/2$	$-1/8$	$-1/4$	
1	y_2	$1/2$	0	1	0	0	$1/2$	0	
1	y_3	$5/16$	0	0	1	$-1/4$	$3/16$	$3/8$	
	σ_j		0	0	0	$1/4$	$9/16$	$1/8$	$15/16$

可得:$x^* = V_G \left(\frac{1}{4}, \frac{9}{16}, \frac{1}{8}\right)^T = \left(\frac{4}{15}, \frac{9}{15}, \frac{2}{15}\right)^T, y^* = V_G \times \left(\frac{1}{8}, \frac{1}{2}, \frac{5}{16}\right)^T = \left(\frac{2}{15}, \frac{8}{15}, \frac{5}{15}\right)^T$。

11.4 其他类型对策介绍

矩阵对策仅仅是一种常见的对策形式,也是一种最简单的对策。如前所述现实中的对策可以根据不同特征划分为合作和非合作对策,静态和动态对策等主要类型。

11.4.1 二人无限零和对策

用 $G = \{S_1, S_2, H\}$ 表示一个二人无限零和对策,S_1 和 S_2 中至少有一个是无限集合,H 为局中人 I 的赢得函数。记 $v_1 = \underset{\alpha_i \in S_1}{\text{Max}} \underset{\beta_j \in S_2}{\text{Min}} H(\alpha_i, \beta_j)$,$v_2 = \underset{\beta_j \in S_2}{\text{Min}} \underset{\alpha_i \in S_1}{\text{Max}} H(\alpha_i, \beta_j)$。则 v_1 为局中人 I 的至少赢得,v_2 为局中人 II 的至多所失。显然有 $v_1 \leqslant v_2$,当 $v_1 = v_2$ 时,有如下定义。

定义 6 设 $G = \{S_1, S_2, H\}$ 为二人无限零和对策。若存在 $\alpha_{i^*} \in S_1, \beta_{j^*} \in S_2$,使得

$$\underset{\alpha_i \in S_1}{\text{Max}} \underset{\beta_j \in S_2}{\text{Min}} H(\alpha_i, \beta_j) = \underset{\beta_j \in S_2}{\text{Min}} \underset{\alpha_i \in S_1}{\text{Max}} H(\alpha_i, \beta_j) = H(\alpha_{i^*}, \beta_{j^*}) \quad (11.12)$$

记其值为 V_G,则称 V_G 为对策 G 的值,使式 11.2 成立的 $(\alpha_{i^*}, \beta_{j^*})$ 为 G 在纯策略意义下的解,$\alpha_{i^*}, \beta_{j^*}$ 分别称为局中人 I 和 II 的最优纯策略。

定理 12 $(\alpha_{i^*}, \beta_{j^*})$ 为 $G = \{S_1, S_2, H\}$ 在纯策略意义下解的充要条件是:对任意 $\alpha_i \in S_1, \beta_j \in S_2$,有 $H(\alpha_i, \beta_{j^*}) \leqslant H(\alpha_{i^*}, \beta_{j^*}) \leqslant H(\alpha_{i^*}, \beta_j)$。

定义 7 如果 $\underset{X}{\sup} \underset{Y}{\inf} H(X, Y) = \underset{Y}{\inf} \underset{X}{\sup} H(X, Y) = V_G$,则称 V_G 为对策 G 的值,使其成立的 (X^*, Y^*) 为对策 G 的解,X^* 和 Y^* 分别为局中人 I 和 II 的最优策略。

定理 13 (X^*, Y^*) 为 $G = \{S_1, S_2, H\}$ 的解的充要条件是:对任意 $X \in \bar{X}, Y \in \bar{Y}$,有:

$$H(X, Y^*) \leqslant H(X^*, Y^*) \leqslant H(X^*, Y)$$

当 $S_1 = S_2 = [0, 1]$,且 $H(x, y)$ 为连续函数时,称为连续对策,局中人 I 和 II 的混合策略即为 $[0, 1]$ 区间上的分布函数。记 $[0, 1]$ 区间上的分布函数的集合为 D,则有:

$$H(X, Y) = \int_0^1 \int_0^1 H(x, y) dF_X(x) dF_Y(y)$$

对连续对策,记 $v_1 = \underset{X \in D}{\text{Max}} \underset{Y \in D}{\text{Min}} H(X,Y)$, $v_2 = \underset{Y \in D}{\text{Min}} \underset{X \in D}{\text{Max}} H(X,Y)$。

定理 14 对任何连续对策,一定有 $v_1 = v_2$。

例 11.14(生产能力分配问题) 某公司下属甲、乙两个工厂,分别位于 A 及 B 两市。设两厂总生产能力为1个单位,两市对工厂产品的总需求也是1个单位。如果 A 市的需求量为 x,则 B 市的需求量为 $1-x$,这时只要安排 A 厂的生产能力为 x,就能使供需平衡。但现在不知道 A 市的确切需求量 x 是多少,如果安排 A 厂的生产能力为 y,则将产生供需上的不平衡。不平衡的程度可用数值表示为:

$$\text{Max}\left\{\frac{x}{y}, \frac{1-x}{1-y}\right\}$$

公司的目标选择为 y,使得:

$$\underset{0 \leqslant x \leqslant 1}{\text{Max}} \text{Max} \left\{\frac{x}{y}, \frac{1-x}{1-y}\right\} \tag{11.13}$$

达到最小。如果以市场需求为一方,公司为另一方,则以上问题可以转化为一个连续对策问题,其中:

$$S_1 = S_2 = [0,1], H(x,y) = \text{Max}\left\{\frac{x}{y}, \frac{1-x}{1-y}\right\}$$

对这个对策求解的结果为:公司方的最优策略(为纯策略)是 $y^* = \frac{1}{2}$,即两个厂各生产一半;市场需求方的最优策略(为混合策略)是:分别以 0.5 的概率取 0 和 1,即要么全部需求都集中在 A 市,要么都集中在 B 市,且两种情况发生的概率相等。该对策的值为 $V_G = 2$,即当公司和市场均选择各自的最优策略时,两市中需求大于供给的平均程度为 2(求解过程较复杂,略去)。

11.4.2 多人非合作对策

在实际问题中,会经常出现多人对策的问题,且每个局中人的赢得函数之和也不一定为零,特别是许多经济过程中的对策模型一般都是非零和的,因为经济过程总是有新价值的产生。所谓非合作对策,就是指局中人之间互不合作,对策略的选择不允许事先有任何交换信息的行为,不允许订立任何约定,矩阵对策就是一种非合作对策。一般非合作对策模型可描述为:

① 局中人集合:$I = \{1,2,\cdots,n\}$。
② 每个局中人的策略集:$\{S_1, S_2, \cdots, S_n\}$(均为有限集)。
③ 局势:$s = (s_1, s_2, \cdots, s_n) \in \{S_1 \times S_2 \times \cdots \times S_n\}$。
④ 每个局中人 i 的赢得函数为 $H_i(s)$,其中 $\sum_{i=1}^{n} H_i(s) \neq 0$。一个非合作 n 人对策一般用符号 $G = \{I, \{S_i\}, \{H_i\}\}$ 表示。

为讨论非合作 n 人对策的平衡局势,引入记号:$s \| s_i^0 = (s_1, s_2, \cdots, s_{i-1}, s_i^0, s_{i-2}, \cdots, s_n)$,其含义是局中人 i 将自己的策略由 s_i 换成 s_i^0,其他局中人的策略不变,这样就得到一个新的局势。如果存在一个局势 s,对任意 $s_i^0 \in s_i$,有:

$$H_i(s) \geqslant H_i(s, s_i^0)$$

则称局势 s 对局中人 i 有利。也就是说,若局势对局中人有利,则不论局中人 i 将自己的策略如何置换,都不会得到比在局势下更多的赢得。显然,在非合作的条件下,每个局中人都力图选择对自己最有利的局势。

定义 8 如果局势 s 对所有局中人都有利,对任意 $i \in I, s_i^0 \in S_i$,有 $H_i(s) \geqslant H_i(s, s_i^0)$,则称 s 为非合作对策 G 的一个平衡局势(或平衡点)。

令 S_i^* 为定义在 S_i 上的混合策略集(即 S_i 上所有概率分布的集合),x^i 表示局中人 i 的一个混合策略,$x = (x^1, x^2, \cdots, x^n)$ 为一个混合局势。$x, z^i = (x^1, x^2, \cdots, x^{i-1}, z^i, x^{i+1}, \cdots, x^n)$ 表示局中人 i 在局势 x 下,将自己的策略由 x^i 置换成 z^i 而得到的一个新的混合局势。

定义 9 令 $E_i(x)$ 为局中人 i 在混合局势 x 下的赢得期望值,对任意 $i \in I, z^i \in S_i^*$,有 $E_i(x, z^i) \leqslant E_i(x)$,则称 x 为非合作 n 人对策 G 的一个平衡局势(或平衡点)。

定理 15(纳什定理) 非合作 n 人对策在混合策略意义下的平衡局势一定存在。

对二人有限非零和对策,一定存在 $x^* \in S_1^*, y^* \in S_2^*$,使得

$$x^{*T} A y^* \geqslant x^T A y^*, x \in S_1^*$$
$$x^{*T} A y^* \geqslant x^{*T} A y, x \in S_1^*$$

设双矩阵对策中两局中人的赢得矩阵分别为 $A = \begin{bmatrix} a_{11} & a_{12} \\ a_{21} & a_{22} \end{bmatrix}, B = \begin{bmatrix} b_{11} & b_{12} \\ b_{21} & b_{22} \end{bmatrix}$。记局中人 Ⅰ 和 Ⅱ 的混合策略为 $(x, 1-x)$ 和 $(y, 1-y)$,于是局势 (x, y) 的对策平衡点充要条件是:

$$E_1(x, y) \geqslant E_1(1, y) \tag{11.14}$$
$$E_1(x, y) \geqslant E_1(0, y) \tag{11.15}$$
$$E_2(x, y) \geqslant E_2(x, 1) \tag{11.16}$$
$$E_2(x, y) \geqslant E_2(x, 0) \tag{11.17}$$

所以有:

$$Q(1-x)y - q(1-x) \leqslant 0 \tag{11.18}$$
$$Qxy - qx \geqslant 0 \tag{11.19}$$

其中:$Q = a_{11} + a_{12} - a_{21} - a_{22}, q = a_{22} - a_{12}$,对式 11.18、式 11.19 求解,得:

当 $Q = 0, q > 0$ 时,有 $\begin{cases} x = 0 \\ 0 \leqslant y \leqslant 1 \end{cases}$

当 $Q = 0, q = 0$ 时,有 $\begin{cases} 0 \leqslant x \leqslant 1 \\ 0 \leqslant y \leqslant 1 \end{cases}$

当 $Q = 0, q < 0$ 时,有 $\begin{cases} x = 1 \\ 0 \leqslant y \leqslant 1 \end{cases}$

当 $Q \neq 0$ 时,记 $\dfrac{q}{Q} = \alpha$,则有 $\begin{cases} x = 0 \ (y \leqslant \alpha) \\ 0 < x < 1 \ (y = \alpha) \\ x = 1 \ (y \geqslant \alpha) \end{cases}$

类似由式 11.18、式 11.19 有:

$$Rx(1-y) - r(1-y) \leqslant 0 \tag{11.20}$$

$$Rxy - rx \geqslant 0 \tag{11.21}$$

其中,$R = b_{11} + b_{22} - b_{21} - b_{12}$,$r = b_{22} - b_{21}$,对式 11.20、式 11.21 求解,可得:

当 $R = 0, r = 0$ 时,有 $\begin{cases} 0 \leqslant x \leqslant 1 \\ 0 \leqslant y \leqslant 1 \end{cases}$

当 $R = 0, r > 0$ 时,有 $\begin{cases} 0 \leqslant x \leqslant 1 \\ y = 0 \end{cases}$

当 $R = 0, r < 0$ 时,有 $\begin{cases} 0 \leqslant x \leqslant 1 \\ y = 1 \end{cases}$

当 $R \neq 0$ 时,记 $\dfrac{r}{R} = \beta$,则有 $\begin{cases} x \leqslant \beta(y = 0) \\ x = \beta(0 < y < 1) \\ x \geqslant \beta(y = 1) \end{cases}$

例 11.15(夫妇爱好问题) 一对夫妇计划外出欢度周末,丈夫(局中人 A)喜欢看足球,妻子(局中人 B)喜欢看芭蕾舞。但他们认为更重要的是采取统一行动,一同外出而不是各行其是。这个对策规则是:双方都分别作出选择,且事先不允许协商,策略 1 表示看足球,策略 2 表示看芭蕾舞,则双方在周末活动中得到的享受可以用下列支付矩阵来表示:

$$A = \begin{bmatrix} a_{11} & a_{12} \\ a_{21} & a_{22} \end{bmatrix}, \quad B = \begin{bmatrix} b_{11} & b_{12} \\ b_{21} & b_{22} \end{bmatrix}$$

由上述 2×2 阶双矩阵对策解的讨论可知:

$$Q = 5 > 0, q = 2, \alpha = \frac{q}{Q} = \frac{2}{5}$$

$$R = 5 > 0, r = 3, \beta = \frac{r}{R} = \frac{3}{5}$$

将这些结果代入矩阵对策公式,可得:

$$\begin{cases} x = 0 \left(y \leqslant \dfrac{2}{5} \right) \\ 0 < x < 1 \left(y = \dfrac{2}{5} \right) \\ x = 1 \left(y \geqslant \dfrac{2}{5} \right) \end{cases} \tag{11.22}$$

$$\begin{cases} x \leqslant \dfrac{3}{5} (y = 0) \\ x = \dfrac{3}{5} (0 < y < 1) \\ x \geqslant \dfrac{3}{5} (y = 1) \end{cases} \tag{11.23}$$

解不等式组 11.22、不等式组 11.23 可得对策的 3 个平衡点:

$$(x, y) = (0, 0), \left(\frac{3}{5}, \frac{2}{5} \right), (1, 1)$$

通过比较可以发现,在平衡点 $(0,0)$ 和 $(1,1)$ 处,两个局中人的期望收益都比在平衡点

$\left(\dfrac{3}{5}, \dfrac{2}{5}\right)$ 处的期望收益要高。但因此对策是非合作对策,局中人事先不能进行沟通协作,故局中人无法保证一定能取得平衡局势$(1,1)$和$(0,0)$。所以尽管该对策有3个平衡点,任一个平衡点作为对策的解都是令人难以信服的。在非合作对策中,平衡点不是唯一的,不同的平衡点给予局中人的收益是不同的,所以该对策不存在令人满意的"最优策略"以及对策值的概念。纳什定理只是保证了纳什均衡的存在,但均衡点的存在与合理定义非合作对策的解还有较大差距。

11.4.3 合作对策

1. 合作对策的概念和意义

例 11.16（产品定价问题） 设有两家厂商（厂商1、厂商2）为同一市场生产同样产品,可选择的竞争策略是价格,目的是赚得最多的利润。已知两个厂商的需求函数为

$$Q_1 = 12 - 2P_1 + P_2 \tag{11.24}$$

$$Q_2 = 12 - 2P_2 + P_1 \tag{11.25}$$

其中,P_1, P_2 分别为两个厂商的价格,Q_1, Q_2 分别为市场对两个厂商产品的需求量（实际销售量）；又知两家厂商的固定成本均为20元。于是,厂商1的利润函数为：

$$\pi_1 = P_1 Q_1 - 20 = 12P_1 - 2P_1^2 + P_1 P_2 - 20 \tag{11.26}$$

为求厂商1的最大利润时的价格,可对式11.26求导数并令其为零得：

$$\frac{\mathrm{d}\pi_1}{\mathrm{d}P_1} = 12 - 4P_1 + P_2 = 0, 得：$$

$$P_1 = 3 + \frac{3}{4} P_2 \tag{11.27}$$

式11.27称为厂商1对厂商2的价格的反应函数,同理可得到厂商2对厂商1的价格的反应函数为：

$$P_2 = 3 + \frac{1}{4} P_1 \tag{11.28}$$

由式11.27、式11.28可以分析得出,如果两个厂商互不合作,各自从自身利润最大化出发,最稳妥的策略显然是都选择"定价4元",也就是实现 Nash 均衡,各自可以得到12元的利润。但我们可以发现,如果两个厂商合作起来,都选择"定价6元",则双方都可以赚得16元的利润,显然比不合作时要好。因此,两个厂商可以结成一个"价格联盟",统一把价格定在6元,形成一个合作均衡,导致一个双赢的结果。

但进一步分析：如果厂商1遵守价格联盟达成的合作协议,把价格定在6元,而厂商2却违反合作协议,将价格定在4元（即厂商1合作,而厂商2不合作）,则厂商1的利润只有4元,而厂商2的利润却可以达到20元。

如上述分析的产品定价问题的厂商策略和收益这就给两个厂商带来了一个定价难题：到底采取哪个价格？

一方面,"合作"的前景很诱人；另一方面,各厂商都担心,如果竞争对手不合作怎么办？

而现实当中,一些厂商的确存在为了自身利益而违背市场竞争规则、与竞争对手进

行削价竞争的冲动。不难看出,定价问题实际上正是"囚徒困境"在微观经济学中的一个实例。目前,"囚徒困境"的模型已被应用于经济学、社会学、理学、伦理学、政治学等众多领域,充分说明由此模型而引出的合作对策模型具有十分广泛的适应性和应用背景。

由于非合作对策模型在适用性和理论上存在的局限性,使人们开始研究合作对策问题。合作对策的基本特征是参加对策的局中人可以进行充分的合作,即可以事先商定好,把各自的策略协调起来;可以在对策后对所得到的支付进行重新分配。合作的形式是所有局中人可以形成若干联盟,每个局中人仅参加一个联盟,联盟的所得要在联盟的所有成员中进行重新分配。一般来说,合作可以提高联盟的所得,因而也可以提高每个联盟成员的所得。但联盟能否形成以及形成哪种联盟,或者说一个局中人是否参加联盟以及参加哪个联盟,不仅取决于对策的规则,更取决于联盟获得的所得如何在成员间进行合理的重新分配。如果分配方案不合理,就可能破坏联盟的形成,以至于不能形成有效的联盟。因此,在合作对策中,每个局中人如何选择自己的策略已经不是主要要研究的问题了,应当强调的是如何形成联盟,以及联盟的所得如何被合理分配(即如何维持联盟)的问题。

合作对策研究问题重点的转变,使得合作对策的型、解的概念都和非合作对策问题有很大的不同。具体来说,构成合作对策的两个基本要素是:局中人集合 I 和特征函数 $v(S)$;其中:$I = \{1, 2, \cdots, n\}$,S 为 I 的任一子集,也就是任何一个可能形成的联盟;$v(S)$ 表示联盟 S 在对策中的所得。

通常用 $G = \{I, v\}$ 来表示一个 n 人合作对策。合作对策的可行解是一个满足下列条件的 n 维向量 $x = (x_1, x_2, \cdots, x_n)$:

$$x_i \geqslant v(\{i\})(i = 1, \cdots, n)(\text{表示团体合理性}) \tag{11.29}$$

$$\sum_{i=1}^{n} x_i = v(I) \ (\text{表示个体合理性}) \tag{11.30}$$

将满足式 11.29、式 11.30 的向量 n 称为一个分配。合作对策研究的核心问题就是:如何定义"最优的"分配?是否存在"最优的"分配?怎样去求解"最优的"分配?对合作对策的系统阐述需要较多的数学知识和学时,超出了本书的基本要求,故此处不作详细介绍,下面通过一个例子来简单说明合作对策的意义。

2. 合作对策的特征函数

在一个 n 人的对策中,令 $N = \{1, 2, \cdots, n\}$ 为对策者的集合。对集合 N 的每个子集 S,当它们相互作用并形成联合时,作为一个对策的特征函数 v 给出了 S 中每个成员的肯定的收益值的总和 $v(S)$。

例 11.17(药品生产问题) 某制药公司 A(局中人 1)打算生产一种新药,但无法单独生产,它可以将配方卖给公司 2(局中人 2)或公司 3(局中人 3)。获得配方的公司可以将生产所得的 100 万元利润与制药公司 A 分享。如果我们将特征函数定义为三家公司所有可能的合作方式下生产该种新药所获得的利润的话,则可以得到该合作对策问题的特征函数为

$$v(\{\ \ \}) = v(\{1\}) = v(\{2\}) = v(\{3\}) = v(\{2,3\}) = 0 \ (\text{元}),$$
$$v(\{1,2\}) = v(\{1,3\}) = v(\{1,2,3\}) = 1\,000\,000 \ (\text{元})$$

例 11.18(土地开发问题) 局中人 1 拥有一块价值 10 000 元的土地,如果转给局中

人2开发,可以使土地增值到20 000元,如果转给局中人3开发可以增值到30 000元,没有其他可转让方。如果将每种可能的合作开发模式下可以获得的土地增值定义为特征函数值的话,则该合作对策问题的特征函数为:

$$v(\{1\}) = 10\ 000\ (元), v(\{2\}) = v(\{3\}) = 0\ (元)$$
$$v(\{1,2\}) = 20\ 000\ (元); v(\{1,3\}) = 30\ 000\ (元); v(\{1,2,3\}) = 30\ 000$$

例 11.19（垃圾倾倒问题） 假设 4 个人每人拥有一处房产,且每人都有一袋垃圾想倒在其他人的房产处。如果有 b 袋垃圾倒在了 4 个中某一联盟中所有成员拥有的房产处,则该联盟的所得为 $-b$,如果将每个联盟的所得记为特征函数值的话,则这个合作对策的特征函数为:

$$若 |S| < 4, v(S) = -(4 - |S|)$$
$$若 |S| = 4, v(\{1,2,3,4\}) = -4$$

其中 $|S|$ 为 S 中成员个数,S 为 4 人中可能形成的任一联盟。

下面将结合上述例子,介绍合作对策"解"的概念和求解方法,说明合作对策分析问题的基本思想。

3. 合作对策的核心(core)

核心是合作对策解的一种重要形式。如前所述,由于合作对策研究的主要题是联盟形成的条件,而这些条件不可避免地和分配规则的制定有关。因此,我们希望能在所有可能的分配构成的集合 X 中,找出一些分配,使得这些分配能够被各种可能形成的联盟中的所有成员都接受。因而我们寻求的将不是某个单一的分配,而是希望找到满足一定合理性（或公平性）条件的分配的集合。为此,我们先给出分配之间优超关系的定义。

定义 10 设 $x = (x_1, x_2, \cdots, x_n), y = (y_1, y_2, \cdots, y_n)$ 为 n 人合作对策 G 的两个分配,S 为由局中人构成的子集,如果:

$$v(S) \geqslant \sum_{i \in S} y_i, 且\ y_i > x_i, i \in S \tag{11.31}$$

则称 y 关于 S 优超于 x,记为 $y_i >_S x$。

由定义 10 可知,如果 y 关于 S 优超于 x,则 S 中的每个成员都应更偏好于 y,且整个联盟 S 可以获得更多的回报。

以下,设 $x = (x_1, x_2 \cdots x_n)$ 为一个分配,记:

$$若\ S \neq \varnothing, 则\ x(S) = \sum_{i \in S} x_i \tag{11.32}$$

定义 11 设 $G = \{I, v\}$ 为一合作对策,称:

$G = \{x \mid x \in X, v(S) \leqslant x(S)\}$（$S$ 为 I 中所有可能的子集）为合作对策 G 的核心。定义 9 说明,对于任一联盟 S,核心中的分配 x 提供给 S 的分配不会少于 S 中成员各自单干时可能获得收入的总和（S),即没有一个联盟 S 可以提出对自身更为有利的分配,因而 x 是能被所有可能的联盟都接受的分配方案。

由合作对策核心的定义,不难得到如下定理:

定理 16 设 C 为合作对策 G 的核心,则分配 $x = (x_1, x_2, \cdots, x_n)$ 属于核心的充要条件是:x 不被任何其他分配所优超。

由定理 16 和核心的定义,应该说核心是我们所希望的一个比较好的关于合作对策解的定义。但实际上许多合作对策的核心往往是空集。

例 11.20（药品生产问题续） 下面我们来求该对策的核心。设 $x=(x_1,x_2,\cdots,x_n)$ 为一分配，则 x 应满足：

$$x_i \geqslant 0 (i=1,2,3)$$
$$x_1 + x_2 + x_3 = 1\,000\,000(元)$$

根据核心的定义，x 在核心内的充要条件是：

$$\begin{cases} x_1 + x_2 \geqslant 1\,000\,000 \\ x_1 + x_3 \geqslant 1\,000\,000 \\ x_2 + x_3 \geqslant 0 \\ x_1 + x_2 + x_3 = 1\,000\,000 \end{cases}$$

可以看出，只有 $x_1=1\,000\,000$，$x_2=0$，$x_3=0$，才满足上述所有不等式，也就是说该对策的核心只有包含一个分配 $(1\,000\,000,0,0)$。可见，核心强调了局中人 1 的重要性。

例 11.21（垃圾倾倒问题续） 确定该问题的核心。若 $x=(x_1,x_2,\cdots,x_n)$ 为一个分配，则必须满足：

$$\begin{cases} x_1 \geqslant -3 \\ x_2 \geqslant -2 \\ x_3 \geqslant -3 \\ x_4 \geqslant -3 \\ x_1 + x_2 + x_3 + x_4 = 4 \end{cases}$$

根据定理 16，任何由 3 人组成的联盟，一个分配要属于核心则必须满足：

$$\begin{cases} x_1 + x_2 + x_3 \geqslant -1 \\ x_1 + x_2 + x_4 \geqslant -1 \\ x_1 + x_3 + x_4 \geqslant -1 \\ x_2 + x_3 + x_4 \geqslant -1 \end{cases}$$

通过分析可以发现，没有任何一个分配会满足上面的不等式组，因此该合作对策的核心为空集。

4. 合作对策的 Shapley 值

在求解药品生产问题（例 11.17）的核心时我们注意到，核心中的分配过于向局中人 1 也即对策中最重要局中人倾斜，将所有的回报都给了局中人 1，这看上去对其他局中人有些"不公平"。我们下面来介绍另一个合作对策解的概念 Shapley 值，这是一个较之"核心"更加公平的合作对策解的定义。

Shapley 值是根据 Lloyd Shapley 提出的合作对策应该满足的 4 个公理来定义的。

公理 1（对称性） 如果改变局中人的标号亦同时改变局中人的所得。例如，假设一个 3 人合作对策的 Shapley 值为 $x=(10,15,20)$。如果改变局中人 1 和 3 的作用（例如从 $v(\{1\})=10$ 及 $v(\{3\})=15$ 分别变成 $v(\{1\})=15$ 和 $v(\{3\})=10$），则新对策的 Shapley 值将变为 $x=(20,15,15)$。

公理 2（有效性） 满足团体合理性，即

$$\sum_{i=1}^{n} x_i = v(I) \tag{11.33}$$

公理 3（边际合理性） 如果对任一联盟 S，都有 $x_i = 0$，则根据 Shapley 值得出的 $x_i = 0$，也就是说如果局中人 i 不可能给任何联盟带来价值的增加，则该局中人的所得也应该为零。

公理 4（可加性） 设 x 和 y 分别为合作对策 μ 和 v 的 Shapley 值，则合作对策 $\mu + v$ 的 Shapley 值为 $x + y$。

如果上述 4 条公理能得到满足，Shapley 证明了以下著名的定理：

定理 17 设 v 为合作对策 G 的特征函数，则存在唯一的分配 $x = (x_1, x_2 \cdots x_n)$ 满足公理 1 至公理 4。局中人 i 的所得为：

$$x_i = \sum_{S(\not\ni i)} p_n(S)[v(S \cup \{i\}) - v(S)] \tag{11.34}$$

其中：

$$p_n(S) = \frac{|S|!(n - |S| - 1)}{n!} \tag{11.35}$$

对式 11.34 的解释是假定 n 个局中人按随机到达的顺序参与合作，即有 $n!$ 种可能的顺序，每一顺序发生的概率为 $\frac{1}{n!}$。假定当局中人 i 到达时发现集合 S 中的成员均已到达了，如果局中人想同这些已到达的成员形成一个联盟，则由于他的加入可以带来的收入的增加值为 $v(S \cup \{i\}) - v(S)$，而当局中人 i 到达时 S 中的成员均已到达的概率为 $p_n(S)$。所以式 11.34 的含义就是，局中人 i 的所得应该等于他可能给所有已经存在的联盟带来的价值增加值的均值。

下面我们计算一下前面有关例子的 Shapley 值。

例 11.22（药品生产问题续） 计算该合作对策的 Shapley 值。为计算局中人 1 的回报，我们先列出所有不包括局中人 1 的联盟 S（表 11.3），并对每个这样的联盟，计算 $v(S \cup \{i\}) - v(S)$ 和 $p_n(S)$。因为由于局中人 1 的加入各联盟可以获得的收入的平均值为：

$$x_1 = \frac{2}{6} \times 0 + \frac{1}{6} \times 1\,000\,000 + \frac{2}{6} \times 1\,000\,000 + \frac{1}{6} \times 1\,000\,000 = \frac{4\,000\,000}{6} \text{（元）}$$

所以根据 Shapley 值计算的局中人 1 应得到的回报为 $\frac{4\,000\,000}{6}$。对局中人 2 来说，由表 11.4 可知，根据 Shapley 值计算的回报应为：

$$x_2 = \frac{2}{6} \times 0 + \frac{1}{6} \times 1\,000\,000 + \frac{1}{6} \times 0 + \frac{2}{6} \times 0 = \frac{1\,000\,000}{6} \text{（元）}$$

局中人 3 应得的回报为：

$$x_3 = 1\,000\,000 - x_1 - x_2 = \frac{1\,000\,000}{6} \text{（元）}$$

表 11.3　局中人 1 的 Shapley 值计算相关表

S	$p_n(S)$	$v(S\cup\{i\})-v(S)$
$\{\ \}$	$\dfrac{2}{6}$	0
$\{2\}$	$\dfrac{1}{6}$	1 000 000
$\{2,3\}$	$\dfrac{2}{6}$	1 000 000
$\{3\}$	$\dfrac{1}{6}$	1 000 000

表 11.4　局中人 2 的 Shapley 值计算相关表

S	$p_n(S)$	$v(S\cup\{i\})-v(S)$
$\{\ \}$	$\dfrac{2}{6}$	0
$\{1\}$	$\dfrac{1}{6}$	1 000 000
$\{3\}$	$\dfrac{2}{6}$	1 000 000
$\{1,3\}$	$\dfrac{2}{6}$	1 000 000

注 1　上述例 11.16 中的核心是局中人 1 获得 1 000 000 元，而局中人 2 和 3 没有回报。因此，根据 Shapley 值计算得到的回报看上去对局中人 2 和 3 更公平些。一般来说，根据 Shapley 值计算的每个局中人的回报会比根据核心的定义确定的每个局中人的回报会更公平一些。

注 2　对一个只有少数局中人参与的合作对策，根据 Shapley 值的计算思想确定各局中人应得到的回报还是比较容易的。例如对于例 11.19，可以通过表 11.5 来计算每个局中人的 Shapley 值：

$$\begin{cases} x_1 = \dfrac{4\ 000\ 000}{6} \\ x_2 = \dfrac{1\ 000\ 000}{6} \\ x_3 = \dfrac{1\ 000\ 000}{6} \end{cases}$$

表 11.5　计算例 11.22 的 Shapley 值简易方法

到达顺序	局中人 1	局中人 2	局中人 3
1,2,3	0	1 000 000	0
1,3,2	0	0	1 000 000
2,1,3	1 000 000	0	0
2,3,1	1 000 000	0	0
3,1,2	1 000 000	0	0
3,2,1	1 000 000	0	0

注 3 Shapley 值可用于对政治或商业组织中各成员权利的衡量。例如联合国安全理事会有 5 个常任理事国成员(具有否决任何议案的权利),10 个非常任理事国成员。一个议案要获得安理会通过必须获得至少 9 票的同意,包括所有常任理事国的同意。如果将所有可能的投票结果看成不同的"联盟"的话,当议案得到通过时将该结果("联盟")的赢得值记为 1;当议案没有获得通过时记为 0,据此可以得到这个合作对策的特征函数。

根据这个特征函数可以计算得出每个常任理事国的 Shapley 值是 0.196 3,非常任理事国的 Shapley 值是 0.001 865,且有 $5 \times 0.196\ 3 + 10 \times 0.001\ 865 = 1$。于是,根据 Shapley 值的计算结果表明,联合国安理会的 98.15%($5 \times 0.196 3 = 98.15\%$)的权利集中在了 5 个常任理事国手上。

最后,作为 Shapley 值的一个应用,下面分析一个机场如何确定飞机着陆收费标准的问题。

例 11.23 假设一个机场可以接受 A,B,C 三种型号飞机降落,所需跑道的长度分别为 100 m、150 m 和 400 m;假设跑道每年的维护费用恰好等于跑道的长度(单位:元)。因为要保证机型 C 能降落,所以机场必须拥有 400 m 的跑道。为简单起见,假设机场每年只能接受每种机型中的一架降落,问 400 元的跑道维护费用应如何向所降落的飞机收取?

解 分别记机型 A,B,C 为局中人 1,2,3,可以构造一个 3 人合作对策,其中每个联盟的收入为需要支付的可以使联盟中需要最长跑道飞机降落的跑道维护费。于是,该对策的特征函数可以表示为:

$v(\{\ \}) = 1\ (元), v(\{1\}) = -100\ (元), v(\{2\}) = v(\{1,2\}) = -150\ (元)$

$v(\{3\}) = v(\{1,3\}) = v(\{2,3\}) = v(\{1,2,3\}) = -400\ (元)$

为了计算 Shapley 值(向每个局中人收取的费用),我们假定三种飞机以随机的顺序着陆,并计算出每种机型在对已经到达的机型收过费的基础上需要增加收费的平均值,如表 11.6 所示,于是得到每个局中人的 Shapley 值为:

局中人 1 的费用:$\frac{1}{6} \times (100 + 100) = \frac{200}{6}\ (元)$

局中人 2 的费用:$\frac{1}{6} \times (50 + 150 + 100) = \frac{350}{6}\ (元)$

局中人 3 的费用:$\frac{1}{6} \times (250 + 300 + 250 + 250 + 400 + 400) = \frac{1\ 850}{6}\ (元)$

因此,根据 Shapley 值计算的结果,向机型 A 收取的着陆费为 33.33 元,向机型 B 收取的着陆费为 58.33 元,而占用跑道最长的机型 C 需要付费 308.33 元。

如果每种机型着陆的飞机不止一架,可以证明根据 Shapley 值计算的着陆费应按如下方式收取:所有飞机的着陆费都应根据其使用的跑道的长度同等收费,即所有飞机都必须为使用跑道的第一个 100 m 付费;机型 B 需要为使用 100 m 后的 50 m 跑道付费;机型 C 需要为使用 150 m 后的 250 m 跑道付费。

表 11.6　各种收费可能表

到达顺序	概率	向每个局中人增收的费用（元）		
		局中人 1	局中人 2	局中人 3
1,2,3	1/6	100	50	250
1,3,2	1/6	100	0	300
2,1,3	1/6	0	150	250
2,3,1	1/6	0	150	250
3,1,2	1/6	0	0	400
3,2,1	1/6	0	0	400

例如，假设有 10 架 A 型飞机、5 架 B 型飞机、2 架 C 型飞机需要降落，则每架飞机应收取的着陆费为

机型 A 的费用：$\dfrac{100}{10+5+2} = 5.88$（元）

机型 B 的费用：$5.88 + \dfrac{150-100}{5+2} = 13.03$（元）

习　题

1. 判断下列说法的正确性并简要说明理由。

(1) 纳什均衡一定是上策均衡，上策均衡一定是纳什均衡。

(2) 在一个对策中局中人可以有很多个。

(3) 在一个对策中只可能存在一个纳什均衡。

(4) 因为零和对策中局中人之间关系都是竞争性的、对立的，因此零和对策就是非合作对策。

(5) 由于两个罪犯只打算犯罪一次，所以被捕后才出现了不合作的问题即囚徒困境。但如果他们打算重复合伙多次，比如说 20 次，那么对策论预测他们将采取彼此合作的态度，即谁都不招供。

(6) 在博弈中纳什均衡是对策双方能获得的最好结果。

(7) 在对策中如果某局中人改变策略后得益增加则另一局中人得益减少。

(8) 囚徒的困境博弈中两个囚徒之所以会处于困境，无法得到较理想的结果，是因为两囚徒都不在乎坐牢时间长短本身，只在乎不能比对方坐牢的时间更长。

2. 甲、乙两个儿童玩游戏，双方可分别出拳头（代表石头）、手掌（代表布）、两个手指（代表剪刀），规则是：剪刀赢布，布赢石头，石头赢剪刀，赢者得 1 分。若双方所出相同算和局，均不得分。试列出儿童甲的赢得矩阵。

3. （二指莫拉问题）甲、乙二人游戏，每人出一个或两个手指，同时又把猜测对方所出的指数叫出来。如果只有一个人猜测正确，则他所赢得的数目为二人所出指数之和，

否则重新开始,写出该对策中各局中人的策略集合及甲的赢得矩阵,并回答局中人是否存在某种出法比其他出法更为有利。

4. 甲、乙两个企业生产同一种电子产品,两个企业都想通过改革管理获取更多的市场销售份额。甲企业的策略措施有:① 降低产品价格;② 提高产品质量,延长保修年限;③ 推出新产品。乙企业考虑的措施有:① 增加广告费用;② 增设维修网点,扩大维修服务;③ 改进产品性能。

假定市场份额一定,由于各自采取的策略措施不同,通过预测可知,今后两个企业的市场占有份额变动情况如表 11.7 所示(正值为甲企业增加的市场占有份额,负值为减少的市场占有份额)。试通过对策分析,确定两个企业各自的最优策略。

表 11.7 第 4 题的相关数据

甲企业	乙企业		
	1	2	3
1	10	−1	3
2	12	10	−5
3	6	8	5

5. 用方程组法求解矩阵对策,其中赢得矩阵 A 分别为下列矩阵(1)和(2)所示。

$$(1) \begin{bmatrix} 2 & 4 \\ 2 & 3 \\ 3 & 2 \\ -2 & 6 \end{bmatrix} \quad (2) \begin{bmatrix} 1 & 3 & 11 \\ 8 & 5 & 2 \end{bmatrix}$$

6. 甲、乙两个游泳队举行包括 3 个项目的对抗赛,两队各有一名健将级运动员(甲队为李,乙队为王),在 3 个项目上的成绩都很突出。但规则规定他们每人只许参加两项比赛,每队的其他两名运动员可参加全部 3 项比赛。已知各运动员平时成绩(秒)如表 11.8 所示。假定各运动员在比赛中正常发挥水平,又设比赛的第一名得 5 分,第二名得 3 分,第三名得 1 分。问教练员应决定让自己队健将参加哪两项比赛,可使本队得分最多?

7. 用线性规划的方法求解下列矩阵对策,其中赢得矩阵 A 分别为下列矩阵(1)和(2)所示。

$$(1) \begin{bmatrix} 8 & 2 & 4 \\ 2 & 6 & 6 \\ 6 & 4 & 4 \end{bmatrix} \quad (2) \begin{bmatrix} 2 & 0 & 2 \\ 0 & 3 & 1 \\ 1 & 2 & 1 \end{bmatrix}$$

8. A,B 两企业利用广告进行竞争。若 A、B 两企业都做广告,在未来销售中,A 企业可以获得 20 万元利润,B 企业可获得 8 万元利润;若 A 企业做广告,B 企业不做广告,A 企业可获得 25 万元利润,B 企业可获得 2 万元利润;若 A 企业不做广告,B 企业做广告,A 企业可获得 10 万元利润,B 企业可获得 12 万元利润;若 A、B 两企业都不做广告,A 企业可获得 30 万元利润,B 企业可获得 6 万元利润。

(1) 画出 A、B 两企业的损益矩阵。
(2) 求纯策略纳什均衡。

9. 有一种游戏,任意掷一个钱币,并将出现是正面或反面告诉甲。甲有两种选择:① 认输,付给乙1元;② 打赌。只要甲认输,这一局结束,重新开始。当甲打赌时,乙也有两种选择:① 认输,付给甲1元;② 较真。当乙较真时,如钱币为正面,乙输给甲2元,如为反面,甲输给乙2元。试建立对甲方的赢得矩阵,求甲、乙双方各自最优策略和对策值。

10. 一个对策具有以下特征函数:
$$v(\{1,2,3\}) = v(\{1,2,4\}) = v(\{1,3,4\}) = v(\{2,3,4\}) = 75$$
$$v(\{1,2,3,4\}) = 100; v(\{3,4\}) = 50;其他所有组合的\ v(S) = 0$$
要求给出该对策的核心。

11. 可口可乐与百事可乐(参与者)的价格决策:双方都可以保持价格不变或者提高价格(策略);对策的目标和得失情况体现为利润的多少(收益);利润的大小取决于双方的策略组合(收益函数);对策有四种策略组合,其结局是:

(1) 双方都不涨价,各得利润10单位。
(2) 可口可乐不涨价,百事可乐涨价,可口可乐利润100,百事可乐利润 -30。
(3) 可口可乐涨价,百事可乐不涨价,可口可乐利润 -20,百事可乐利润30。
(4) 双方都涨价,可口可乐利润140,百事可乐利润35。
画出两企业的损益矩阵求纳什均衡。

12. 北方航空公司和新华航空公司分享了从北京到南方冬天度假胜地的市场。如果它们合作,各获得500 000元的垄断利润,但不受限制的竞争会使每一方的利润降至60 000元。如果一方在价格决策方面选择合作而另一方却选择降低价格,则合作的厂商获利将为零,竞争厂商将获利900 000元。

(1) 将这一市场用囚徒困境的对策加以表示。
(2) 解释为什么均衡结果可能是两家公司都选择竞争性策略。

13. 三人玩掷硬币游戏,硬币有正反两面,若三人掷出相同的一面,主持人付给每人1元,否则每名游戏者各付主持人1元。要求:

(1) 写出该对策的特征函数。
(2) 找出该游戏的核心。
(3) 给出该游戏的 Shapley 值。

第 12 章 排 队 论

排队论(queuing theory)是研究系统随机聚散现象和随机服务系统工作过程的数学理论和方法,又称随机服务系统理论,为运筹学的一个分支。

日常生活中存在大量有形和无形的排队或拥挤现象,如旅客购票排队,市内电话占线等现象。排队论的基本思想是 1909 年丹麦数学家、科学家、工程师 A. K.埃尔朗在解决自动电话设计问题时开始形成的,当时称为话务理论。他在热力学统计平衡理论的启发下,成功地建立了电话统计平衡模型,并由此得到一组递推状态方程,从而导出著名的埃尔朗电话损失率公式。

自 20 世纪初以来,电话系统的设计一直在应用这个公式。20 世纪 30 年代苏联数学家 А.Я.欣钦把处于统计平衡的电话呼叫流称为最简单流。瑞典数学家巴尔姆又引入有限后效流等概念和定义。他们用数学方法深入地分析了电话呼叫的本征特性,促进了排队论的研究。20 世纪 50 年代初,美国数学家关于生灭过程的研究以及英国数学家堪道尔(D. G. Kendall)提出嵌入马尔可夫链理论及对排队队形的分类方法,为排队论奠定了理论基础。在这以后,L.塔卡奇等人又将组合方法引进排队论,使它更能适应各种类型的排队问题。20 世纪 70 年代以来,人们开始研究排队网络和复杂排队问题的渐近解等,成为研究现代排队论的新趋势。

排队论是通过对服务对象到来及服务时间的统计研究,得出这些数量指标(等待时间、排队长度、忙期长短等)的统计规律,然后根据这些规律来改进服务系统的结构或重新组织被服务对象,使得服务系统既能满足服务对象的需要,又能使机构的费用最经济或某些指标最优。排队论是研究服务系统中排队现象随机规律的学科广泛应用于计算机网络、生产、运输、库存等各项资源共享的随机服务系统。

排队论研究的内容有 3 个方面:统计推断,即根据资料建立模型;系统的性态,即和排队有关的数量指标的概率规律性;以及系统的优化问题。其目的是正确设计和有效运行各个服务系统,使之发挥最佳效益。

12.1 排队论的相关概念和定义

12.1.1 排队系统及相关定义

(1) 排队系统

如上所述,社会生活中存在各种排队现象。其中有些现象是无形的,如派车等待;有些排队是物的排队,如待加工件的排队。通常把每组正在进行排队(有形的、无形的)的人或物及其服务机构和相关影响因素合称为一个排队系统。实际的排队系统可以这样描述:顾客为得到某种服务而到达系统,如不能立即获得服务而又可以排队,则加入等待队列中,直至获得服务而离开。

(2) 顾客、服务机构

进行排队等待服务的人或物,称之为顾客;将提供服务的机构或人称之为服务员或服务机构。

服务机构可以没有服务员,也可以有一个或多个服务员(服务台、通道、窗口等)。从构成形式上看,服务台有:单队—服务台;多队—多服务台;单队—多服务台;多服务台串联;多服务台混合;以及多队多服务台并串联混合等等。如下图 12.1 至图 12.5 所示。

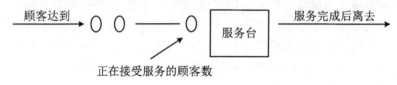

图 12.1 单服务台排队系统

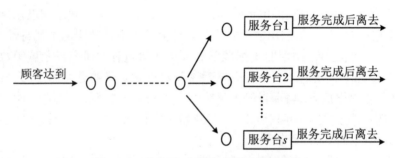

图 12.2 单队列-多服务台并联排队系统

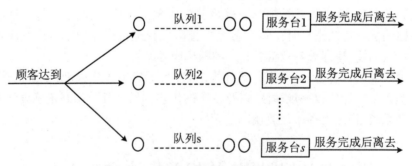

图 12.3 多队列-多服务台并联排队系统

服务方式可以对单独顾客进行,也可以对成批的顾客进行。

通常,基本排队过程如图 12.6 所示。图 12.6 称为一个随机聚散服务系统,任一排队系统都是随机聚散服务系统。因为顾客的到达时间和接受服务时间一般都是随机的;或这两个时间至少有一个是随机的。所以排队论又称为随机服务系统理论。

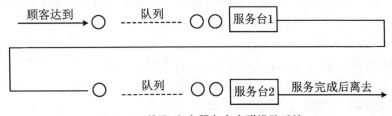

图 12.4　单队列-多服务台串联排队系统

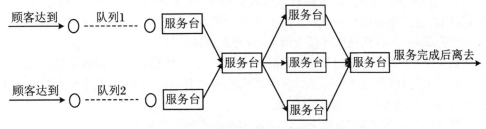

图 12.5　多队列-多服务台混联排队系统

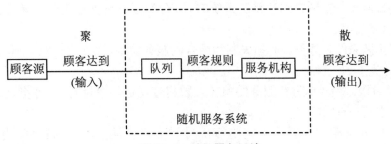

图 12.6　随机服务系统

12.1.2　排队系统的构成及规则

通常,排队系统都有三个基本组成部分:

1. 输入过程

是指顾客按照什么样的规律到达服务系统。

① 顾客的总体(称为顾客源)的组成是有限的还是无限的。河水流入水库可以认为总体是无限的,工厂内停机待修的机器显然是有限的总体。

② 顾客到来的方式是单个的还是成批的。到餐厅就餐就有单个到来的顾客和受邀请来参加宴会的成批顾客。

③ 顾客相继到达的间隔时间是确定型还是随机型。如在自动装配线上装配的各部件必须按确定的时间间隔到达装配点,到商店购物的顾客、到医院诊病的病人、通过路口的车辆等都是随机型的。

④ 顾客的到达是相互独立的还是关联的。即以前到达的顾客对以后顾客的到来没有影响,否则就是有关联的。

⑤ 输入过程是平稳的(对时间是齐次的)还是非平稳的。对时间齐次的是指描述相

继到达的间隔时间分布和所含参数(如期望值、方差)都是与时间无关的,也称平稳的;否则称为非平稳的。非平稳情形的数学处理是很困难的。

2. 排队及排队规则

根据排队系统中顾客数量是否有限分为:有限排队、无限排队。无限排队是指顾客队长可以无限,顾客进入系统通过排队接受服务,又称等待制排队系统。有限排队系统是指顾客容量有限,后到顾客无法进入系统。

(1) 等待制

顾客到达服务系统时,当所有的服务台都不空,顾客加入排队行列等待服务。等待制中,为顾客进行服务的次序可以采用下列各种规则:

先到先服务,即按到达次序接受服务,这是最通常的情形。

后到先服务,如乘电梯的顾客常是后入先出的,仓库中存放的厚钢板也是如此。

随机服务,指服务员从等待的顾客中随机地选取其一进行服务,而不管到达的先后,如电话交换台接通呼唤的电话就是如此。

有优先权的服务,如医院对于病情严重的患者将给予优先治疗。

(2) 有限排队系统又可进一步分为2种:损失制和混合制

损失制排队系统指顾客到达排队系统时,所有的服务台都被先到的顾客占用,于是就离开服务系统。

混合制排队系统是等待制和损失制相结合的服务规则,允许排队但又不允许队列无限长,可以分为下列三种:

① 队长有限。当排队等待服务的顾客人数超过规定的数量时,顾客将自动离去,即系统的等待空间是有限的。

② 等待时间有限。顾客在系统中等待时间不超过某一给定的长度,当超过时即离去。

③ 逗留时间有限。即等待时间和服务时间之和有限。

3. 服务时间分布规律

排队系统中服务时间的分布具有重要的地位。一般记服务台的时间为 V,其分布函数为 $B(t)$,密度函数为 $b(t)$,其常见的分布有:

① 负指数分布(M)。顾客接受服务的时间相互独立,并具有相同的负指数分布:

$$b(t) = \begin{cases} \mu e^{-\mu t}, t \geqslant 0 \\ 0, t < 0 \end{cases} \tag{12.1}$$

其中,$\mu > 0$,为一个常数。

② 定长分布(D)。每个顾客接受服务的时间是一个确定的常数。

③ k 阶爱尔朗(E_k)分布。每个顾客接受服务的时间服从 k 阶爱尔朗分布,其密度函数为:

$$b(t) = \frac{k\mu (k\mu t)^{k-1}}{(k-1)!} e^{-k\mu t} \tag{12.2}$$

12.1.3 排队系统的符号描述

D. G. Kendall 针对服务系统的特征,在 1953 年提出了排队模型分类方法,主要参数为相继顾客到达间隔时间的分布 X；服务时间的分布 Y；服务台的个数 Z。

通常，一个排队系统可以表示为：$X/Y/Z/A/B/C$。

X,Y 和 Z 如上所述。在 Z 中，1 表示单服务台，s 表示多个服务台。

① A 表示系统容量限制，默认为无穷大，如果系统中有 k 个位子，则 $0<k<\infty$。如果 $k=0$，表明系统不允许等待，即损失制。$k=\infty$ 是等待制系统。

② B 表明顾客源数目，分有限和无限两种。

③ C 表示服务规则，如先到先服务(FCFS)，后到后服务(LCFS)等。

12.1.4 排队系统的主要数量指标及其符号

研究排队系统运行的效率，估计服务质量，确定系统参数的最优值，以决定系统结构是否合理，研究设计改进措施等，都需要用基本数量指标描述。常用的数量指标及其符号如下：

(1) 队长、排队长

对长指系统中的顾客数，期望值是 L_s（平均队长）。等于排队等待的顾客数和正在接受服务的顾客数之和。排队长(队列长)指在系统中排队等待服务的顾客数，期望值记作 L_q（平均等待队长）。如果 L_s 或 L_q 越大，说明服务率越低。

(2) 逗留时间、等待时间

指一个顾客在系统中的停留时间，期望值记 W_s（平均逗留时间）。等待时间指一个顾客到达系统至开始接受服务时的停留时间，期望值记 W_q（平均等待时间）。

(3) 忙期

指从顾客到达空闲服务机构起至服务机构再次空闲这段时间长度，即服务机构连续繁忙的时间长度，它关系到服务员的工作强度。忙期和一个忙期中平均完成服务顾客数都是衡量服务机构效率的指标。

(4) 其他指标

s 表示系统中并联服务台的数目；λ 表示平均到达率；$\dfrac{1}{\lambda}$ 表示平均到达间隔；μ 表示平均服务率；$\dfrac{1}{\mu}$ 表示平均服务时间；N 表示稳态系统任意时刻的状态，即系统中的顾客数；U 表示任一顾客在稳态系统中的逗留时间；Q 表示任一顾客在稳态系统中的等待时间；$P_n = P(N=n)$ 表示稳态系统任意时刻状态为 n 的概率，其中 P_0 表示稳态系统所有服务台都空闲的概率；ρ 表示服务强度，即每个服务台单位时间内的平均服务时间，一般 $\rho = \dfrac{\lambda}{\mu s}$，它是衡量排队系统繁忙的重要指标。

一个排队系统的最主要特征参数是顾客的到达间隔时间分布与服务时间分布，通常需要根据现存系统原始资料统计出它们的经验分布，然后与理论分布拟合。

12.2 生灭过程和泊松过程

12.2.1 生灭过程

生灭过程排队系统是一类非常重要且广泛存在的排队系统。其也是一类特殊的随机过程,在生物学、物理学、运筹学中有广泛的应用。如果用"生"表示顾客的到达,"灭"表示顾客的离去,则很多排队过程就是一类特殊的随机过程——生灭过程。在排队论中,一般用 $N(t)$ 表示时刻 t 时系统中的顾客数,则 $\{N(t), t \geq 0\}$ 构成了一个随机过程。下面结合排队论的术语给出生灭过程的定义。

定义 1 设 $\{N(t), t \geq 0\}$ 为一随机过程;若 $N(t)$ 的概率分布具有以下性质:

① 若 $N(t) = n$,则从时刻 t 起到下一顾客到达时刻止的时间服从参数为 λ_n 的负指数分布,$n = 0, 1, \cdots$。

② 若 $N(t) = n$,则从时刻 t 起到下一顾客离去时刻止的时间服从参数为 μ_n 的负指数分布,$n = 0, 1, \cdots$。

③ 同一时刻只有一个顾客到达或离去。

则称 $\{N(t), t \geq 0\}$ 为一个生灭过程。

一般说来直接得 $N(t)$ 的分布 $P_n(t) = P\{N(t) = n\}(n = 0, 1, \cdots, n)$ 是比较困难的,通常是求系统稳定后的状态分布,记为 $P_n(n = 0, 1, \cdots)$。

为求平稳分布,考虑系统可能处的任一状态 n。假设记录了一段时间内系统进入状态 n 和离开状态 n 的次数,则因为"进入"和"离开"是交替发生的,所以这两个数要么相等,要么相差为 1。但就这两种事件的平均发生率来说,可以认为是相等的。即当系统运行相当时间而到达平衡状态后,对任一状态"生"来说,单位时间内进入该状态的平均次数和单位时间内离开该状态的平均次数应该相等,这就是系统在统计平衡下的"流入"="流出"原理。根据这一原理,可得到任一状态下的平衡方程如下:

$$\begin{cases} 0 & \mu_1 P_1 = \lambda_0 P_0 \\ 1 & \lambda_0 P_0 + \mu_2 P_2 = (\lambda_1 + \mu_1) P_1 \\ 2 & \lambda_1 P_1 + \mu_3 P_3 = (\lambda_2 + \mu_2) P_2 \\ \vdots & \vdots \\ n & \lambda_{n-1} P_{n-1} + \mu_{n+1} P_{n+1} = (\lambda_n + \mu_n) P_n \end{cases} \quad (12.3)$$

由上述平衡方程可得:

$$\begin{cases} P_1 = \dfrac{\lambda_0}{\mu_1} P_0 \\ P_2 = \dfrac{\lambda_1}{\mu_2} P_1 = \dfrac{\lambda_1 \lambda_0}{\mu_2 \mu_1} P_0 \\ P_3 = \dfrac{\lambda_2}{\mu_3} P_2 = \dfrac{\lambda_2 \lambda_1 \lambda_0}{\mu_3 \mu_2 \mu_1} P_0 \\ \cdots \\ P_{n+1} = \dfrac{\lambda_n}{\mu_{n+1}} P_n = \dfrac{\lambda_n \lambda_{n-1} \cdots \lambda_0}{\mu_{n+1} \mu_n \cdots \mu_1} P_0 \end{cases} \tag{12.4}$$

记

$$C_n = \frac{\lambda_n \lambda_{n-1} \cdots \lambda_0}{\mu_{n+1} \mu_n \cdots \mu_1}(N = 0,1,\cdots) \tag{12.5}$$

则平稳状态的分布为：

$$P_n = C_n P_0 (n = 0,1,\cdots) \tag{12.6}$$

由概率的性质可知：

$$\sum_{n=0}^{+\infty} P_n = 1, 也即 \left(1 + \sum_{n=1}^{+\infty} C_n\right) P_0 = 1; 可得：$$

$$P_0 = \frac{1}{1 + \sum_{n=1}^{+\infty} C_n} \tag{12.7}$$

若 $\sum_{n=1}^{+\infty} C_n$ 收敛，可得平稳状态的概率分布。

12.2.2 泊松过程

泊松（Poisson）过程是排队论中一种用来描述顾客到达规律的特殊随机过程，也称泊松流或最简流。

定义 2 设 $N(t)$ 表示在时间 $[0,t]$ 内到达的顾客数。令 $P_n(t_1,t_2)$ 表示在时间区间 $[t_1,t_2](t_2 > t_1)$ 内有 $n(n > 0)$ 个顾客到达的概率，即

$$P_n(t_1,t_2) = P\{N(t_1) - N(t_2) = n\}(t_2 > t_1, n \geq 0)$$

当 $P_n(t_1,t_2)$ 符合于下列三个条件时，顾客的到达形成泊松流。

① 独立性。在不相重叠的时间区间内顾客到达数十相互独立的。

② 稳定性。对充分小的 Δt，在时间区间 $[t, t+\Delta t]$ 内有 1 个顾客到达的概率与 t 无关，而与区间长 Δt 成正比，即 $P(t, t+\Delta t) = \lambda \Delta t + 0(\Delta t)$，当 $\Delta t \to 0$ 时，是关于 Δt 的高阶无穷小。$\lambda > 0$ 是常数，它表示单位时间有一个顾客到达的概率，称为概率强度。

③ 一般性。对于充分小的 Δt，在时间区间 $[t, t+\Delta t]$ 内有 2 个或 2 个以上顾客到达的概率极小，以至于可以忽略，即 $\sum_{n=2}^{+\infty} P_n(t, t+\Delta t) = 0(\Delta t)$。

定理 1 设 $N(t)$ 表示在时间 $[0,t]$ 内到达的顾客数，则 $\{N(t), t \geq 0\}$ 为泊松过程的充要条件是：

$$P_n = P[N(t) = n] = \frac{(\lambda t)^n}{n!} e^{-\lambda t} (n = 0,1,2,\cdots) \tag{12.8}$$

定理 2 设 $N(t)$ 表示在时间 $[0,t]$ 内到达的顾客数,则 $\{N(t),t\geqslant 0\}$ 为参数为 λ 的泊松过程的充要条件是:相继到达的时间间隔服从相互独立的参数为 λ 的负指数分布。

如果某个随机变量服从上述泊松分布,其期望值和方差均为 λt。

例 12.1 对某天上午 11:30 到 11:47 中每隔 20 s 统计一次来到长途车站的乘客数,共有 230 个记录,得到乘客数目为 0,1,2,3,4 的频数分别为 100,81,34,9,6。请用泊松过程描述乘客到达车站的过程,并写出概率分布。

解 20 s 到达顾客的平均数为:

$$\bar{\lambda} = \frac{1}{230}(0\times 100 + 1\times 81 + 2\times 34 + 3\times 9 + 4\times 67) \approx 0.87$$

每分钟到达的顾客数为 $\lambda = 3\times 0.87 = 2.61$(人/min),因此概率分布为:

$$P[N(t) = n] = \frac{(\lambda t)^n}{n!}e^{-2.61t}$$

12.2 单服务台负指数分布排队模型

单服务台负指数分布是一种最常见的排队模型。下面分析其排队模型和主要指标。

12.2.1 标准的 $M/M/1$ 情形($M/M/1/\infty$ 模型)

该类模型主要特点包括:

① 输入过程。顾客源是无限的,顾客单个到来且相互独立,一定时间的到达数服从泊松分布,到达过程是平稳的。

② 排队规则。单队且对队长没有限制,先到先服务。

③ 服务机构。单服务台,各个顾客的服务时间是相互独立的,服从相同的负指数分布;到达间隔时间和服务时间是相互独立的。

由于到达服从参数为 λ 的泊松分布,服务时间服从参数为 μ 的负指数分布。所以在区间 $[t,t+\Delta t)$ 内,1 个顾客到达的概率为 $\lambda\Delta t + 0(\Delta t)$,所以没有顾客到达的概率可以表示为 $1 - \lambda\Delta t + 0(\Delta t)$;1 个顾客被服务结束(离去)的概率为 $\mu\Delta t + 0(\Delta t)$,没有离去的概率表示为 $1 - \mu\Delta t + 0(\Delta t)$;多于 1 个顾客到达或者离去的概率为 $0(\Delta t)$。

在 $t + \Delta t$ 时刻,系统中有 n 个顾客的情形划分如表 12.1 所示(到达或离去是 2 个以上的没列入)。

表 12.1 系统有 t 个顾客的情形表

情况	t 时顾客数	$[t,t+\Delta t)$ 到达	$[t,t+\Delta t)$ 离去	概率
A	n	没有	没有	$P_n(t)(1-\lambda\Delta t)(1-\mu\Delta t)$
B	$n+1$	没有	发生	$P_{n+1}(t)\mu\Delta t(1-\lambda\Delta t)$

续表

情况	t 时顾客数	$[t,t+\Delta t]$ 到达	$[t,t+\Delta t]$ 离去	概率
C	$n-1$	发生	没有	$P_{n-1}(t)\lambda\Delta t(1-\mu\Delta t)$
D	n	发生	发生	$P_n(t)\lambda\Delta t\mu\Delta t$

上述四项概率之和为：

$$P_n(t+\Delta t) = P_n(t)(1-\lambda\Delta t-\mu\Delta t) + P_{n+1}(t)\mu\Delta t + P_{n-1}(t)\lambda\Delta t + 0(\Delta t)$$

于是：$\dfrac{dP_n(t)}{dt} = \lambda P_{n-1}(t) + \mu P_{n+1}(t) - (\lambda+\mu)P_n(t)(n=1,2,\cdots)$；

当 $n=0$ 时，概率为 A 和 B 的概率之和，为：

$$P_0(t+\Delta t) = P_0(t)(1-\lambda\Delta t) + P_1(t)(1-\lambda\Delta t)\mu\Delta t$$

$$\dfrac{dP_0(t)}{dt} = -\lambda P_0(t) + \mu P_1(t)$$

稳态状况下，$P_n(t)$ 与 t 无关可以写成 P_n。于是 P_n 的差分方程为：

$$\begin{cases} -\lambda P_0 + \mu P_1 = 0 \\ \lambda P_{n-1} + \mu P_{n+1} - (\lambda+\mu)P_n = 0 \end{cases}$$

它表明了各状态间的转移关系，如图 12.7 所示。

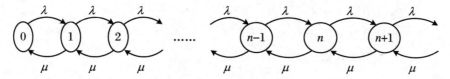

图 12.7 状态转移图

解上述差分方程可得：$P_1 = \left(\dfrac{\lambda}{\mu}\right)P_0$；又因为 $\mu P_2 = (\lambda+\mu)\dfrac{\lambda}{\mu}P_0 - \lambda P_0$，可得：

$$P_2 = \left(\dfrac{\lambda}{\mu}\right)^2 P_0$$

依此类推，可得：

$$P_n = \left(\dfrac{\lambda}{\mu}\right)^n P_0 = \rho^n P_0$$

由于 $\rho = \dfrac{\lambda}{\mu} < 1$，否则将排队至无限远。由于 $\sum\limits_{n=0}^{+\infty}P_n = 1$，$P_0\sum\limits_{n=0}^{+\infty}\rho^n = P_0\dfrac{1}{1-\rho} = 1$，故：

$$P_0 = 1-\rho, P_n = (1-\rho)\rho^n(n\geqslant 1, \rho<1) \tag{12.9}$$

ρ 通常理解为服务强度，上式中 $\rho = 1 - P_0$，刻画了服务机构的繁忙程度，又称服务机构的利用率。于是，相关主要指标可以表示为：

① 系统中平均顾客数，即队长的期望值。

$$L_s = \sum\limits_{n=0}^{+\infty}nP_n = \sum\limits_{n=1}^{+\infty}n(1-\rho)\rho^n = \dfrac{\rho}{1-\rho} = \dfrac{\lambda}{\mu-\lambda}(0<\rho<1) \tag{12.10}$$

② 队列中等待的平均顾客数，即队列长的期望值。

$$L_q = \sum_{n=0}^{+\infty}(n-1)P_n = = L_s - \rho = \frac{\rho\lambda}{\mu-\lambda} \tag{12.11}$$

③ 在 $M/M/1$ 系统中,顾客逗留的时间 W 服从参数为 $(\mu-\lambda)$ 的负指数分布,故系统中顾客逗留时间的期望值为:

$$W_s = E(W) = \frac{1}{\mu-\lambda} \tag{12.12}$$

④ 在队列中顾客等待时间的期望值为:

$$W_q = W_s - \frac{1}{\mu} = \frac{\rho}{\mu-\lambda} \tag{12.13}$$

式 12.11—式 12.13 也称为 Little 公式。

例 12.2 某消费者协会一年 365 天可接受顾客的投诉。设申诉以 $\lambda=4$ 件/天的泊松流到达,该协会每天可处理申诉 5 件,当天处理不完的话将移交专门的小组处理,不影响当天的业务,试求:

(1) 一年内有多少天无一件申诉。

(2) 一年内有多少天处理不完当天的申诉。

解 因为 $\lambda=4, \mu=5, \rho=0.8$,所以

(1) $P_0 = 0.2, 365 \times 0.2 = 7$;

$P_1 = 0.2 \times 0.8$

$P_2 = 0.2 \times 0.8_2$

(2) $P_3 = 0.2 \times 0.8^3$

$P_4 = 0.2 \times 0.8^4$

$P_5 = 0.2 \times 0.8^5$; $365 \times (1 - \sum_{i=0}^{5} P_i) = 79$

例 12.3 高速公路入口收费处设有一个收费通道,汽车到达服从泊松分布,平均到达速率为 100 辆/h,收费时间服从负指数分布,平均收费时间为 15 s/辆。求收费处空闲的概率;收费处忙的概率;系统中分别有 1、2、3 辆车的概率。并求 L_s, L_q, W_s, W_q。

解 根据题意,$\lambda=100$(辆/h),$\frac{1}{\mu}=15(s)=\frac{1}{240}$(辆/h),于是 $\rho=\frac{5}{12}$。

系统空闲的概率 $P_0 = 1-\rho = \frac{7}{12}$,于是系统忙的概率为 $1-P_0 = \frac{5}{12}$。

有 1 辆车的概率为 $P_1 = \rho(1-\rho) = 0.243$;有 2 辆车的概率为 $P_2 = \rho^2(1-\rho) = 0.101$;有 3 辆车的概率为 $P_3 = \rho^3(1-\rho) = 0.042\ 1$。

$$L_s = \frac{\rho}{1-\rho} = \frac{5}{7}; \qquad L_q = L_s - \rho = \frac{5}{7} - \frac{5}{12} = \frac{25}{84}$$

$$W_s = \frac{1}{\mu-\lambda} = \frac{1}{240-100} = \frac{1}{140}; \quad W_q = W_s - \frac{1}{\mu} = \frac{1}{140} - \frac{1}{240} = \frac{1}{336}$$

如果单位时间内的服务成本为 C_s,单位顾客停留单位时间的损失成本为 C_w,目标函数为单位时间服务成本与顾客在系统逗留费用之和的期望值:$Z = C_s\mu + C_w L_s$。也即:$Z = C_s\mu + C_w \frac{\lambda}{\mu-\lambda}$,对其求导:$\frac{dZ}{d\mu} = C_s - C_w\lambda \frac{1}{(\mu-\lambda)^2} = 0$,有:

$$\mu^* = \lambda + \sqrt{\frac{C_w}{C_s}\lambda} \tag{12.14}$$

12.2.2 顾客源为有限的情形($M/M/1/\infty/m$ 模型)

该类模型除了含有 $M/M/1$ 的相关特征之外,另外增加了顾客的总体为 m 这个约束条件。类似如 m 台机器因故障停机待修,m 个打字员共用一台打字机,m 个会计分析员同用一个计算机终端等等。顾客总体虽只有 m 个,但顾客需要服务时,就进入队列等待,服务完毕后重新回到顾客源中,如此循环往复,其基本过程如图 12.8 所示。

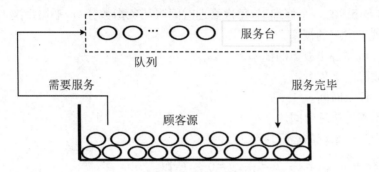

图 12.8　服务过程图

若每个顾客的到达率都是相同的 λ(类似每台机器单位运转时间内发生的故障的概率或平均次数),系统外的顾客平均数为 $m - L_s$,对系统的有效到达率 $\lambda_e = \lambda(m - L_s)$。该模型的状态转移概率图如图 12.9 所示。

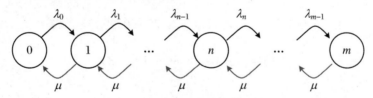

图 12.9　状态转移图

状态 0 转化为状态 1 的转移率为 λP_0,现有 m 台设备由完好转化为一台设备发生故障,转移率为 $m\lambda P_0$,状态 1 转化为状态 0 的转移率为 μP_1。随着状态的推移,考虑状态 $n-1$ 转移到状态 n 的情况,为 n,而状态 n 转移到状态 $n-1$ 的转移率为 μP_n,则:

$$\mu P_1 = m\lambda P_0$$
$$\mu P_{n+1} + (m+n-1)\lambda P_{n-1} = [(m-n)\lambda + \mu]P_n$$
$$\mu P_m = \lambda P_{m-1}; \sum_{i=0}^{m} P_i = 1$$

因此有,$P_n = \dfrac{\lambda_0 \cdots \lambda_{n-1}}{\mu^n} P_0 = \dfrac{m\lambda \times (m-1)\lambda \cdots \times (m-n+1)\lambda}{\mu^n} P_0 = \dfrac{m!}{(m-n)!} P_0$,由于 $\sum_{i=0}^{m} P_i = 1$,有:

$$P_0 = \frac{1}{\sum_{i=0}^{m} \frac{m!}{(m-n)!} \rho^n} \tag{12.15}$$

系统的主要指标表示为:

$$L_s = m - \frac{\mu}{\lambda}(1 - P_0), L_q = m - (1 + \rho)(1 - P_0) = L_s - (1 - P_0) \tag{12.16}$$

$$W_s = \frac{m}{\mu(1 - P_0)} - \frac{1}{\lambda}, W_q = W_s - \frac{1}{\mu} \tag{12.17}$$

例 12.4 某车间有 5 台机器,每台机器的连续运转时间服从负指数分布,平均连续运行时间 15 min。有一个修理工,每次修理时间服从负指数分布,平均每次 12 min。求:

(1) 修理工空闲的概率。
(2) 五台机器都出故障的概率。
(3) 出故障的平均台数。
(4) 平均停工时间。
(5) 平均等待修理时间。
(6) 评价这个系统的运行情况。

解 由于 $m = 5, \lambda = \frac{1}{15}, \mu = \frac{1}{12}, \rho = 0.8$,所以:

$$P_0 = \left[\frac{5!}{5!}(0.8)^0 + \frac{5!}{4!}(0.8)^1 + \frac{5!}{3!}(0.8)^2 + \frac{5!}{2!}(0.8)^3 + \frac{5!}{1!}(0.8)^4 + \frac{5!}{0!}(0.8)^5\right]^{-1}$$

$$= 0.007\ 3$$

$$P_5 = \frac{5!}{0!}(0.8)^5 P_0 = 0.287$$

$$L_s = 5 - \frac{1}{0.8}(1 - 0.007\ 3) = 3.76, L_q = 3.76 - 0.993 = 2.77$$

$$W_s = \frac{5}{\frac{1}{12}(1 - 0.007\ 3)} - 15 = 46, W_q = 46 - 12 = 34$$

机器停工时间过长,修理工几乎没有空闲时间,应当提高服务率减少修理时间或增加修理工人。

如果当服务率 $\mu = 1$ 时修理费用为 C_s,单位时间每台机器运转得到收入为 G 元,平均运转台数为 $m - L_s$,于是纯利润为:

$$Z = (m - L_s)G - C_s\mu = \frac{mG}{\rho}\frac{E_{m-1}\left(\frac{m}{\rho}\right)}{E_m\left(\frac{m}{\rho}\right)} - C_s\mu E_m(x) = \sum_{k=0}^{m}\frac{x^k}{k!}e^{-x}, \rho = \frac{m\lambda}{\rho}$$

$$\frac{dE_m(x)}{dx} = E_{m-1}(x) - E_m(x)$$

$$\frac{dZ}{dx} = 0 \Rightarrow \frac{E_{m-1}\left(\frac{m}{\rho}\right)E_m\left(\frac{m}{\rho}\right) + \frac{m}{\rho}\left[E_m\left(\frac{m}{\rho}\right)E_{m-2}\left(\frac{m}{\rho}\right) - E_{m-1}^2\left(\frac{m}{\rho}\right)\right]}{E_m^2\left(\frac{m}{\rho}\right)} = \frac{\lambda C_s}{G}$$

μ 的最优解应该满足上式,一般是通过数值来求;或者对于一定的 N,将式子的左边

作为 ρ 的函作出图形,对于给定的 $\dfrac{\lambda C_s}{G}$,根据图形求出 $\dfrac{\mu^*}{\lambda}$。

12.2.3 系统容量有限制的情形($M/M/1/N/\infty$ 模型)

该类模型主要指系统的最大容量为 N。当顾客到达时,如果系统中已经有 N 个顾客,则离去,即系统中排队等待的顾客最多为 $(N-1)$ 个。其示意图如图 12.10 所示。

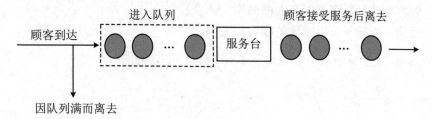

图 12.10 示意图

若只考虑稳态的情形,可作各状态间概率强度的转换关系图如图 12.11 所示。

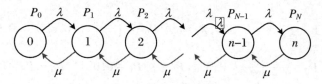

图 12.11 状态转移图

状态概率的稳态方程如下:
$$\mu P_1 = \lambda P_0,$$
$$\mu P_{n+1} + \lambda P_{n-1} = (\lambda + \mu) P_n \ (n < N-1),$$
$$\mu P_N = \lambda P_{N-1}$$

由此可得: $P_k = \rho P_{k-1} = \rho^k P_0 \ (1, 2, \cdots, N)$。

由于 $\sum\limits_{k=0}^{N} P_k = 1$,故 $P_0 = \dfrac{1}{\sum\limits_{k=0}^{N} \rho^k} = \begin{cases} \dfrac{1-\rho}{1-\rho^{N+1}} (\rho \neq 1) \\ \dfrac{1}{n+1} (\rho = 1) \end{cases}$

当 $\rho \neq 1$,有:

$$L_s = \sum_{k=0}^{N} k P_k = \dfrac{\rho}{1-\rho} - \dfrac{(N+1)\rho^{N+1}}{1-\rho^{N+1}}, L_q = \sum_{k=0}^{N}(k-1)P_k = L_s - \dfrac{\lambda(1-P_N)}{\mu}$$
(12.18)

$$W_s = \dfrac{L_s}{\lambda_e} = \dfrac{L_s}{\lambda(1-P_N)} = \dfrac{L_s}{\mu(1-P_0)}, W_q = \dfrac{L_q}{\lambda_e} = \dfrac{L-\rho_e}{\lambda_e} = \dfrac{L}{\lambda_e} - \dfrac{1}{\mu} = W_s - \dfrac{1}{\mu}$$
(12.19)

平均到达率 λ 是在系统中有空时的平均到达率,当系统已满时 ($n=N$),则到达率为 0,因此需要求出有效到达率 $\lambda_e = \lambda(1-P_N)$,于是 $1-P_0 = \dfrac{\lambda_e}{\mu}$。

例 12.5 一个单人理发店,除理发椅外,还有 4 把椅子可供顾客等候。顾客到达发现没有座位空闲,就不再等待而离去。顾客到达的平均速率为 4 人/h,理发的平均时间为 10 min/人。顾客到达服从泊松流,理发时间服从负指数分布。求:

(1) 顾客到达不用等待就可理发的概率。
(2) 理发店里的平均顾客数以及等待理发的平均顾客数。
(3) 顾客来店理发一次平均花费的时间及平均等待的时间。
(4) 顾客到达后因客满而离去的概率。
(5) 增加一张椅子可以减少的顾客损失率。

解 显然,该系统中 $N=4+1, \lambda=4, \mu=6, \rho=\dfrac{2}{3}$,因此有:

$$P_0 = \frac{1-\rho}{1-\rho^{N+1}} = 0.356$$

$$L_s = \frac{\rho}{1-\rho} - \frac{(N+1)\rho^{N+1}}{1-\rho^{N+1}} = 1.423, L_q = L_s - \frac{\lambda(1-P_N)}{\mu} = 0.788$$

$$W_s = \frac{L_s}{\mu(1-P_0)} = 0.374, W_q = W_s - \frac{1}{\mu} = 0.207$$

$$\lambda_e = \lambda(1-P_N) = 3.808, P_5 = \rho^5 P_0 = \left(\frac{2}{3}\right)^5 \times 0.356 = 0.0048$$

当 $N=6$ 时,$P_0 = \dfrac{1-\rho}{1-\rho^{N+1}} = 0.354, P_6 = \rho^6 P_0 = 0.0311, P_5 - P_6 = 0.0169$

令 P_N 为顾客被拒绝的概率,则 $\lambda(1-P_N)$ 为单位时间内实际进入服务机构的顾客数,等于单位时间内实际服务完成的平均顾客数。每服务一个顾客能收入 G 元,于是纯利润为:

$$Z = \lambda(1-P_N)G - C_s\mu = \lambda G \frac{1-\rho^N}{1-\rho^{N+1}} - C_s\mu = \lambda\mu G \frac{\mu^N - \lambda^N}{\rho^{N+1} - \lambda^{N+1}} - C_s\mu$$

令 $\dfrac{dZ}{d\mu} = 0 \Rightarrow \rho^{N+1} \dfrac{N-(N+1)\rho + \rho^{N+1}}{(1-\rho^{N+1})^2} = \dfrac{C_s}{G}$

μ 的最优解应该满足此式,一般是通过数值来求。对于一定的 N,将式子的左边作为 ρ 的函数作出图形,对于给定的 $\dfrac{C_s}{G}$,根据图形求出 $\dfrac{\mu^*}{\lambda}$。

12.3 多服务台负指数分布排队模型

多服务台负指数分布也是常见的排队模型。下面将研究其排队模型和主要指标。

12.3.1 系统容量有限制的情形($M/M/c/N/\infty$ 模型)

该模型主要假设包括:
① 顾客到达服从泊松分布,服务台服务服从负指数分布,有 C 个服务台。
② 顾客到达后,进入队列尾端;当某一个服务台空闲时,队列中的第一个顾客即到该

服务台接收服务;服务完毕后随即离去。

③ 各服务台互相独立且服务速率相同,即 $\mu_1 = \cdots = \mu_C$。

④ 系统有容量限制(N),当系统中的顾客数少于 N 时,到达的顾客就进入系统,当正好等于 N 时,到达的顾客就被拒绝。服务示意图如图 12.12 所示。

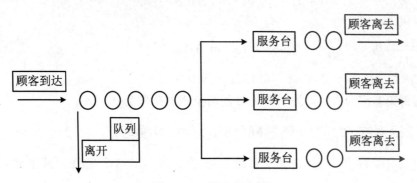

图 12.12　服务示意图

假设顾客到达的速率为 λ,C 个服务台的速率均为 μ,$\rho = \dfrac{\lambda}{C\mu}$,由于系统不会无限制的增加顾客,因此不需要对 ρ 加以限制。其状态转移图如图 12.13 所示。

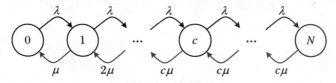

图 12.13　状态转移图

状态转移方程描述为:
$$\lambda P_0 = \mu P_1,\ \lambda P_0 + 2\mu P_2 = (\lambda + \mu)P_1,\ \lambda P_{c-1} + c\mu P_{c+1} = (\lambda + c\mu)P_c,\ \lambda P_{N-1} = c\mu P_N$$

由于 $\sum\limits_{n=1}^{+\infty} P_n = 1$,因此: $P_0 = \left[\sum\limits_{k=0}^{C} \dfrac{(C\rho)^k}{k!} + \dfrac{C^C}{C!} \times \dfrac{\rho(\rho^C - \rho^N)}{1 - \rho}\right]^{-1} (\rho \neq 1)$,有:

$$P_n = \begin{cases} \dfrac{(C\rho)^n P_0}{n!} & (0 \leqslant n \leqslant C) \\ \dfrac{(C\rho)^n P_0}{C!} & (C < n \leqslant N) \end{cases} \tag{12.20}$$

可得:
$$L_q = \dfrac{\rho(C\rho)^C}{C!(1-\rho)^2}[1 - \rho^{N-C} - (N-C)\rho^{N-C}(1-\rho)]P_0 \tag{12.21}$$

$$L_s = L_q + C\rho(1 - P_N) \tag{12.22}$$

$$W_q = \dfrac{L_q}{\lambda_e} = \dfrac{L_q}{\lambda(1 - P_N)},\ W_s = W_q + \dfrac{1}{\mu} \tag{12.23}$$

如果 $N = C$,则为即时制,如街头的停车场就不允许排队等待空位,也被称为爱尔朗呼唤损失公式,广泛用于电话系统设计中。

例 12.6　旅馆有 8 个单人房间,旅客到达服从泊松流,平均速率为 6 人/天,旅客平均逗留时间为 2 天,求每天客房平均占用数,以及旅馆客满的概率。

解 由于 $N=C=8, \lambda=6, \frac{1}{\mu}=2, C\rho=\frac{\lambda}{\mu}=12$;因此:

$$P_0 = \left[\frac{(12)^0}{0!} + \frac{(12)^1}{1!} + \frac{(12)^2}{2!} + \frac{(12)^3}{3!} + \frac{(12)^4}{4!} + \frac{(12)^5}{5!} + \frac{(12)^6}{6!} + \frac{(12)^7}{7!} + \frac{(12)^8}{8!}\right]^{-1}$$
$$= 3.963 \times 10^{-5}$$

$$P_8 = \frac{(C\rho)^n}{n!}P_0 = \frac{(12)^8}{8!} \times 3.963 \times 10^{-5} = 0.423$$

$$L_s = C\rho(1-P_C) = 12 \times (1-0.423) = 6.924$$

可知每天客房的占用数为 6.9 间,8 间房全满的概率为 0.423。

12.3.2 标准的 $M/M/c$ 情形($M/M/c/\infty/\infty$ 模型)

该模型主要特点同上,仅少了系统有容量限制(N)这个条件。其主要过程如图 12.14 所示。

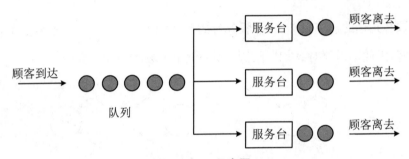

图 12.14 示意图

顾客到达后,进入队列尾端;当某一个服务台空闲时,队列中的第一个顾客即到该服务台接收服务;服务完毕后随即离去。各服务台互相独立且服务速率相同,即 $\mu_1 = \cdots = \mu_c$。

系统的服务速率与系统中的顾客数有关。当系统中的顾客数 k 不大于服务台个数,即 $1 \leq k \leq C$ 时,系统中的顾客全部在服务台中,这时系统的服务速率为 $k\mu$;当系统中的顾客数 $k > C$ 时,服务台中正在接受服务的顾客数仍为 C 个,其余顾客在队列中等待服务,这时系统的服务速率为 $C\mu$。于是 $\rho = \frac{\lambda}{C\mu}$,只有 $\frac{\lambda}{C\mu} < 1$ 时才不会排成无限的列队,称为系统的服务强度或服务机构的平均利用率。

上述系统的状态转移如图 12.15 所示。

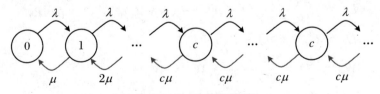

图 12.15 状态转移图

对单服务台而言，系统中有一名顾客服务完成的转移率为 μP_1，两台服务台被服务的顾客中有一个离去的转移率为 $2\mu P_2$，随着状态的推移，考虑状态 n 转移到 $n-1$ 的情况，当 $n \leqslant C$ 时，状态转移率为 $n > C$，当 $n > C$ 时，只有 C 个服务台，最多有 C 个顾客被服务，$(n-C)$ 个顾客在等待，状态转移率为 $C\mu P_N$，可知：

$$\begin{cases} \mu P_1 = \lambda P_0 \\ (n+1)\mu P_{n+1} + \lambda P_{n-1} = (\lambda + n\mu)P_n \ (1 \leqslant n \leqslant C) \\ C\mu P_{n+1} + \lambda P_{n-1} = (\lambda + C\mu)P_n \ (n > C) \end{cases}$$

求解上述方程，有：

$$P_0 = \frac{1}{\sum_{k=0}^{C-1} \frac{(C\rho)^k}{k!} + \frac{(C\rho)^C}{C!(1-\rho)}}, \quad P_n = \begin{cases} \frac{1}{n!}\left(\frac{\lambda}{\mu}\right)n P_0 \ (n \leqslant C) \\ \frac{1}{C!C^{n-C}}\left(\frac{\lambda}{\mu}\right)n P_0 \ (n > C) \end{cases}$$

由于 $\rho = \frac{\lambda}{C\mu}$，可得：

$$L_q = C\rho + \frac{(C\rho)^C \rho}{C!(1-\rho)^2}P_0, L_s = L_q + \frac{\lambda}{\mu} \tag{12.24}$$

$$W_q = \frac{L_q}{\lambda}, W_s = \frac{L_s}{\lambda} \tag{12.25}$$

例 12.7 某售票处有三个窗口，顾客到达服从泊松流，到达速率为 0.9 人/min，售票时间服从负指数分布，每个窗口的平均售票速率为 0.4 人/min。顾客到达后排成一队，依次到空闲窗口购票。求：

（1）所有窗口都空闲的概率。
（2）平均队长。
（3）平均等待时间及逗留时间。
（4）顾客到达后必须等待的概率。

解 由于 $\frac{\lambda}{\mu} = 2.25, C = 3$，可知：$\frac{\lambda}{\rho\mu} \leqslant 1$。

$$P_0 = \left[\frac{(2.25)^0}{0!} + \frac{(2.25)^1}{1!} + \frac{(2.25)^2}{2!} + \frac{(2.25)^3}{3!} \times \frac{1}{1-0.75}\right] = 0.074\ 8$$

$$L_q = \frac{(2.25)^3 \times 0.75}{3! \times (1-0.75)^2} \times 0.074\ 8 = 1.70, L_s = L_q + \frac{\lambda}{\mu} = 1.70 + 2.25 = 3.95$$

$$W_q = \frac{L_q}{\lambda} = \frac{1.70}{0.9} = 1.89, W_s = W_q + \frac{1}{\mu} = 1.89 + \frac{1}{0.4} = 4.39$$

$$P(n \geqslant 3) = \frac{(2.25)^3}{3!(1-0.75)} \times 0.074\ 8 = 0.57$$

例 12.8 某医院急诊室同时只能诊治一个病人，诊治时间服从指数分布，每个病人平均需要 15 min。病人按泊松分布到达，平均每小时到达 3 人。试分析此排队系统。

解 该服务系统属于 $M/M/1$ 系统，$\lambda = 3, \mu = 4$，所以：$\rho = 0.75, P_0 = 1 - \rho = 0.251 - P_0 = 0.75$，需要等待的概率为 $1 - P_0 = 0.75$。

急诊室内外的病人平均数为 $L_s = \frac{\lambda}{\mu - \lambda} = 3$；

急诊室外排队等待的病人平均数为 $L_q = \rho L_s = 2.25$；

病人在急诊室内外的平均逗留时间为 $W_s = \dfrac{1}{\mu - \lambda} = 1$；病人平均等候时间 $W_q = \rho W_s = 0.75$。

如果病人平均逗留时间不超过半小时，则平均服务时间应该减小。

由于 $W_s = \dfrac{1}{\mu - \lambda} > 0.5$，有 $\lambda = 3 \Rightarrow \mu \geqslant 5$，即平均服务时间为 12 min，减少 3 min。

如果医院希望候诊的病人 90% 以上都有座位，则候诊室至少安排多少座位？如果安排 x 个座位，则加上急诊室 1 个座位，共有 $(x+1)$ 个座位。于是：

$P(n \leqslant x+1) = 1 - P(n > x+1) \geqslant 0.9$，则 $P(n > x+1) \leqslant 0.1$，有：$\rho^{x+1+1} = \rho^{x+2} \leqslant 0.1$，则 $x \geqslant 6$。

例 12.9 如果基于上例 12.8，医院准备增强急诊室的服务能力，同时能够诊断两个病人，且平均服务率相同。试分析该服务系统。

解 由于增加了一个服务台，则 $\lambda = 3, \mu = 4, C = 2$，故 $\rho = \dfrac{\lambda}{C\mu} = 0.375$。

$$P_0 = \left[1 + 0.75 + \dfrac{(0.75)^2}{2!(1-0.375)}\right]^{-1} = \dfrac{1}{2.2} = \dfrac{5}{11}, L_q = \dfrac{(0.75)^2 \times 0.375}{2!(1-0.375)} \times \dfrac{5}{11} = 0.12$$

$$L_s = L_q + \rho = 0.495, W_s = \dfrac{L_s}{\lambda} = 0.165, W_q = \dfrac{L_q}{\lambda} = 0.04$$

病人必须等候的概率是 $P(n \geqslant 2) = \dfrac{0.75^2}{2!(1-0.375)} \times \dfrac{5}{11} \approx 0.2$。

将例 12.8 与例 12.9 进行比较，得到表 12.2。

表 12.2 两个服务系统比较表

指标	$M/M/2$ 型	$M/M/1$ 型
必须等待的概率 P	0.2	0.75
平均队长 L_s	0.87 人	3 人
平均队列长 L_q	0.12 人	2.25 人
平均逗留时间 W_s	17.4 min	60 min
平均等待时间 W_q	2.4 min	45 min
空闲的概率 P_0	0.45	0.25

假定 D'_s 是每个服务台的单位成本，D_w 是每个顾客在系统停留单位时间的费用，L 是系统中顾客平均数 L_s 或队列中等待的顾客平均数 L_q（随 C 值的不同而不同）。于是：

$$Z = D'_s C + D_w L$$

采用边际分析分析法，最佳的机器数量 C^* 可以基于 $\begin{cases} Z(C^*) \leqslant Z(C^*-1) \\ Z(C^*) \leqslant Z(C^*+1) \end{cases}$ 求得，即

$L(C^*) - L(C^*+1) \leqslant \dfrac{D'_s}{D_w} \leqslant L(C^*-1) + L(C^*)$；可依次求出 $C = 1, 2, \cdots$ 时 L 值，并作两相邻 L 值之差，于是可以确定 C^*。

12.3.3 有限顾客源的情形（$M/M/c/\infty/m$ 模型）

该模型与 $M/M/c$ 模型相比，其顾客源有限。假设顾客总体有限数 m，且 $m>C$，顾客到达率 λ 是按每个顾客来考虑的。如在机器管理问题中，有 m 台机器和 C 个修理工人，λ 指每台机器每单位运转时间出故障的期望次数，系统中顾客数 n 就是出故障的机器台数。其示意图如图 12.16 所示。

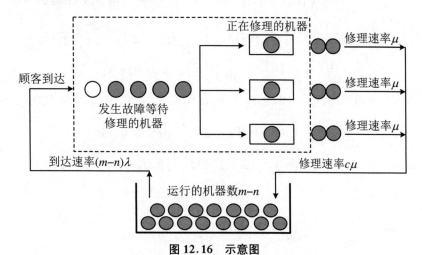

图 12.16 示意图

假定 C 个工人修理技术相同，修理时间都服从参数为 μ 的负指数分布，故障的修复时间和正在生产的机器是否发生故障是相互独立的。所以有：

$$P_0 = \frac{1}{m!} \times \frac{1}{\sum_{k=0}^{C} \frac{1}{k!(m-k)!}\left(\frac{C\rho}{m}\right)^k + \frac{C^C}{C!}\sum_{k=C+1}^{m}\frac{1}{(m-k)!}\left(\frac{\rho}{m}\right)^k} \left(\rho = \frac{m\lambda}{C\mu}\right)$$

$$P_n = \begin{cases} \dfrac{m!}{(m-n)!n!}\left(\dfrac{\lambda}{\mu}\right)^n P_0 & (0 \leqslant n \leqslant C) \\ \dfrac{m!}{(m-n)!C!C^{n-C}}\left(\dfrac{\lambda}{\mu}\right)^n P_0 & (C+1 \leqslant n \leqslant m) \end{cases}$$

$$L_s = \sum_{n=1}^{m} nP_n, \quad L_q = \sum_{n=1}^{m}(n-C)P_n \tag{12.26}$$

有效的到达率 λ_e 为单位时间内出现故障的机器数 $\lambda_e = \lambda(m - L_s)$。有：

$$L_s = L_q + \frac{\lambda_e}{\mu} = L_q + \frac{\lambda}{\mu}(m - L_s),$$

$$W_s = \frac{L_s}{\lambda_e}, \quad W_q = \frac{L_q}{\lambda_e} \tag{12.27}$$

例 12.10 车间有 5 台机器，每台机器的故障率为 1 次/h，有 2 个修理工负责修理这 5 台机器，工作效率相同，为 4 台/h。求：

(1) 等待修理的平均机器数。

(2) 需要修理的平均机器数。

(3) 每小时发生故障的平均机器数，即有效损坏率。

(4) 平均等待修理的时间。
(5) 平均停工时间。

解 $m=5, \lambda=1, \mu=4, C=2, \rho=\dfrac{m\lambda}{C\mu}, \dfrac{C\rho}{m}=\dfrac{\lambda}{\mu}=\dfrac{1}{4}, \dfrac{\rho}{m}=\dfrac{1}{8}$,因此有：

$$P_0 = \dfrac{1}{m!} \times \dfrac{1}{\sum\limits_{k=0}^{C}\dfrac{1}{k!(m-k)!}\left(\dfrac{C\rho}{m}\right)^k + \dfrac{C^C}{C!}\sum\limits_{k=C+1}^{m}\dfrac{1}{(m-k)!}\left(\dfrac{\rho}{m}\right)^k}$$

$$= \dfrac{1}{5!} \times \left[\dfrac{1}{0!5!}\left(\dfrac{1}{4}\right)^0 + \dfrac{1}{1!4!}\left(\dfrac{1}{4}\right)^1 + \dfrac{1}{2!3!}\left(\dfrac{1}{4}\right)^2 + \dfrac{2^2}{2!}\cdot\dfrac{1}{2!}\left(\dfrac{1}{8}\right)\right.$$

$$\left. + \dfrac{2^2}{2!}\cdot\dfrac{1}{1!}\left(\dfrac{1}{8}\right)^4 + \dfrac{2^2}{2!}\cdot\left(\dfrac{1}{0!}\right)\dfrac{1}{8}^5\right]^{-1} = 0.3149;$$

$P_1 = 0.394, P_2 = 0.197, P_3 = 0.074, P_4 = 0.018, P_5 = 0.002$；

$$L_q = \sum_{n=C+1}^{m}(n-C)P_n = P_3 + 2P_4 + 3P_5 = 0.118;$$

$\lambda_e = \lambda(m-L) = 1\times(5-1.092) = 3.908$,

$L_s = L_q + \dfrac{\lambda_e}{\mu} = 0.118 + \dfrac{3.908}{4} = 1.092$；

$W_s = \dfrac{L_s}{\lambda_e} = \dfrac{1.092}{3.908} = 0.28(\text{小})$；

$W_q = \dfrac{L_q}{\lambda_e} = \dfrac{0.118}{3.908} = 0.03(\text{小})$。

12.4 一般的服务时间模型及排队模型优化简介

前面我们研究了泊松输入和负指数的服务时间的模型。现实当中有很多服务时间并不符合这两种情况,下面予以分别讨论。

12.4.1 一般服务时间模型($M/G/1$)

正常情况下,无论系统的服务时间服从何种分布,都存在以下关系：
系统中顾客数的期望值 = 队列中的顾客数的期望值 + 服务机构中顾客数的期望值
系统中逗留时间的期望值 = 排队等候时间的期望值 + 服务时间的期望值。也即：

$$L_s = L_q + L_{se}, \quad W_s = W_q + E(T), \tag{12.28}$$
$$L_s = \lambda W_s, \quad L_q = \lambda W_q$$

在有限源和队长限制的情况下,上式中 λ 应该变成 λ_e。

一般服务时间与 $M/M/1$ 不同之处,就是服务时间 T 的分布是任意的(但期望值和方差都存在)。

因 $\rho = \lambda E(T) < 1$。故：

$$L_s = \rho + \dfrac{\rho^2 + \lambda^2 Var(T)}{2(1-\rho)} \tag{12.29}$$

式 12.29 也称为 Pollaczek-Khintchine(P-K)公式。

例 12.11 某项工序执行过程中,工件按照平均 2 分 30 秒时间间隔的负指数分布到达,工件加工时间平均为 2 min。如果加工时间也服从负指数分布,求加工所需的平均逗留时间和等待时间。如果任何工件加工至少要等待 1 min,服务时间并不服从负指数分布,服从如下分布,求加工所需的平均逗留时间和等待时间。

$$f(y) = \begin{cases} e^{-y+1} & (y \geqslant 1) \\ 0 & (0 \leqslant y < 1) \end{cases}$$

解 根据题意,有:

$$\lambda = 0.4, \mu = 0.5, \rho = 0.8,$$
$$W_s = \frac{1}{\mu - \lambda} = 10 \text{ (min)}, W_q = \frac{\rho}{\mu - \lambda} = 8 \text{ (min)}$$
$$Y = 1 + X, E(Y) = 2, Var(Y) = 1, \rho = 0.8$$
$$L_s = 2.8, L_q = L_s - \rho = 2$$
$$W_s = \frac{L_s}{\lambda} = 7, W_q = \frac{L_q}{\lambda} = 5$$

12.4.2 定长服务时间模型(M/D/1)

是指服务时间是确定的常数,例如在一条装配线上完成一件工作的时间就应是常数。自动的汽车冲洗台,冲洗一辆汽车的时间也是常数,这时:

$$T = \frac{1}{\mu}, Var(T) = 0, L_s = \rho + \frac{\rho^2}{2(-\rho)} \tag{12.30}$$

一般服务时间分布的 L_q, W_q 中以定长服务时间的为最小,即服务时间越有规律,等候的时间就越短。

例 12.12 某医院有一台自动检测人体某项指标的机器,要求需要检验的病人按照泊松分布到达,每小时平均 4 个顾客,检验每个病人所需要的时间为 6 min。求在检验室内的病人数量 L_s,等候检验的病人数量 L_q,每个病人在室内逗留时间 W_s,每个病人平均等待检验的时间 W_q。

解 依据题意,有 $\lambda = 4, E(T) = \frac{1}{10}, \rho = \frac{4}{10}, Var(T) = 0$,可得:

$$L_s = 0.4 + \frac{(0.4)^2}{2(1-0.4)} = 0.533, L_q = 0.533 - 0.4 = 0.133$$
$$W_s = \frac{0.533}{4} = 0.133, W_q = \frac{0.133}{4} = 0.033$$

12.4.3 爱尔朗服务模型

如果顾客接受服务必须经过 k 个服务窗口,在每个窗口的服务时间 T_i 是相互独立的,均服从相同的负指数分布(参数为 $k\mu$),则 $T = \sum_{I=1}^{k} T_i$ 服从爱尔朗分布。因此有:

$$E(T_i) = \frac{1}{k\mu}, Var(T_i) = \frac{1}{k^2\mu^2}E(T_i)$$

$$E(T) = k \times E(T_i) = \frac{1}{\mu}, Var(T) = \frac{1}{k^2\mu^2}E(T) = \frac{1}{k\mu^2}$$

$$L_s = \rho + \frac{\rho^2 + \frac{\lambda^2}{k\mu^2}}{2(1-\rho)} = \rho + \frac{(k+1)\rho^2}{2k(1-\rho)}, L_q = \frac{(k+1)\rho^2}{2k(1-\rho)}$$

$$W_s = \frac{L_s}{\lambda}, W_q = \frac{L_q}{\lambda}$$

例 12.13 假定加工某种产品需要经过 4 个工序,每个工序的时间服从负指数分布,期望值为 2 小时,工件到达服从泊松分布,平均到达率为 5.5 个/周(一周 6 天,每天 8 小时),问加工完产品的期望时间?

解 由于 $\lambda = 5.5$ 套/周。$\frac{1}{\mu}$ 为平均每套所需要的时间,$\frac{1}{4\mu}$ 为平均每工序所需要的时间,$\frac{1}{4\mu} = 2 \to \mu = \frac{1}{8}$(套/小) $= 6$(套/周),$\rho = \frac{5.5}{6}$,因此有:

$$E(T_i) = 2, Var(T_i) = \frac{1}{24^2}, E(T) = 8, Var(T) = \frac{1}{4 \times 6^2}$$

$$L_s = \rho + \frac{\rho^2 + \frac{\lambda^2}{k\mu^2}}{2(1-\rho)} = 7.2188, W_s = \frac{L_s}{\lambda} = 1.3(周)。$$

12.4.4 排队系统的最优化问题

排队系统的最优化问题分为两类:系统设计的最优化和系统控制优化。前者称为静态问题,从排队论一诞生起就成为人们研究的内容,目的在于使设备达到最大效益,或者说,在一定的质量指标下要求机构最为经济。后者称为动态问题,是指一个给定的系统,如何运营可使某个目标函数得到最优,这是近 10 多年来排队论的研究重点之一。

在一般情形下,提高服务水平(数量、质量)自然会降低顾客的等待费用(损失),但却常常增加了服务机构的成本,我们最优化的目标之一是使二者费用之和为最小,决定达到这个目标的最优的服务水平。另一个常用的目标函数是使纯收入或使利润(服务收入与服务成本之差)为最大。

各种费用在稳态情形下,都是按单位时间来考虑的。一般情形,服务费用(成本)是可以确切计算或估计的。至于顾客的等待费用就有许多不同情况,像机械故障问题中等待费用(由于机器待修而使生产遭受的损失)是可以确切估计的,但像病人就诊的等待费用(由于拖延治疗使病情恶化所受的损失),或由于队列过长而失掉潜在顾客所造成的营业损失,就只能根据统计的经验资料来估计。服务水平也可以由不同形式来表示,主要的是平均服务率 μ(代表服务机构的服务能力和经验等);其次是服务设备,如服务台的个数 s、由队列所占空间大小所决定的队列最大限制数 N 等,服务水平也可以通过服务强度 ρ 来表示。

常用的求解方法,对于离散变量常用边际分析法,对于连续变量常用经典的微分法,对于复杂问题当然可以用非线性规划或动态规划的方法。需要注意的是:

当排队系统的到达间隔时间和服务时间的概率分布很复杂时,或不能用公式给出时,那么就不能用解析法求解。

具体的优化计算过程这里不作介绍,读者可以自己查阅相关资料学习。

习　题

1. 判断下列说法是否正确。
   (1) 若顾客到达排队系统服从泊松分布,则按到达间隔时间统计服从负指数分布。
   (2) 若到达排队系统顾客来自两个客源,均服从泊松分布,则合到一起后仍为泊松分布。
   (3) 服务员对顾客的服务分两段进行,所需时间分别为参数 μ_1, μ_2 的负指数分布,则总服务时间为参数 $\mu_1 \times \mu_2$ 的爱尔朗分布。
   (4) 排队系统中,顾客等待时间不受服务规则的影响。

2. 某护理中心有 4 名护理员,有 16 把椅子供等待的顾客使用。顾客按照泊松流到达,平均每小时 20 人,当所有的椅子均没有空闲的时候,顾客将不再进入而自动离去。护理员对每名顾客的服务时间服从负指数分布, $\frac{1}{\mu} = 11.5$ min,试求:
   (1) 顾客从进护理店起到护理完成的平均时间。
   (2) 新到顾客离去的概率。
   (3) 系统的有效到达率。
   (4) 护理员的平均忙期。

3. 某公司客户投诉中心可一年 365 天可接待客户投诉。设申诉以 $\lambda = 4$ 件/天的普阿松流到达,该协会每天可处理申诉 5 件,当天处理不完的话将移交专门的小组处理,不影响当天的业务,试求:
   (1) 一年内有多少天无一件申诉。
   (2) 一年内有多少天处理不完当天的申诉。

4. 某银行营业厅是只有一名服务员的提供窗口服务的排队系统,其等待空间总共容纳 3 名顾客,即系统中总得顾客数不能超过 4 人,已知对每名顾客的服务时间服从负指数分布,平均为 5 分钟,顾客到达服从泊松分布,平均每小时为 10 人,试求:
   (1) 系统中顾客数分别为 0,1,2,3,4 的概率。
   (2) 系统中顾客的平均数。
   (3) 1 名新到顾客需要排队等待服务的概率。
   (4) 1 名新到顾客未能进入该排队系统的概率。

5. 冲压机的待冲压件的到达按照泊松流分布,平均每小时为 25 件,冲压一个工件所需时间为负指数分布,平均需要 2 min,试求:
   (1) 一个工件从送达到冲压完成超过 20 min 的概率。
   (2) 该冲压机空闲的概率。
   (3) 等待冲压的工件平均数。

(4) 在下列条件下,分别计算等待冲压的工件数:冲压的速度加快 20%;到达的工件减少 20%;到达的工件减少 20%同时冲压速度加快 20%。

(5) 等待冲压的工件在 7—9 件间的概率。

6. 某企业有 5 台运货车辆,已知每台车每运行 100 h 平均需要维修 2 次,每次需要 20 min,以上分别服从泊松和负指数分布。求该企业全部车辆正常运行的概率及分别有 1,2,3 辆车不能正常运行时的概率。

7. 某医院有一台心电图机器,做心电图的病人按照泊松流到达,平均每小时 5 人。每个病人做心电图的时间服从负指数分布,平均每个人 10 min。设心电图室有 5 把椅子,当病人到达时如果没有椅子,则直接离去而去其他医院就诊。试计算 L_s, L_q, W_s, W_q 以及由于等候无座椅自动离去的病人占病人总数的比例。

8. 高速公路按平均汽车到达服从 90 辆/h 的泊松流设置一个收费关卡,通过关卡的平均时间为 38 s。由于驾驶人员反映等待时间太长,主管部门打算采用新装置,使汽车通过关卡的平均时间减少到平均 30 s。但增加新装置只有在原系统中等待的汽车平均数超过 5 辆和新系统中关卡的空闲时间不超过 30%时才是合算的。根据这一要求,分析采用新装置是否合算?

9. 鸿运酒店的顾客流服从泊松分布,平均 20 人/h,酒店于上午 11:00 开始营业。试求:

(1) 上午 11:07 有 18 名顾客在餐厅时,于上午 11:12 恰好有 20 名顾客的概率(假定其间无顾客离去)。

(2) 前一名顾客于 11:25 到达,下一名顾客在 11:28—11:30 到达的概率。

10. 考虑一个 $M/M/1/K$ 系统,具有 $\lambda=10$ 人/h,$\mu=30$ 人/h,$K=2$。

(1) 管理者想改进此系统的服务,设想两个方案:方案 A 是增加一个等待空间,使 $K=3$;方案 B 为提高平均服务率到 $\mu=40$ 人/h。设每服务一个顾客的平均收入不变,问哪一个方案获得的收入更大?

(2) 若 λ 增加到 30 人/h 时,A,B 两个方案哪一个收入更大?

11. 维修车间机修工负责 5 台机器的维修,每台机器平均每 2 h 损坏一次,机修工修复一台机器平均需时 18.75 min,以上时间均服从负指数分布。试求:

(1) 所有机器均正常运转的概率。

(2) 等待维修的机器的期望数。

(3) 假如希望做到有一半时间所有机器都正常运转,则该机修工最多看管多少台机器?

12. 黎明电脑修理店保证每件送来的待修电脑在 1 h 内修完取货,如超过 1 h 则分文不收,已知该店每修一件平均收费 10 元,其成本平均每件 5.50 元,即平均每修一件盈利 4.5 元。已知送修电脑按泊松分布到达,平均 6 件/h,每维修一件的时间为平均 7.5 min 的负指数分布。试回答:

(1) 该维修店在此条件下能否盈利。

(2) 当每小时送修电脑为多少件时,该维修店经营处于盈亏平衡点?

参 考 文 献

[1] 胡运权.运筹学基础及应用[M].6版.北京:高等教育出版社,2014.
[2] 运筹学教材编写组.运筹学[M].4版.北京:清华大学出版社,2012.
[3] 胡运权.运筹学习题集[M].北京:清华大学出版社,2010.
[4] 胡运权.运筹学教程[M].北京:清华大学出版社,2007.
[5] 运筹学教材编写组.运筹学[M].3版.北京:清华大学出版社,2005.
[6] 运筹学教材编写组.运筹学[M].北京:清华大学出版社,2000.
[7] 徐光辉.运筹学基础手册[M].北京:科学出版社,1999.
[8] 张维迎.博弈论与信息经济学[M].上海:上海人民出版社,1996.
[9] 胡运权.运筹学习题集[M].北京:清华大学出版社,1995.
[10] 郭耀煌,等.运筹学原理与方法[M].成都:西南交通大学出版社,1994.
[11] 宣家骥,等.目标规划及其应用[M].合肥:安徽教育出版社,1987.
[12] 徐光辉.随机服务系统[M].北京:科学出版社,1980.